柳 州 统 计 年 鉴

LIUZHOU STATISTICAL YEARBOOK

2017

（总第**24**期 **No.24**）

柳 州 市 统 计 局 编

Compiled by

Municipal Bureau of Statistics of Liuzhou

中国统计出版社
China Statistics Press

图书在版编目(CIP)数据

柳州统计年鉴. 2017 / 柳州市统计局编. -- 北京 :中国统计出版社, 2017.10
ISBN 978-7-5037-8337-1

Ⅰ. ①柳… Ⅱ. ①柳… Ⅲ. ①统计资料—柳州—2017—年鉴 Ⅳ. ①C832.673-54

中国版本图书馆CIP数据核字(2017)第217628号

柳州统计年鉴-2017

作　者 / 柳州市统计局
责任编辑 / 陈越月
装帧设计 / 广西宁铁天元印务公司
出版发行 / 中国统计出版社
地　址 / 北京市丰台区西三环南路甲6号　邮政编码/100073
电　话 / 邮购(010)63376909　书店(010)68783171
网　址 / http://csp.stats.gov.cn
印　刷 / 广西宁铁天元印务公司
经　销 / 新华书店
开　本 / 890mm×1240mm　1/16
字　数 / 1050千字
印　张 / 34印张
版　别 / 2017年10月第1版
版　次 / 2017年10月第1次印刷
定　价 / 300元

ISBN 978-7-5037-8337-1

本书附同版本CD-ROM一张，光盘内容以书面文字为准。
如有印装差错，由本社发行部调换。

编 辑 说 明

一、《柳州统计年鉴—2017》(以下简称《年鉴》)是一本反映2016年柳州市国民经济和社会发展等方面活动情况及基本概貌的年刊。本《年鉴》资料翔实、内容丰富,全面介绍柳州经济和社会各方面的发展变化,是各级领导、理论和实际工作者的必备工具书,是机关、团体、学校、科研、企事业单位及海内外各界人士认识柳州、了解柳州的重要窗口。

二、本《年鉴》的内容包括:1.特辑;2.2016年统计资料。

三、资料中所使用的度量衡单位均采用国际统一标准计量单位。

四、本《年鉴》部分数据合计数或相对数由于单位取舍不同产生的计算误差均未做机械调整。

五、本《年鉴》的资料来源:大部分来自统计年报,部分来自抽样调查。

六、由于统计制度的改革,本《年鉴》对以前发表的统计数据重新进行了核实,相应地调整了部分数据。读者在使用历史数据时,如数据有出入,以本《年鉴》为准。

七、本《年鉴》中"全市"包括市区、柳江县、柳城县、鹿寨县、融安县、融水县和三江县;"市区"包括柳南区、鱼峰区、城中区、柳北区。

八、由于行政区域进行了调整,2011年原鹿寨县的雒容镇整体划归柳州市区,故2011年鹿寨县的部分数据按新的行政区划进行统计,2012年鹿寨县数据按新的行政区划统计。

九、表中符号使用说明:"空格"表示该项无指标数据;"…"表示数据不足指标最小单位,"#"表示其中的主要项。

十、根据全国第二次农业普查,对2006年和2007年的农林牧渔业总产值以及粮食经济作物和主要畜禽水产等指标数据进行调整,但2005年以前的数据均未修正。

十一、在本《年鉴》的编辑过程中,得到了许多单位和同志的大力支持,在此,我们深表谢意,限于我们的水平,《年鉴》中的错误和不足之处在所难免,恳请广大读者给予批评指正。

《柳州统计年鉴—2017》编辑部

目　　录

CONTENTS

第一部分 特 辑

Part I Special Issue

第二部分 统计资料

Part Ⅱ Statistical Data

一、综　合

Chapter 1 General Survey

二、国民经济核算
Chapter 2 National Accounts

三、人口
Chapter 3 Population

四、就业人员和职工工资

Chapter 4 Employment and Wages

五、农　业
Chapter 5 Agriculture

六、工　业

Chapter 6 Industry

七、交通、邮电通信业

Chapter 7 Transportation, Postal and Telecommunication Services

八、固定资产投资

Chapter 8 Investment in Fixed Assets

九、建筑业
Chapter 9 Constraction

十、城市公用事业和环境保护
Chapter 10 Urban Public Utilities and Environmental Protection

十一、能源

Chapter 11 Energy

十二、商业和旅游

Chapter 12 Business and Travel

十三、物价

Chapter 13 Price

十四、服务业行政、事业单位

Chapter 14 Service Sectord and Institutions

十五、财政、金融

Chapter 15 Government Finance and Banking

十六、文化、教育、科技、卫生和体育

Chapter 16 Culture, Education, Science and Technology , Public Heath and Sports

十七、人民生活

Chapter 17 People's Living Conditions

附 录

APPENDIX

第一部分　特　　辑

政府工作报告

市 长 吴 炜

各位代表：

现在，我代表市人民政府向大会作政府工作报告，请予审查，并请各位政协委员和列席会议的同志提出意见。

2016年工作回顾

过去一年，面对错综复杂的发展环境，我们在自治区党委、政府和市委的正确领导下，以五大发展理念为引领，深化供给侧结构性改革，做好稳工业、稳投资、稳消费、稳农业、稳进出口、稳财政“六稳”工作，大力开展实体经济发展年、重大项目建设年、精准脱贫推进年活动，突出创新驱动，加快产业转型、城市转型、社会转型，全力保持经济社会平稳健康发展，实现了“十三五”的良好开局。

——经济发展稳中有进。初步统计，全市实现地区生产总值2401亿元，增长7.2%；规模以上工业增加值1141亿元，增长6.5%；固定资产投资2338亿元，增长14%；财政收入370.16亿元，增长7.7%。经济发展呈现缓中趋稳、稳中向好的发展态势。

——质量效益稳步提升。三产比重提高2.7个百分点，对经济增长的贡献率达50%。规模以上工业企业利润121.7亿元，增长31%；高新技术企业突破200家，约占广西1/4；高新技术企业工业产值1456亿元，占规模以上工业总产值比重的1/3。单位生产总值能耗下降4.5%。非税收入占一般公共预算收入的28%，占比降低0.6个百分点。经济发展的协调性进一步增强。

——生态环境持续改善。投入生态环保园林建设资金4.6亿元，增长32.4%。市区空气质量优良天数316天，优良率为86.3%，提高了3.1个百分点；细颗粒物浓度均值(PM2.5)下降10.7%、可吸入颗粒物浓度均值(PM10)下降4.8%；柳江河饮用水保护河段保持国家地表水Ⅲ类以上水质标准。全市森林覆盖率达65.03%，城市建成区绿化覆盖率达43.25%，城市人居环境持续改善。

——人民生活获得更多实惠。全市财政民生支出270.2亿元，增长8.3%，连续五年保持增长，占一般公共预算支出的79.6%。城镇居民、农村居民人均可支配收入分别为30733元、10347元，分别增长7%、9.5%。城镇登记失业率3.95%，控制在自治区下达指标以内。就业稳、物价稳，人民群众的获得感不断提升。

一年来，我们做了以下工作：

全力以赴做好稳增长工作。面对持续加大的经济下行压力，我们把稳增长作为政府工作的首要任务，出台加强要素保障、减轻企业成本41条措施，实施供给侧结构性改革总体方案及系列政策，推动“三去一降一补”得到有效落实。在降低制度性交易、企业融资、用地等方面为企业降低各类成本超过15亿元，实施“营改增”试点为企业减税9.25亿元，落实各项税收优惠累计为企业减免税款28.7亿元；实行北环高速柳州车辆免费通车，降低企业物流成本；推出购房补贴、购房券等政策鼓励新市民租房、购房，柳州成为广西首个公租房货币化试点城市。突出抓好经济运行、企业帮扶、政策落实、环境优化，经济增长保持在合理区间，稳住了经济发展的基本面。柳州获得国务院稳增长表彰，成为国家小微企业创业创新基地城市示范。

大力推进产业结构调整。工业结构不断优化。实施“十大工业结构调整工程”①“工业八大专项行动”②，预计完成全部工业总产值4742亿元，增长4%。汽车工业继续领跑全市产业，汽车产量突破240万辆，增长5.6%；上汽通用五菱宝骏基地二期、新能源汽车生产基地一期和东风柳汽柳东乘用车基地二期建成投产，多款新能源汽车、“T动力”乘用车等车型相继问世，上汽通用五菱成为全区首家销售收入突破千亿元企业。新型钢材比重持续上升，柳钢钢材产量突破1400万吨，实现扭亏为盈。机械工业加快向先进装备制造升级，主流产品实现更新换代，累计产值增速实现正增长。战略性新兴产业占全市工业比重达11%。自主创新能力持续提升，新认定自治区级工程技术研究中心5家、自治区级企业技术中心8家，东风柳汽成为国家技术创新示范企业；两化融合不断深化，柳钢集团等6家企业成为国家两化融合管理体系贯标试点企业。质量强市战略深入实施，东风柳汽、广西建工五建公司获第三届“自治区主席质量奖”，历届全市获奖企业累计有5家，占广西近半壁江山。园区经济总量占全市比重68%，柳东新区成为国家小微企业创业创新示范基地，阳和工业新区成为广西首个国家产业集群区域品牌建设试点。**现代服务业快速发展。**预计全市社会消费品零售总额1038.5亿元，增长10.0%；实现第三产业增加值931.7亿元，增长10.1%。柳南万达建成开业，华润、恒大、毅德等商业综合体项目进展顺利，钢铁、农贸等千亩级物流园运营良好。“电商柳州”加快推进，跨境电商产业园建成并投入运营，阿里巴巴·柳州产业带入驻企业1000家，鹿寨县、融安县成为“国家电子商务进农村综合示范县”，全市电子商务交易额达605.1亿元，增长36%。螺蛳粉产业园建成开园，方便装螺蛳粉销售收入超15亿元。房地产市场健康平稳，库存消化周期为3.5个月。旅游名城建设深入推进，百里柳江创建5A级景区，全国首趟旅游扶贫始发动车—“柳州三江号”成功开行，三江县成为国家旅游标准化示范县。全市旅游总收入356.7亿元，增长25%。**现代农业稳定发展。**现代农业示范建设取得新成果，3个自治区级、5个市级、13个县级、15个乡级现代农业示范区通过自治区验收；粮食总产量稳定在85万吨左右，水果、桑蚕、茶叶、蔬菜、水产畜牧养殖等特色产业规模生产，11万亩“双高”糖料蔗基地稳步推进，成功举办首届全国甘蔗机械化博览会。“农村电商”工程建成100个“农村淘宝”村级服务站。注册登记农民专业合作社由1861家增至2203家，农业产业化重点龙头企业由102家增至110家。全市农林牧渔业总产值296.8亿元，增长3.7%。

稳步开展精准脱贫工作。安排财政专项扶贫资金9.15亿元，整合各部门资金27.17亿元，实施脱贫攻坚“七个一批”“十大行动”③，完成精准识别建档立卡，实现脱贫8万人，脱贫摘帽贫困村60个，圆满完成自治区下达的年度目标任务。开展基础设施建设大会战，建成建制村硬化路48条534.8公里，修建屯级道路597条1155公里，解决1.5万贫困人口饮水问题。实施精准产业扶贫，扶持贫困户发展果蔬、桑蚕、禽畜养殖等产业，受益建档立卡贫困户3.1万户15.2万人。开展扶贫小额信贷工作，为1.83万户发放扶贫小额信贷8.8亿元。推进32个易地扶贫搬迁项目，落实建设用地151公顷，实施扶贫搬迁21152人。结对帮扶、社会帮扶、教育扶贫、健康扶贫等工作扎实开展。

进一步加快城乡建设步伐。国家新型城镇化综合改革试点扎实开展，寨沙和沙塘全国建制镇示范试点等工作稳步推进。科学编制柳州市近期建设规划（2016—2020年），全面启动新一轮城市总体规划编制，“多规合一”④试点扎实开展。城市“一主三新”⑤加快布局，柳东新区成为国家产城融合示范区，柳江撤县设区正式挂牌，北部生态新区启动建设。城市承载功能进一步提升，城市轨道交通前期工作进展顺利，柳州站站房扩建工程（西站房）基本完成，雒容铁路商品汽车发运基地投入使用，桂柳高速完成路面改造，三江至柳州高速公路基本建成，柳东大道延长线全线贯通，红花二线船闸开工建设，柳州机场新航站楼竣工使用，古偿河水库大坝主体完工，落久水利枢纽等重大项目加快推进。城市基础设施不断完善，白沙大桥、西外环等项目进展顺利，智慧城市⑥、海绵城市⑦和地下综合管廊试点建设有序开展。生态建设取得新进展，“美丽柳州·生态乡村”深入推进，村屯绿化、饮水净化等工作取得明显成效；花园城市2.0版启动建设，环江滨水大道展现新景观。

全面深化改革、扩大开放。“八个一”综合改革⑧深入推进，“一枚印章管审批”实现动态管理、运行正常；“一份清单管边界”由41个市直部门向社会公布权力清单、责任清单。深化国有企业改革，组建了轨道交通等九大集团公司。商事制度改革扎实推进，全市新登记注册市场主体3.79万户，增长7.6%。金融改革不断深化，87个政府性投资项目融资到位761亿元，融资总量再创历史新高；建立PPP⑨项目储备库，引入PPP项目社会资本80亿元；银行业金融机构本外币各项存贷款余额为3350亿元、2300亿元，分别增长18.68%和12.12%；新增4家企业在“新三板”挂牌上市，率先在全区实现企业“新三板”股权质押融资。农村产权制度改革以及财税、科技、文化、医疗、教育等各项改革稳步推进。积极融入国家“一带一路”、珠江—西江经济带开放开发，粤桂黔高铁经济带合作试验区广西园落地建设，成功举办第二届粤桂黔高铁经济带合作联席会议、第六届中国—东盟汽车工业博览会。招商引资成果丰硕，引进市外境内到位资金848.23亿元，增长14.03%；实际利用外资（全口径）5.98亿美元。

加大民生保障力度。为民办实事项目全面完成。“大众创业、万众创新”扎实开展，城镇新增就业6万人，农村劳动力转移就业6.1万人。社会保障制度实现城乡居民全覆盖，五项社会保险参保人数378.3万人，连续十二年上调基本养老标准；市区城市低保标准提高到每人每月500元，市区农村低保标准提高到每人每年3200元。棚户区实物建房建成14767套、分配入住11000套，农村危房改造新开工15304户、竣工11365户。义务教育均衡发展取得新成果，县属轮教、集团化办学效果良好，市区义务教育学校基本建设“三年攻坚”任务基本完成，新增学位5.52万个，全市中小学教职工编制增加20.7%。普通高中办学水平和教育质量不断提高。全国首批现代学徒制试点工作顺利推进。职业教育国际化、高等教育加快发展。文体事业欣欣向荣，舞蹈诗《侗》《八桂大歌》等精品艺术影响力不断扩大，“鱼峰歌圩”成为国家公共文化服务示范项目。华侨城文化旅游科技体验园等项目扎实推进。东门等历史街区保护整治顺利完成，成功举办2016国际水上狂欢节、第九届奇石节，全民健身活动丰富多彩。卫生计生事业不断进步，市、县公立医院改革稳步实施，区域医疗联合体建设、远程医疗服务扎实开展，中医药服务能力、疾病防控工作水平得到提升。依法稳妥实施全面两孩政策，计划生育服务管理转型升级步伐加快。深入推进“平安柳州”建设，改造升级“天网”工程，社会治安防控体系进一步完善。安全生产形势持续稳定好转，食品药品监管不断加强，依法调处化解各类纠纷，保持社会和谐稳定。国防教育深入开展，全民国防意识不断增强，国防动员准备和后备力量建设扎实推进，成功召开全区民兵应急分队规范化建设现场会，形成“柳州经验”、打造“柳州模式”，实现全国双拥模范城“八连冠”。

不断加强政府建设。扎实开展“两学一做”学习教育，学习贯彻落实党的十八届五中、六中全会精神，狠抓政府作风转变。加大法治政府建设，启动实施“七五”普法，柳州首部实体法—《柳州市莲花山保护条例》获自治区人大常委会批准，首部程序性政府规章—《柳州市政府规章制定程序办法》正式施行并经国务院法制办备案。认真执行人大决议决定，主动接受人大及其常委会法律监督、工作监督和政协民主监督，市人大代表议案建议、市政协委员提案办结率和满意率均达100%。坚持“市长接待日”“市长企业接待日”制度，开展“中小企业服务月”活动，积极为企业、群众排忧解难。认真贯彻中央“八项规定”精神和国务院“约法三章”，加强行政监察、审计监督，严厉查处各类违纪违规违法行为。圆满完成市县乡三级政府换届，确保了换届风清气正。

过去一年，全市人事、编制、外事、侨务、口岸、税务、物价、统计、国家安全、决策咨询、档案、地方志、气象、水库移民、供销、民族宗教、老龄、妇女儿童、残疾人事业、防汛抗旱、防震减灾、社会科学等各项工作都取得新的成绩，作出了新的贡献。

在总结成绩的同时，我们也清醒地看到，全市经济社会发展中还存在不少困难和问题：稳增长、调结构压力很大，既要面对新常态下经济下行压力，又要面对经济转型带来的各种阵痛；发展的短板问题依然突出，县域经济实力不强，非公经济不旺，开放型经济发展不快；影响社会和谐稳定的矛盾和问题还比较多，信访维稳等问题不容忽视，脱贫攻坚任务重、难度大、时间紧，群众就业、就学、出行和住房等困难仍然存在。对于这些问题，我们将高度重视，认真研究，采取有力措施，切实加以解决。

各位代表，过去一年取得的成绩，是自治区党委、政府和市委正确领导的结果，得益于市人大、市政协的监督和支持，凝聚了全市各族人民的辛勤与智慧。在此，我代表市人民政府，向全市各族人民，向驻柳人民解放军、武警驻柳部队官兵，向各民主党派、工商联、人民团体和海内外所有关心、支持柳州发展的各界人士，致以崇高的敬意和衷心的感谢！

2017年工作总体要求与目标

今年，是实施“十三五”规划的重要一年，是供给侧结构性改革的深化之年。做好今年的工作，机遇与挑战并存，我们将认真贯彻落实中央、全区经济工作会议精神，按照郑俊康书记在中共柳州市第十二届代表大会第二次会议工作报告中提出的总体要求、目标任务和工作部署，坚定发展信心决心，做好克难攻坚准备，始终保持想干事、敢干事、干成事的精神状态，不断开拓发展新境界，推动柳州经济社会发展迈上新台阶。

今年政府工作的总体要求是：全面贯彻党中央、国务院和自治区党委、政府的决策部署，继续按照稳中求进工作总基调，坚持以提高发展质量和效益为中心，以推进供给侧结构性改革为主线，秉持五大发展理念，实施全面创新、城乡一体、绿色崛起、开放带动、共享发展战略，深入推进“实业兴市，开放强柳”，着力营造风清气正的政治生态、团结和谐的社会生态、山清水秀的自然生态，全力打好产业转型升级、基础设施建设和精准脱贫攻坚战，力争在实体经济发展、项目投资建设、保障改善民生、全面深化改革取得新突破，为开创“十三五”发展新局面、实现“率先建成”和“打造龙头”双目标打下坚实基础。

2017年柳州经济社会发展的主要预期目标是：地区生产总值增长7.5%左右，在实际工作中争取更好结果；规模以上工业增加值增长6.5%，固定资产投资增长14%，财政收入增长7%，社会消费品零售总额增长10%，城镇居民人均可支配收入增长8.5%，农村居民人均可支配收入增长10%。城镇登记失业率和单位生产总值能耗、主要污染物排放总量控制在自治区下达指标以内。

在今年的政府工作中要重点把握好以下几点：**一是牢牢把握稳中求进工作总基调。**立足于“稳”、着眼于“进”，坚持实业主导、投资引领、生态优先、民生为重、全面发展，走质量高、效益好、结构优、可持续的发展之路。**二是大力振兴实体经济。**柳州振兴实体经济的主战场在制造业，关键在存量，突破在增量，动力在创新。通过提升创新能力，推动传统产业提质增效，加快发展战略性新兴产业，建设智能制造产业新基地，加快新旧动能顺利转换。**三是全力推进供给侧结构性改革、扩大对外开放。**抓住供给侧结构性改革这条主线，深入推进“三去一降一补”，保障原有政策落地生效的同时，根据新情况新问题完善政策措施，不断提高供给体系的质量和效率。大力实施开放发展战略，主动融入广西“四维支撑、四沿联动”[10]开放发展新格局，增强柳州在区域经济中的辐射力、带动力，加快建设成为内陆开放型经济新高地。**四是不断提高城市建设管理水平。**以北部生态新区、柳江新城区建设拓展城市发展的新空间，以轨道交通为引线构建城市发展的新格局。坚持“一江两岸”生态保护优先、适度开发，打造具有柳州特色的新型城镇化品牌。牢牢抓住影响城市安全、阻碍城市发展、群众反映强烈的突出问题，持续用力补好短板，提升城市综合竞争力。**五是更加重视保障和改善民生。**把脱贫攻坚作为第一民生工程来抓，坚决打赢精准脱贫攻坚战。优先保障民生支出，加强义务教育、医疗卫生、社会保障、公共文化、环境保护等基本公共服务，更加关注贫困群众、弱势群体的生活，让人民群众在共建共享中享有更多获得感。

2017年工作安排

围绕今年的目标任务，我们将重点抓好以下几个方面工作：

一、实施创新驱动发展战略，打好产业转型升级攻坚战

优化提升传统产业。加快支柱产业结构调整优化，汽车工业完善全产业链布局，竣工上汽通用五菱柳州发动机五期工程、东风柳汽柳东研发中心等项目；实施汽车零部件再升级改造计划，通过主机厂主导、外部技术整合、系统创新创造，提高制造水平和本地配套率。钢铁产业着力调整产品结构，开发冷轧汽车用钢，推动柳钢产品向高附加值、高品质、高科技转型。机械产业支持工程机械、建筑机械优化升级，拓展现代农业机械、机器人两大新产业板块。依靠科技创新、技术更新改造，提升化工、纺织服装、建材等传统产业和以螺蛳粉为代表的食品加工产业竞争力。

培育壮大战略性新兴产业。对接“十三五”国家战略性新兴产业发展规划和“中国制造2025”，加快构建战略性新兴产业体系。大力发展新能源汽车，建设上汽通用五菱年产20万辆新能源车、东风柳汽新能源汽车等项目，支持新能源汽车核心零部件研发生产，建设一批充电桩等配套设施，构建较为完整的新能源汽车生产体系。大力发展智能制造产业，与中国南方电网合作建设智能电网产业园，抢占南方电网在西南地区布局制造智能电网器件的制高点。以“项目+产业”模式，全力引进中车股份等城市轨道交通装备制造企业，合作建设集整车生产、保养、维修为一体的维保中心，吸纳聚集一批轨道交通零部件生产企业，推动城市轨道交通装备产业化发展。以柳州列为自治区建筑产业化 试点示范城市为契机，推进柳钢与中建钢构合作建设生产基地、与建工集团合作生产建筑标准件，发展节能材料、新型建筑模块、住宅标准件产业，促进钢铁、铝材、水泥、工程机械与建筑产业深度融合。建设战略性新兴产业示范基地，重点培育30户战略性新兴产业骨干企业，加快将新能源汽车、新一代信息技术、智能装备制造、新材料、节能环保、生物医药等战略性新兴产业培育成为先导性、支柱性产业。

增强创新驱动发展能力。发展工业设计产业，在北部生态新区规划建设"工业设计城" ，大力引进国内外工业设计企业和设计研发机构。推进公共创新平台建设，支持大中型骨干企业建立企业技术中心，培育一批自治区级、市级企业技术中心，加快国家级汽车质量监督检验中心、柳州新能源汽车检测平台等项目建设。深入推进国家小微企业创业创新城市示范工作，建设柳东新区、阳和新区"智能制造""云服务平台"等示范基地，新增30家国家高新技术企业、30个市级以上众创空间、30家市级以上小微企业创业创新基地。发扬"工匠精神"，深入实施质量强市战略，争取率先建成广西首个"全国质量强市示范城市"。

提升产业集聚化发展水平。大力推进北部生态新区建设，引导生态工业、智能制造、现代服务业向北部生态新区集聚。全面推进柳东新区（广西柳州汽车城）先进制造业核心产业区，以汽车整车生产为龙头，促进汽车零部件、电子信息等产业集聚发展。落实园区工业用地价格、厂房租赁补贴等优惠政策，大力推进产业项目建设。加快完善阳和工业新区、河西工业园、柳北工业园、洛维工业园、新兴工业园等园区基础设施，不断增强园区综合承载力。促进各县工业集中区集约化、差异化发展，打造特色产业基地。

二、提高农业现代化发展水平，统筹推进城乡协调发展

加快城乡一体化进程。建设柳江新城区，推进鹿寨、柳城同城化发展。以柳东大道延长线贯通为契机，促进中心城区、柳东新区与鹿寨产业优势互补、错位发展。发挥三柳高速公路交通动脉作用，着力将柳城、融安、融水、三江四县打造成为国家重点生态功能区、农产品主产区、生态民俗文化旅游带。开展白莲机场至三江市域城际铁路前期工作，开工建设桂林至柳城高速公路，优化城乡发展布局，促进城乡资源共享。

大力发展现代农业。集中力量打造一批特色农业示范区，创建2个以上自治区级农业示范区，争创国家级现代特色农业示范区。调优农业产业结构，提高粮食生产保障能力，发展水果、桑蚕、茶叶等优势特色产业，推动柑橘产业跨越式发展，着力打造国内高品质柑桔生产基地、优质金桔生产基地。加快"双高"糖料蔗基地建设。发展水产畜牧生态健康养殖，构建农牧结合、种养加一体的现代农业产业体系。推进现代农机制造，提高农业机械化水平。规划建设农产品精深加工园区，培育一批粮食烘储加工、果蔬茶加工、农产品冷链物流企业。实施农产品质量安全战略，创建农产品质量安全县，构建农产品质量安全追溯及监管体系。

完善农业基础设施。市本级财政安排6.65亿元支持各县发展。实施"县县通高速、村村通公路"工程，确保全市具备条件的建制村通畅率达到100%，开工建设200公里县乡联网公路。启动第三批整县推进高标准基本农田土地整治，实施农村人饮工程，解决4万农村人口饮水困难问题，新增恢复改善农田灌溉面积60万亩。推进落久水利枢纽主坝、副坝建设，做好移民搬迁安置，力争开工建设洋溪（梅林）水利枢纽。统筹实施农村电力沼气、宽带通讯、垃圾处理等建设，不断改善农村生产生活条件。做好传统村落、少数民族特色村寨保护开发，建设特色名镇名村。

增强县域经济发展活力。做好柳江由县到区过渡期内的建设，综合开发利用土地资源，增强产业经济活力。推进鹿寨县撤县设区工作，优化发展汽配、化工、能源、林木加工等产业。柳城县发展汽车零部件、制糖、机械制造、新材料、生物制药等产业，促进产业向园区集聚。融安县发展制药、香杉、竹木加工业、风电水电产业，打造金桔特色产业，建设绿色低碳生态工业基地。融水县做大苗乡特色生态旅游，发展高山茶叶、中草药、林下种养等生态产业。三江县提升茶叶质量与品质，发展稻田养鱼等特色产业，努力建设成为全国少数民族特色旅游目的地。

三、大力发展现代服务业，促进第三产业优质高效发展

加快打造广西生产性服务业新高地。实施汽车产业、现代物流、工业设计创新服务工程，大力发展汽车后市场产业，建设汽车后市场产业园，进一步增强服务业的聚集力。围绕城市快环经济圈，布局建设一批区域性大型商品交易市场，推进西鹅铁路货运中心、毅德商贸物流城等项目建设。发展研发设计、信息技术服务等产业，推动生产性服务业向专业化和价值链高端延伸。

提升生活性服务业品质。推动生活性服务业便利化、精细化、品质化发展。进一步繁荣城市商圈，加快河北半岛商圈特色发展，完善河东文昌商圈功能布局，规划建设城市生活用品物流中心、冷链物流产业园。推进恒大、华侨城文化旅游科技体验园、新柳邕（二期）等项目建设，引导传统商贸业转型升级。坚持“房子是用来住的、不是用来炒的”的定位，合理增加土地供应，加强住房市场监管，规范开发、销售、中介等行为。积极创建百里柳江、程阳八寨5A级景区，支持三江、融水、鹿寨创建广西特色旅游名县，推动三江“全国旅游标准化示范县”、融水“国家全域旅游示范区”建设，打造鹿寨县中渡镇国家级特色小镇。

发展现代互联网产业体系。实施“互联网+”行动计划，鼓励骨干企业开放创新交互平台，支持柳钢集团电商平台、东风柳汽车辆增值服务平台建设。实施“电商柳州”工程，发展工业电商、供应链电商、大宗商品电商，实现线上服务资源与线下产业资源深度融合。加快柳城县、鹿寨县、融安县“电子商务进农村示范县”建设，推进“互联网+”与农业、旅游等行业融合，实施阿里巴巴“农村淘宝”项目，活跃农村电子商务。

建设区域性产业金融服务中心。以服务实体经济为导向，建立政策性融资担保体系，由政府出资组建政府性融资担保机构，解决中小微企业融资担保问题。围绕产业发展需求，通过政府出资并吸纳金融机构和社会资金，设立产业发展投资基金，引入风险投资机制，扶持新兴技术企业、高科技企业发展。与有资质的金融机构合作建立产权、股权交易平台和金融产品交易平台，拓展企业融资的新模式。发展多层次资本市场，支持金融投资集团取得基金、信托、保险等金融牌照，积极防范区域性金融风险。

四、全力打好精准脱贫攻坚战，确保8.5万贫困群众脱贫

全面推进脱贫攻坚。深入实施精准脱贫“七个一批”“十大行动”，建设脱贫攻坚大数据管理平台，扎实推进特色种养、移民搬迁、旅游发展、就业扶持、医疗救助、教育帮扶、低保兜底等脱贫攻坚工程，提高脱贫工作的精准性和有效性，确保年底融安县脱贫摘帽，全市85个贫困村脱贫出列，减少贫困人口8.5万人。

加快补齐基础设施建设短板。推进贫困村屯级道路、农村电网、宽带网络等建设，实现贫困地区20户以上自然屯通屯硬化道路800公里；完成4658户贫困户危房改造；对200个贫困村（屯）老旧供电网络实施更新改造，建设一批高效节能配电台区；推动光缆入村入屯入户，年内基本实现贫困村宽带信息网络全覆盖；按照“六个一”标准，建设45个贫困村公共服务中心。

进一步增强脱贫实效。严格“一把手”脱贫攻坚责任制，实行督查、通报、协调制度，抓好扶贫开发成效考核和实绩考核。加强农村低保制度与扶贫开发政策衔接，制定农村低保标准动态调整方案，完善农村低保标准与物价上涨挂钩联动机制，推广孤寡贫困户“集中安置+供养”模式。进一步完善精准脱贫工作机制，抓好群众动员工作，全面推进“百企扶百村”活动，广泛动员社会力量共同参与扶贫。

五、坚持以项目投资为抓手，打好基础设施建设攻坚战

掀起新一轮城市建设新高潮。大力实施“十三五”期“十大城市建设工程”，推进城市轨道交通、柳东新区文化广场、市民服务中心等项目建设，加快实施五岔路口改造、官塘大桥、白沙大桥等项目，进一步完善城市基础设施体系。为迎接自治区成立60周年大庆，全面启动具有公益性、标志性的60个重大项目建设，并争取2018年底前基本建成或实现开工。全力实施年度1045个城建项目，计划投资555.2亿元。

全力扩大有效投资。集中力量实施503项市级层面重大项目，年度计划投资763.2亿元，其中：产业发展投资231.7亿元，民生保障投资176.3亿元，生态环保和节能减排投资45.6亿元。着力抓好工业投资，实施新一轮技术改造工程，制定促进工业投资考核激励办法，集中资金扶持重大工业项目投资、中小企业融资担保和重大工业项目前期工作。围绕智能制造、轨道交通产业化、建筑产业化等领域，超前谋划、储备一批战略性项目，不断增强投资后劲。

强化项目建设要素保障。实施重点项目推进机制，倒排工期、挂图作战，推动项目建设提速提效。继续开展打击"两违"专项行动，依法开展征地拆迁，全力保障重大项目用地需求。继续加大重大项目建设筹融资力度，拓宽项目建设融资渠道，推广政府和社会资本（PPP）合作模式，力争年内政府和社会资本合作项目投资达100亿元。加强与各类金融机构合作，充分发挥各类投资基金的撬动作用。

六、推动各项改革举措落地生效，增创体制机制新优势

深化经济领域重点改革。狠抓供给侧结构性改革"1+5"政策文件　落实，推动"三去一降一补"工作任务取得更大进展。深化国资国企改革，推进国有企业重组整合，全力保障九大集团公司正常运转；进一步完善出资人制度，健全企业薪酬分配制度，开展市属国有企业分类监管，促进国资国企降本增效。深化投融资体制改革，加快建立多元化的投融资机制，引导社会资本扩大投资。推进预算管理制度改革，建立财政资金统筹管理机制，加强政府债务限额管理。积极稳妥发展混合所有制经济，完善非公有制经济发展政策，激发民间资本活力。

深化行政审批制度改革。深入推进"八个一"综合改革，继续减少、下放行政审批事项，调整完善市本级政府部门权责清单。发展"互联网+政务服务"模式，健全全市统一的公共资源交易平台，完善公共资源交易规则，实行公共资源交易目录化、动态化管理。全面落实不动产统一登记制度，完善不动产登记信息平台，缩短办结时限和抵押登记时限。发挥企业信用信息公示系统作用，构建以信用监管为主的事中事后监管机制。深入推进商事制度改革，巩固和扩大"六证合一、一照一码"　改革成果。推动综合行政执法体制改革，更好地为企业、为市民服务。

统筹实施社会领域改革。实施农村综合改革，稳步推进供销社、国有林场改革发展，推动农村土地规范有序流转，年内基本完成农村土地承包经营权确权登记颁证工作。深化户籍制度改革，完善公共服务、社会保障制度，有序推进农村转移人口市民化。实施国税、地税征管体制改革，加快现代化税收征管体制和征管能力建设。统筹文化、教育、医药卫生、社会保障、食品药品安全、安全生产监管体制等领域改革，不断健全发展体制机制。

七、全面扩大开放与合作，不断增强经济发展动力活力

提高开放型经济发展水平。主动参与国家"一带一路"、珠江—西江经济带建设，借助中国—东盟博览会等平台资源，办好中国—东盟汽车工业博览会。开展立足西南中南、面向港澳与东盟的多领域交流合作，推动与广佛肇经济圈的产业对接，促进跨区域各产业各领域的交流合作。建立更加务实的"柳来河"工作机制和磋商机制，促进"柳来河"三地产业互动、交通互联互通。实施新一轮"加工贸易倍增计划"，鼓励和支持汽车、工程机械、钢铁等传统优势产业走出去。建设粤桂黔高铁经济带合作试验区广西园、中欧战略合作示范园，加快柳州保税物流中心（B型）申报，规划建设空港经济区，努力构建全方位开放合作的新格局。

拓展对外交通发展网络。加快建设柳州站站房扩建工程（东站房），开工建设柳州动车存放所，实施焦柳铁路怀化至柳州段电气化改造、湘桂铁路柳州枢纽扩能工程，加快柳州至广州、柳州至韶关、柳州至河池等铁路项目前期工作。着力构建高效便捷公路网络，开工建设柳州经合山至南宁、融水至河池等高速公路，加快柳州至南宁改扩建、柳州至梧州等高速公路建设，确保三江至桂林等高速公路建成通车。推进柳江红花二线船闸、柳州港官塘作业区一期工程、鹿寨江口作业区建设，进一步提升港口吞吐能力。加大柳州机场航线开发力度，积极申报柳州白莲机场临时航空口岸，开展机场远距离二跑道前期研究工作。

狠抓招商引资工作。加大对战略性新兴产业、汽车全产业链、智慧电网产业、轨道交通产业链、建筑产业现代化等领域招商引资工作，一个项目一个团队推进项目落地建设，营造重商、亲商、安商、护商的良好环境。年内新引进超亿元项目100个以上、超十亿元项目15个以上，实现全年市外到位资金目标任务增长7%以上、实际利用外资（全口径）目标任务增长10%。

八、增强城市综合服务功能，营造山清水秀的自然生态

进一步完善城市基础设施。推进新一轮柳州市城市总体规划编制工作，强化控制性详细规划的管控。编制柳州城市色彩规划，着力构建层次分明、整体优化、搭配合理、比例协调的城市色彩体系。加快轨道交通申报工作，启动建设轨道交通1号线，开工建设轨道交通三门江跨江大桥。建设柳东新区国家产城融合示范区，实施雒容至东泉公路项目，延伸柳东新区发展空间。将柳江区规划、建设纳入市级管理，实施柳江城市建设十大工程。全面建设北部生态新区，以生态为核心科学编制发展规划、建设规划、产业规划以及各专项规划，打造一个以城带乡、城乡互动、产城融合、生态绿色的新型城镇化建设示范新区和智慧城市新区。加强历史街区保护整治，继续实施老旧小区综合整治以及旧城、城中村、棚户区改造。开展海绵城市试点，推进莲花山片区“慢城” 建设，实施地下综合管廊项目，全面完成市区内涝积水点整治。建设“智慧城市”，打造智慧柳州时空信息云平台。优先发展公共交通，着力解决城市拥堵问题，促进城市管理智能化、网络化、科学化。

建设绿色低碳的生态市。积极创建国家生态市、国家生态园林城市，推进花园城市2.0版建设，实施三门江国家森林公园保护利用提升工程，建设洋紫荆主题公园、北部生态新区湿地公园、官塘滨江湿地公园和柳江岜公塘湿地公园。进一步强化环保责任追究，严控主要污染物排放。全面推行河长制 ，深入开展柳江河重点流域、水源保护区综合治理，确保柳江河饮用水保护河段保持国家地表水Ⅲ类以上水质标准。大力发展生态经济，建设国家循环经济示范市，力争成为国家第三批低碳城市试点。依托现有城市生活垃圾处理场所，规划建设以生活垃圾、建筑垃圾、医疗废弃物、污泥及其他废弃物资源化利用为主的静脉产业园。启动“美丽柳州·宜居乡村”建设，实施“产业富民、服务惠民、基础便民”计划，集中资金、资源打造“宜居乡村”综合示范村屯。

九、持续保障和改善民生，营造团结和谐的社会生态

提升民生保障水平。大力推动“大众创业、万众创新”，进一步鼓励人才创新，畅通人才合理流动渠道，加快引进和培养高层次创业创新人才。统筹推进高校毕业生、农村转移劳动力、城镇就业困难人员等重点群体就业创业。不断增强社会保障能力，全面启动社会保险标准化建设“先行城市”活动，完成城镇居民医保和新农合的整合，建立统一的城乡居民基本医疗保险制度，简化城镇医疗保险报销程序，提高城乡最低生活保障标准。开展政府购买居家养老服务扩标提面工作，推进休闲旅游养生养老产业发展，着力构建“两环一中心” 养老产业发展布局。大力推进民生保障工程，完成1万套保障性住房改造及新建任务。

协调发展社会各项事业。从群众关注度高的问题入手，着力推动公共服务公平均衡，增强人民群众的获得感。

——**优先发展教育事业。**健全学区制管理、集团化办学工作机制，完善教师轮岗交流、县属轮教配套政策，优化城乡教育资源。启动第三期学前教育三年行动计划，力争学前教育三年毛入园率达82%。大力推进义务教育均衡发展，加快义务教育学校标准化建设，提高保障水平。改善高中阶段教育学校办学条件，推进一批示范、特色普通高中建设，提高学生综合素质。完善特殊教育体系，提高适龄“三残”少年儿童 入学率。做优职业教育，加快建设广西（柳州）公共实训基地，推进“全国现代学徒制试点城市”“广西现代职业教育改革发展示范区”建设，促进学历教育向职业资格准入转变。利用高等院校引进智能制造领军人才、创新团队、高端人才，加快广西科技大学鹿山学院向应用型本科院校转型升级，筹建柳州理工学院。

——**繁荣发展文化体育事业。**大力发展文艺事业，提升文化惠民项目品牌，支持《侗》《八桂大歌》等艺术精品“走出去”。创建第三批国家公共文化服务体系示范项目，打造新的文化惠民平台，丰富群众文化活动。做好文化遗产保护利用。推动文化产业转型升级，办好水上狂欢节、世界水上极速运动大赛、柳州世界铁人三项赛等重大赛事活动。促进全民健身与全民健康深度融合，广泛开展群众体育健身活动。积极争创全国文明城市，深入开展社会主义核心价值观教育，广泛开展精神文明、民族团结创建活动，弘扬柳州精神。

——建设健康柳州。积极推进健康城市　建设，做好国家卫生城市复审工作，提高医疗救助、卫生监督、疾病防控、妇幼保健工作水平。深化城市公立医院改革，扩大现代医院管理制度试点，探索建立公立医院绩效考评机制。推进紧密型区域医疗联合体建设，完善分级诊疗体系。促进中医药发展，加强基层医疗卫生服务能力建设，促进基本公共卫生服务均等化。实施全面两孩政策和优生优育工程，不断优化人口结构。深入创建"食品安全城市"，加大食品药品监管力度，严厉打击食品药品违法犯罪行为，保障人民群众饮食用药安全。

——提升社会治理水平。建设"平安柳州"，深入推进社会治理现代化建设，打造以智慧公安、智慧司法为主要构架的社会治理信息化管理平台。全面加强社区建设，新建、购置和改扩建101个城市社区服务场所，推进社区网格化管理，"零距离"为居民做好服务。加快完善社会信用体系，建设诚信柳州。深入实施"领导干部包案"制度，做好矛盾纠纷化解。加强法治宣传教育，提高全社会尊法学法守法意识。坚决落实安全生产责任制，切实做到"党政同责、一岗双责、齐抓共管、失职追责"。抓好信访应急维稳工作，全力维护社会和谐稳定。

——推进军民融合深度发展。持续深化拓展全民国防教育，积极支持军队改革，注重在经济建设中贯彻国防需求，稳步推进国防动员准备和后备力量建设改革，开展好征兵工作，切实做好军事设施保护。加大双拥创建力度，加强基础设施等重要领域融合发展，形成军民深度融合的发展格局。

十、建设法治政府、廉洁政府和服务型政府，营造风清气正的政治生态

推进法治政府建设。坚持依法行政，履行党政主要负责人推进法治建设第一责任人职责。完善政府立法工作机制，科学制定和开展重点领域政府立法。建立健全综合执法制度，开展食品药品、工商质监、公共卫生、农林水利、交通运输等领域综合执法，推动综合行政执法工作向乡镇延伸。进一步完善行政执法程序，规范执法行为，营造公平公正的社会环境。

完善政府决策机制。严格执行《广西壮族自治区重大行政决策程序规定》，健全重大行政决策工作机制。大力推行政务公开、政府信息公开，实行重大决策预公开制度，落实重大决策社会稳定风险评估，健全公职律师管理制度。自觉接受市人大及其常委会的法律监督和工作监督，主动接受市政协的民主监督，认真办理人大议案、建议和政协提案。广泛听取民主党派、工商联、无党派人士意见，支持工会、共青团、妇联等人民团体发挥作用。

进一步强化作风建设。巩固"两学一做"学习教育成果，全面贯彻落实中央"八项规定"精神和国务院"约法三章"。认真履行党风廉洁建设"一岗双责"，严肃查处各类违纪违法案件。开展"不作为、乱作为"专项整治，坚决杜绝"议而不决、决而不施、施而无效"的行为。严格控制"三公"经费。加大对政策措施落实、公共财政资金、政府投资项目等审计力度，健全决策部署、重大项目推进落实的督查机制。完善绩效考评体系，发挥绩效激励导向作用。继续开展"市长接待日""市长企业接待日""中小企业服务月"和领导公开大接访活动，密切与群众的血肉联系，树立为民、务实、清廉的政府形象。

各位代表，"空谈误国，实干兴邦"。今年柳州发展的目标任务已明，关键在于抓落实。让我们紧密团结在以习近平同志为核心的党中央周围，在自治区党委、政府和市委的坚强领导下，切实把思想和行动统一到中共柳州市第十二届代表大会第二次会议确定的目标任务和工作要求上来，坚定信心，主动作为，真抓实干，加快实现"率先建成"和"打造龙头"双目标，以优异成绩迎接党的十九大胜利召开！

附注：

①"十大工业结构调整工程"：即汽车整车升级工程、汽车零部件提升工程、工程装备制造业基础元器件优化

工程、钢铁产业产品结构调整工程、化工产业延伸工程、有色金属新材料产业壮大工程、新兴产业培育工程、中小企业"千百十"发展工程、"三个千亿"打造工程、工业"智造"工程。

②"工业八大专项行动"：即实施柳州智能制造专项行动、产业优化升级专项行动、创新驱动发展专项行动、企业培育壮大专项行动、园区经济集聚专项行动、工业招商引资专项行动、绿色低碳发展专项行动、运行监测预警专项行动。

③精准脱贫"七个一批""十大行动"："七个一批"，即扶持生产发展一批、转移就业扶持一批、移民搬迁安置一批、生态补偿脱贫一批、教育扶智帮助一批、医疗救助解困一批、低保政策兜底一批。"十大行动"，即特色产业富民行动、扶贫移民搬迁行动、农村电商扶贫行动、农民工培训创业行动、贫困户产权收益行动、基础设施建设行动、科技文化扶贫行动、金融扶贫行动、社会扶贫行动、农村"三留守"人员和残疾人关爱服务行动。

④"多规合一"：是指将国民经济和社会发展规划、城乡规划、土地利用规划、生态环境保护规划等多个规划融合到一个区域上，实现一个市县一本规划、一张蓝图，解决现有各类规划自成体系、内容冲突、缺乏衔接等问题。

⑤"一主三新"：即主城区、柳东新区、柳江新区、北部生态新区。

⑥"智慧城市"：是运用信息和通信技术手段感测、分析、整合城市运行核心系统的各项关键信息，从而对包括民生、环保、公共安全、城市服务、工商业活动在内的各种需求做出智能响应。其实质是利用先进的信息技术，实现城市智慧式管理和运行，进而为城市中的人创造更美好的生活，促进城市的和谐、可持续成长。

⑦"海绵城市"：是新一代城市雨洪管理概念，指城市在适应环境变化和应对雨水带来的自然灾害等方面具有良好的"弹性"，下雨时吸水、蓄水、渗水、净水，需要时将蓄存的水"释放"并加以利用。

⑧"八个一"综合改革：即一枚印章管审批、一份清单管边界、一支队伍管执法、一个号码管服务、一张通卡管民生、一站服务管引才、一包方式管培训、一套制度管廉政。

⑨PPP：Public-Private Partnership简写，即政府和社会资本合作，是公共基础设施建设的一种项目融资模式，鼓励私营企业、民营资本与政府进行合作，参与公共基础设施的建设。

⑩"四维支撑、四沿联动"："四维支撑"，即向南开放，深化同以东盟为重点的"一带一路"沿线国家合作；向东开放，提升对粤港澳台开放合作水平；向西向北开放，增强服务西南中南地区开放发展功能；向发达国家开放，对接欧美日韩等经济体先进生产力。"四沿联动"，即扩大沿海开放，打造北部湾经济区开放发展升级版；扩大沿边开放，构筑边疆民族地区开放发展新高地；扩大沿江开放，形成珠江—西江经济带开放发展新优势；扩大沿线开放，释放高速铁路、高速公路沿线开放发展新活力。

建筑产业化：指整个建筑产业链的产业化，把建筑工业化向前端的产品开发、下游的建筑材料、建筑能源甚至建筑产品的销售延伸，是整个建筑行业在产业链条内资源的更优化配置。如果说建筑工业化更强调技术的主导作用，建筑产业化则增加了技术与经济和市场的结合。

"工业设计城"：柳州市在"十三五"期间大力发展工业设计产业，通过引进国内外知名工业设计企业，共同建设"工业设计城"。同时，依托"两创"平台建设，引进和培养一批优秀工业设计团队、领军人才，培育一批工业设计体验示范企业，创造一批有影响力的工业设计产品，打造一批工业设计产业集聚区和工业设计公共服务平台。

"六个一"标准：即一栋公共服务综合楼、一个篮球场、一个文艺舞台、一个宣传文化栏（墙）、组建一支文艺队、一支体育队。

"十大城市建设工程"：即城市轨道交通工程、白沙大桥、西鹅铁路货运中心站—东站还建项目、官塘大桥及莲花大道工程、三门江国家森林公园、西外环建设及五岔路口改造工程、沙塘至沙埔道路改造工程、市民服务中心、柳州站站房扩建工程、柳东新区文化广场。

供给侧结构性改革"1+5"政策文件：即《柳州市供给侧结构性改革总体方案（2016—2020年）》，以及《柳州市加强要素保障、减轻企业成本负担实施方案》《柳州市供给侧结构性改革"补短板"实施方案（2016—2020年）》《柳州市推进货币化安置、促进房地产市场持续健康发展实施方案》《柳州市供给侧结构性改革“去产能”实施方案(2016—2020年)》《柳州市供给侧结构性改革“去杠杆”实施方案(2016—2020年)》。

“六证合一、一照一码”:将工商营业执照、组织机构代码证、税务登记证、社会保险登记证、统计登记证、企业印章准刻证一并加载到一张证照上。“一照一码”通过“一口受理、并联审批、信息共享、结果互认”,将由三个部门(工商、质检、税务)分别核发不同证照,改为通过“一窗受理、互联互通、信息共享”,由工商部门直接核发加载法人和其他组织统一社会信用代码的营业执照。

“柳江城市建设十大工程”:即白莲大道、柳江大道、兴柳路、毅德商贸物流城、启迪(柳州)科技城、柳江新区学校、体育公园、岜公塘湿地公园、市民广场、西二路等项目。

“慢城”:指建立一种放慢生活节奏的城市形态。根据世界慢城联盟的规定,获评的城镇、村庄或社区必须人口在五万以下,追求绿色生活方式,反污染,反噪音,支持都市绿化,支持传统手工方法作业,不设快餐区和大型超市等。

河长制:即由各级党政主要负责人担任“河长”,负责辖区内河流的污染治理。

“两环一中心”:以柳州四城区为中心,以柳江柳城鹿寨为近郊环,以融安融水三江为远郊环的空间发展布局。

“三残”少年儿童:指“智残”、“体残”、“肢残”三类儿童。

“健康城市”:是指一个不断创造和改善自然环境、社会环境,并不断扩大社区资源,使人们在享受生命和充分发挥潜能方面能够相互支持的城市,国内专家提出较通俗的理解是:从城市规划、建设到管理各方面都以人的健康为中心,保障广大市民健康生活和工作,成为人类社会发展所必需的健康人群、健康环境和健康社会有机结合的发展整体。

柳州市2016年国民经济和社会发展计划执行情况及2017年国民经济和社会发展计划(草案)报告

市发展和改革委员会主任　王　昕

各位代表:

受市人民政府委托,我向大会报告柳州市2016年国民经济和社会发展计划执行情况及2017年国民经济和社会发展计划,请予审查,并请各位政协委员和列席代表提出意见。

一、2016年国民经济和社会发展计划执行情况

2016年是"十三五"开局之年,面对宏观经济下行的巨大压力,全市上下认真贯彻落实党的十八大和十八届三中、四中、五中、六中全会精神,以五大理念为引领,以供给侧结构性改革为主线,主动适应经济发展新常态,突出做好稳投资、稳工业、稳农业、稳消费、稳进出口、稳财政"六稳"工作,大力开展实体经济发展年、重大项目建设年、精准脱贫推进年活动,全市经济社会呈现出"总体平稳、稳中有进"的发展态势,实现了"十三五"的良好开局。

初步预计(下同),全年地区生产总值2476.94亿元,增长7.3%;规模以上工业增加值1193.72亿元,增长6%;固定资产投资2338.61亿元,增长14%;财政收入370.2亿元,增长7.66%;社会消费品零售总额1045.1亿元,增长10.7%;城镇居民人均可支配收入30270元,增长7.4%;农村居民人均可支配收入11107元,增长9.7%。

从上述指标完成情况看,2016年国民经济和社会发展主要目标执行情况良好。初步预测,在15项指标中,地区生产总值、规模以上工业增加值、城镇居民人均可支配收入、农村居民人均可支配收入等4项指标略低于预期目标,外贸进出口总额距目标有一定差距,固定资产投资、财政收入、社会消费品零售总额等9项指标完成或超额完成年度目标,实际利用外资超额完成自治区下达任务,但与我市目标有些差距。从计划执行情况看,全市经济社会发展主要呈现以下特点:

(一)兴实业、调结构,产业升级步伐加快。大力开展"实体经济发展年"活动,以实业作为支撑发展的脊梁,依托创新驱动,加快推进三次产业融合联动发展,全市呈现创新能力持续增强,产业结构持续优化的良好局面。

工业转型升级步伐加快。工业总量持续扩大,全部工业总产值迈上4700亿元台阶,增长5.1%;规模以上工业增加值达1193.72亿元,增长6%。汽车产业继续领跑全市工业,产量突破240万辆。上汽通用五菱宝骏基地二期、东风柳汽乘用车基地二期相继建成投产;上汽通用五菱成为全区首家销售收入突破千亿元企业。新能源汽车进入加快发展期,宝骏新能源汽车生产基地一期正式投产,全市共有E100等11款新能源汽车列入国家产品公告目录。促进钢铁与建筑产业融合发展,我市成为全区建筑产业现代化示范城市,柳钢与中建钢构有限公司携手签订战略合作协议,新型钢材比重持续上升,柳钢钢材产量突破1400万吨,实现扭亏为盈。机械行业转型升级步伐加快,柳工集团扭转至2012年2月以来连续55个月不断下滑的趋势,实现产值累计增速正增长。战略性新兴产业规模以上产值突破500亿元,占全市规模以上工业总产值比重不断提高,达11%。全市园区经济总量占全市比重达68%,集聚能力进一步提升。

现代农业稳步发展。全市实现农业增加值180.15亿元,增长3.5%。粮食、水果、蔬菜、桑蚕、茶叶等产业种植面积保持稳定,产量产值均稳中有增。加大农业基础设施建设力度,农业生产条件持续改善。大力推进农村一二三产业融合发展,全面铺开自治区、市、县、乡四级现代农业示范区创建工作,现代农业科技示范作用明显。特色名优农产品体系更加丰富,品牌建设成效显著。持续加强新型农业经营主体培育,注册登记农民专业合作社由1861家增至2203家,农业产业化重点龙头企业由102家增至110家,辐射带动农民20多万户,有效带动了农业增效和农民增收。

服务业活力进一步增强。深入实施服务业发展十大工程,推进服务业转型升级,全市实现服务业增加值934.99亿元,增长10.4%,占地区生产总值的比重较2015

年提高1.6个百分点，达37.7%；社会消费品零售总额首次突破1000亿元，达1045.1亿元，增长10.7%，拉动经济增长作用持续增强。积极开展服务业品牌创建，14个单位获得年度“广西服务业品牌”称号。柳州成为全区服务业综合改革试点。柳南万达广场建成营业，华润万象城、三胞广场等项目加快推进，城市品位进一步提升。新业态新经济加快培育，以螺蛳粉、融安金桔产业为代表的“互联网+”经济加快培育，全市电子商务交易额突破600亿元，增长36%，柳州特产方便装螺蛳粉销售收入超15亿元。旅游业蓬勃发展，百里柳江5A级景区创建、三江县民族风情特色旅游提升等旅游项目有序推进，“风情柳州”品牌影响力进一步提升，全年累计接待游客3315.38万人次，旅游总收入356.7亿元，增长25%。

创新驱动能力显著增强。积极推动“大众创业，万众创新”，柳州成为广西唯一、全国15个“两创”基地城市示范试点之一。阳和工业新区成为广西首个国家产业集群区域品牌建设试点单位。加强公共创新平台建设，全市新增七色珠光材料等8个自治区级企业技术中心，柳晶科技等49个高新技术企业，日高控股等6个国家两化融合管理体系贯标试点企业，津汇国际科技等5个自治区技术转移示范机构，源创电喷技术等4个广西创新型企业，上汽通用五菱获全国工业企业“质量标杆”称号，东风柳汽获国家技术创新示范企业认定，创新驱动能力持续提升。

（二）抓项目、促投资，稳增长基础更加牢固。大力开展“重大项目建设年”活动，发挥重大项目对稳投资的引领拉动作用，持续破解项目建设瓶颈，不断提升要素保障能力，顺利完成全年稳投资任务，稳增长基础进一步夯实。

全力挖掘投资新增长点。积极应对工业投资和民间投资下滑趋势，以深化融资体制改革为着力点，狠抓中央投资预算内资金等各项上级资金争取工作，持续扩大基础设施建设有效投资。基础设施完成投资706亿元，增长45%，拉动固定资产投资增长10.7个百分点，推动全面完成年度2338.61亿元，增长14%的固定资产投资任务。

重大项目建设提速增效。创新开展全市重大项目联合审批活动，积极对接自治区重大项目联合审批，有效破解了项目审批难题。开展征地拆迁百日攻坚行动及奋战50天重大项目大会战，找准症结集中攻破，有效破解项目征地拆迁难题。强化自治区层面统筹推进重大项目申报，积极争取专项切块土地指标，加强用地申请报批，全市新增建设用地指标2598公顷，增长72%，有效破解了项目用地难题，推动重大项目建设顺利开展。全市重点推进458个重大项目，完成投资740.2亿元，完成率109.9%，实现开工151项，竣工81项，开竣工率均达80%以上，较好的完成计划任务。

（三）重统筹、同发展，城乡一体化进程加快。统筹城市整体布局，加快以人为核心的新型城镇化建设，城市辐射带动能力不断增强，县域产业基础不断夯实。

对外交通体系日趋完善。构建综合交通运输通道，促进沿路、沿江城镇交通运输能力大提升。柳州站站房扩建工程（西站房）基本建成，湘桂铁路柳州枢纽扩能工程、焦柳铁路怀化至柳州段电气化改造工程初步设计通过评审；桂林至柳州高速公路路面改造工程、三江至柳州高速公路基本建成；柳州至南宁高速改扩建、柳州至梧州高速公路、桂林至三江高速公路等项目建设有序推进。官塘作业区一期、江口作业区一期、红花二线船闸等项目扎实推进。柳州白莲机场新航站楼及配套设施扩建项目正式投入使用。轨道交通各项前期工作扎实开展，柳州火车站城市综合交通配套工程实现开工建设，区域性综合交通枢纽新格局正在加快形成。

城市发展空间有效拓展。重点打造“一主三新，多点支撑”发展格局，塑造柳州城市发展新版图。加快柳东新区建设，统筹推进莲花大道、官塘大桥等一批基础设施重大项目，加快打通中心城区和柳东新区新的连接通道，新区城市功能设施不断完善，城市综合承载能力不断增强，推动柳东新区固定资产投资、财政收入、规模以上工业总产值均保持15%以上高速增长。积极向北拓展，加快北部生态新区筹划工作，推进沙塘至沙埔道路、北进路、雒容至东泉公路等一批通道项目建设，推进北部生态新区与主城区互联互通。柳江撤县设区获国务院批复，已于今年1月6日挂牌成立；统筹推进西外环路、柳江大道、兴柳路等一批基础设施建设，促进柳江与市区一体化发展，加快产业体系、公共服务体系与主城区全面融合。

城市综合承载能力不断加强。加快提升完善城市基础设施，推进地下综合管廊、充电桩、停车场等项目建设及排水系统、燃气管网升级改造。大力实施城市道路畅通工程，加快推进白沙大桥、五岔路口立交、胜利立交改造等城市路网建设。扎实推进国家智慧城市、海绵城市、公交都市各项工作，主城区承载力进一步提升。围绕完善中心城快速环路和主骨架路，加快城乡联接大通道建设，G322鹿寨至雒容项目全线贯通，柳州经江口至导江等辐射线加快推进，城市辐射带动能力进一步增强。

示范试点建设成果丰硕。国家新型城镇化综合试点成绩显著，柳州推动户籍制度改革、创新推进住房保障、加快公共服务共享、推动产城融合以及提升城市宜居品质等五个方面推进农业转移人口市民化、促进人口聚集的“柳州经验”被国家发改委作为典型案例印发并向全国推广。柳江县全国投融资体制改革试点、鹿寨县自治区新型城镇化试点各项工作扎实推进，柳北区沙塘镇、鹿寨县寨沙镇国家建制镇试点建设卓有成效。柳东新区成为国家级产城融合示范区，鹿寨县中渡镇成功入围全国首批特色小镇名单，迎来发展新机遇。柳州成为全区省级“多规合一”试点，编制完成“多规合一”工作进度“横道图”，启动“多规合一”数据库建设以及国民经济发展规划、城市规划、土地利用规划衔接等研究工作。

县域经济发展上新台阶。积极统筹县域经济发展，通过以城带乡，城乡互动，促进县域经济稳步增长。鹿寨县以新型工业化和城镇化为主线，以改革创新为突破口，各类示范试点工作走在全区县级前列，发展环境持续优化，主要经济指标保持较高增速，综合实力不断提升。柳城县以打造柳州城市居民农副产品供应基地为着力点，积极发展适宜城市居民需求的农副产品产业，农业品牌影响力持续提升；推动生态工业和现代服务业加快发展，形成三次产业联动发展新格局。融安县积极发展以金桔产业为代表的现代特色农业，以香杉木材产业为代表的生态工业，以旅游业为代表的现代服务业，形成各具特色的现代产业体系，县域经济活力不断增强。融水县、三江县充分利用少数民族极具特色的民族风情，积极发展现代服务业，做大旅游节庆经济，增强特优农产品供给能力，推动农业与服务业融合发展，赶超跨越步伐明显加快。

（四）优生态、促转型，环境质量持续提升。坚持绿色发展理念，深入推进循环经济建设，加快打造生态柳州，促进转型发展，生态环境质量稳步提升。

循环经济发展成效突出。大力发展循环经济，成为国家循环经济示范城市。积极创建国家第三批低碳城市试点，为柳州加快城市低碳发展、产业转型不断增添新动力。循环化产业链不断完善，柳钢余热回收发电、废水废渣回收利用成效显著，柳工成为自治区首家通过国家工信部机电产品再制造试点验收的单位。

推进能源多元清洁发展。大力推进新能源利用，中缅天然气长输管道柳江支线和柳州专供管道支线、广西液化天然气（LNG）项目输气管道工程柳州管道、北部三县风电等一批新能源项目加快推进，鹿寨热电联产、华电柳东光伏发电等清洁能源项目顺利投产，能源供应结构持续优化。

生态柳州建设步伐加快。花园城市2.0版建设有序推进，市区空气二氧化硫、二氧化氮年均值稳定在国家二级标准，柳江河饮用水保护河段水质达III类要求。节能减排工作取得实效，单位GDP能耗同比下降4.5%，规模以上工业企业万元工业增加值能耗同比下降5.5%。“美丽柳州·生态乡村”活动持续推进，完成317个自治区级示范村屯绿化，3456个一般村屯绿化，生态环境明显改善。

（五）促改革、扩开放，发展环境持续优化。坚持以改革释放发展新动能，以开放谋取发展新机遇，重点推进供给侧等关键领域改革，大力推动区域合作，强化招商引资，发展环境进一步优化。

供给侧结构性改革务实有效。出台供给侧结构性改革总体方案及配套系列政策，去产能、去库存、去杠杆、降成本、补短板五大任务取得积极成效。去产能方面，积极优化产能结构，增加有效产能供给，柳钢集团加大工艺技术攻关，推进供给质量提升，开发BN正火管线钢等9个新产品，推动企业扭亏为盈。去库存方面，围绕对在市区首次购房实施补贴、加大棚户区改造货币化安置等方面积极推进去库存，保持房地产库存消化周期在3个月左右，比全区库存消化周期低12个月以上。去杠杆方面，大力发展直接融资，提升直接融资比重，全年资本市场直接融资201.07亿元，增长132%，增幅远高于其他融资方式，企业融资结构明显改善;金融机构存款余额3350亿元,增长18.68%,增速高于同期金融机构贷款余额6.56个百分点,资金保障更加充足。降成本方面,围绕企业税费、物流运输、用地等方面积极为企业降低成本,累计降低各类成本超过15亿元,实施营改增改革减免企业税款9.25亿元,实行北外环高速(洛埠—长塘)柳州车辆免费通车,降低企业物流成本。补短板方面,基础设施、精准扶贫、服务业发展、创新能力等短板均加快补强,教育、卫生、社会保障等领域支出持续增加,协调发展能力进一步增强。

重点领域改革扎实推进。积极推进"一枚印章管审批",审批事项办结时限压缩法定时限的70%以上,取消行政权力31项。大力推进企业注册登记制度改革,实现"六证合一",办事效率进一步提升。扎实开展机关和参公事业单位公务用车制度改革工作,建立应急、机要通信用车管理机制,积极开展参改车辆拍卖工作,成交807辆,成交率90.78%,平均溢价率达50.34%,公务用车制度改革取得阶段性成效。积极推进医疗体制改革,组建了4个医疗联合体,推进市区优质医疗资源下沉基层,实现市区医疗资源与农村共享。大力推行分级诊疗制度,科学配置医疗资源,使优质医疗资源价值最大化。进一步巩固"药品零差率"销售制度,逐步实现群众得实惠、医院得发展的医改整体目标,有效缓解群众看病难看病贵问题。

区域合作能力得到增强。出台柳州市参与"一带一路"建设实施方案等系列文件,完成《粤桂黔高铁经济带合作试验区(柳州)广西园总体规划》等规划编制,粤桂黔高铁经济带合作试验区(柳州)广西园落地启动,成功举办第二届粤桂黔高铁经济带合作联席会议,沿线13个市(州)签署了《共同建设粤桂黔高铁经济带行动计划》等合作协议,经济带协同发展迈出了坚实步伐。成功举办第六届中国—东盟(柳州)汽车工业博览会,吸引国内外近60个汽车品牌集中展示。招商引资工作实现突破,引进市外境内到位资金(含续建项目)848.23亿元,增长14.03%;实际利用外资(全口径)5.98亿美元,超额完成自治区下达任务。

(六)补短板、惠民生,社会事业保障兜底有力。围绕补齐民生领域重点短板,大力推进精准扶贫,健全社会保障体系,人民群众获得感进一步增强,社会事业全面进步。

精准脱贫工作卓有成效。大力开展"精准脱贫推进年"活动,全力推进脱贫攻坚"七个一批"、"十大行动",实现60个贫困村、20084户贫困户80042人脱贫,圆满完成自治区下达的年度脱贫任务。大力推进贫困地区基础设施建设,建成建制村硬化路48条534.8公里,修建屯级道路597条1155公里,获得自治区易地扶贫搬迁新增建设用地计划指标151公顷,开工建设易地扶贫搬迁住房6470套,贫困地区群众生产生活条件大幅改善。积极实施产业扶贫,发放扶贫小额信贷8.8亿元,受益贫困户1.83万户,各县(区)基本形成了一批支撑作用强的特色种养业和乡村旅游业,贫困农户自我发展和可持续发展的能力明显提升。

社会保障水平不断提高。实施更加积极的就业政策,城镇新增就业人数6万人,农村劳动力转移就业6.1万人,城镇登记失业率为3.95%。社保制度体系实现城乡居民全覆盖,五项社会保险参保人数达378.3万人,连续第十二年上调基本养老标准,成为国家"创建社会保险标准化先行城市"试点城市。人民生活水平不断提高,城镇居民人均可支配收入突破30000元,达30270元;农村居民人均可支配收入突破10000元,达11107元。再次调整城镇和农村居民最低生活保障标准,累计发放城乡低保、医疗救助、临时救助、优抚补贴、残疾人补贴等共计3.46亿元,救助困难群众172.33万人次。棚户区实物建房建成14767套、分配入住11000套,职工危旧房改造新开工2370套,农村危旧房改造新开工15304户、竣工11365户,有效缓解低收入群体住房难题。

社会事业全面协调发展。市区义务教育三年攻坚行动基本完成,市财政累计投入超过20亿元,新增学位5.52万个;2016年全市实施基础教育基本建设累计投入各类资金32亿元,12所新改建幼儿园及中小学投入使用,有效缓解进城务工人员子女"入学难"、中小学校"大班额"等人民群众关心的热点难点问题。职业教育办学条件不断改善,柳职院柳东新校区建成投入使用,职教园区学校办学功能不断提升。卫计事业健康发展,新农合参保率保持在97%以上。进一步完善医疗基础设施,儿童医院、工人医院西院建成并投入使用,中医院东院加快推进,工人医院整体搬迁项目开工建设,医疗设施水平走在全区前列。推动养老体制机制创新,引入市场化运营模式,白云颐养中心等项目加快建设,养老设施不断完善。推进文体事业发展,成功举办2016国际水上狂欢节、第九届奇石节活动,华侨城文化旅游科技体验园、柳东文化艺术中心及体育公园等项目扎实推进,文化体育设施不断完善,文化体育事业蒸蒸日上。各项社会事业全面进步,社会大局和谐稳定。

在总结成绩的同时,我们也清醒地看到柳州发展存在的不足以及面临的复杂形势,主要是:**一是经济下行压力依然较大。**当前我市经济全面企稳的基础还不牢固,迅速回升的条件还不具备,最困难的阶段还会持续一段时间。**二是产业发展增长动力不足。**工业增长对汽车产业依赖度较大,冶金和机械行业受市场影响回暖趋势并不稳定,工业缺少大项目支撑,发展后劲还不足;农业产业化整体发展水平相对较低,农产品附加值较低,农业科技水平有待进一步提升;传统商贸服务业转型困难,大型购物中心营业额增长乏力,新兴服务业态对服务业增长拉动力依然较弱。**三是改善民生任务依然繁重,脱贫攻坚任务还很艰巨。**全市仍有20多万农村贫困人口尚未脱贫致富,80%集中在三江、融水、融安北部三县,三个贫困县基础设施较落后,产业基础薄弱;教育医疗等事业发展与百姓期盼有所差距。**四是外贸进出口持续下降。**外贸企业主体结构过于集中,出口产品较为单一,且贸易方式主要为一般贸易,易受国际市场波动影响,抗风险能力较弱,进出口持续疲软。

二、2017年国民经济和社会发展的主要预期目标

2017年是党的十九大召开年,也是实施“十三五”规划承上启下的关键一年,科学预测和设定2017年国民经济和社会发展主要目标意义重大。综合考量各方面因素,建议将我市2017年经济社会发展的主要预期目标设为:

地区生产总值增长7.5%左右,在实际工作中争取更好结果;规模以上工业增加值增长6.5%,固定资产投资增长14%,财政收入增长7%,社会消费品零售总额增长10%,城镇居民人均可支配收入增长8.5%,农村居民人均可支配收入增长10%,外贸进出口总额增长3%。

下面,围绕2017年经济增长7.5%左右的预期目标,从三次产业指标支撑条件做简要说明。

(一)关于必要性和适宜性的分析。主要考虑是:2017年为“十三五”关键一年,自治区“十三五”规划经济增长目标为7.5%以上,我市“十三五”规划经济增长目标为8%。经测算,我市“十三五”经济运行轨迹很可能是“先低后高”,2016年、2017年经济增速接近或者略低于8%,后三年经济增速高于8%,进而使五年平均增速达到8%。

综合分析,把我市2017年经济增长预期目标定为7.5%左右,在实际工作中争取更好结果,既考虑了我市2016年的实际增速,又与全区增速相衔接,有利于稳定社会预期,保持经济运行在合理区间。

(二)关于可行性和支撑条件的分析。经过测算产业增长,2017年一产、二产、三产增加值分别有望增长3.3%、6.5%、10.2%,投资、消费、出口分别有望增长14%、10%、3%,能够支撑经济增长7.5%左右。

一产方面:2016年第一产业增加值预计增长3.3%。预计2017年桑蚕、竹木、茶叶、蔬菜和优质水果等农产品生产稳定,在不发生大的气象灾害及病虫害情况下,2017年实现第一产业增长3.3%是有把握的,推动经济增长约0.5个百分点。二产方面:2016年第二产业增加值预计增长6%。预计2017年汽车行业增速保持稳定,钢铁、机械行业保持低位增长态势,2017年规模以上工业增加值有望增长6.5%,支撑第二产业增加值增长6.5%,进而推动经济增长约4.1个百分点。三产方面:2016年第三产业增加值预计增长10.1%。预计2017年批发零售、住宿餐饮、交通运输等行业发展态势趋于稳定,房地产业发展保持平稳,2017年有望实现第三产业增加值增长10.2%,推动经济增长约2.9个百分点。**综合分析:如果2017年我市一产、二产、三产分别实现3.3%、6.5%、10.2%的增长,就能够支撑实现经济增长7.5%左右的目标。**

三、2017年国民经济和社会发展主要任务

做好2017年全市经济社会发展工作,建议围绕自治区提出的营造“三大生态”,实现“两个建成”目标,坚持稳

中求进的总基调，主动适应经济社会发展新常态，秉持五大发展新理念，实施五大战略，加快供给侧结构性改革新实践，为实现率先在全区全面建成小康社会和打造西江经济带龙头城市打下坚实基础，着力做好以下六个方面具体工作。

（一）继续扩大有效需求，着力稳定经济增长。继续把投资和消费作为拉动我市经济社会发展的主动力，力争完成全年固定资产投资增长14%，完成社会消费品零售总额增长10%的目标任务。

积极有效优化投资结构。整合资金渠道，调整投资方向，切实提高投资有效性和精准性。**产业发展注重“强链”，**加大新型工业化投入，推动产业链、创新链、服务链“三链”融合。**基础设施注重“成网”，**重点强化交通、能源、水利、信息“四张网”建设，突出抓好柳州至南宁高速公路改扩建、城市轨道交通等项目建设。**生态环保注重“扩面”，**从重点治理扩大到源头治理和系统治理相结合，加快推进静脉产业园、电镀工业园等项目建设。**社会民生注重“补短”，**着力增强功能性设施供给，重点抓好第一中学迁建、潭中人民医院河西综合楼等项目建设。

着力加快重大项目建设。强化责任落实，积极破解项目前期审批、用地指标、征地拆迁等难题；实施“双百计划”行动，力争全年落实社会资本100亿元，发行各类债券100亿元，有效破解资金难题。强力推进重大项目建设，加快推进“十三五”十大城市建设工程，启动庆祝自治区成立60周年重大项目建设，加快实施1045项城建项目。继续狠抓区、市层面重大项目建设，重点推进503项重大项目，年度计划投资763.24亿元，其中：新开工凤凰岭大桥、三门江跨江大桥等187项重大项目，竣工胜利路改造、白沙大桥等103项重大项目，加快东风柳汽柳东研发中心等213项续建项目。强化重大项目包装策划，围绕完善城区功能，辐射带动县域经济发展，高起点、大格局，超前谋划一批大项目、好项目，特别是结合北部生态新区、三柳高速生态经济带、空港经济区等领域，积极谋划重大项目，为扩大投资积蓄力量。

推动消费扩大升级。加强预期引导，推动消费引领新供给，扩大教育、健康、文化、养老等服务消费，着力增强消费吸纳能力，精心培育一批拉动力强的消费新热点、新业态。挖掘信息技术迅速发展和广泛应用的信息消费，大力满足不同群体特别是年轻一代需要的时尚消费，适应居民更高质量需求的品质消费。积极发展新型服务业态，引导并扶持企业发展电子商务，支持企业依托地方优势产业或知名品牌开展网络营销，实现网络经济与实体经济的有机结合，积极引进国内外知名电商企业，加快电商经济发展。实施重点领域消费工程，持续开展“电子商务进农村”等活动，实施“电商柳州”行动，促进农村电商蓬勃发展。大力发展节庆、旅游消费，组织举办促大众消费系列活动和消费购物节等文化旅游系列活动，不断提升消费对稳增长的拉动能力。

（二）加快产业转型升级，全力振兴实体经济。深入贯彻创新发展理念，实施全面创新发展战略，开展“增品种、提品质、创品牌”专项行动，加强全面质量管理，扩大高质量产品和服务供给，加快产业转型升级和动能转换步伐，力争战略性新兴产业产值占规模以上工业总产值比重达12%以上。

推动工业结构优化升级。以提升发展支柱产业为抓手，优化调整汽车、钢铁、机械产业结构，实施上汽通用五菱发动机五期工程、柳州宝钢汽车热冲压成型汽车零部件生产线、柳工智能化工厂升级改造等项目建设。以技术创新升级转型为核心，实施柳化整体搬迁和技术改造升级等项目，加快以优势产能代替落后产能，实现高端产品、高端品牌的新突破。以推动供给侧结构性改革为依托，大力推动建筑产业化发展，促进钢铁、铝材、水泥、工程机械与建筑产业的深度融合发展；以智能制造和“互联网+”为引领，深入推进制造业智能化，与南方电网在北部生态新区开展产业合作，共建智能电网产业园。以培育发展工业新业态为着力点，引进轨道交通装备制造企业，推动轨道交通实现产业化；以产城融合为抓手推进园区经济建设，统筹协调工业园区基础设施建设，引导产业企业向园区集聚。推动军民融合创新发展，重点抓好军民融合总体布局，推出一批军民融合工程项目，努力培育一批军民融合企业，引导柳工等重点企业参与军民融合发展，壮大军民融合产业。

加快农业现代化进程。加快农村土地承包经营权确权登记颁证，推进土地流转和适度规模经营；加强农田水利等农业基础设施建设，努力提升农业信息化、科技化水平。狠抓现代特色农业示范区创建工作，争取建成2个以上自治区级现代特色农业示范区，积极推进国家级现代农业示范区申报工作。培育发展多元化新型农业经营主体和服务主体，发展壮大农民专业合作社。构建现代农业经营体系。进一步优化农业产业结构，增加绿色优质农产品供给。加快推进农村一二三产业融合发展，壮大农产品加工业，推动农产品加工业集聚发展，加快农业产业化示范基地和农产品加工物流园区创建工作；推进农业与健康养生、休闲娱乐、教育文化等深度融合，加快发展休闲观光农业。继续全面实施农产品质量安全工程，完善农产品质量安全追溯制度，确保人民群众舌尖上的安全。

促进现代服务业创新发展。深入实施“服务业发展十大工程”，推动生产性服务业向价值链高端延伸，加快生产性服务业及生活性服务业协同发展，不断培育形成服务业新的增长点。加快柳州汽车研发检测集聚区、广西糖业电子商务基地、柳州会展商务集聚区等现代服务业集聚区建设。推动“互联网+”经济发展，做大商务会展、现代物流、健康养老等现代服务业。推进百里柳江、三江程阳八寨创建5A级景区工程，加强区域旅游联动，以粤桂黔高铁经济带为依托，以三柳高速、209国道民俗风情走廊和柳州—桂林的山水走廊为载体，打造桂柳一体的桂中北民族特色旅游城市圈，不断提升柳州旅游名气。

（三）推进城乡均衡发展，提升区域发展水平。深入贯彻落实协调发展理念，实施城乡一体发展战略，以重大项目建设为载体，统筹城乡基础设施建设，不断提升城镇综合承载力。

构建内连外通交通体系。构建高效便捷公路交通网络，重点加快柳州至梧州、三江至桂林等项目建设，力促年内建成通车；加快柳州至南宁道路改扩建工程，柳州经合山至南宁、桂林至柳城高速公路、鹿寨经平山至柳城公路等项目建设，力争年内工程进度有重大进展。加快实施一批乡镇二级公路，村屯通硬化道路工程。提升港口吞吐能力，加快推进港口、船闸及航道等重大项目建设，重点推进红花二线船闸工程、洋溪水利枢纽工程、落久水利枢纽工程、江口作业区一期工程等项目建设，提高航道等级和通航能力。进一步巩固铁路枢纽地位，继续加快推进柳州站站房扩建工程建设，开工建设柳州动车组存车场，加快焦柳铁路怀化至柳州段电气化改造工程、湘桂铁路柳州枢纽扩能工程等项目前期工作，积极开展柳州至河池、柳州至三江城际铁路项目前期研究工作。加快推进城市轨道交通首期建设规划上报审批，加大通用航空前期工作力度，构建内通外联的综合交通网络体系。

实施城市拓展升级工程。以“一主三新”建设为依托，辐射带动周边县发展。优化主城区产业布局，不断做大做强中心城市，以增强流入人口数量和质量、提升市区综合服务能力为重点，加快形成以服务型经济为主导的中心城市产业体系，吸引带动人口向城市聚集。重点强化柳东新区作为产城融合示范区的战略地位和作用，持续提升新区产业、创新、环境和教育驱动力，扎实推进柳东新区向东拓展，辐射带动鹿寨县发展。加快柳江新城区开发建设，提升中心城区辐射带动能力，进一步完善柳江区交通、教育、医疗等公共基础设施；加快柳江新兴工业园招商引资工作，做大做强柳江经济总量。积极推进北部生态新区开发工作，引导生态工业、现代服务业向北部生态新区集聚，加快北部生态经济走廊、三柳高速生态经济带前期工作，促进柳城及北部融水、融安、三江县发展。

加快新型城镇化建设。以推进农业转移人口市民化为抓手，探索建立农业转移人口落户数量与财政转移支付、建设用地增加规模、财政建设资金安排的“三挂钩”机制，推进国家新型城镇化示范试点建设持续加速。推进柳北区沙塘镇、鹿寨县寨沙镇2个国家级建制镇示范试点，柳城县沙埔镇、鹿寨县黄冕镇等6个全区百镇建设示范工程，以及鹿寨县中渡镇国家级特色小镇建设，打造成为极具特色、辐射能力强的经济、文化强镇，成为辐射带动周边地区发展的重要推动力。积极推进旧城改造、城中村改造和历史街区保护整治，规划莲花山片区“慢城”建设。重点围绕“多规合一”、棚户区改造、智慧城市、海绵城市、地下管廊等领域，推进一批市政基础设施和产业项目建设，进一步夯实城镇化发展基础。

（四）加强生态文明建设，提升绿色循环低碳发展水平。深入贯彻落实绿色发展理念，实施绿色崛起战略，提升绿色发展能力，扩大生态产品供给，努力创建国家生态文明先行示范区。

积极推进循环经济发展。以柳州荣获国家循环经济示范城市为契机，坚持产业生态化、生态产业化，降低能源、水、原材料等资源消耗，不断提高资源产出效率，构建工业为重点、农业为支撑、服务业有特色的循环产业体系。着力打造现代汽车、机械加工、有色金属上下关联，化工、造纸、制药、建材、日化相互衔接的工业循环发展模式，构建甘蔗、桑蚕、食用菌等多模互补的农业循环发展体系，在资源能源消耗较大的商贸、零售批发、物流等服务领域加快构建循环型服务业体系。

加快构建国家低碳城市。以创建国家低碳城市试点为契机，建立全市碳排放总量控制制度、温室气体排放清单编制常态化工作机制。构建低碳产业体系，推进柳州产业绿色转型；优化调整能源结构，提高可再生能源在能源消费结构中的比重；引导城市建筑行业转型，推动绿色、低碳、生态建筑发展；发展绿色智慧交通，形成多种方式协调发展的公共交通体系；提升碳汇能力，推进封山育林与石漠化治理；倡导绿色生活，促进全社会形成低碳生活、低碳消费的良好氛围，有效降低城市白色污染。

强化生态环境保护力度。加强源头预防和污染治理，围绕大气污染、水污染、土壤污染防治等专项工作，积极开展污染源综合整治、生态保护与修复、水源涵养行动，完善城郊污水收集管网系统，配套建设各工业园区污水处理设施。实施城市周边小流域综合治理工程，重点推进竹鹅溪、都乐河、九曲河等小流域综合治理项目。严格控制工业"两高"项目，继续推进鹿寨县国家循环化改造试点园区建设，积极打造柳州"生态花园、五彩画廊"花园城市2.0版。

（五）持续深化改革开放，激活内在发展活力。深入贯彻落实开放发展理念，实施开放带动战略，深化供给侧结构性改革等重点领域改革，提高要素配置效率和全要素生产率，力争改革深度和开放广度不断扩大。

深化供给侧结构性改革。继续完善供给侧结构性改革配套政策，形成1个总体方案和5个专项方案的"1+5"供给侧改革政策体系，加大政策文件的落实督促检查，确保改革取得更大成效。**持续推进去产能工作，**严格控制新增产能，坚决淘汰落后产能，下大力气做好优产能、强产能，推动产业转型提质。**推进房地产去库存，**把去库存同促进人口城镇化、棚户区改造、保障性住房建设等更好结合起来，稳住商品房低库存率，加快非住宅商品房去库存，抑制房地产泡沫，防止房地产市场大起大落。**继续防范金融风险去杠杆，**积极优化信贷投向，推动处置不良资产，化解企业债务存量，确保金融平稳运行。**切实降低企业成本，**落实降成本41条工作举措，继续在减税、降费、降要素成本、降融资成本上加大工作力度，打好降本增效"组合拳"，持续为企业"松绑减负"。**切实提高补短板的精准性和有效性，**贯彻落实26条补短板举措，持续打好以交通为重点的基础设施建设攻坚战，做好社会托底和化解风险工作，保障基本民生。

深化其他重要领域改革。深入推进"一枚印章管审批"改革，优化提升审批效率。继续探索实施"一口式"审批模式、企业投资项目"一体化"审批方式、政府投资项目"一条龙"办理机制。深化落实"先照后证"改革，巩固和扩大"六证合一、一照一码"改革成果，促进市场主体信息共享应用。深化医疗卫生领域改革，积极推进分级诊疗，扩大医疗服务一体化、医联体试点，推进市区公共医疗资源下沉，让改革成果更多惠及广大群众。巩固机关和参公事业单位公务用车改革成果，扎实开展事业单位公务用车改革工作。深化公共资源交易体制改革，继续推进各类公共资源交易纳入统一的公共资源交易平台集中交易。深化国有企业改革，鼓励、支持、引导非公有制经济发展。继续推进社会保障、财税、教育等领域改革，不断激发社会发展活力。

全面深化区域开放合作。大力推进粤桂黔高铁经济带合作，围绕粤桂黔高铁经济带合作试验区（柳州）广西园建设，进一步深化我市与高铁经济带沿线其他12个市（州）的开放合作水平，培育新常态下区域经济发展新增长点。积极投入珠江—西江经济带建设，引领西江经济带产业发展，不断强化龙头城市的产业支撑、要素支持和引领带动作用，逐步构建优势互补、互利共赢的区域协调发展合作体系。引领带动柳来河区域一体化发展，打造柳来河产业互动城市圈。鼓励有实力的企业"走出去"，培育外贸出口新的增长点。

强化招商引资工作力度。围绕港澳台、东北亚、东盟、欧美日韩等重点区域，组织“小分队”专业招商团赴国（境）外招商。积极参加自治区“央企入桂”“民企入桂”“桂商返乡发展”等专题招商活动，进一步深化与央企战略合作。对接自治区开展的“跨国公司暨世界500强企业八桂行”“港企广西行”活动，大力引进世界500强企业、知名跨国公司来柳设立区域总部、研发中心等功能性机构，吸引更多境外企业落户投资。力争实现年内全口径利用外资目标任务增长10%。

（六）着力保障改善民生，扎实做好社会托底工作。深入贯彻共享发展理念，实施共享发展战略，有序推进精准脱贫，更加注重社会民生补短兜底，努力提高公共服务水平和质量，力争人民群众获得感和幸福度明显提升。

扎实有力推进精准脱贫。围绕实现“七个一批”精准脱贫，统筹协调推进脱贫攻坚“十大行动”，通过全面实施产业扶持、移民搬迁、转移就业等精准扶贫开发项目，加快推进精准脱贫工作。完善优先通达路线窄路面拓宽改造，提升农村公路通行能力和管护水平，推进贫困村（屯）道路硬化，加强北部三县农村饮水工程建设，对贫困村（屯）的供电网络和老旧设施进行更新改造。推动光缆入村入屯入户，2017年基本实现贫困村宽带信息网络全覆盖。加快移民集中安置点特别是示范点建设，加快扶贫移民搬迁惠农政策衔接，做好后续产业就业扶持等工作。力争2017年实现融安县以及全市85个贫困村脱贫摘帽，8.5万贫困人口脱贫出列。

进一步保障和改善民生。大力推进“大众创业、万众创新”，统筹推进高校毕业生、农村转移劳动力、城镇就业困难人员等重点群体就业创业。不断增强社会保障能力，全面启动社会保险标准化建设“先行城市”活动，完成城镇居民医保和新农合的整合，建立统一的城乡居民基本医疗保险制度。继续开展各类人才遴选推荐活动，为推动柳州经济社会发展提供人才保障。健全和完善托底性社会救助体系，完善“救急难”工作机制，促进农村低保制度与扶贫开发政策有效衔接。持续推进保障性住房建设，推进白沙、磨滩等城中村改造工程，加快实施企业职工危旧房改造工程，建立多层次的住房保障体系，力争全年完成15350套保障性住房改造及新建任务，完成15260户农村危房改造任务。

统筹推进社会事业发展。推进义务教育均衡发展，确保“义均”工作通过国家检查。加快农村地区学前教育基础设施建设，提高农村义务教育质量和均衡发展水平。加快建设河东幼儿园、柳铁一中新校区等项目，不断改善教学条件。实施柳职院新校区（二期）项目、广西机械高级技工学校迁建工程，将柳州率先打造成为全国职业教育改革发展示范城市、职业教育国际化试点城市和区域性职业教育中心。持续推进健康城市建设，加快中医院东院、工人医院整体搬迁等重大医疗卫生项目建设，加大对基层医疗卫生机构支持力度，进一步缓解群众看病难问题。加快养老服务业综合改革工作，出台养老服务业综合改革实施方案，着力构建“以居家养老为基础、社区养老为依托、机构养老为支撑”，布局合理、功能完善、覆盖城乡的养老服务体系。进一步完善现代公共文化服务体系，加快柳东新区文化广场、文化创意园等重点文化设施项目建设；逐步完善“市、县、乡（镇）、村”四级公共文化体育设施，提高群众文化体育生活水平。

四、2017年城市建设计划

根据十八届五中全会提出的五大发展理念，以及中央城市工作会议提出的“五个统筹”城市工作格局，为进一步规范我市城市建设投资行为，建立科学、全面的城市建设投资管理制度，全力打造现代化城市，持续提高城市宜居度，特编制柳州市2017年城建投资计划。

2017年城建投资计划安排城市基础设施、民生保障、生态环保、产业发展四大板块共18个专项城建投资计划，计划实施1045个城建项目，其中新开工642个，续建347个，竣工56个。项目总投资3015.04亿元，年度计划投资555.2亿元。2017年城建计划年度投资安排与市本级基础设施固定资产投资测算结果基本相符。

柳州市2016年国民经济和社会发展统计公报

柳州市统计局

一、综合

年末全市户籍总人口385.67万人。全年出生人口56550人,人口出生率14.74‰;死亡人口21380人,人口死亡率5.57‰;人口自然增长率9.17‰。

表1:年末户籍人口及构成情况

指标	年末数(万人)	比重(%)
总人口	385.67	100
其中:男性	199.60	51.75
女性	186.07	48.25
其中:0-17岁	78.73	20.41
18-34岁	91.45	23.71
35-59岁	148.02	38.38
60岁以上	67.47	17.49

初步核算,全年地区生产总值2476.94亿元,按可比价格计算,比上年增长7.3%。其中,第一产业增加值180.15亿元,增长3.5%;第二产业增加值1361.80亿元,增长5.7%,其中工业增加值1232.52亿元,增长5.9%;第三产业增加值934.99亿元,增长10.4%。第一产业增加值占地区生产总值的比重为7.3%,第二产业增加值比重为55.0%,第三产业增加值比重为37.7%。

图1:　2012-2016年地区生产总值及其增长速度

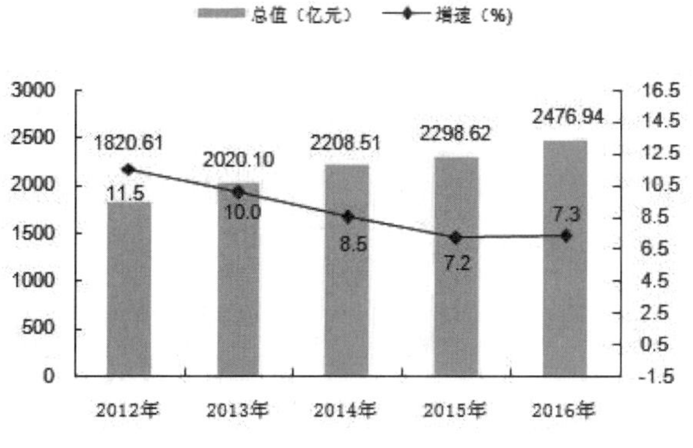

全年城镇新增就业6.13万人,比上年增加0.32万人,增长5.52%。年末城镇登记失业率3.92%。

全年居民消费价格比上年上涨1.8%。其中食品价格上涨3.5%。

图2:　2016年居民消费价格涨跌幅度(月度同比)

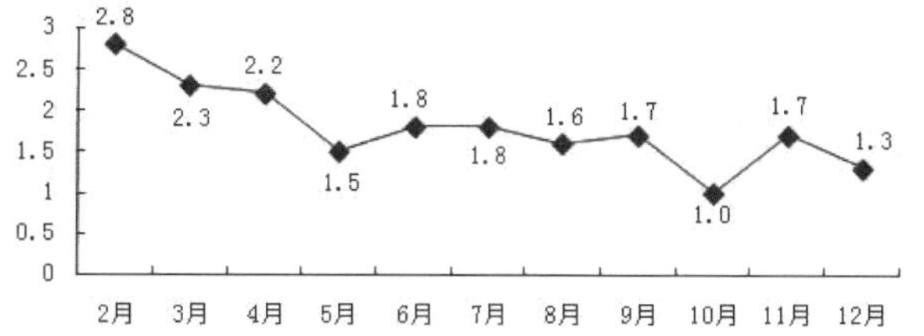

表2:2016年居民消费价格比上年涨跌幅度

单位:%

居民消费价格(以上年同期为100)	1.8
其中:食品烟酒	3.5
其中:粮食	-0.3
鲜菜	14.2
畜肉	11.2
水产品	3.5
蛋	-4.8
鲜果	-1.4
衣着	4.2
居住	0.5
生活用品及服务	0.6
交通和通信	-1.6
教育文化和娱乐	1.2
医疗保健	4.0
其他用品和服务	0.5

全年财政收入370.16亿元,比上年增长7.7%,其中公共财政预算收入159.16亿元,增长8.5%,其中税收收入114.61亿元,增长9.4%。公共财政预算支出339.62亿元,增长10.0%。

图3:　2012-2016年财政收入及其增长速度

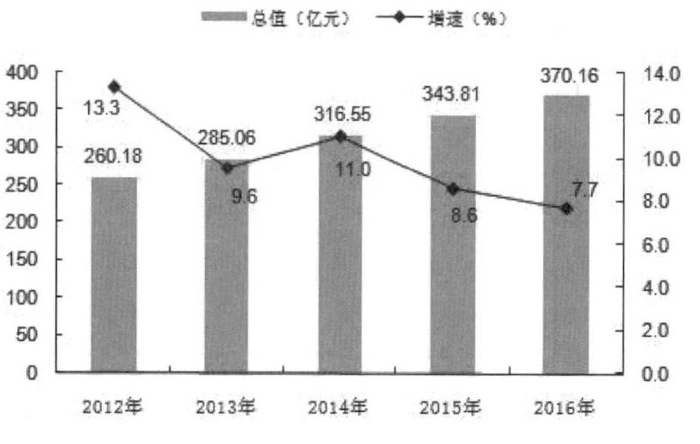

二、农 业

农林牧渔业总产值310.29亿元，按上年现行价格计算，比上年增长3.6%。其中，农业产值180.46亿元，增长3.3%；林业产值24.3亿元，增长15.2%；牧业产值85.68亿元，增长0.8%；渔业产值9.45亿元，增长5.4%；农林牧渔服务业产值10.39亿元，增长6.2%。

图4： 2012-2016年农林牧渔业总产值及其增长速度

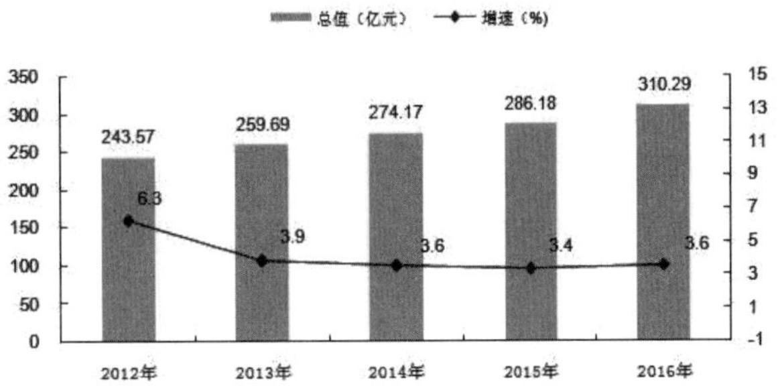

全年农作物总播种面积403.53千公顷，比上年增加3.23千公顷，增长0.8%。其中，粮食种植面积166.48千公顷，增加0.21千公顷；油料种植面积15.92千公顷，增加1.46千公顷；甘蔗种植面积88.97千公顷，减少3.92千公顷；蔬菜种植面积101.45千公顷，增加4.69千公顷；果园面积67.64千公顷，增加4.37千公顷；桑园面积32.82千公顷，增加0.48千公顷；茶园面积13.68千公顷，增加0.39千公顷。

全年粮食产量85.81万吨，比上年增长0.8%；油料产量3.6万吨，增长15.1%；甘蔗产量665.94万吨，下降1.4%；蔬菜产量（含食用菌）225.06万吨，增长4.7%；茶叶产量1.34万吨，增长3.5%；园林水果产量87.66万吨，增长3%。

表3：2016年主要农产品产量及其增长速度

产品名称	产量（万吨）	比上年增长（%）
粮食	85.81	0.8
其中：稻谷	74.57	0.9
其中：早稻	35.06	0.5
晚稻	25.46	-0.4
玉米	7.66	0.1
大豆	0.64	8.7
油料	3.60	15.1
其中：花生	3.10	16.6
甘蔗	665.94	-1.4
其中：糖蔗	655.37	-1.5
蔬菜（含菌类）	225.06	4.7
园林水果	87.66	3.0
茶叶	1.34	3.5

表4：2016年主要畜牧水产品产量及其增长速度

产品名称	单位	产量	比上年增长（%）
肉类总产量	万吨	22.47	-1.1
其中：猪肉	万吨	13.41	-3.7
牛肉	万吨	2.19	4.5
羊肉	万吨	0.57	7.9
禽肉	万吨	5.71	2.7
生猪出栏	万头	176.91	-3.8
家禽出栏	万只	3415.87	2.2
猪年末存栏	万头	135.02	0.1
牛奶产量	万吨	0.67	-0.1
蚕茧	万吨	5.24	4.0
水产品产量	万吨	7.97	5.4

全年木材采伐量224.52万立方米，比上年增长49.6%。

年末全市农业机械总动力233.71万千瓦，比上年增长3.2%。

三、工业和建筑业

全部工业总产值4787.19亿元，比上年增长5.1%，其中，规模以上工业总产值4685.11亿元，增长5.1%。全部工业增加值1232.52亿元，增长5.9%，其中，规模以上工业增加值1193.72亿元，增长6.0%。规模以上工业销售产值4532.25亿元，增长4.7%。

图5：2012-2016年全部工业总产值（单位：亿元）

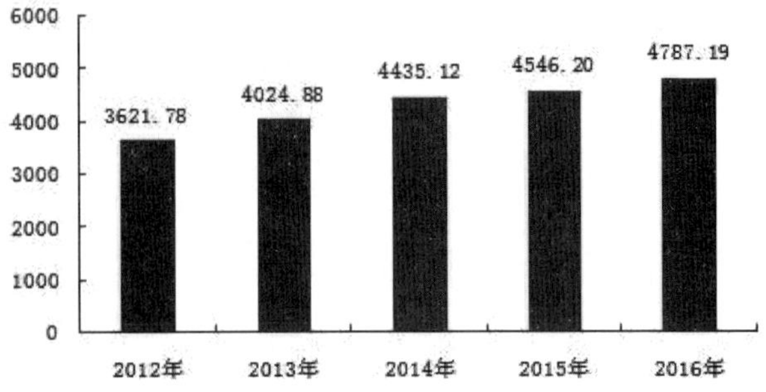

图6： 2012-2016年规模以上工业总产值(单位：亿元)

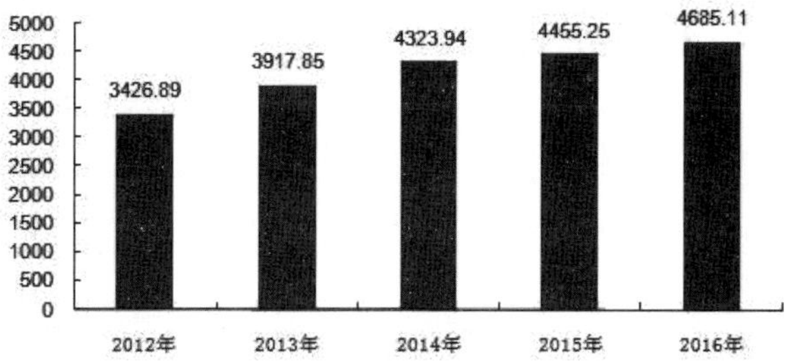

规模以上汽车、冶金、机械三大支柱行业工业总产值3572.01亿元，比上年增长7.5%，对规模以上工业总产值增长的贡献率为109.5%，拉动规模以上工业总产值增长5.6个百分点。其中，汽车工业总产值2437.43亿元，增长9.7%，对规模以上工业总产值增长的贡献率为94.5%，拉动规模以上工业总产值增长4.8百分点；冶金工业总产值841.61亿元,增长3.4%;机械工业总产值292.97亿元,增长2.3%。

在规模以上工业总产值中，黑色金属冶炼及压延加工业总产值777.77亿元，增长6.1%；电力、热力生产和供应业总产值106.87亿元，下降0.9%；有色金属冶炼及压延加工业总产值29.50亿元，下降4.4%；非金属矿物制品业总产值102.27亿元，下降6.0%；专用设备制造业总产值195.58亿元，增长5.0%；化学原料及化学制品制造业总产值109.52亿元，下降8.9%；农副食品加工业总产值108.92亿元，增长0.5%；纺织业总产值87.18亿元，增长7.7%；烟草制品业总产值84.81亿元，下降3.0%；医药制造业总产值29.37亿元，增长10.9%；电气机械及器材制造业总产值67.99亿元，下降4.8%。

表5：2016年主要工业产品产量及其增长速度

产品名称	单位	产量	比上年增长(%)
成品糖	万吨	67.79	-12.2
卷烟	亿支	376.32	-9.4
机制纸及纸板	万吨	27.20	8.7
硫酸(折100%)	万吨	43.75	-40.9
合成氨(无水氨)	万吨	37.46	-32.7
农用化肥(折纯)	万吨	29.35	-38.3
水泥	万吨	885.13	22.5
生铁	万吨	1072.98	2.0
粗钢	万吨	1105.1	2.1
钢材	万吨	1427.88	2.3
十种有色金属	万吨	3.89	-14.3
挖掘、铲土运输机械	万台	1.02	5.8
其中:挖掘机	万台	0.17	49.6
发动机	万千瓦	15089.44	8.8
其中:汽车用发动机	万千瓦	15089.44	8.8
汽车	万辆	244.67	6.9
其中:轿车	万辆	7.78	145.7
改装汽车	万辆	8.23	14.8
发电量	亿千瓦时	97.52	-1.98
其中:火电	亿千瓦时	62.49	3.63
水电	亿千瓦时	35.03	-10.61

规模以上工业企业810家，工业总产值超亿元企业463家，其中超百亿元企业4家。

规模以上工业主营业务收入4405.59亿元，增长6.8%；利税总额341.56亿元，增长15.5%；盈亏相抵后利润总额131.64亿元，增长39.7%。

表6:2016年规模以上工业企业实现利润及其增长速度

	利润总额(亿元)	比上年增长(%)
规模以上工业	131.64	39.7
#轻工业	18.37	-3.5
重工业	113.27	50.7
#国有企业	12.88	亏转盈
集体企业	0.49	19.0
股份合作企业	-0.17	盈转亏
股份制企业	43.28	35.1
外商及港澳台商投资企业	73.24	11.9
其他经济类型企业	1.92	20.8
#国有及国有控股企业	81.27	45.0
#非公有经济	45.39	23.7
#大中型工业企业	105.89	37.1
#国有大中型企业	12.70	亏转盈

全年全社会建筑业增加值129.29亿元，比上年增长4.0%；利润总额4.69亿元，增长27.4%。资质以上企业85家。从业人员18.54万人，增长6.4%。

四、固定资产投资

固定资产投资2338.61亿元，比上年增长14.0%。其中：项目投资1993.83亿元，增长14.0%；房地产开发投资344.79亿元，增长14.3%。

固定资产投资中，第一产业投资96.97亿元，比上年增长20.0%；第二产业投资909.49亿元，增长1.9%，其中工业投资894.45亿元，增长2.0%；第三产业投资1332.15亿元，增长23.7%。

表7：2016年固定资产投资新增主要生产能力

指标	单位	绝对数
磷肥	吨/年	10000
氮肥	吨/年	31000
火力发电	万千瓦	60
候机楼	平方米	22840
塑料树脂及共聚物	吨/年	300
锌冶炼	吨/年	8000
客车制造	辆/年	200000
轿车制造	辆/年	50000
新(扩)建港口码头	年吞吐量:万吨	100
铝加工材	吨/年	11076

全年商品住宅投资251.85亿元，比上年增长15.5%。商品房施工面积219.95万平方米，增长6.4%，其中住宅157.07万平方米，增长5.9%。商品房竣工面积200.66万平方米，下降7.9%，其中住宅165.68万平方米，增长7.2%。商品房销售面积412.89万平方米，增长25.4%，其中住宅387.99万平方米，增长34.7%。商品房销售额275.36亿元，增长24.9%，其中住宅251.34亿元，增长44.6%。

全年各类保障性住房投资38.51亿元，比上年下降16.5%；保障性住房施工面积691.1万平方米，增长5.2%；保障性住房竣工面积47.9万平方米，下降51%；保障性住房竣工8471套，增长29.5%。

表8：2016年分行业固定资产投资及其增长速度

行　业	投资额（亿元）	比上年增长(%)
总计	2338.61	14
农、林、牧、渔业	96.97	20
采矿业	15.31	-29.6
制造业	815.26	0.2
#食品制造业	31.97	113.9
纺织业	13.13	-15.7
木材加工和木、竹、藤、棕、草制品业	54.91	8.9
石油加工、炼焦及核燃料加工业	2.79	-21.7
化学原料及化学制品制造业	24.16	-30.7
非金属矿物制品业	34.88	-23.3
黑色金属冶炼及压延加工业	13.51	-9.3
有色金属冶炼及压延加工业	10.81	-3.6
金属制品业	20.65	0.7
通用设备制造业	73.81	9.5
专用设备制造业	52.13	-4
汽车制造业	341.1	10.1
电气机械及器材制造业	30.01	-9.5
计算机、通信和其他电子设备制造业	7.3	-27.2
电力、燃气及水的生产和供应业	63.87	54.6
建筑业	15.04	-4.5
交通运输、仓储和邮政业	195.26	22.2
信息传输、计算机服务和软件业	13.52	67
批发和零售业	90.56	19.6
住宿和餐饮业	15.49	-3.8
金融业	4.2	22.7
房地产业	380.75	-0.5
租赁和商务服务业	53.7	5.2
科学研究、技术服务和地质勘查业	18.85	19.3
水利、环境和公共设施管理业	403.64	85.8
居民服务和其他服务业	7.94	16.8
教育	56.64	79.4
卫生、社会保障和社会福利业	30.13	44.5
文化、体育和娱乐业	11.66	-34.9
公共管理和社会组织	49.8	-29.1

五、国内贸易

社会消费品零售总额1045.13亿元，比上年增长10.7%。按销售单位所在地分，城镇消费品零售额970.68亿元，增长10.7%；乡村消费品零售额74.45亿元，增长10.2%。按消费形态分，餐饮收入零售额93.83亿元，增长10.3%，商品零售零售额951.3亿元，增长10.7%。

批发业销售额1571.5亿元，比上年增长6.9%，零售业销售额1184.8亿元，增长13.6%，住宿业营业额17.47亿元，增长4.5%，餐饮业营业额135.27亿元，增长16.7%。

图7：　2012-2016年社会消费品零售总额及其增长速度

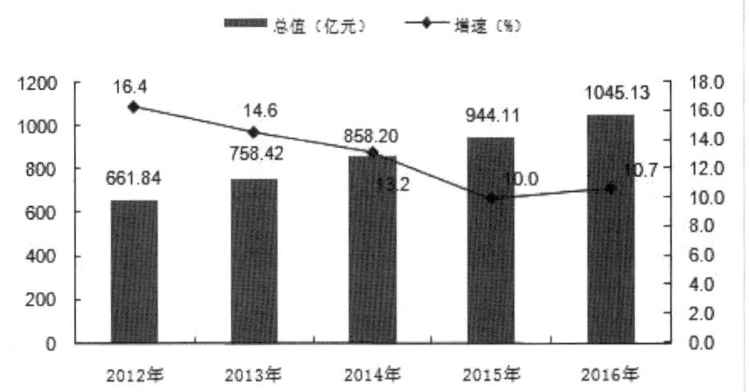

在限额以上企业商品零售额中，汽车类零售额129.65亿元，比上年增长8.8%；石油及制品类零售额37.46亿元，增长2.7%；家用电器和音像器材类零售额13.42亿元，增长7.9%；通讯器材类零售额下降5.0%，体育娱乐用品类零售额下降3.8%，文化办公用品类零售额下降9.5%，家具类零售额增长57.8%，日用品类零售额增长13.2%，粮油、食品类零售额增长10.0%，烟酒类零售额增长8.8%，服装、鞋帽、针纺织品类零售额下降4.7%，金银珠宝类零售额下降25.6%。

六、对外经济

全年货物进出口总额135.37亿元，比上年下降2.4%。其中，出口45.91亿元，下降5.0%；进口89.47亿元，下降1.0%。

外商直接投资（商务口径）0.28亿美元，比上年增长72%。

七、交通、邮电和旅游

交通运输、仓储及邮政业增加值73.27亿元，比上年增长3.3%。

公路货物运输12705万吨，增长7.6%；水路货物运输728.38万吨，与上年基本持平；民用航空货物运输2077.1吨，增长19.7%。公路旅客运输量2280万人，下降4.3%；水路旅客运输量19.89万人，下降9.8%；民航旅客运输量65.45万人，增长23.2%。

全年港口货物吞吐量128.58万吨，比上年下降45.0%。

年末机动车拥有量86.1万辆，比上年下降20.1%。

邮电业务总量100.17亿元，比上年增长54.3%。其中，邮政业务总量5.01亿元，增长41.7%；电信业务总量95.17 亿元，增长55.0%。

全年接待入境游客18.88万人次，比上年增长4.2%。国际旅游(外汇)收入7961.79万美元，增长9.8%。全市共有星级饭店48家。

八、金融

全年金融业增加值183.36亿元，比上年增长13.8%。

年末金融机构本外币存款余额3321.35亿元，比上年增长17.7%；年末金融机构本外币贷款余额2279.66亿元，比上年增长11.1%。

年末金融机构人民币存款余额3305.14亿元，比上年增长17.7%；金融机构人民币贷款余额2273.90亿元，比上年增长11.9%。

九、人民生活和社会保障

全体居民人均可支配收入23009元，比上年增长8.8%，其中农村居民人均可支配收入11107元，增长9.7%；城镇居民人均可支配收入30270元，增长7.4%。

图8：2012-2016年农村居民人均可支配收入及其增长速度

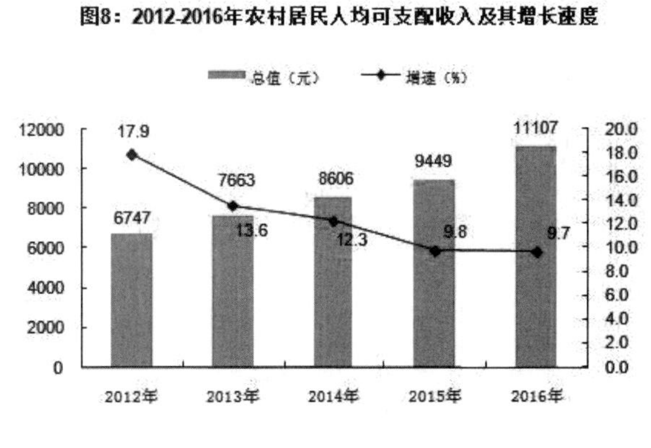

图9：2012-2016年城镇居民人均可支配收入及其增长速度

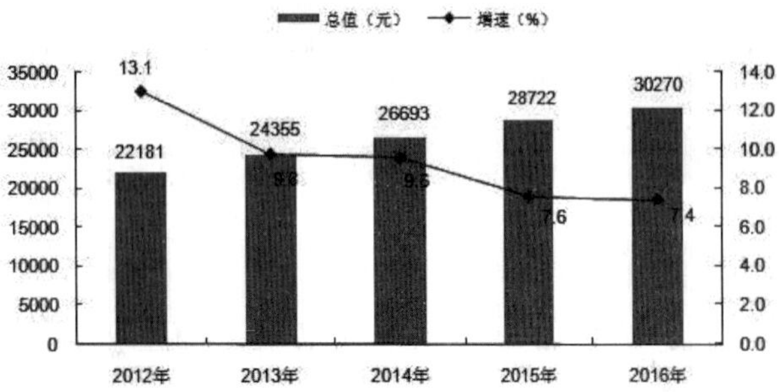

农村居民人均消费支出7855元，比上年增长13.6%，其中，食品烟酒支出3362元，增长12.3%；衣着支出352元，增长11.7%；居住支出1729元，增长15.0%；生活用品及服务支出457元，增长14.3%；交通通信支出425元，增长16.8%；教育文化娱乐支出521元，增长8.8%；医疗保健支出869元，增长18.9%；其他用品和服务支出140元，增长11.1%。

农村居民家庭恩格尔系数为42.8%。

城镇居民人均消费性支出19360元，比上年增长7.7%。其中，食品烟酒支出7826元，增长7.4%；衣着支出1375元，增长7.2%；居住支出2054元，增长9.3%；生活用品及服务支出1325元，增长6.9%；交通和通信支出2823元，增长7.7%；教育文化娱乐服务支出2291元，增长8.2%；医疗保健支出1113元，增长9.1%；其他商品和服务支出553元，增长6.3%。

城镇居民家庭恩格尔系数为40.4%。

年末全市参加城镇职工基本养老保险人数为108.46万人，比上年末增加17.76万人；城乡居民基本养老保险104万人，增加0.58万人；失业保险36.6万人，增加2.81万人；城镇基本医疗保险153.84万人，增加2.8万人；工伤保险51.13万人，增加0.51万人；生育保险39.98万人，增加0.89万人。领取失业保险金人数1.35万人。

市区居民最低生活保障标准由每人每月480元提高到500元。全年全市累计有27.23万人次城镇居民享受低保，累计比上年减少7.66万人次；全年累计有109.35万人次农村居民享受低保，累计比上年减少10.92万人次。

年末全市城镇建立社区服务中心195个。各类收养性社会福利单位床位数9334张，收养各类人员4983人。接受社会捐赠款639.75万元。

十、教育、科学技术和文化

全市共有市属中等职业技术学校15所，专任教师1253　人，在校生3.12万人。普通高中招生2.28万人，在校生6.23万人，毕业生1.84万人，专任教师3686人。普通初中招生4.71万人，在校生12.86万人，毕业生3.89万人，专任教师8929人。普通小学招生5.06万人，在校生30.10万人，毕业生4.63万人，专任教师1.62万人。特殊教育招生220人，在校生904人，毕业生44人。学前教育招生8.27万人，在校生13.32万人。

全年共获广西科学技术奖17项，其中：技术发明奖6项（一等奖1项、二等奖3项、三等奖2项）；科学技术进步奖11项（二等奖3项、三等奖8项）。登记市级科技成果358项，推荐登记自治区级科技成果218项；吸纳技术成果187项，技术交易额6.27亿元。

年末全市共有艺术表演团体2个，演出场次659场，观众人数94.8万人次。县级以上公共图书馆11个，藏书总量1875.14千册。文化馆10个，群众艺术馆1个，博物馆54个。电视综合人口覆盖率99.1%，广播综合人口覆盖率96%。

十一、卫生和体育

年末全市共有卫生机构2338个。其中医院70所，基层医疗卫生机构2152所（其中社区卫生服务中心（站）55个，乡镇卫生院93个，村卫生室1044个，门诊部14个，诊所、卫生所、医务室946个），专业公共卫生机构112所（其中疾病预防控制中心9个，卫生监督机构7个），其他卫生机构4所。全市卫生技术人员3.04万人，其中执业（助理）医师1.00万人，注册护士1.35万人。全市医疗卫生机构床位数2.26万张，其中，医院床位1.73万张，基层医疗卫生机构床位0.41万张，专业公共卫生机构0.12万张。全市甲类传染病无发病；乙类法定报告传染病100347例，报告发病率263.6/10万，报告死亡率8.71/10万；丙类法定报告传染病59688例，报告发病率1520.58/10万，报告死亡率1.675/10万。

柳州体育健儿在世界比赛中获4枚铜牌。在全国比赛中获68枚金牌，39枚银牌。

十二、资源、环境和安全生产

市区平均气温21.9℃,比上年升高0.4℃。市区年总降水量1605毫米,比上年偏少19.7%。市区年末总蒸发量1026.3毫米,比上年增长8.4%。

全市现有水库313座,其中中型水库11座,小型水库302座。年初蓄水量为23347万立方米,年末蓄水量为12344万立方米。年末蓄水量比年初蓄水量减少11003万立方米,全年全市水库最大蓄水量为28862万立方米(6月上旬),最小蓄水量为12344万立方米(12月下旬)。全年蓄水工程供水总量为44523万立方米,全年蓄、引、提工程供水总量为91561万立方米。

全年植树造林面积0.91万公顷,比上年下降11.9%。全市建成各类自然保护区4个,其中国家级自然保护区1个。自然保护区面积3.1万公顷。森林覆盖率65%。活立木蓄积量0.75亿立方米。森林蓄积量0.7亿立方米。

柳江饮用水保护河段保持国家地表水III类水质标准,部分河段达II类水质标准,市区空气质量优良率达86.3%。

全市建城区面积252.51平方公里。全市绿化覆盖面积11104.03公顷,比上年增长9.5%,其中建成区9917.94公顷,增长7.3%。园林绿地面积9613.87公顷,增长7.3%,其中建成区8327.07公顷,增长8.1%。公园绿地面积2750.86公顷,增长3.0%。人均公园绿地面积12.13平方米。公园44个,面积1684.55公顷。建成区绿地率33.0%,比上年提高0.3个百分点。

市区建成区面积188.49平方公里。市区绿化覆盖面积9181.22公顷,比上年增长2.9%,其中建成区8283.22公顷,增长3.2%。市区园林绿地面积7962.20公顷,增长2.8%,其中建成区6884.9公顷,增长3.2%。市区公园绿地面积2237.84公顷,增长2.3%。人均公园绿地面积13.46平方米。市区公园35个,面积1463.74公顷。市区建成区绿地率36.5%,建成区绿化覆盖率44.0%,提高0.3个百分点。

全市供水综合生产能力186.60万立方米/日。全年售水量4.46亿立方米,其中生产运营用水2.88亿立方米,居民家庭用水1.24亿立方米,公共服务用水0.33亿立方米。全市人均日生活用水196.95升。

污水处理厂处理能力72万立方米/日,处理量20455万立方米。污水处理率92.9%,比上年下降0.1个百分点,污水处理厂集中处理率51.0%,提高1.4个百分点。生活垃圾无害化处理率100%。燃气普及率86.2%,用水普及率96.6%。城市道路长度1452.70公里,增长3.3%。全市人均城市道路面积11.69平方米。

全社会能源消费总量1653.10万吨标准煤(等价值),比上年增长2.4%,增幅比GDP增幅低4.9个百分点,单位GDP能耗下降4.6%

全年生产安全事故(全口径统计)死亡259人,比上年下降4.1%。亿元GDP事故死亡率0.108,比上年下降7.7%。全年共发生道路交通事故225起,造成206人死亡、130人受伤,直接财产损失136.56万元。道路交通万车死亡率为2.23,比上年上升23.2%。全年火灾事故死亡人数7人,直接经济损失547.76万元。

注释:

1.本公报中数据均为初步统计数。

2.地区生产总值、各产业增加值绝对数按现价计算,增长速度按可比价格计算。

3.农林牧渔业总产值增长速度按上年价格计算。

4.部分数据因四舍五入的原因,存在与分项合计不等的情况

资料来源:本公报中户籍人口数据来自市公安局;城镇新增就业、城镇登记失业率、社会保障数据来自市人力资源和社会保障局;物价、城乡居民收支数据来自国家统计局柳州调查队;财政数据来自市财政局;进出口总额数据来自柳州海关;外资直接投资数据来自市招商局;公路、水路客货运量、港口货物吞吐量数据来自市交通局;航空数据来自柳州机场;机动车拥有量数据来自市公安局交警支队车管所;旅游数据来自市旅游局;金融机构人民币存贷余额、金融机构本外币存贷余额数据来自人民银行柳州分行;最低生活保障、社区服务中心及设施、收养性福利单位床位数、收养人员、社会捐赠款数据来自市民政局;教育数据来自市教育局;科学技术数据来自市科

学技术局；艺术表演团体、图书馆、文化馆、群众艺术馆、博物馆、电视综合人口覆盖率、广播综合人口覆盖率数据来自市文化新闻出版广电局；卫生数据来自市卫生和计划生育委员会；体育数据来自市体育局；气候数据来自市气象局；水利数据来自市水利局；植树造林、森林数据来自市林业局；建成区面积、绿地面积、供水、污水处理、生活垃圾处理、燃气普及率、用水普及率、城市道路长度及面积数据来自市住房和城乡建设委员会；安全生产数据来自市安全生产监督管理局。

第二部分　统计资料

综　　合　　1

1-1 行 政 区 划

（2016年） 单位：个

	乡镇、街道办事处	乡	#民族乡	镇	办事处	村民、居民委员会	村委会	社区、居委会
总　　计	118	34	6	52	30	1226	935	282
市　　区	36			6	30	296	82	213
城 中 区	7				7	33	6	26
柳 北 区	10			3	7	100	35	65
鱼 峰 区	10			2	8	81	21	60
柳 南 区	9			1	8	82	20	62
柳 江 县	14			12		151	127	20
柳 城 县	12	3	1	9		140	121	16
鹿 寨 县	9	3		6		118	110	8
融 安 县	12	6		6		148	137	10
融水苗族自治县	20	13	2	7		206	198	8
三江侗族自治县	15	9	3	6		167	160	7

1-2 乡（镇）、街道办事处一览表

（2016年）

县（区）	乡（镇）、街道办事处
城 中 区	城中街道办事处、公园街道办事处、中南街道办事处、水上街道办事处、潭中街道办事处、河东街道办事处、静兰街道办事处
柳 北 区	解放街道办事处、雅儒街道办事处、胜利街道办事处、雀儿山街道办事处、钢城街道办事处、锦绣街道办事处、白露街道办事处、石碑坪镇、沙塘镇、长塘镇
鱼 峰 区	天马街道办事处、驾鹤街道办事处、箭盘山街道办事处、五里亭街道办事处、荣军街道办事处、白莲街道办事处、麒麟街道办事处、阳和街道办事处、雒容镇、洛埠镇
柳 南 区	河西街道办事处、南站街道办事处、鹅山街道办事处、柳南街道办事处、柳石街道办事处、银山街道办事处、潭西街道办事处、南环街道办事处、太阳村镇
柳 江 县	拉堡镇、里雍镇、百朋镇、成团镇、洛满镇、流山镇、三都镇、里高镇、进德镇、穿山镇、土博镇、白沙镇
柳 城 县	大埔镇、龙头镇、太平镇、沙埔镇、东泉镇、凤山镇、六塘镇、冲脉镇、寨隆镇、古砦仫佬族乡、马山乡、社冲乡
鹿 寨 县	鹿寨镇、中渡镇、寨沙镇、平山镇、黄冕镇、四排镇、江口乡、导江乡、拉沟乡
融 安 县	长安镇、浮石镇、泗顶镇、板榄镇、大将镇、大良镇、雅瑶乡、大坡乡、东起乡、沙子乡、桥板乡、潭头乡
融水苗族自治县	融水镇、和睦镇、三防镇、怀宝镇、洞头镇、大浪镇、永乐乡、四荣乡、香粉乡、安太乡、汪洞乡、同练瑶族乡、滚贝侗族乡、杆洞乡、安陲乡、白云乡、红水乡、拱洞乡、良寨乡、大年乡
三江侗族自治县	古宜镇、斗江镇、丹洲镇、八江镇、林溪镇、独峒乡、同乐苗族乡、梅林乡、富禄苗族乡、洋溪乡、良口乡、老堡乡、高基瑶族乡、和平乡、程村乡

1-3 气 象 情 况

（2016年）

指 标 名 称	计量单位	柳州市区	柳江县	柳城县	鹿寨县	融安县	融水苗族自治县	三江侗族自治县
年平均气温	℃	21.9	21.6	21.2	21.7	20.5	20.6	19.2
极端最高气温	℃	38.5	38.7	39.2	39.1	40	38.9	39.7
极端最低气温	℃	1.2	1.3	1.6	1.3	1.3	1.6	-0.7
年总降水量	毫米	1605	1529.9	1513.9	1527.3	2033.4	1769.5	1398.8
一日最大降水量	毫米	154.1	89.1	177.8	120.6	162.8	138.9	108.2
下雨天数（>=0.1毫米）	日	147	145	144	142	156	145	154
平均相对湿度	%	72.3	75.1	78.5	74.1	76.3	78.1	79.5
日照时数	小时	1530.7	1320.9	1471.5	1594.3	1363.3	1372	1477.7

1-4 柳州市国民经济主要指标占全区比重

（2016年）

指标名称	单位	柳州市	广西	柳州市占广西%
年末总人口(户籍人口)	万人	385.67	5579	6.91
常住人口	万人	395.87	4838	8.18
#城镇人口	万人	249.44	2326	10.72
地区生产总值	亿元	2476.94	18317.64	13.52
第一产业	亿元	179.46	2796.80	6.42
第二产业	亿元	1361.80	8273.66	16.46
#工业	亿元	1232.52	6816.64	18.08
第三产业	亿元	935.67	7247.18	12.91
全部工业总产值	亿元	4807.48	25371.44	18.95
#规模以上工业总产值	亿元	4705.40	24524.33	19.19
农林牧渔业总产值	亿元	309.14	4591.37	6.73
固定资产投资	亿元	2338.61	17652.95	13.25
#项目投资	亿元	1993.83	15254.96	13.07
房地产开发投资	亿元	344.79	2397.99	14.38
社会消费品零售总额	亿元	1045.13	7027.31	14.87
进出口总额(海关数)	亿美元	19.62	478.97	4.10
财政总收入	亿元	370.16	2454.08	15.08
住户存款(人民币)	亿元	1313.64	12548.64	10.47
城镇单位从业人员年末人数	万人	58.47	401.39	14.57

1-5 柳州市主要年份主要指标

指标名称	单 位	2000年	2005年	2010年	2014年	2015年	2016年
年末总人口(户籍人口)	万人	343.65	356.66	372.69	377.94	381.62	385.67
常住人口	万人		367.19	375.87	388.65	392.27	395.87
#城镇人口	万人		166.89	206.92	237.32	243.64	249.44
从业人数	人	1795441	1932409	2179398	2622818	2707362	584698
#第一产业	人	1037585	933942	1014412	996162	951476	4551
地区生产总值(现价)	万元	2515567	5119996	13153120	22085074	22986169	24769396
第一产业	万元	373637	589468	1094811	1600689	1671017	1794640
第二产业	万元	1072641	2661075	8399572	13125385	13001065	13618049
#工业	万元	996952	2417763	7768445	11911076	11749298	12325161
第三产业	万元	1069289	1869453	3658738	7359000	8314087	9356707
全部工业总产值	万元	3283229	8464482	26537584	44351238	45461950	48074788
轻工业	万元	1010347	1792235	3533509	5031656	5188056	5329152
重工业	万元	2272882	6672247	23004075	39319582	40273895	42745637
规模以上工业总产值	万元	2672795	6914282	23887937	43239443	44552506	47053953
轻工业	万元	685800	935692	2265026	4600171	4833372	4931026
重工业	万元	1986995	5978590	21622911	38639272	39719134	42122927
农林牧渔业总产值	万元	611960	957124	1795371	2741632	2861812	3091440
#农业	万元	390813	549975	1019618	1598259	1695308	1799276
林业	万元	27827	49710	134893	214804	209747	236932
畜牧业	万元	163395	311639	522059	753637	769031	856880
渔业	万元	29925	34768	49342	82126	89864	94439
粮食总产量	万吨	96.69	84.16	77.69	85.30	85.10	85.81
甘蔗总产量	万吨	403.63	610.15	697.02	692.03	675.45	665.94

注:2016年起从业人数为城镇单位从业人员年末人数。

1-5 续表

指标名称	单位	2000年	2005年	2010年	2014年	2015年	2016年
肉类总产量	万吨	13.47	24.68	20.24	22.60	22.71	16.17
蔬菜总产量	万吨	103.34	151.29	167.01	196.69	207.76	216.81
水果总产量	万吨	11.95	24.72	45.93	74.72	85.09	87.66
水产品总产量	万吨	3.89	5.16	5.57	7.19	7.56	7.97
固定资产投资	万元	448313	1717576	10048841	18109355	20828907	23386111
#项目投资	万元						19938250
房地产开发	万元		410577	1654073	2775238	3016449	3447861
社会消费品零售总额	万元	811515	2002532	（新口径）4800008	8582017	9441089	10451288
#城镇	万元			4565172	8074346	8909469	9706810
乡村	万元			234837	507672	531620	744478
实际利用外资额	万美元	1017	4589	5468	9986	1614	2777
财政总收入	万元	330883	801851	2011810	3165496	3438093	3701555
#公共财政预算收入	万元	168627	281803	746288	1331569	1466765	1591642
城乡居民储蓄存款余额	万元	1733800	3300794	6549601			
住户存款(人民币)	万元				11410192	12075887	13136420
城镇单位在岗职工平均工资	元／人	9145	18517	37278	48969	54223	60228
城镇居民人均可支配收入	元／人	5740	9556	17766	26693	28722	30270
城镇居民人均生活消费支出	元／人	4458	6634	11318	16970	18314	19360
#食品烟酒	元／人	1951	2825	4484	6866	7428	7826
农村居民人均可支配收入	元／人	1658	2534	4935	8606	9449	11107
农村居民人均生活消费支出	元／人		1641	3663	7186	7872	7855
#食品烟酒	元／人		679	1820	3102	3409	3362
居民消费品价格指数	%	99.8	103.3	103.5	102.6	101.7	101.8

注：1.根据国家统计局、自治区统计局要求，我市历年地区生产总值、农民人均纯收入、社会消费品零售总额有调整，使用时请注意。

2.社会消费品零售总额2003-2009年按新口径计算，2010年又重新按另一新口径计算(下同)。

3.城镇居民人均可支配收入2004年(含2004年)以前为城市居民人均可支配收入。

4.2011年人民银行报表中取消了“城乡居民储蓄存款余额”指标(下同)。

5.2003年以前的房地产开发投资数据暂缺。2013年统计口径为计划总投资500万元以上项目(下同)。

1-6 柳江县主要年份主要指标

指标名称	单位	2000年	2005年	2010年	2014年	2015年	2016年
年末总人口(户籍人口)	万人	52.27	53.75	55.53	55.77	56.37	56.98
常住人口	万人			56.24	59.13	59.82	60.42
#城镇人口	万人			20.45	26.12	27.31	28.10
从业人数	人	265662	309081	325979	344395	354438	25708
#第一产业	人	190921	186519	184074	151365	154968	504
全部地区生产总值(现价)	万元	240636	462316	1224676	1881325	2005163	2181325
第一产业	万元	81286	138895	251774	351498	365445	395094
第二产业	万元	70146	184195	633961	951703	992418	1052019
#工业	万元	63566	168426	555210	799428	830839	911713
第三产业	万元	89204	139226	338941	578124	647300	734212
全部工业总产值	万元	203800	513756	1787592	2736939	2907288	3112345
轻工业	万元	109697	174228	344114	383824	364207	362414
重工业	万元	94103	339528	1443477	2353115	2543082	2749932
规模以上工业总产值	万元	133148	324765	1336270	2573226	2688096	2866306
轻工业	万元	61977	127104	231283	362542	324774	326675
重工业	万元	71171	197661	1104986	2210684	2363323	2539632
农林牧渔业总产值	万元	131747	223307	408978	610003	634807	689751
#农业	万元	94344	148110	261836	367711	385818	412597
林业	万元	1147	3550	11618	27255	23424	28458
畜牧业	万元	32588	62484	106694	166914	173341	194019
渔业	万元	3668	6449	10358	21966	24759	25564

1-6 续表

指标名称	单位	2000年	2005年	2010年	2014年	2015年	2016年
粮食总产量	万吨	21.76	18.27	15.92	17.48	17.53	17.73
甘蔗总产量	万吨	138.56	189.28	194.65	188.42	178.10	160.92
肉类总产量	万吨	3.27	5.08	4.44	5.15	5.20	5.18
蔬菜总产量	万吨	27.04	51.02	62.45	73.67	78.82	82.62
水果总产量	万吨	1.29	3.71	6.10	9.71	11.15	12.30
水产品总产量	万吨	0.72	0.95	1.14	1.57	1.67	1.75
固定资产投资	万元	23795	132485	1098936	1931038	2208745	2499493
#项目投资	万元						2330474
房地产开发	万元		8053	105873	145271	70538	169019
社会消费品零售总额	万元	58928	90824	（新口径）215529	371202	414747	456628
#城镇	万元				265288	311959	344364
乡村	万元				105914	102788	112264
财政总收入	万元	14161	41324	88010	149131	160277	172795
#公共财政预算收入	万元	9435	16302	35255	74184	85148	86852
城乡居民储蓄存款余额	万元	102914	201893	467545			
住户存款(人民币)	万元				964759	1017726	1118833
城镇单位在岗职工平均工资	元/人	7502	14725	30107	43441	52735	61263
城镇居民人均可支配收入	元/人		7765	17081	25146	26906	30235
城镇居民人均生活消费支出	元/人	5079	5277	9656	15548	16782	18520
#食品烟酒	元/人	2472	2320	3829	6240	6614	7244
农村居民人均可支配收入	元/人	1853	2844	5975	10258	11253	11084
农村居民人均生活消费支出	元/人	2626	2236	3603	6834	7502	8009
#食品烟酒	元/人	1473	1058	1762	3102	3555	3315

注:2003年以前的房地产开发投资数据暂缺。

1-7 柳城县主要年份主要指标

指标名称	单位	2000年	2005年	2010年	2014年	2015年	2016年
年末总人口	万人	40.61	40.53	41.45	40.78	40.94	41.10
常住人口	万人			35.38	36.21	36.53	36.73
#城镇人口	万人			11.17	13.64	14.26	14.63
从业人数	人	212746	237453	256846	250003	249723	17302
#第一产业	人	158200	161466	167203	156262	160609	172
地区生产总值(现价)	万元	180038	288963	658410	1040870	1142063	1204209
第一产业	万元	82106	117682	234424	357460	385731	421448
第二产业	万元	44326	79340	259149	396946	415283	394919
#工业	万元	41304	73080	223288	323527	339340	322073
第三产业	万元	53606	91941	164837	286464	341049	387842
全部工业总产值	万元	136923	206483	539625	863377	915751	838342
轻工业	万元	83268	114362	260790	444747	462118	440519
重工业	万元	53655	92121	278835	418630	453633	397823
规模以上工业总产值	万元	99738	153507	409642	803523	872175	789428
轻工业	万元	63348	93336	208797	412426	440090	414594
重工业	万元	36390	60171	200845	391097	432085	374834
农林牧渔业总产值	万元	146653	204491	391016	622315	670954	738145
#农业	万元	105070	132224	241949	381328	417166	451269
林业	万元	1626	3966	8762	24729	29312	33819
畜牧业	万元	33053	57626	111463	172189	175580	200139
渔业	万元	6904	7443	10542	18450	20636	21832

1-7　续表

指标名称	单　位	2000年	2005年	2010年	2014年	2015年	2016年
粮食总产量	万吨	19.12	17.11	15.10	17.34	17.06	17.37
甘蔗总产量	万吨	170.81	241.34	261.87	242.04	259.49	275.88
肉类总产量	万吨	2.81	4.46	3.53	4.57	4.64	4.55
蔬菜总产量	万吨	13.22	17.13	17.42	21.61	23.94	26.53
水果总产量	万吨	2.45	5.91	16.71	31.66	36.80	35.70
水产品总产量	万吨	0.85	1.09	1.18	1.68	1.83	1.92
固定资产投资	万元	23331	30006	429695	912086	1105836	1222324
#项目投资	万元						1157743
房地产开发	万元		4110	53576	94913	104406	64581
社会消费品零售总额	万元	54426	70873	（新口径）142214	289726	317271	354113
#城镇	万元				228415	237196	163013
乡村	万元				61311	80075	191100
财政总收入	万元	14474	20704	41072	75178	76945	77565
#公共财政预算收入	万元	9632	7960	18671	42771	49144	52339
城乡居民储蓄存款余额	万元	72650	121242	266540			
住户存款(人民币)	万元				541466	607908	663865
城镇单位在岗职工平均工资	元/人	6919	12847	28577	45947	57193	65088
城镇居民人均可支配收入	元/人		7528	14790	22371	24071	28729
城镇居民人均生活消费支出	元/人	4615	5506	9056	14330	15573	18317
#食品烟酒	元/人	1908	2452	3655	5902	6321	7383
农村居民人均可支配收入	元/人	2027	2905	5464	9904	10954	11410
农村居民人均生活消费支出	元/人	2231	2644	3312	8368	9232	7338
#食品烟酒	元/人	1095	1521	1763	3810	4206	3204

1-8 鹿寨县主要年份主要指标

指标名称	单位	2000年	2005年	2010年	2014年	2015年	2016年
年末总人口	万人	47.31	48.26	49.55	40.87	40.93	41.12
常住人口	万人			33.13	34.11	34.85	35.01
#城镇人口	万人			10.29	14.99	15.80	16.40
从业人数	人	268417	275126	297894	270276	273021	24824
#第一产业	人	172240	149109	174258	151989	156032	673
地区生产总值(现价)	万元	240549	450116	1076725	1165374	1245295	1382401
第一产业	万元	78590	131710	223462	279416	291508	313005
第二产业	万元	66406	176181	579966	552939	575580	640658
#工业	万元	56973	158224	506523	433430	444912	487396
第三产业	万元	95553	142225	273297	333019	378207	428738
全部工业总产值	万元	186993	417945	1556243	1505710	1565665	1671565
轻工业	万元	124706	162467	536380	796938	821978	836539
重工业	万元	62287	255478	1019863	708772	743687	835026
规模以上工业总产值	万元	89652	283771	1289230	1394878	1484973	1580990
轻工业	万元	50234	103217	441080	730438	781424	788251
重工业	万元	39418	180554	848150	664440	703549	792739
农林牧渔业总产值	万元	120861	205355	362598	464511	483358	523342
#农业	万元	72828	117867	210331	256816	275194	277639
林业	万元	5140	7720	24444	44460	44317	60355
畜牧业	万元	39358	74364	111268	139448	138377	158586
渔业	万元	3535	4610	6786	10304	11388	12090

注:2011年鹿寨县雒容镇整体划归市区,2012年鹿寨县数据口径按新行政划归口径。

1-8 续表

指标名称	单位	2000年	2005年	2010年	2014年	2015年	2016年
粮食总产量	万吨	20.04	17.12	17.28	17.00	17.09	17.18
甘蔗总产量	万吨	62.23	100.54	117.78	106.77	105.75	103.56
肉类总产量	万吨	3.58	5.4	3.49	3.23	3.27	3.22
蔬菜总产量	万吨	21.55	37.53	36.18	35.44	38.45	40.50
水果总产量	万吨	4.20	7.22	9.68	11.95	13.47	14.24
水产品总产量	万吨	0.48	0.68	0.79	0.93	0.99	1.05
固定资产投资	万元	72033	185926	1681553	1449208	1668616	1934613
#项目投资	万元						1811260
房地产开发	万元		19581	72375	103983	113830	123353
社会消费品零售总额	万元	40909	93258	（新口径）227184	298947	334237	368902
#城镇	万元				186460	236582	221343
乡村	万元				112487	97655	147559
财政总收入	万元	14696	30109	56571	78141	83907	88175
#公共财政预算收入	万元	10752	14062	28187	49420	57264	58904
城乡居民储蓄存款余额	万元	103151	202637	447535			
住户存款(人民币)					802857	873999	966804
城镇单位在岗职工平均工资	元/人	6990	15800	29214	43487	51713	57321
城镇居民人均可支配收入	元/人		8630	16558	24941	27111	30483
城镇居民人均生活消费支出	元/人	3673	5553	9042	12639	13837	15425
#食品烟酒	元/人	1571	2451	3528	4989	5393	5987
农村居民人均可支配收入	元/人	1780	3008	5595	9415	10394	11653
农村居民人均生活消费支出	元/人	1491	2872	5768	8684	9580	7376
#食品烟酒	元/人	915	1433	2488	2674	2962	2656

注:2011年鹿寨县雒容镇整体划归市区,2012年鹿寨县数据口径按新行政划归口径。

1-9 融安县主要年份主要指标

指标名称	单位	2000年	2005年	2010年	2014年	2015年	2016年
年末总人口(户籍人口)	万人	32.18	32.16	33.04	32.59	32.74	32.88
常住人口	万人			28.57	29.23	29.50	29.70
#城镇人口	万人			8.35	10.02	10.43	10.82
从业人数	人	169432	187804	195972	209748	211637	12846
#第一产业	人	128162	112226	115805	132839	134180	110
地区生产总值(现价)	万元	93706	160606	378267	547024	582413	647633
第一产业	万元	32291	52182	96536	151990	158818	168854
第二产业	万元	25837	43410	167730	198157	203302	231812
#工业	万元	21174	36837	145595	158776	160266	188029
第三产业	万元	35578	65014	114001	196877	220293	246967
全部工业总产值	万元	54872	124159	368890	499414	521812	563259
轻工业	万元	4064	21728	92398	128748	137710	177782
重工业	万元	50808	102431	276492	370666	384103	385477
规模以上工业总产值	万元	34982	52991	221504	426258	468191	503475
轻工业	万元	1766	8516	44137	99486	113044	156858
重工业	万元	33216	44475	177367	326772	355148	346617
农林牧渔业总产值	万元	49631	81175	159507	265480	277192	296116
#农业	万元	31736	44311	83392	158222	167247	177560
林业	万元	4345	6298	18079	24334	23576	25484
畜牧业	万元	11302	26922	46032	67058	70011	76076
渔业	万元	2248	2436	4069	6721	7214	7527

1-9 续表

指标名称	单位	2000年	2005年	2010年	2014年	2015年	2016年
粮食总产量	万吨	11.59	9.93	9.45	10.19	10.12	10.13
甘蔗总产量	万吨	5.36	16.27	36.49	48.33	44.73	38.85
肉类总产量	万吨	1.15	2.19	1.96	2.15	2.17	2.17
蔬菜总产量	万吨	10.87	11.55	13.32	16.11	17.24	18.22
水果总产量	万吨	1.14	2.58	5.71	10.93	12.52	13.81
水产品总产量	万吨	0.31	0.37	0.46	0.64	0.68	0.71
固定资产投资	万元	30520	62500	396155	772450	885452	1023233
#项目投资	万元						975174
房地产开发	万元		9008	87107	56161	62153	48059
社会消费品零售总额	万元	27003	51099	（新口径）124725	221081	247631	273560
#城镇	万元				164156	177509	210286
乡村	万元				56925	70123	63274
财政总收入	万元	6752	13306	25319	39588	41054	42023
#公共财政预算收入	万元	4417	7203	12561	23577	26893	27125
城乡居民储蓄存款余额	万元	60582	102870	209924			
住户存款(人民币)	万元				445343	498729	557652
城镇单位在岗职工平均工资	元/人	7081	14041	30116	44884	55007	62706
城镇居民人均可支配收入	元/人		8578	15438	22407	24110	25113
城镇居民人均生活消费支出	元/人	4376	5566	9162	13239	14370	15158
#食品烟酒	元/人	1774	2581	3695	6354	6811	7180
农村居民人均可支配收入	元/人	1407	2310	4715	8336	9245	10622
农村居民人均生活消费支出	元/人	1826	1800	3216	7267	7988	7432
#食品烟酒	元/人	1063	1044	1935	3268	3591	3350

1-10 融水苗族自治县主要年份主要指标

指标名称	单位	2000年	2005年	2010年	2014年	2015年	2016年
年末总人口(户籍人口)	万人	46.46	47.59	50.60	51.00	51.55	51.98
常住人口	万人			40.21	41.07	41.30	41.64
#城镇人口	万人			9.43	12.01	13.41	14.00
从业人数	人	239331	273405	298788	286423	286981	15258
#第一产业	人	192083	164918	186805	201771	176854	527
地区生产总值(现价)	万元	93602	180658	418397	710276	758575	832732
第一产业	万元	40272	59553	116940	151548	150801	158435
第二产业	万元	15475	57585	184969	318663	327556	350788
#工业	万元	13902	51063	143905	216636	218070	225790
第三产业	万元	37855	63520	116488	240065	280218	323509
全部工业总产值	万元	29313	92421	355243	591364	640065	681944
轻工业	万元	9642	31027	108214	157832	158590	144304
重工业	万元	19671	61394	247029	433533	481475	537640
规模以上工业总产值	万元	11006	38212	173018	506522	578297	612611
轻工业	万元	2254	14122	47223	122876	133111	115877
重工业	万元	8752	24090	125795	383647	445186	496734
农林牧渔业总产值	万元	66020	97019	192598	261881	261831	276029
#农业	万元	36835	47840	86817	117527	118159	126481
林业	万元	10300	14390	37712	49846	45529	43189
畜牧业	万元	13965	29657	56550	78821	81709	88777
渔业	万元	4920	3274	4916	7671	8258	9079

1-10 续表

指标名称	单位	2000年	2005年	2010年	2014年	2015年	2016年
粮食总产量	万吨	13.07	12.33	10.99	11.90	11.88	12.00
甘蔗总产量	万吨	10.47	31.92	52.80	50.31	37.92	39.39
肉类总产量	万吨	1.49	2.55	2.66	2.89	2.90	2.92
蔬菜总产量	万吨	7.34	9.23	11.85	13.96	14.20	14.58
水果总产量	万吨	1.43	3.02	4.02	5.04	5.48	5.50
水产品总产量	万吨	0.49	0.50	0.56	0.74	0.79	0.87
固定资产投资	万元	12209	60187	424365	889656	1065504	1052403
#项目投资	万元						924256
房地产开发	万元		3310	57073	88560	134322	128147
社会消费品零售总额	万元	36001	51731	（新口径）125416	217929	242321	270238
#城镇	万元				147603	167963	157641
乡村	万元				70326	74359	112598
财政总收入	万元	6505	13515	33036	54500	60195	63963
#公共财政预算收入	万元	4958	7694	18491	35540	41806	43301
城乡居民储蓄存款余额	万元	54307	105631	273685			
住户存款(人民币)	万元				600602	680588	793158
城镇单位在岗职工平均工资	元/人	5981	14123	33430	48119	55970	60320
城镇居民人均可支配收入	元/人		6972	15422	23242	24939	24779
城镇居民人均生活消费支出	元/人	2858	5046	9770	13805	14983	14882
#食品烟酒	元/人	1579	2217	3883	6217	6658	6619
农村居民人均可支配收入	元/人	1085	1794	3370	5966	6586	10310
农村居民人均生活消费支出	元/人	987	1572	2786	5176	5700	6902
#食品烟酒	元/人	671	1085	1437	2412	2656	3210

1-11 三江侗族自治县主要年份主要指标

指标名称	单位	2000年	2005年	2010年	2014年	2015年	2016年
年末总人口(户籍人口)	万人	34.22	35.73	37.51	39.33	39.60	40.13
常住人口	万人			29.72	30.46	30.64	30.88
#城镇人口	万人			4.41	6.73	7.26	7.95
从业人数	人	172561	199819	229902	219739	224920	11455
#第一产业	人	140200	109209	138093	126996	129327	579
地区生产总值(现价)	万元	61694	110365	285384	392028	427199	471074
第一产业	万元	23953	37634	84016	159458	170726	178860
第二产业	万元	13131	37333	124828	94391	88979	96556
#工业	万元	6666	33660	88108	41153	34613	35934
第三产业	万元	24610	35398	76540	138179	167494	195658
全部工业总产值	万元	28401	30862	240066	132215	97134	95221
轻工业	万元	17670	8465	143095	67658	51277	51218
重工业	万元	10731	22397	96971	64557	45858	44004
规模以上工业总产值	万元	9893	12189	67067	60406	44855	36539
轻工业	万元	2848	199	18847	23855	19387	15422
重工业	万元	7045	11990	48221	36551	25469	21117
农林牧渔业总产值	万元	36744	59064	131461	256987	275565	289553
#农业	万元	18629	22396	65137	167637	180366	189300
林业	万元	3723	8359	18929	25143	27389	26938
畜牧业	万元	12592	25823	38587	53499	56082	60847
渔业	万元	1800	1628	2461	3576	4328	4765

1-11 续表

指标名称	单位	2000年	2005年	2010年	2014年	2015年	2016年
粮食总产量	万吨	7.64	6.29	6.22	6.94	6.96	7.05
甘蔗总产量	万吨	0.01	0.02	0.56	0.74	0.69	0.77
肉类总产量	万吨	1.36	2.24	1.83	1.89	1.89	1.91
蔬菜总产量	万吨	4.87	4.13	4.97	6.23	6.48	6.72
水果总产量	万吨	0.21	0.54	0.84	1.03	1.16	1.28
水产品总产量	万吨	0.18	0.24	0.28	0.36	0.38	0.41
固定资产投资	万元	15051	24599	426071	717439	658755	466472
#项目投资	万元						411635
房地产开发	万元		974	66031	48117	30678	54837
社会消费品零售总额	万元	17033	40988	（新口径） 100382	172787	189636	211243
#城镇	万元				100227	101422	115097
乡村	万元				72561	88213	96146
财政总收入	万元	4106	6080	19035	27806	32817	35868
#公共财政预算收入	万元	3419	4026	11212	17133	20373	20690
城乡居民储蓄存款余额	万元	30620	63550	179647			
住户存款(人民币)	万元				379789	427090	478974
城镇单位在岗职工平均工资	元／人	6446	13324	31349	40593	58344	70370
城镇居民人均可支配收入	元／人		7338	14997	21994	23776	25044
城镇居民人均生活消费支出	元／人	3750	5002	9040	12134	13231	14184
#食品烟酒	元／人	1745	2378	3870	4740	5077	5438
农村居民人均可支配收入	元／人	1188	1903	3562	6060	6672	10086
农村居民人均生活消费支出	元／人	1337	1636	2776	6465	7077	7124
#食品烟酒	元／人	791	1087	1491	3111	3439	3397

1-12 社会经济主要指标

（2016年）

指　标　名　称	计量单位	全　市	市　区	柳江县	柳城县
一、人口、从业人员、土地及水资源					
（一）人口					
年末总人口	人	3856685	1214669	569835	410993
年平均人口	人	3836459	1204818	566774	410204
年出生人口	人	56550	16334	9213	5368
年死亡人口	人	21380	6631	2582	2531
年末总户数	户	1133332	394061	152835	125011
常住人口	万人	395.87	161.49	60.42	36.73
（二）从业人员					
城镇单位从业人员年末人数	人	584698	477305	25708	17302
#第一产业	人	4551	1986	504	172
#城镇国有经济	人	198331	126203	16783	11206
城镇集体经济	人	11466	7782	744	496
港澳台投资经济	人	7622	7573		
外商投资经济	人	44979	44147		
乡村从业人员	万人	138.62	10.68	27.93	20.25
年末城镇登记失业人员数	人	27987	20074	907	1239
（三）土地面积及水资源					
行政区域土地面积	平方公里	18597	1017	2537	2114
#建成区面积	平方公里	252.51	188.49	18.14	7.01
城市现状建设用地面积	平方公里	246.77	188.49	17.14	7.01
#居住用地面积	平方公里	74.66	48.83	6.46	2.50
公共管理与公共服务用地面积	平方公里	23.81	17.45	0.65	1.48
工业用地面积	平方公里	50.12	43.74	1.86	0.52
水资源总量	亿立方米	210.34	6.07	25.59	21.83

1-12 续表1

指　标　名　称	计量单位	鹿寨县	融安县	融水苗族自治县	三江侗族自治县
一、人口、从业人员、土地及水资源					
(一)人口					
年末总人口	人	411228	328830	519838	401292
年平均人口	人	410272	328113	517659	398621
年出生人口	人	5736	3956	8005	7938
年死亡人口	人	2679	1853	2757	2347
年末总户数	户	116980	105886	131337	107222
常住人口	万人	35.01	29.70	41.64	30.88
(二)从业人员					
城镇单位从业人员年末人数	人	24824	12846	15258	11455
#第一产业	人	673	110	527	579
#城镇国有经济	人	12824	9725	12258	9332
城镇集体经济	人	1297	41	404	702
港澳台投资经济	人		49		
外商投资经济	人	773	59		
乡村从业人员	万人	20.48	16.81	23.79	18.68
年末城镇登记失业人员数	人	2162	1106	999	1500
(三)土地面积及水资源					
行政区域土地面积	平方公里	2975	2898	4638	2417
#建成区面积	平方公里	13.70	10.41	9.15	5.61
城市建设用地面积	平方公里	11.29	9.93	8.22	4.69
#居住用地面积	平方公里	5.41	6.32	3.27	1.87
公共设施用地面积	平方公里	1.20	0.69	1.48	0.86
工业用地面积	平方公里	2.26	0.84	0.63	0.27
水资源总量	亿立方米	43.10	33	58.71	22.04

注:“年末总人口”至“年末总户数”为公安局户籍数据

1-12　续表2

指　标　名　称	计量单位	全　市	市　区	柳江县	柳城县
二、综合经济					
(一)地区生产总值(当年价格)	万元	24769396	18050022	2181325	1204209
第一产业增加值	万元	1794640	158944	395094	421448
第二产业增加值	万元	13618049	10851297	1052019	394919
#工业增加值	万元	12325161	10154226	911713	322073
第三产业增加值	万元	9356707	7039781	734212	387842
人均地区生产总值	元	62855	112419	36283	32875
(二)财政、金融					
财政总收入	万元	3701555	3221166	172795	77565
#公共财政预算收入	万元	1591642	1302431	86852	52339
#企业所得税	万元	116475	98120	7184	3107
个人所得税	万元	32812	27955	1678	699
公共财政预算支出	万元	3395562	1925533	278354	214228
#一般公共服务支出	万元	290601	157123	25146	26389
教育支出	万元	680635	354460	62356	50273
科学技术支出	万元	41497	32331	2425	2698
文化体育与传媒支出	万元	58984	40642	2224	1902
社会保障和就业支出	万元	309540	130802	39970	24804
医疗卫生与计划生育支出	万元	378898	191840	38741	26805
节能环保支出	万元	55650	35926	4079	1238
城乡社区支出	万元	382960	323891	12920	7987
交通运输支出	万元	74293	31707	10108	7000
住房保障支出	万元	194438	116910	22532	8014
年末金融机构人民币存款余额	万元	33051421	26418577	1653542	916426
#住户存款	万元	13136420	8557134	1118833	663865
年末金融机构人民币贷款余额	万元	22738976	18028692	1446902	543113
三、农业					
总播种面积	公顷	403532	27466	88898	89161
#粮食作物	公顷	166483	8335	34130	32890
粮食产量	吨	858099	43475	177264	173666
甘蔗产量	吨	6659350	465559	1609227	2758799
蔬菜产量	吨	2168131	276521	826179	265298
水果产量	吨	876602	48323	123029	356981
肉类总产量	吨	224699	25241	51755	45501
奶类产量	吨	6732	5353	572	19
水产品产量	吨	79704	12545	17505	19173

1-12　续表3

指　标　名　称	计量单位	鹿寨县	融安县	融水苗族自治县	三江侗族自治县
二、综合经济					
(一)地区生产总值(当年价格)	万元	1382401	647633	832732	471074
第一产业增加值	万元	313005	168854	158435	178860
第二产业增加值	万元	640658	231812	350788	96556
#工业增加值	万元	487396	188029	225790	35934
第三产业增加值	万元	428738	246967	323509	195658
人均地区生产总值	元	39576	21879	20080	15314
(二)财政、金融					
财政总收入	万元	88175	42023	63963	35868
#公共财政预算收入	万元	58904	27125	43301	20690
#企业所得税	万元	3524	1163	1819	1558
个人所得税	万元	854	557	579	490
公共财政预算支出	万元	249616	194511	307170	226150
#一般公共服务支出	万元	18054	16673	26913	20303
教育支出	万元	38781	35299	79169	60297
科学技术支出	万元	1565	261	1190	1027
文化体育与传媒支出	万元	6816	2383	2747	2270
社会保障和就业支出	万元	29052	31317	30208	23387
医疗卫生与计划生育支出	万元	31048	25186	37989	27289
节能环保支出	万元	4798	3757	4436	1416
城乡社区支出	万元	12145	7542	8079	10396
交通运输支出	万元	8029	5467	8340	3642
住房保障支出	万元	16893	6679	12614	10796
年末金融机构人民币存款余额	万元	1412975	769382	1141994	738525
#住户存款	万元	966804	557652	793158	478974
年末金融机构人民币贷款余额	万元	1207072	416760	722380	374057
三、农业					
总播种面积	公顷	81479	44888	44462	27178
#粮食作物	公顷	32640	20733	23668	14087
粮食产量	吨	171820	101343	120004	70527
甘蔗产量	吨	1035599	388488	393929	7749
蔬菜产量	吨	404973	182220	145757	67183
水果产量	吨	142408	138066	55030	12765
肉类总产量	吨	32223	21724	29172	19083
奶类产量	吨	788			
水产品产量	吨	10519	7120	8712	4130

1-12　续表4

指　标　名　称	计量单位	全　市	市　区	柳江县	柳城县
四、工业					
规模以上工业法人单位					
工业企业数	个	792	515	107	36
工业总产值(当年价)	万元	47053953	40664603	2866306	789428
从业人员年平均人数	人	265376	198694	24955	8813
流动资产合计	万元	18870677	16840402	1060511	303300
固定资产合计	万元	9785420	8013545	419182	288160
主营业务收入	万元	44325512	39274818	1997043	670898
主营业务成本	万元	38901772	34358713	1769577	588378
主营业务税金及附加	万元	1116859	1089833	11063	3073
本年应交增值税	万元	1047918	921813	53708	35464
利润总额	万元	1345477	1220035	61553	30324
五、交通运输、邮电通信及能源电力					
(一)交通运输					
公路客运量	万人	2280	1298	151	91
公路货运量	万吨	12705	5384	5801	389
水运客运量	万人	20	20		
水运货运量	万吨	727	363	79	169
民用航空客运量	人	65440	65440		
民用航空货邮运量	吨	2077	2077		
内河港口货物吞吐量(规模以上)	万吨	128.58	119.03		
公路里程	公里	8607	489	1287	1407
#境内等级公路里程	公里	7320	362	1148	937
#境内高速公路里程	公里	429	40	109	65
民用汽车拥有量	辆	531578	328289	69866	33287
#私人汽车拥有量	辆	470410	290385	53988	31889
(二)邮电通信					
年末邮政局(所)数	处	124	28	18	14
邮电业务总量	万元	1001666	626644	89667	51514
#3G移动电话用户	万户	280			
互联网宽带接入用户数	万户	91			
(三)能源电力					
规模以上工业综合能源消费量	万吨标准煤	1062.94	976.98	11.59	22.10
全年用电量	万千瓦时	1668163	1290795	94496	58985
#工业用电	万千瓦时	1180389	968400	56373	34849
城乡居民生活用电	万千瓦时	269782	152748	30919	16244

1-12 续表5

指　标　名　称	计量单位	鹿寨县	融安县	融水苗族自治县	三江侗族自治县
四、工业					
规模以上工业法人单位					
工业企业数	个	56	33	36	9
工业总产值(当年价)	万元	1580990	503475	612611	36539
从业人员年平均人数	人	21538	5291	5155	930
流动资产合计	万元	433314	131231	86000	15920
固定资产合计	万元	757522	90896	186292	29824
主营业务收入	万元	1350345	446182	548423	37803
主营业务成本	万元	1243157	408754	504081	29113
主营业务税金及附加	万元	8238	2609	1824	220
本年应交增值税	万元	10717	10695	14632	889
利润总额	万元	8436	10016	10529	4583
五、交通运输、邮电通信及能源电力					
(一)交通运输					
公路客运量	万人	103	198	301	138
公路货运量	万吨	682	178	144	128
水运客运量	万人				
水运货运量	万吨	72	26	16	2
民用航空客运量	人				
民用航空货邮运量	吨				
内河港口货物吞吐量(规模以上)	万吨	9.55			
公路里程	公里	1316	1068	1916	1124
#境内等级公路里程	公里	852	990	1910	1121
#境内高速公路里程	公里	86	60	28	41
民用汽车拥有量	辆	39331	21037	23816	15952
#私人汽车拥有量	辆	36854	19855	22362	15077
(二)邮电通信					
年末邮政局(所)数	处	14	13	20	16
邮电业务总量	万元	70309	47500	69078	46954
#3G移动电话用户	万户				
互联网宽带接入用户数	万户				
(三)能源电力					
规模以上工业综合能源消费量	万吨标准煤	39.94	5.78	6.04	0.51
全年用电量	万千瓦时	113859	34211	46780	29036
#工业用电	万千瓦时	84052	15156	13881	7679
城乡居民生活用电	万千瓦时	18208	12285	26125	13254

1-12 续表6

指　标　名　称	计量单位	全　市	市　区	柳江县	柳城县
六、内外贸易、外经、旅游					
社会消费品零售总额	万元	10451288	8516603	456628	354113
货物进口额(海关数)	万美元	129662			
货物出口额(海关数)	万美元	66534			
外商直接投资合同项目	个	14	12	1	
当年实际使用外资额	万美元	2777	2406		
入境游客人数	人	188769	32710		
#外国人	人	134079	14737		
港、澳、台同胞	人	54690	17973		
国际旅游(外汇)收入	万美元	7961.79	878.59		
国内旅游人数	万人次	3297.26	1743.68	145.91	161.85
国内旅游总收入	亿元	351.48	220.74	11.36	10.65
星级饭店数	个	48	26	1	1
七、固定资产投资					
(一)固定资产投资					
固定资产投资总额	万元	23386111	15187573	2499493	1222324
#项目投资	万元	19938250	12327708	2330474	1157743
房地产开发投资	万元	3447861	2859865	169019	64581
#住宅	万元	2518508	2072550	115294	47398
(二)房地产					
商品房销售面积	万平方米	412.89	280.55	40.11	22.19
#住宅	万平方米	387.99	260.80	39.68	19.00
商品房销售额	万元	2753583	2228473	206126	78475
#住宅	万元	2513414	2021507	203094	57597
待售面积	万平方米	104.37	51.57	5.79	2.41
(三)保障性住房建设					
保障性住房本年完成投资	万元	363136	305305	36556	1912
#廉租房	万元	6733	5578	220	39
保障性住房施工面积	万平方米	629.56	547.24	21.56	20.58
#廉租房	万平方米	16.57	9.00	1.73	0.89
保障性住房竣工面积	万平方米	78.92	64.62		5.46

1-12 续表7

指标名称	计量单位	鹿寨县	融安县	融水苗族自治县	三江侗族自治县
六、内外贸易、外经、旅游					
社会消费品零售总额	万元	368902	273560	270238	211243
货物进口额(海关数)	万美元				
货物出口额(海关数)	万美元				
外商直接投资合同项目	个				1
当年实际使用外资额	万美元	170		200	1.1
入境游客人数	人	68		30534	125457
#外国人	人	32		17593	101717
港、澳、台同胞	人	36		12941	23740
国际旅游(外汇)收入	万美元	2.38		1218.15	5862.64
国内旅游人数	万人次	234.84	142.10	404.09	464.8
国内旅游总收入	亿元	18.55	13.81	37.58	38.78
星级饭店数	个	2	5	5	8
七、固定资产投资					
(一)固定资产投资					
固定资产投资总额	万元	1934613	1023233	1052403	466472
#项目投资	万元	1811260	975174	924256	411635
房地产开发投资	万元	123353	48059	128147	54837
#住宅	万元	102694	29175	108226	43171
(二)房地产					
商品房销售面积	万平方米	19.36	16.35	22.60	11.73
#住宅	万平方米	19.27	15.13	22.41	11.70
商品房销售额	万元	83369	55171	66923	35046
#住宅	万元	82921	47260	66323	34712
待售面积	万平方米	18.83	5.98	15.91	3.88
(三)保障性住房建设					
保障性住房本年完成投资	万元	6480	5837	1403	5643
#廉租房	万元	95	57	188	556
保障性住房施工面积	万平方米	15.53	8.77	6.01	9.87
#廉租房	万平方米	0.90	0.46	1.90	1.69
保障性住房竣工面积	万平方米		3.09	5.75	

1-12 续表8

指 标 名 称	计量单位	全 市	市 区	柳江县	柳城县
八、教育、科技、体育、文化及卫生					
(一)教育					
学校数					
普通高等学校	所	6	6		
中等职业教育学校	所	27	20	1	1
普通中学	所	151	75	18	7
小学	所	329	134	54	22
专任教师数					
普通高等学校	人	3596	3596		
中等职业教育学校	人	2852	2445	95	41
普通中学	人	13321	6450	1422	1135
小学	人	15528	6002	2259	1586
在校学生数					
普通高等学校	人	76065	76065		
中等职业教育学校	人	66657	63036	441	
普通中学	人	190899	88598	19452	13947
小学	人	300959	120749	40137	22140
成人高等教育学校在校学生数	人	33335	33335		
(二)科技					
规模以上工业科技活动人员	人	18151			
规模以上工业R&D人员数	人	11647			
规模以上工业R&D内部经费支出	万元	386246			
专利申请受理量	项	10629	9033	461	296
专利申请授权量	项	2802	2436	172	22
#发明	项	1172	985	89	12
(三)体育					
体育场馆数	个	15	5	1	1
(四)文化					
剧场、影剧院数	个	27	16	2	1
公共图书馆图书总藏量	千册、件	1914.90	1203.36	133.18	80.00
广播节目综合人口覆盖率	%	95.95	100	99.65	99.63
医生数(执业医师+执业助理医师)	人	9971	6656	677	539
注册护士	人	13524	9140	894	704
九、人民生活 社会保障					
在岗职工平均人数(含劳务)	人	533656	436738	22922	15556
在岗职工工资总额(含劳务)	万元	3214107	2616022	138681	101251

1-12 续表9

指标名称	计量单位	鹿寨县	融安县	融水苗族自治县	三江侗族自治县
八、教育、科技、体育、文化及卫生					
(一)教育					
学校数					
普通高等学校	所				
中等职业教育学校	所	1	1	2	1
普通中学	所	7	14	14	16
小学	所	24	28	28	39
专任教师数					
普通高等学校	人				
中等职业教育学校	人	112	35	86	38
普通中学	人	819	951	1441	1103
小学	人	1197	1235	1747	1502
在校学生数					
普通高等学校	人				
中等职业教育学校	人	1048	115	1648	369
普通中学	人	14615	13397	23063	17827
小学	人	25581	18443	39267	34642
成人高等教育学校在校学生数	人				
(二)科技					
规模以上工业科技活动人员	人				
规模以上工业R&D人员数	人				
规模以上工业R&D内部经费支出	万元				
专利申请受理量	项	362	136	184	157
专利申请授权量	项	58	58	26	30
#发明	项	35	26	16	9
(三)体育					
体育场馆数	个	4	2	1	1
(四)文化					
剧场、影剧院数	个	2	3	1	2
公共图书馆图书总藏量	千册、件	160.60	107.77	95.00	135.00
广播节目综合人口覆盖率	%	96.07	86.01	86.50	95.03
医生数(执业医师+执业助理医师)	人	764	489	560	286
注册护士	人	774	611	895	506
九、人民生活社会保障					
在岗职工平均人数(含劳务)	人	22012	12559	14667	9202
在岗职工工资总额(含劳务)	万元	126176	78752	88471	64755

1-12 续表10

指　标　名　称	计量单位	全　市	市　区	柳江县	柳城县
城镇居民人均可支配收入	元	30270	34811	30235	28729
城镇居民人均消费支出	元	19360	23001	18520	18317
(1)食品烟酒	元	7826	9298	7244	7383
(2)衣着	元	1375	1736	1374	1394
(3)生活用品及服务	元	1325	1575	1657	1292
(4)医疗保健	元	1113	1311	1106	1042
(5)交通和通信	元	2823	3272	1960	2413
(6)教育文化娱乐服务	元	2291	2863	1971	2282
(7)居住	元	2054	2324	2519	1990
城镇每百户居民家庭拥有：					
(1)家用汽车	辆	36.3	35	24.2	57.0
(2)计算机	台	88.2	99	55.1	101.6
城镇居民人均住宅建筑面积	平方米	36.61	31.65	49.0	54.6
居民消费价格指数(上年为100)	%	101.8			
城镇职工基本养老保险参保人数	人	948791	726779	49117	43126
城镇居民社会养老保险参保人数	人	1042498	57499	228710	127558
城镇职工基本医疗保险参保人数	人	835626	662053	38589	28674
城镇居民基本医疗保险参保人数	人	702821	510150	32995	27901
失业保险参保人数	人	396014	309220	22253	14057
工伤保险参保人数	人	511303	401500	26507	15868
社会福利院数	个	253	32	16	41
社会福利院床位数	张	11895	6350	651	813
社区服务设施数	个	250	204	15	11
城镇居民最低生活保障人数	人	21783	9855	453	748
十、社会治安					
交通事故死亡人数	人	192	64	43	17
交通事故损失额	万元	76.01	5.73	8.43	9.72
犯罪人数	人	6001	3211	486	526
十一、市政公用事业					
城市维护建设资金支出	万元	1207210	1150277	5862	4086
年末实有城市道路面积	万平方米	2650.14	2121.23	168.70	76.35
排水管道长度	公里	1860.89	1435.93	119.85	26.82

1-12　续表11

指　　标　　名　　称	计量单位	鹿寨县	融安县	融水苗族自治县	三江侗族自治县
城镇居民人均可支配收入	元	30483	25113	24779	25044
城镇居民人均消费支出	元	15425	15158	14882	14184
(1)食品烟酒	元	5987	7180	6619	5438
(2)衣着	元	1112	964	1234	1148
(3)生活用品及服务	元	934	1143	867	926
(4)医疗保健	元	624	871	926	1381
(5)交通和通信	元	2406	1206	1780	1431
(6)教育文化娱乐服务	元	1739	1910	1161	1993
(7)居住	元	2348	1326	2016	1634
城镇每百户居民家庭拥有:					
(1)家用汽车	辆	61.5	12.0	12.4	44.3
(2)计算机	台	97.0	52.9	28.2	58.3
城镇居民人均住宅建筑面积	平方米	38.2	55.8	57.9	55.3
居民消费价格指数(上年为100)	%				
城镇职工基本养老保险参保人数	人	50192	32814	32004	14759
城乡居民社会养老保险参保人数	人	142551	92587	234962	158631
城镇职工基本医疗保险参保人数	人	39196	23129	27390	16595
城镇居民基本医疗保险参保人数	人	30489	28712	58723	13851
失业保险参保人数	人	21074	9895	14282	5233
工伤保险参保人数	人	27932	15834	17796	5866
社会福利院数	个	30	34	33	67
社会福利院床位数	张	885	716	1370	1110
社区服务设施数	个	6	8	5	2
城镇居民最低生活保障人数	人	674	1451	3719	4883
十、社会治安					
交通事故死亡人数	人	17	17	10	15
交通事故损失额	万元	2.33	2.55	27.73	6.22
犯罪人数	人	672	395	363	348
十一、市政公用事业					
城市维护建设资金支出	万元	16894	3409	18919	7763
年末实有城市道路面积	万平方米	88.73	84.56	50.16	60.41
排水管道长度	公里	90.03	81.61	60.45	46.20

1-12 续表12

指 标 名 称	计量单位	全市	市区	柳江县	柳城县
售水量	万吨	44569	38191	1324	713
#居民家庭用水量	万吨	12382	9855	543	258
用水人口	万人	219.07	163.56	10.99	6.00
煤气(人工、天然气)供气总量	万立方米	10254	10178		
#家庭用量	万立方米	6595	6525		
用煤气人口	万人	97.48	96.62		
液化石油气供气总量	吨	53721	43137	2730	855
#家庭用量	吨	30802	21263	2343	756
用液化气人口	万人	98.07	61.80	10.30	6.01
年末实有公共汽(电)车营运车辆数	辆	1629	1308	77	49
全年公共汽(电)车客运总量	万人次	23434	21207	472	247
年末实有出租汽车数	辆	2551	2182		49
绿地面积	公顷	9614	7962	392	141
#公园绿地面积	公顷	2751	2238	101	6
建成区绿化覆盖面积	公顷	9918	8283	362	155
十二、环境保护					
工业废水排放量	万吨	5815	4390	272	272
工业二氧化硫产生量	吨	84882	77396	1582	796
工业二氧化硫排放量	吨	20128	14744	855	422
工业烟(粉)尘排放量	吨	81573	69452	2304	3982
一般工业固体废物综合利用率	%	98.80	100.00	100.00	90.50
污水处理厂集中处理率	%	50.66	49.21	61.60	87.68
生活垃圾无害化处理率	%	99.99	100.00	100.00	100.00

1-12 续表13

指　标　名　称	计量单位	鹿寨县	融安县	融水苗族自治县	三江侗族自治县
售水量	万吨	2826	506	606	404
#居民家庭用水量	万吨	696	311	398	322
用水人口	万人	11.53	10.73	10.28	5.98
煤气(人工、天然气)供气总量	万立方米		2	7	67
#家庭用量	万立方米		2	4	64
用煤气人口	万人		0.14	0.18	0.54
液化石油气供气总量	吨	2341	1739	1855	1064
#家庭用量	吨	1920	1713	1817	989
用液化气人口	万人	6.60	4.14	6.22	3.00
年末实有公共汽(电)车营运车辆数	辆	93	39	26	37
全年公共汽(电)车客运总量	万人次	735	280	195	297
年末实有出租汽车数	辆	100	60	80	80
绿地面积	公顷	487	244	153	235
#公园绿地面积	公顷	131	149	54	72
建成区绿化覆盖面积	公顷	510	231	194	182
十二、环境保护					
工业废水排放量	万吨	643	154	81	5
工业二氧化硫产生量	吨	3693	793	340	282
工业二氧化硫排放量	吨	2979	350	426	353
工业烟(粉)尘排放量	吨	3920	774	1008	134
一般工业固体废物综合利用率	%	100.00	100.00	100.00	100.00
污水处理厂集中处理率	%	33.45	81.99	92.14	72.15
生活垃圾无害化处理率	%	100.00	100.00	100.00	99.50

1-13 人均主要社会经济指标

（2016年）

指 标 名 称	单 位	全 市	市 区	柳江县	柳城县
地区生产总值	元	62855	112419	36283	32875
农林牧渔业总产值	元	7845	1735	11473	20151
全部工业总产值	元	121996	256055	51769	22887
固定资产投资额	元	59345	94591	41575	33369
财政收入	元	9393	20062	2874	2118
住户存款(人民币)	元	33335	53296	18610	18124
社会消费品零售总额	元	26521	53043	7595	9667
在岗职工年平均工资	元	60228	59899	61263	65088
城镇居民人均可支配收入	元	30270	34811	30235	28729
城镇居民人均消费性支出	元	19360	23001	18520	18317
城镇居民人均住房建筑面积	平方米	36.61	31.65	49.0	54.6
农村居民人均可支配收入	元	11107		11084	11410
农村居民人均消费支出	元	7855		8009	7338
农村居民人均住房面积	平方米	41.16		41.0	47.8
粮食总产量	公斤	217.75	27.08	294.85	474.11
油料产量	公斤	9.13	1.87	7.49	27.17
蔬菜产量	公斤	550.19	172.22	1374.22	724.26
肉类总产量	公斤	57.02	15.72	86.09	124.22
水果产量	公斤	222.45	30.10	204.64	974.56
水产品产量	公斤	20.23	7.81	29.12	52.34
甘蔗产量	公斤	1689.89	289.96	2676.69	7531.53
普通高等学校在校学生数	人/万人	193.02	473.75		
普通中学在校学生	人/万人	484.43	551.81	323.55	380.75
小学在校学生	人/万人	763.72	752.05	667.61	604.42
医院数	个/万人	0.41	0.36	0.25	0.46
医院病床数	张/万人	53.77	79.00	26.41	40.90
卫生技术人员	人/万人	77.05	120.94	33.55	49.80
#执业(助理)医生	人/万人	25.30	41.45	11.26	14.71

注:以常住平均人口计算

1-13 续表

指　标　名　称	单　位	鹿寨县	融安县	融水苗族自治县	三江侗族自治县
地区生产总值	元	39576	21879	20080	15314
农林牧渔业总产值	元	14983	10004	6656	9413
全部工业总产值	元	47855	19029	16444	3096
固定资产投资额	元	55385	34569	25377	15165
财政收入	元	2524	1420	1542	1166
住户存款(人民币)	元	27678	18840	19126	15571
社会消费品零售总额	元	10561	9242	6516	6867
在岗职工年平均工资	元	57321	62706	60320	70370
城镇居民人均可支配收入	元	30483	25113	24779	25044
城镇居民人均消费性支出	元	15425	15158	14882	14184
城镇居民人均住房建筑面积	平方米	38.2	55.8	57.9	55.3
农村居民人均可支配收入	元	11653	10622	10310	10086
农村居民人均消费支出	元	7376	7432	6902	7124
农村居民人均住房面积	平方米	64.4	37.3	31.3	29.0
粮食总产量	公斤	491.90	342.38	289.38	229.28
油料产量	公斤	30.29	10.70	7.00	6.02
蔬菜产量	公斤	1159.38	615.61	351.48	218.41
肉类总产量	公斤	92.25	73.39	70.34	62.04
水果产量	公斤	407.70	466.44	132.70	41.50
水产品产量	公斤	30.11	24.05	21.01	13.43
甘蔗产量	公斤	2964.78	1312.46	949.91	25.19
普通高等学校在校学生数	人/万人				
普通中学在校学生	人/万人	418.41	452.60	556.14	579.55
小学在校学生	人/万人	732.35	623.07	946.88	1126.20
医院数	个/万人	0.49	0.51	0.58	0.55
医院病床数	张/万人	45.26	38.89	37.04	37.48
卫生技术人员	人/万人	60.46	51.39	52.42	42.03
#执业(助理)医生	人/万人	21.87	16.52	13.50	9.30

国民经济核算 2

2-1 全市主要年份生产总值

（按当年价格计算） 单位：万元

年份	全市生产总值	第一产业	第二产业	工业	建筑业	第三产业	人均生产总值(元/人)
1978	98855	27019	48554	45295	3259	23282	404
1979	108675	27601	53076	49421	3655	27998	433
1980	122626	31582	61107	56687	4420	29937	479
1981	134663	37325	65581	60898	4683	31757	515
1982	141015	39903	66813	62252	4561	34299	527
1983	162944	43071	77557	72653	4904	42316	599
1984	187443	45703	91363	84022	7341	50377	682
1985	231565	51831	115254	107677	7577	64480	829
1986	268713	59427	135671	125001	10670	73615	944
1987	355136	69296	188676	172691	15985	97164	1223
1988	427763	81178	215292	197850	17442	131293	1447
1989	490058	96067	240590	224289	16301	153401	1631
1990	528036	119845	242286	228818	13468	165905	1733
1991	616737	119699	288506	264066	24440	208532	2002
1992	763445	137308	364917	334164	30753	261220	2447
1993	1054758	162264	567131	527653	39478	325363	3335
1994	1415555	210434	789403	727967	61436	415718	4424
1995	1776440	292525	934628	856842	77787	549286	5483
1996	1787479	319305	825162	735552	89610	643012	5456
1997	2010666	335364	912614	820743	91870	762688	6082
1998	2168588	347415	960355	874845	85510	860818	6486
1999	2283722	356033	990930	911018	79912	936759	6765
2000	2515567	373637	1072641	996952	75689	1069289	7376
2001	2836845	393956	1198423	1115902	82521	1244466	8224
2002	3146334	428629	1355050	1240667	114383	1362655	9057
2003	3615749	446102	1687301	1506096	181205	1482346	10334
2004	4408317	545623	2260638	2035400	225238	1602056	12492
2005	5119996	589468	2661075	2417763	243312	1869453	14399
2006	6223355	657536	3457912	3197147	260765	2107907	17355
2007	7551234	771979	4379334	4075536	303798	2399921	20889
2008	9052560	855174	5436553	5057848	378705	2760833	24555
2009	10460537	904495	6364289	5880663	483626	3191753	28291
2010	13153120	1094811	8399572	7768445	631126	3658738	35230
2011	15797154	1358597	10036828	9232084	804744	4401729	41832
2012	18206066	1473784	11473552	10556912	916640	5258730	47795
2013	20201046	1513849	12068907	10966665	1102242	6618289	52603
2014	22085074	1600689	13125385	11911076	1214309	7359000	57049
2015	22986169	1671017	13001065	11749298	1251767	8314087	58869
2016	24769396	1794640	13618049	12325161	1292888	9356707	62855

注:2008年及以后年份人均生产总值按平均常住人口计算,2013年为经普核算数

2-2 全市主要年份生产总值构成

（按当年价格计算） 单位:%

年份	全市生产总值	第一产业	第二产业	工业	建筑业	第三产业
1978	100.00	27.33	49.12	45.82	3.30	23.55
1979	100.00	25.40	48.84	45.48	3.36	25.76
1980	100.00	25.75	49.83	46.23	3.60	24.41
1981	100.00	27.72	48.70	45.22	3.48	23.58
1982	100.00	28.30	47.38	44.15	3.23	24.32
1983	100.00	26.43	47.60	44.59	3.01	25.97
1984	100.00	24.38	48.74	44.83	3.92	26.88
1985	100.00	22.38	49.77	46.50	3.27	27.85
1986	100.00	22.12	50.49	46.52	3.97	27.40
1987	100.00	19.51	53.13	48.63	4.50	27.36
1988	100.00	18.98	50.33	46.25	4.08	30.69
1989	100.00	19.60	49.09	45.77	3.33	31.30
1990	100.00	22.70	45.88	43.33	2.55	31.42
1991	100.00	19.41	46.78	42.82	3.96	33.81
1992	100.00	17.99	47.80	43.77	4.03	34.22
1993	100.00	15.38	53.77	50.03	3.74	30.85
1994	100.00	14.87	55.77	51.43	4.34	29.37
1995	100.00	16.47	52.61	48.23	4.38	30.92
1996	100.00	17.86	46.16	41.15	5.01	35.97
1997	100.00	16.68	45.39	40.82	4.57	37.93
1998	100.00	16.02	44.28	40.34	3.94	39.69
1999	100.00	15.59	43.39	39.89	3.50	41.02
2000	100.00	14.85	42.64	39.63	3.01	42.51
2001	100.00	13.89	42.24	39.34	2.91	43.87
2002	100.00	13.62	43.07	39.43	3.64	43.31
2003	100.00	12.34	46.67	41.65	5.01	41.00
2004	100.00	12.38	51.28	46.17	5.11	36.34
2005	100.00	11.51	51.97	47.22	4.75	36.51
2006	100.00	10.57	55.56	51.37	4.19	33.87
2007	100.00	10.22	57.99	53.97	4.02	31.78
2008	100.00	9.45	60.06	55.87	4.18	30.50
2009	100.00	8.65	60.84	56.22	4.62	30.51
2010	100.00	8.32	63.86	59.06	4.80	27.82
2011	100.00	8.60	63.54	58.44	5.09	27.86
2012	100.00	8.10	63.02	57.99	5.03	28.88
2013	100.00	7.49	59.74	54.29	5.46	32.76
2014	100.00	7.25	59.43	53.93	5.50	33.32
2015	100.00	7.27	56.56	51.11	5.45	36.17
2016	100.00	7.24	54.98	49.76	5.22	37.78

2-3 全市主要年份生产总值指数

（按可比价格计算，以上年为100） 单位：%

年份	全市生产总值	第一产业	第二产业	工业	建筑业	第三产业	人均生产总值
1978	106.64	104.65	106.43	107.15	99.38	109.47	103.72
1979	104.47	98.78	106.83	108.09	93.45	106.56	101.94
1980	112.87	104.77	116.73	116.47	119.86	114.18	110.50
1981	106.39	110.68	104.92	106.22	89.43	105.04	104.25
1982	105.17	103.37	105.03	105.59	97.15	107.32	102.70
1983	109.85	105.50	108.90	108.98	107.67	116.06	108.04
1984	114.01	101.75	121.05	120.39	131.20	112.48	112.86
1985	120.06	102.23	127.88	128.24	122.67	119.58	118.21
1986	113.17	105.68	118.54	119.36	106.25	107.27	111.02
1987	117.01	108.94	115.38	114.16	135.85	126.39	114.72
1988	107.62	96.45	105.44	105.89	99.18	118.89	105.67
1989	102.74	111.17	100.76	101.76	85.69	102.32	101.08
1990	102.77	106.40	100.56	100.96	93.42	104.92	101.38
1991	111.51	98.08	113.90	113.49	119.71	117.02	110.32
1992	119.22	115.13	120.16	120.45	116.39	120.16	117.69
1993	110.27	105.01	122.98	123.81	113.31	101.65	108.78
1994	115.14	100.65	130.72	130.35	135.40	105.59	113.81
1995	116.52	114.66	117.76	116.83	129.15	115.75	115.08
1996	102.17	108.34	98.74	97.39	113.70	103.96	114.00
1997	115.04	110.84	110.35	110.78	106.33	122.84	106.68
1998	107.89	101.81	105.57	106.65	94.84	113.03	106.30
1999	107.32	106.83	105.86	106.30	100.98	109.05	107.90
2000	109.01	105.33	108.69	109.63	97.59	110.70	109.80
2001	111.05	106.76	112.17	112.84	103.40	111.41	111.09
2002	113.65	106.92	117.82	115.80	146.88	111.70	113.24
2003	111.89	104.55	117.15	112.38	171.19	108.65	111.89
2004	114.21	107.93	120.40	120.49	119.73	109.04	113.24
2005	114.00	107.27	117.51	118.64	106.64	111.61	113.13
2006	115.23	107.96	121.02	122.53	106.01	109.29	114.27
2007	115.55	106.82	119.37	119.91	113.11	112.24	114.62
2008	114.05	105.14	118.63	119.16	112.20	109.01	113.90
2009	116.26	105.36	120.11	119.14	132.44	112.40	115.47
2010	115.84	105.44	120.41	119.94	125.70	109.76	114.72
2011	110.82	105.74	111.71	111.25	117.30	110.30	110.30
2012	111.51	106.12	111.70	111.59	113.00	112.60	110.54
2013	109.98	103.53	109.84	108.93	120.37	111.95	109.09
2014	108.51	103.30	108.53	108.60	107.80	109.70	107.64
2015	107.19	103.30	105.23	105.15	106.03	112.40	106.27
2016	107.25	103.07	105.72	105.91	103.95	110.49	106.27

2-4 市区主要年份生产总值

（按当年价格计算） 单位:万元

年份	市区生产总值	第一产业	第二产业	工业	建筑业	第三产业	人均生产总值(元/人)
1978	55905	1859	39169	37125	2044	14877	1145
1979	64205	1813	42533	40147	2386	19859	1249
1980	70705	2052	47649	45129	2520	21004	1312
1981	74699	2146	51939	48903	3036	20614	1339
1982	77279	3521	51481	48889	2592	22277	1332
1983	94623	3811	62297	59005	3292	28515	1588
1984	111116	2696	73632	68853	4779	34788	1825
1985	141538	2914	94704	89874	4830	43920	2253
1986	167778	5173	112455	104039	8416	50150	2594
1987	229756	5239	154500	142130	12370	70017	3444
1988	279506	6562	179774	168162	11612	93170	4051
1989	319228	8699	201549	190264	11285	108980	4488
1990	328272	10383	200770	192414	8356	117119	4501
1991	396320	9484	240401	221317	19084	146435	5348
1992	504455	12594	306062	283222	22840	185799	6629
1993	711625	12372	470028	441984	28043	229226	9054
1994	955650	11037	636632	602913	33719	307981	11845
1995	1160272	28834	732885	699278	33607	398554	13989
1996	1113637	31424	610278	569687	40592	471935	13108
1997	1255106	32474	687907	645604	42303	534725	14485
1998	1370200	34847	737778	690294	47484	597574	15629
1999	1446761	34017	777911	729698	48213	634834	16386
2000	1605343	35139	837320	793367	43953	732883	17911
2001	1820851	37630	932710	883186	49524	850510	19880
2002	2022721	52613	1059104	979426	79678	911003	21636
2003	2476255	41303	1336274	1206047	130227	1098678	26030
2004	3033153	50262	1835493	1661729	173764	1147398	31409
2005	3466972	51812	2083031	1896473	186558	1332129	35399
2006	4289419	57832	2746718	2555464	191254	1484869	43051
2007	5063788	67006	3341470	3134123	207347	1655312	50023
2008	6070025	72358	4085126	3835793	249334	1912540	45451
2009	7088328	76160	4763276	4478540	284736	2248892	52397
2010	9111262	87659	6448970	6105815	343154	2574634	65260
2011	11389499	140087	8005516	7557421	448095	3243896	74167
2012	13237093	148327	9151767	8675446	476321	3936999	85307
2013	14921667	147132	9774161	9163547	610614	5000374	95152
2014	16348177	149319	10612587	9938125	674462	5586271	103394
2015	16825461	147988	10397947	9721258	676689	6279526	105797
2016	18050022	158944	10851297	10154226	697071	7039781	112419

注:2008年及以后年份人均生产总值按常住平均人口计算,2013年为经普核算数

2-5 市区主要年份生产总值构成

（按当年价格计算） 单位:%

年份	市区生产总值	第一产业	第二产业			第三产业
				工业	建筑业	
1978	100.00	3.33	70.06	66.41	3.66	26.61
1979	100.00	2.82	66.25	62.53	3.72	30.93
1980	100.00	2.90	67.39	63.83	3.56	29.71
1981	100.00	2.87	69.53	65.47	4.06	27.60
1982	100.00	4.56	66.62	63.26	3.35	28.83
1983	100.00	4.03	65.84	62.36	3.48	30.14
1984	100.00	2.43	66.27	61.96	4.30	31.31
1985	100.00	2.06	66.91	63.50	3.41	31.03
1986	100.00	3.08	67.03	62.01	5.02	29.89
1987	100.00	2.28	67.25	61.86	5.38	30.47
1988	100.00	2.35	64.32	60.16	4.15	33.33
1989	100.00	2.73	63.14	59.60	3.54	34.14
1990	100.00	3.16	61.16	58.61	2.55	35.68
1991	100.00	2.39	60.66	55.84	4.82	36.95
1992	100.00	2.50	60.67	56.14	4.53	36.83
1993	100.00	1.74	66.05	62.11	3.94	32.21
1994	100.00	1.15	66.62	63.09	3.53	32.23
1995	100.00	2.49	63.16	60.27	2.90	34.35
1996	100.00	2.82	54.80	51.16	3.64	42.38
1997	100.00	2.59	54.81	51.44	3.37	42.60
1998	100.00	2.54	53.84	50.38	3.47	43.61
1999	100.00	2.35	53.77	50.44	3.33	43.88
2000	100.00	2.19	52.16	49.42	2.74	45.65
2001	100.00	2.07	51.22	48.50	2.72	46.71
2002	100.00	2.60	52.36	48.42	3.94	45.04
2003	100.00	1.67	53.96	48.70	5.26	44.37
2004	100.00	1.66	60.51	54.79	5.73	37.83
2005	100.00	1.49	60.08	54.70	5.38	38.42
2006	100.00	1.35	64.03	59.58	4.46	34.62
2007	100.00	1.32	65.99	61.89	4.09	32.69
2008	100.00	1.19	67.30	63.19	4.11	31.51
2009	100.00	1.07	67.20	63.18	4.02	31.73
2010	100.00	0.96	70.78	67.01	3.77	28.26
2011	100.00	1.23	70.29	66.35	3.93	28.48
2012	100.00	1.12	69.14	65.54	3.60	29.74
2013	100.00	0.99	65.50	61.41	4.09	33.51
2014	100.00	0.91	64.92	60.79	4.13	34.17
2015	100.00	0.88	61.80	57.78	4.02	37.32
2016	100.00	0.88	60.12	56.26	3.86	39.00

2-6 市区主要年份生产总值指数

（按可比价格计算，以上年为100） 单位：%

年 份	市区生产总值	第一产业	第二产业	工 业	建筑业	第三产业	人均生产总值
1978	108.07	102.41	108.87	109.18	103.95	106.95	101.83
1979	109.25	97.52	110.09	109.61	118.01	108.55	103.71
1980	114.12	104.95	113.66	113.34	118.65	115.91	108.93
1981	104.98	96.80	107.88	109.33	86.62	99.35	101.41
1982	104.30	149.66	101.70	102.71	82.97	106.94	100.27
1983	113.13	90.86	112.02	111.14	132.20	118.00	110.18
1984	120.14	108.64	123.49	123.70	119.36	114.00	117.56
1985	126.91	88.54	132.12	132.02	134.14	118.00	122.98
1986	119.37	119.91	121.53	121.67	118.81	113.80	115.95
1987	117.60	104.30	114.10	113.00	136.19	128.00	114.00
1988	108.70	102.02	106.35	107.50	87.09	114.76	105.10
1989	102.28	107.19	101.32	102.40	78.97	104.25	99.22
1990	100.89	108.17	99.75	100.07	91.20	103.06	98.39
1991	115.78	94.62	115.53	115.70	112.80	117.84	113.96
1992	120.12	129.39	119.05	119.41	113.00	121.41	116.98
1993	107.42	72.12	118.11	118.29	115.81	99.67	103.99
1994	115.64	107.68	127.62	129.58	101.48	102.95	112.66
1995	115.77	164.67	114.27	113.84	121.65	115.61	112.61
1996	95.96	109.14	92.91	92.30	102.60	99.19	93.68
1997	119.67	144.53	113.95	114.97	99.37	125.08	117.34
1998	113.94	98.70	113.86	113.21	124.71	115.25	112.61
1999	106.65	97.97	106.89	106.93	106.40	106.97	105.90
2000	110.03	83.35	111.73	112.87	94.45	109.81	108.39
2001	111.79	100.28	113.09	113.57	104.51	110.86	109.40
2002	115.84	105.70	119.46	116.72	173.07	112.07	113.49
2003	113.89	112.98	118.03	112.57	190.26	108.77	111.92
2004	115.86	110.51	121.14	121.40	119.10	108.97	114.13
2005	113.43	103.14	115.38	116.49	104.22	110.90	111.84
2006	116.27	109.41	122.49	124.52	101.48	106.82	114.29
2007	111.91	100.55	113.36	113.99	105.42	109.70	110.15
2008	114.89	107.09	118.32	119.02	108.69	108.76	113.59
2009	117.70	106.53	120.58	120.69	118.93	112.42	116.20
2010	117.00	102.20	121.28	121.61	116.43	108.45	113.37
2011	111.40	102.59	111.60	111.14	120.13	111.29	109.76
2012	111.69	102.54	111.24	111.58	105.46	113.18	110.52
2013	110.84	97.63	111.14	110.19	128.32	110.58	109.68
2014	108.62	99.66	108.09	108.09	108.08	110.25	107.73
2015	106.81	98.11	104.98	105.09	103.19	111.55	106.19
2016	107.17	99.35	105.55	105.69	103.44	110.04	106.15

2-7 柳江县主要年份生产总值

（按当年价格计算） 单位：万元

年 份	生产总值	第一产业	第二产业			第三产业	人均生产总值(元/人)
				工 业	建筑业		
1978	9333	5940	1451	934	517	1942	243
1979	8011	5391	1450	930	520	1170	206
1980	10190	7219	1808	1231	577	1163	259
1981	12654	8791	1738	1275	463	2125	315
1982	12047	7781	2071	1463	608	2195	294
1983	12995	8656	1898	1351	547	2441	312
1984	14290	9120	2453	1658	795	2717	336
1985	16696	11080	2624	2027	597	2992	384
1986	17960	11571	3355	2866	485	3034	406
1987	22729	13887	4775	3965	810	4067	505
1988	31183	19647	5689	4128	1561	5847	685
1989	37532	21574	7686	6264	1422	8272	818
1990	40363	23770	8040	6616	1424	8553	881
1991	44473	21268	10161	9167	994	13044	950
1992	53041	24272	13027	11997	1030	15742	1116
1993	71584	29730	20023	17865	2158	21831	1485
1994	118313	51245	40601	37358	3243	26467	2431
1995	158404	66395	51108	44627	6481	40901	3228
1996	176514	71116	53917	46678	7239	51481	3579
1997	193904	74452	58571	51018	7553	60881	3914
1998	212274	74653	63954	56357	7597	73667	4221
1999	222351	75858	62832	56629	6203	83661	4344
2000	240636	81286	70146	63566	6580	89204	4641
2001	261735	86691	74179	66017	8162	100865	4980
2002	294237	91972	92080	86800	5280	110185	5563
2003	328263	109051	138100	119406	18694	81112	6190
2004	390546	130742	156127	141271	14856	103677	7320
2005	462316	138895	184195	168426	15769	139226	8616
2006	581823	159457	242874	219793	23081	179492	10783
2007	776836	187409	369759	335134	34625	219668	14447
2008	910919	206126	443753	399209	44544	261040	16952
2009	1015905	216061	516324	459704	56620	283520	18834
2010	1224676	251774	633961	555210	78751	338941	22219
2011	1451192	308887	751799	654792	97008	390505	25681
2012	1574472	326322	809324	693886	115438	438827	27632
2013	1693932	336056	834128	705898	128230	523748	29537
2014	1881325	351498	951703	799428	152275	578124	32256
2015	2005163	365445	992418	830839	161579	647300	33714
2016	2181325	395094	1052019	911713	140306	734212	36283

注:2008年及以后年份人均生产总值按常住平均人口计算,2013年为经普核算数

2-8 柳江县主要年份生产总值构成

（按当年价格计算）　　单位:%

年 份	生产总值	第一产业	第二产业	工 业	建筑业	第三产业
1978	100.00	63.65	15.55	10.01	5.54	20.81
1979	100.00	67.29	18.10	11.61	6.49	14.60
1980	100.00	70.84	17.74	12.08	5.66	11.41
1981	100.00	69.47	13.73	10.08	3.66	16.79
1982	100.00	64.59	17.19	12.14	5.05	18.22
1983	100.00	66.61	14.61	10.40	4.21	18.78
1984	100.00	63.82	17.17	11.60	5.56	19.01
1985	100.00	66.36	15.72	12.14	3.58	17.92
1986	100.00	64.43	18.68	15.98	2.70	16.89
1987	100.00	61.10	21.01	17.44	3.56	17.89
1988	100.00	63.01	18.24	13.24	5.01	18.75
1989	100.00	57.48	20.48	16.69	3.79	22.04
1990	100.00	58.89	19.92	16.39	3.53	21.19
1991	100.00	47.82	22.85	20.61	2.24	29.33
1992	100.00	45.76	24.56	22.62	1.94	29.68
1993	100.00	41.53	27.97	24.96	3.01	30.50
1994	100.00	43.31	34.32	31.58	2.74	22.37
1995	100.00	41.91	32.26	28.17	4.09	25.82
1996	100.00	40.29	30.55	26.44	4.10	29.17
1997	100.00	38.40	30.21	26.31	3.90	31.40
1998	100.00	35.17	30.13	26.55	3.58	34.70
1999	100.00	34.12	28.26	25.47	2.79	37.63
2000	100.00	33.78	29.15	26.42	2.73	37.07
2001	100.00	33.12	28.34	25.22	3.12	38.54
2002	100.00	31.26	31.29	29.50	1.79	37.45
2003	100.00	33.22	42.07	36.38	5.69	24.71
2004	100.00	33.48	39.98	36.17	3.80	26.55
2005	100.00	30.04	39.84	36.43	3.41	30.11
2006	100.00	27.41	41.74	37.78	3.97	30.85
2007	100.00	24.12	47.60	43.14	4.46	28.28
2008	100.00	22.63	48.71	43.82	4.89	28.66
2009	100.00	21.27	50.82	45.25	5.57	27.91
2010	100.00	20.56	51.77	45.34	6.43	27.67
2011	100.00	21.29	51.81	45.12	6.68	26.91
2012	100.00	20.73	51.40	44.07	7.33	27.87
2013	100.00	19.84	49.24	41.67	7.57	30.92
2014	100.00	18.68	50.59	42.49	8.09	30.73
2015	100.00	18.23	49.49	41.43	8.06	32.28
2016	100.00	18.11	48.23	41.80	6.43	33.66

2-9 柳江县主要年份生产总值指数

（按可比价格计算，以上年为100） 单位：%

年份	生产总值	第一产业	第二产业	工业	建筑业	第三产业	人均生产总值
1978	104.20	102.44	105.14	105.13	105.17	110.12	101.90
1979	85.47	88.77	89.26	88.93	89.84	69.83	84.09
1980	119.80	121.66	132.12	140.28	117.54	95.98	118.28
1981	111.28	108.73	94.32	101.60	78.77	155.12	109.68
1982	96.34	88.50	119.92	115.44	132.25	103.96	94.12
1983	101.43	104.59	83.13	83.74	81.67	112.27	99.61
1984	114.38	110.42	129.23	122.81	145.07	114.10	112.03
1985	114.31	115.93	106.96	122.23	75.13	116.57	111.90
1986	103.70	94.44	137.88	152.46	88.41	46.77	102.09
1987	114.42	104.78	119.26	115.95	138.62	295.14	112.46
1988	103.82	96.34	98.97	108.47	52.47	125.86	102.54
1989	114.87	113.93	125.44	112.32	258.21	107.36	114.08
1990	106.52	111.81	100.51	101.48	96.25	102.95	105.59
1991	110.00	99.99	109.14	119.76	59.83	130.61	108.68
1992	119.85	115.99	130.44	133.05	106.03	117.00	118.06
1993	119.58	106.06	141.36	137.11	191.07	119.88	117.94
1994	127.14	106.76	167.81	173.86	117.18	110.24	125.90
1995	127.71	116.96	119.89	113.14	203.63	154.37	126.67
1996	109.08	110.69	104.10	102.66	114.02	113.87	108.50
1997	101.49	119.40	93.61	95.30	83.13	93.76	101.07
1998	112.38	112.00	102.49	104.76	86.36	124.36	110.70
1999	109.86	105.57	112.47	115.70	84.62	112.01	107.91
2000	109.33	107.89	98.68	97.00	118.52	121.09	107.96
2001	108.66	108.75	103.68	102.06	119.27	112.48	107.20
2002	110.33	106.27	116.91	123.34	63.77	109.14	109.63
2003	117.03	102.60	138.81	132.47	214.00	107.48	116.73
2004	109.27	104.76	113.13	110.08	135.58	108.55	108.50
2005	111.79	105.01	115.04	115.98	104.78	114.80	111.15
2006	121.30	110.70	125.40	123.50	144.80	127.70	120.67
2007	127.40	107.60	150.50	151.00	145.60	113.10	127.87
2008	111.12	104.20	115.70	115.64	116.21	108.73	110.67
2009	111.39	104.32	115.07	113.31	131.31	110.40	110.97
2010	115.24	104.93	118.18	116.20	134.00	117.24	114.52
2011	110.90	106.04	114.09	114.20	113.32	108.54	110.18
2012	108.50	106.06	108.98	107.70	118.05	109.33	107.60
2013	108.70	104.57	108.15	107.68	111.19	112.37	108.00
2014	109.23	101.50	111.46	110.70	116.20	109.78	107.41
2015	106.21	102.97	104.05	103.20	109.14	111.94	104.15
2016	106.76	103.00	105.12	108.51	87.63	111.41	105.62

2-10　柳城县主要年份生产总值

（按当年价格计算）　　单位:万元

年　份	生产总值	第一产业	第二产业	工　业	建筑业	第三产业	人均生产总值(元/人)
1978	5392	2995	1382	1040	342	1015	172
1979	5981	3010	1851	1491	360	1120	185
1980	7282	3029	2972	2253	719	1281	224
1981	9153	4449	3180	2564	616	1524	279
1982	11734	6516	3405	2980	425	1813	353
1983	12247	6632	3458	3168	290	2157	362
1984	11958	5930	3462	2777	685	2566	348
1985	15244	7897	4195	3319	876	3152	437
1986	18198	9441	5441	4880	561	3316	512
1987	22553	12134	7133	6397	736	3286	627
1988	27402	14570	8748	7218	1530	4084	758
1989	35085	19081	9127	7934	1193	6877	964
1990	41781	25068	9478	8608	870	7235	1138
1991	41158	22143	10667	9810	857	8348	1111
1992	42548	24413	9707	8465	1242	8428	1143
1993	60558	32448	17399	15661	1739	10710	1624
1994	77820	36852	26051	24211	1841	14917	2082
1995	105339	47303	40847	38621	2226	17189	2811
1996	118097	57384	39621	37261	2360	21092	3148
1997	143510	66048	46637	42998	3640	30825	3790
1998	164147	76622	47812	44614	3198	39713	4184
1999	161971	77062	37922	34954	2968	46987	4021
2000	180038	82106	44326	41304	3022	53606	4448
2001	203154	87451	53117	50070	3047	62586	4999
2002	222519	94410	56609	51759	4850	71500	5474
2003	217112	91620	53599	47245	6354	71892	5340
2004	259496	107926	67213	60100	7113	84357	6385
2005	288963	117682	79340	73080	6260	91941	7123
2006	346599	134603	109736	101339	8397	102260	8528
2007	414731	155635	144537	133562	10975	114559	10157
2008	480573	177848	176261	163073	13189	126464	13605
2009	528219	189099	196627	173135	23492	142493	14897
2010	658410	234424	259149	223288	35861	164837	18542
2011	796417	298496	307843	259114	48729	190078	22438
2012	919516	321697	365359	301691	63668	232460	25746
2013	966592	332271	372838	298923	73915	261483	26895
2014	1040870	357460	396946	323527	73418	286464	28805
2015	1142063	385731	415283	339340	75943	341049	31401
2016	1204209	421448	394919	322073	72846	387842	32875

注:2008年及以后年份人均生产总值按常住平均人口计算,2013年为经普核算数

2-11 柳城县主要年份生产总值构成

（按当年价格计算） 单位:%

年 份	生产总值	第一产业	第二产业			第三产业
				工 业	建筑业	
1978	100.00	55.55	25.63	19.29	6.34	18.82
1979	100.00	50.33	30.95	24.93	6.02	18.73
1980	100.00	41.60	40.81	30.94	9.87	17.59
1981	100.00	48.61	34.74	28.01	6.73	16.65
1982	100.00	55.53	29.02	25.40	3.62	15.45
1983	100.00	54.15	28.24	25.87	2.37	17.61
1984	100.00	49.59	28.95	23.22	5.73	21.46
1985	100.00	51.80	27.52	21.77	5.75	20.68
1986	100.00	51.88	29.90	26.82	3.08	18.22
1987	100.00	53.80	31.63	28.36	3.26	14.57
1988	100.00	53.17	31.92	26.34	5.58	14.91
1989	100.00	54.39	26.01	22.61	3.40	19.60
1990	100.00	60.00	22.68	20.60	2.08	17.32
1991	100.00	53.80	25.92	23.83	2.08	20.28
1992	100.00	57.38	22.81	19.90	2.92	19.81
1993	100.00	53.58	28.73	25.86	2.87	17.69
1994	100.00	47.36	33.48	31.11	2.37	19.17
1995	100.00	44.91	38.78	36.66	2.11	16.32
1996	100.00	48.59	33.55	31.55	2.00	17.86
1997	100.00	46.02	32.50	29.96	2.54	21.48
1998	100.00	46.68	29.13	27.18	1.95	24.19
1999	100.00	47.58	23.41	21.58	1.83	29.01
2000	100.00	45.60	24.62	22.94	1.68	29.77
2001	100.00	43.05	26.15	24.65	1.50	30.81
2002	100.00	42.43	25.44	23.26	2.18	32.13
2003	100.00	42.20	24.69	21.76	2.93	33.11
2004	100.00	41.59	25.90	23.16	2.74	32.51
2005	100.00	40.73	27.46	25.29	2.17	31.82
2006	100.00	38.84	31.66	29.24	2.42	29.50
2007	100.00	37.53	34.85	32.20	2.65	27.62
2008	100.00	37.01	36.68	33.93	2.74	26.32
2009	100.00	35.80	37.22	32.78	4.45	26.98
2010	100.00	35.60	39.36	33.91	5.45	25.04
2011	100.00	37.48	38.65	32.53	6.12	23.87
2012	100.00	34.99	39.73	32.81	6.92	25.28
2013	100.00	34.38	38.57	30.93	7.65	27.05
2014	100.00	34.34	38.14	31.08	7.05	27.52
2015	100.00	33.78	36.36	29.71	6.65	29.86
2016	100.00	35.00	32.79	26.74	6.05	32.21

2-12 柳城县主要年份生产总值指数

（按可比价格计算，以上年为100） 单位：%

年 份	生产总值	第一产业	第二产业			第三产业	人均生产总值
				工 业	建筑业		
1978	93.57	94.02	84.18	87.77	66.51	125.00	83.78
1979	104.09	102.48	106.45	105.58	112.09	103.05	114.03
1980	119.00	114.49	121.23	123.95	104.60	126.20	118.30
1981	112.13	112.99	110.01	105.40	143.45	114.99	111.20
1982	114.38	116.70	111.98	117.80	80.97	113.98	112.83
1983	115.40	117.99	113.04	118.81	68.27	114.00	113.71
1984	106.78	97.67	114.96	105.98	236.14	112.94	105.14
1985	111.46	123.01	102.46	98.26	127.91	105.09	109.78
1986	108.34	108.00	107.99	117.44	64.03	109.99	106.32
1987	109.72	109.00	110.00	107.52	131.20	111.00	108.38
1988	108.32	106.98	108.45	94.23	207.86	111.54	107.73
1989	104.30	112.54	88.86	92.29	77.97	115.67	103.78
1990	111.58	109.24	105.15	113.73	72.93	127.41	110.56
1991	91.70	98.56	85.10	87.66	70.14	86.12	90.85
1992	112.75	122.14	106.66	117.61	26.56	98.35	112.14
1993	112.81	107.97	143.75	137.35	281.09	103.28	112.62
1994	108.30	99.94	129.10	131.55	103.41	109.31	108.07
1995	118.42	117.88	137.92	138.88	125.11	97.96	118.10
1996	107.47	107.74	104.17	104.05	105.95	111.88	107.32
1997	120.55	108.91	118.31	116.12	150.16	154.18	119.44
1998	116.68	113.11	115.36	117.19	94.78	124.74	112.64
1999	105.28	108.14	91.81	91.34	98.34	114.41	102.53
2000	109.26	107.54	110.56	111.00	104.88	110.90	108.72
2001	110.25	108.14	113.60	114.76	97.75	110.72	109.82
2002	110.40	108.72	113.16	109.19	176.87	110.56	110.37
2003	104.27	104.53	97.93	97.00	107.14	109.38	104.24
2004	110.13	106.53	116.78	117.97	106.12	110.03	110.19
2005	108.90	106.80	113.27	116.01	86.87	108.45	109.09
2006	112.31	108.31	111.51	109.67	132.68	118.10	112.10
2007	116.74	107.60	134.68	135.50	126.90	113.07	116.18
2008	108.19	104.50	109.95	110.08	108.55	110.67	108.48
2009	110.73	105.48	112.83	106.91	184.02	114.68	110.31
2010	110.43	106.45	111.14	106.00	147.06	114.21	110.79
2011	109.42	106.63	112.34	110.30	125.01	108.79	109.67
2012	114.13	106.23	117.67	115.50	129.62	119.40	113.43
2013	105.56	104.40	104.52	102.13	116.21	108.50	104.90
2014	108.40	106.40	110.10	113.10	97.19	108.09	107.81
2015	109.28	105.94	105.22	104.99	106.39	119.03	108.58
2016	105.08	104.80	99.74	100.39	96.80	111.90	104.33

2-13 鹿寨县主要年份生产总值

（按当年价格计算）　　　　单位:万元

年　份	生产总值	第一产业	第二产业			第三产业	人均生产总值(元/人)
				工　业	建筑业		
1978	8557	4525	1706	1620	86	2326	206
1979	9275	4760	2116	1988	128	2399	247
1980	10010	5010	2526	2356	170	2474	263
1981	11877	6411	2915	2750	165	2551	319
1982	12403	6154	3399	3145	254	2850	318
1983	14091	7463	3230	3070	160	3398	358
1984	15224	6620	5094	4795	299	3510	376
1985	20473	9169	6315	5969	346	4989	506
1986	22880	10727	6594	6269	325	5559	560
1987	29151	13505	9155	8410	745	6491	703
1988	32358	14730	10242	9582	660	7386	768
1989	35782	17458	10540	9889	651	7784	839
1990	40601	19130	11045	10027	1018	10426	943
1991	48459	22518	11840	10834	1006	14101	1113
1992	58926	25832	14474	12805	1669	18620	1345
1993	84092	28737	30521	28765	1757	24834	1911
1994	105090	38179	42676	29962	12714	24235	2378
1995	133343	53398	50865	31168	19696	29081	2976
1996	162541	64852	60029	36116	23913	37660	3564
1997	187965	63021	64982	40921	24060	59963	4101
1998	206637	70727	67660	52492	15168	68250	4492
1999	223159	74557	64877	54903	9974	83724	4823
2000	240549	78590	66406	56973	9433	95553	5139
2001	270631	82029	73079	64748	8331	115522	5705
2002	307689	87580	78391	69784	8607	141718	6461
2003	284747	89222	94120	82246	11874	101405	5938
2004	349947	116923	112868	98300	14568	120156	7259
2005	450116	131710	176181	158224	17957	142225	9333
2006	492244	144197	191600	173622	17978	156447	10205
2007	636787	169150	282287	259622	22665	185350	13205
2008	795766	166962	412082	380207	31875	216722	18465
2009	930918	177974	507010	452401	54609	245934	21537
2010	1076725	223462	579966	506523	73443	273297	25201
2011	898422	237830	433618	341682	91936	226974	27024
2012	1040231	258458	527784	422945	104839	253988	30992
2013	1101768	271290	527013	412599	114414	303465	32534
2014	1165374	279416	552939	433430	119509	333019	34235
2015	1245295	291508	575580	444912	130668	378207	36116
2016	1382401	313005	640658	487396	153262	428738	39576

注:2008年及以后年份人均生产总值按常住平均人口计算,2013年为经普核算数

2-14 鹿寨县主要年份生产总值构成

（按当年价格计算） 单位:%

年 份	生产总值	第一产业	第二产业	工 业	建筑业	第三产业
1978	100.00	52.90	19.90	18.90	1.00	27.20
1979	100.00	51.30	22.80	21.40	1.40	25.90
1980	100.00	50.00	25.20	23.50	1.70	24.80
1981	100.00	54.00	24.50	23.20	1.30	21.50
1982	100.00	49.60	27.40	25.40	2.00	23.00
1983	100.00	53.00	22.90	21.80	1.10	24.10
1984	100.00	43.50	33.50	31.50	2.00	23.00
1985	100.00	44.80	30.80	29.20	1.60	24.40
1986	100.00	46.90	28.80	27.40	1.40	24.30
1987	100.00	46.30	31.40	28.80	2.60	22.30
1988	100.00	45.50	31.70	29.60	2.10	22.80
1989	100.00	48.80	29.50	27.60	1.90	21.70
1990	100.00	47.10	27.20	24.70	2.50	25.70
1991	100.00	46.50	24.40	22.40	2.00	29.10
1992	100.00	43.84	24.56	21.73	2.83	31.60
1993	100.00	34.17	36.29	34.21	2.09	29.53
1994	100.00	36.33	40.61	28.51	12.10	23.06
1995	100.00	40.05	38.15	23.37	14.77	21.81
1996	100.00	39.90	36.93	22.22	14.71	23.17
1997	100.00	33.53	34.57	21.77	12.80	31.90
1998	100.00	34.23	32.74	25.40	7.34	33.03
1999	100.00	33.41	29.07	24.60	4.47	37.52
2000	100.00	32.67	27.61	23.68	3.92	39.72
2001	100.00	30.31	27.00	23.92	3.08	42.69
2002	100.00	28.46	25.48	22.68	2.80	46.06
2003	100.00	31.33	33.05	28.88	4.17	35.61
2004	100.00	33.41	32.25	28.09	4.16	34.34
2005	100.00	29.26	39.14	35.15	3.99	31.60
2006	100.00	29.29	38.92	35.27	3.65	31.78
2007	100.00	26.56	44.33	40.77	3.56	29.11
2008	100.00	20.98	51.78	47.78	4.01	27.23
2009	100.00	19.12	54.46	48.60	5.87	26.42
2010	100.00	20.76	53.86	47.04	6.82	25.38
2011	100.00	26.47	48.26	38.03	10.23	25.26
2012	100.00	24.85	50.74	40.66	10.08	24.42
2013	100.00	24.62	47.83	37.45	10.38	27.54
2014	100.00	23.98	47.45	37.19	10.25	28.58
2015	100.00	23.41	46.22	35.73	10.49	30.37
2016	100.00	22.64	46.35	35.26	11.09	31.01

2-15 鹿寨县主要年份生产总值指数

（按可比价格计算，以上年为100）　　单位：%

年份	生产总值	第一产业	第二产业	工业	建筑业	第三产业	人均生产总值
1978	112.16	106.99	110.56	122.08	61.46	121.02	112.16
1979	93.60	90.74	80.00	105.97	16.85	118.81	92.20
1980	109.46	106.67	120.98	120.19	133.01	104.84	107.68
1981	113.62	122.71	110.44	112.19	86.33	98.52	112.45
1982	110.23	101.25	123.30	121.33	158.54	117.87	107.74
1983	107.56	114.93	89.89	91.80	63.60	112.72	105.09
1984	101.37	83.20	148.28	146.46	184.30	96.77	103.23
1985	115.20	115.85	105.94	106.78	92.71	127.46	116.74
1986	83.73	103.51	90.71	88.28	134.82	41.28	82.98
1987	134.07	119.32	136.19	136.16	134.08	192.52	132.29
1988	108.49	88.74	102.63	102.57	105.28	171.99	106.60
1989	95.88	106.62	91.22	89.55	110.93	86.29	94.68
1990	108.35	103.63	102.83	96.96	158.53	122.93	107.11
1991	105.69	122.74	98.56	95.84	114.31	88.31	104.91
1992	121.60	114.71	127.95	117.80	177.37	128.31	120.76
1993	117.91	96.97	180.58	209.50	33.62	96.50	117.37
1994	122.59	95.87	146.40	129.75	673.45	121.41	122.06
1995	121.19	127.91	117.84	109.51	168.69	120.47	119.51
1996	117.90	117.95	120.38	119.47	124.00	113.83	115.83
1997	113.60	112.88	106.48	107.91	101.00	126.53	113.05
1998	91.60	95.56	78.98	83.18	61.88	106.16	91.26
1999	109.40	111.83	104.31	110.29	71.52	112.87	108.76
2000	107.70	121.15	84.20	80.79	113.04	120.01	106.46
2001	109.13	104.83	110.39	113.97	88.76	111.78	107.68
2002	109.89	107.60	109.27	109.64	106.44	112.08	109.48
2003	110.17	106.50	118.91	117.31	131.70	107.03	109.41
2004	112.99	111.07	119.19	119.07	120.03	109.79	112.38
2005	126.43	110.57	154.68	156.23	142.29	115.50	126.38
2006	108.28	105.16	110.11	111.37	99.00	108.89	108.27
2007	126.69	107.40	140.89	142.74	122.40	126.72	126.72
2008	113.87	101.80	127.17	127.18	127.04	104.37	113.84
2009	117.36	105.22	123.95	119.63	176.99	115.10	117.01
2010	113.31	105.22	118.71	117.40	129.57	108.51	113.56
2011	109.28	106.02	113.24	112.70	115.16	105.81	110.14
2012	111.34	106.57	115.36	116.00	113.13	108.73	110.29
2013	108.07	104.71	108.54	108.35	109.24	110.22	107.10
2014	108.19	102.42	110.72	113.10	102.20	108.48	107.63
2015	108.96	103.99	108.77	107.84	112.46	113.28	107.57
2016	109.68	103.50	111.58	109.59	118.36	111.55	108.27

2-16 融安县主要年份生产总值

（按当年价格计算） 单位：万元

年　份	生产总值	第一产业	第二产业	工　业	建筑业	第三产业	人均生产总值(元/人)
1978	7132	4074	1873	1737	136	1185	284
1979	8129	4736	2083	1948	135	1310	318
1980	7867	4444	2193	2001	192	1230	304
1981	8365	4581	2096	1864	232	1688	318
1982	9103	5025	2126	1907	219	1952	341
1983	9876	5392	2287	1967	320	2197	365
1984	10574	5662	2381	1965	416	2531	386
1985	11487	5592	2836	2405	431	3059	413
1986	12427	5532	3188	2744	444	3707	439
1987	15250	6227	3795	3293	502	5228	531
1988	15856	6323	3308	2742	566	6225	543
1989	18322	7451	4037	3429	608	6834	616
1990	25356	14008	4364	3698	666	6984	845
1991	27749	14455	4915	4356	559	8379	923
1992	31756	16540	5433	4757	676	9783	1051
1993	40828	20239	8259	7191	1068	12330	1338
1994	43304	21420	13243	10663	2580	8641	1406
1995	66394	28701	18816	11993	6823	18877	2140
1996	67390	26505	19485	13562	5923	21400	2152
1997	75749	28204	20655	14347	6307	26890	2401
1998	77671	29605	16101	12065	4037	31964	2449
1999	81562	31544	17142	14330	2812	32876	2561
2000	93706	32291	25837	21174	4662	35578	2924
2001	106559	33976	32661	27906	4755	39923	3326
2002	108626	35390	28808	24196	4612	44428	3407
2003	123951	41330	27612	22312	5300	55008	3893
2004	146256	49452	35791	30300	5491	61013	4563
2005	160606	52182	43410	36837	6573	65014	4985
2006	185864	57526	56748	49202	7546	71590	5765
2007	240427	67717	90509	81298	9211	82201	7404
2008	296276	77521	124056	111345	12711	94700	10512
2009	331367	81220	143937	125923	18014	106210	11722
2010	378267	96536	167730	145595	22135	114001	13281
2011	454136	130008	195308	167542	27766	128820	15856
2012	507278	142125	217946	184108	33838	147208	17586
2013	520560	145017	191156	151608	39548	184386	17929
2014	547024	151990	198157	158776	39380	196877	18756
2015	582413	158818	203302	160266	43036	220293	19834
2016	647633	168854	231812	188029	43783	246967	21879

注:2008年及以后年份人均生产总值按常住平均人口计算,2013年为经普核算数

2-17 融安县主要年份生产总值构成

（按当年价格计算） 单位：%

年 份	生产总值	第一产业	第二产业	工 业	建筑业	第三产业
1978	100.00	57.12	26.26	24.36	1.90	16.62
1979	100.00	58.26	25.62	23.96	1.66	16.12
1980	100.00	56.49	27.88	25.44	2.44	15.63
1981	100.00	54.76	25.06	22.28	2.77	20.18
1982	100.00	55.20	23.35	20.95	2.41	21.44
1983	100.00	54.60	23.16	19.92	3.24	22.25
1984	100.00	53.55	22.52	18.58	3.93	23.94
1985	100.00	48.68	24.69	20.94	3.75	26.63
1986	100.00	44.52	25.65	22.08	3.57	29.83
1987	100.00	40.83	24.89	21.59	3.29	34.28
1988	100.00	39.88	20.86	17.29	3.57	39.26
1989	100.00	40.67	22.03	18.72	3.32	37.30
1990	100.00	55.25	17.21	14.58	2.63	27.54
1991	100.00	52.09	17.71	15.70	2.01	30.20
1992	100.00	52.08	17.11	14.98	2.13	30.81
1993	100.00	49.57	20.23	17.61	2.62	30.20
1994	100.00	49.46	30.58	24.62	5.96	19.95
1995	100.00	43.23	28.34	18.06	10.28	28.43
1996	100.00	39.33	28.91	20.13	8.79	31.76
1997	100.00	37.23	27.27	18.94	8.33	35.50
1998	100.00	38.12	20.73	15.53	5.20	41.15
1999	100.00	38.67	21.02	17.57	3.45	40.31
2000	100.00	34.46	27.57	22.60	4.98	37.97
2001	100.00	31.88	30.65	26.19	4.46	37.47
2002	100.00	32.58	26.52	22.27	4.25	40.90
2003	100.00	33.34	22.28	18.00	4.28	44.38
2004	100.00	33.81	24.47	20.72	3.75	41.72
2005	100.00	32.49	27.03	22.94	4.09	40.48
2006	100.00	30.95	30.53	26.47	4.06	38.52
2007	100.00	28.17	37.65	33.81	3.83	34.19
2008	100.00	26.17	41.87	37.58	4.29	31.96
2009	100.00	24.51	43.44	38.00	5.44	32.05
2010	100.00	25.52	44.34	38.49	5.85	30.14
2011	100.00	28.63	43.01	36.89	6.11	28.37
2012	100.00	28.02	42.96	36.29	6.67	29.02
2013	100.00	27.86	36.72	29.12	7.60	35.42
2014	100.00	27.78	36.22	29.03	7.20	35.99
2015	100.00	27.27	34.91	27.52	7.39	37.82
2016	100.00	26.07	35.79	29.03	6.76	38.14

2-18 融安县主要年份生产总值指数

（按可比价格计算，以上年为100）　　单位：%

年　份	生产总值	第一产业	第二产业	工　业	建筑业	第三产业	人均生产总值
1978	99.43	90.17	115.10	110.05	156.19	103.11	100.60
1979	106.61	110.45	101.34	101.89	97.83	103.03	105.03
1980	98.27	93.55	112.40	111.42	118.82	92.09	96.89
1981	103.13	103.00	85.02	83.44	94.72	137.69	101.50
1982	108.75	111.58	98.16	100.00	88.20	113.90	107.13
1983	103.98	100.25	105.62	101.21	132.71	111.57	102.75
1984	100.66	97.94	95.96	92.41	112.61	111.17	99.32
1985	105.35	97.17	117.15	119.28	108.96	111.73	103.73
1986	104.28	100.13	104.73	108.51	88.81	110.95	102.52
1987	114.14	113.40	92.85	89.91	107.97	132.55	112.42
1988	94.71	91.62	98.29	97.94	99.76	96.75	93.21
1989	102.08	104.58	98.21	99.94	90.93	101.19	100.15
1990	104.42	111.36	101.31	104.43	86.88	97.23	103.50
1991	106.61	120.16	95.92	99.76	74.59	92.83	106.44
1992	113.18	113.44	113.69	115.05	103.64	112.36	112.56
1993	116.82	111.48	136.78	136.47	139.30	114.97	115.69
1994	117.52	99.80	140.92	133.15	203.78	133.66	116.41
1995	114.77	102.10	103.71	93.04	235.11	161.78	113.99
1996	103.96	95.50	117.94	107.50	168.82	104.21	103.00
1997	102.72	96.84	102.41	101.71	104.60	111.40	101.94
1998	97.58	94.28	78.80	84.55	61.46	119.64	97.09
1999	106.92	105.50	107.47	119.58	57.19	107.95	106.45
2000	109.06	101.88	123.52	112.90	215.66	106.81	108.38
2001	111.20	108.25	113.60	117.09	97.80	112.13	111.23
2002	106.46	110.25	93.74	92.07	102.80	112.49	106.99
2003	103.94	102.97	90.74	85.96	114.02	112.87	104.07
2004	110.00	107.30	117.33	123.11	96.11	108.50	109.28
2005	111.16	107.60	117.69	117.60	118.20	110.78	110.58
2006	108.07	109.55	105.94	104.58	113.55	108.30	107.98
2007	117.87	107.50	135.67	139.00	118.51	114.65	117.04
2008	115.22	109.80	125.37	125.49	124.66	111.45	115.67
2009	113.95	104.97	120.31	116.90	146.40	113.86	113.61
2010	108.99	106.09	114.19	113.50	118.38	104.92	109.05
2011	108.00	106.17	110.19	109.40	115.40	106.32	108.00
2012	112.09	107.84	115.13	114.20	120.90	111.05	111.30
2013	108.03	105.72	99.14	96.10	116.99	123.07	107.32
2014	104.36	102.98	104.37	105.80	97.43	105.23	103.90
2015	108.76	104.39	108.78	108.09	112.40	111.42	108.02
2016	107.33	103.40	107.45	108.73	102.67	110.05	106.48

2-19 融水苗族自治县主要年份生产总值

（按当年价格计算）　　单位：万元

年　份	生产总值	第一产业	第二产业	工　业	建筑业	第三产业	人均生产总值(元/人)
1978	8085	4336	2575	2456	119	1174	228
1979	8264	4498	2607	2499	108	1159	229
1980	10993	6141	3306	3208	98	1546	299
1981	12145	7182	3116	3054	62	1847	325
1982	12356	6792	3696	3379	317	1868	324
1983	12752	7018	3654	3475	179	2080	328
1984	15478	9545	3478	3304	174	2455	392
1985	17718	9987	3439	3138	301	4292	440
1986	18894	10076	3483	3241	242	5335	458
1987	21887	10145	6919	6500	419	4823	519
1988	25269	10145	5769	4927	842	9355	589
1989	27579	11810	5963	5265	698	9806	634
1990	34591	17785	6745	6045	700	10061	786
1991	38301	18781	7920	7216	704	11600	862
1992	46178	20191	11905	10620	1285	14082	1032
1993	56115	25261	15017	12940	2076	15837	1247
1994	76410	33144	24328	19531	4797	18938	1689
1995	101832	46290	30322	24509	5813	25220	2242
1996	97489	45755	29436	26375	3061	22299	2141
1997	99871	48121	24346	22012	2334	27404	2188
1998	83051	38290	16215	14624	1591	28547	1816
1999	89747	40081	17675	14167	3508	31991	1957
2000	93602	40272	15475	13902	1573	37855	2026
2001	105600	40584	18667	16728	1939	46349	2275
2002	118809	41516	24161	21296	2864	53132	2558
2003	117701	46117	23560	19679	3881	48023	2522
2004	147729	55791	37357	31700	5657	54581	3138
2005	180658	59553	57585	51063	6522	63520	3806
2006	203632	64806	69042	60610	8432	69784	4054
2007	258717	77019	93013	80340	12673	88685	5319
2008	308849	97902	116430	100424	16006	94517	7226
2009	343952	99710	141040	115674	25366	103202	8021
2010	418397	116940	184969	143905	41063	116488	10051
2011	491745	134239	222042	165190	56852	135464	12191
2012	582406	143845	286258	209136	77122	152303	14347
2013	635225	140311	277604	190558	87047	217310	15573
2014	710276	151548	318663	216636	102027	240065	17339
2015	758575	150801	327556	218070	109486	280218	18419
2016	832732	158435	350788	225790	124998	323509	20080

注:2008年及以后年份人均生产总值按常住平均人口计算,2013年为经普核算数

2-20 融水苗族自治县主要年份生产总值构成

（按当年价格计算） 单位:%

年份	生产总值	第一产业	第二产业	工业	建筑业	第三产业
1978	100.00	53.63	31.85	30.38	1.47	14.52
1979	100.00	54.43	31.55	30.24	1.31	14.02
1980	100.00	55.86	30.07	29.18	0.89	14.06
1981	100.00	59.14	25.66	25.15	0.51	15.21
1982	100.00	54.97	29.91	27.35	2.57	15.12
1983	100.00	55.03	28.65	27.25	1.40	16.31
1984	100.00	61.67	22.47	21.35	1.12	15.86
1985	100.00	56.37	19.41	17.71	1.70	24.22
1986	100.00	53.33	18.43	17.15	1.28	28.24
1987	100.00	46.35	31.61	29.70	1.91	22.04
1988	100.00	40.15	22.83	19.50	3.33	37.02
1989	100.00	42.82	21.62	19.09	2.53	35.56
1990	100.00	51.42	19.50	17.48	2.02	29.09
1991	100.00	49.04	20.68	18.84	1.84	30.29
1992	100.00	43.72	25.78	23.00	2.78	30.50
1993	100.00	45.02	26.76	23.06	3.70	28.22
1994	100.00	43.38	31.84	25.56	6.28	24.79
1995	100.00	45.46	29.78	24.07	5.71	24.77
1996	100.00	46.93	30.19	27.05	3.14	22.87
1997	100.00	48.18	24.38	22.04	2.34	27.44
1998	100.00	46.10	19.52	17.61	1.92	34.37
1999	100.00	44.66	19.69	15.79	3.91	35.65
2000	100.00	43.02	16.53	14.85	1.68	40.44
2001	100.00	38.43	17.68	15.84	1.84	43.89
2002	100.00	34.94	20.34	17.92	2.41	44.72
2003	100.00	39.18	20.02	16.72	3.30	40.80
2004	100.00	37.77	25.28	21.45	3.83	36.95
2005	100.00	32.96	31.88	28.27	3.61	35.16
2006	100.00	31.83	33.91	29.76	4.14	34.27
2007	100.00	29.77	35.95	31.05	4.90	34.28
2008	100.00	31.70	37.70	32.52	5.18	30.60
2009	100.00	28.99	41.01	33.63	7.37	30.00
2010	100.00	27.95	44.21	34.39	9.81	27.84
2011	100.00	27.30	45.15	33.59	11.56	27.55
2012	100.00	24.70	49.15	35.91	13.24	26.15
2013	100.00	22.09	43.70	30.00	13.70	34.21
2014	100.00	21.34	44.86	30.50	14.36	33.80
2015	100.00	19.88	43.18	28.75	14.43	36.94
2016	100.00	19.03	42.12	27.11	15.01	38.85

2-21 融水苗族自治县主要年份生产总值指数

（按可比价格计算，以上年为100）　　单位：%

年　份	生产总值	第一产业	第二产业	工　业	建筑业	第三产业	人均生产总值
1978	101.92	105.70	91.77	90.93	105.76	114.54	99.90
1979	94.99	92.35	100.75	101.75	86.62	98.11	93.13
1980	122.27	108.92	152.98	157.41	79.67	129.70	120.17
1981	104.45	115.65	76.77	77.49	53.06	119.15	102.61
1982	103.83	93.47	135.74	127.88	511.54	99.84	101.79
1983	101.60	102.38	95.79	99.06	56.77	109.68	99.88
1984	98.16	106.72	70.82	70.53	76.82	114.03	96.55
1985	113.18	90.62	134.10	131.20	189.66	163.04	110.88
1986	102.12	104.41	86.38	87.13	76.36	111.25	99.78
1987	103.06	101.05	137.90	136.16	164.29	83.77	100.79
1988	114.87	98.02	98.31	91.93	178.26	165.98	112.86
1989	105.11	121.11	96.24	100.53	68.50	91.98	103.65
1990	104.27	111.35	98.44	97.53	107.07	97.19	103.09
1991	105.99	102.52	112.36	113.73	100.57	107.86	105.00
1992	116.54	105.48	143.99	143.01	153.55	115.97	115.67
1993	106.81	111.65	107.66	103.12	291.30	100.11	106.24
1994	109.44	104.49	137.19	129.60	246.01	91.13	108.85
1995	116.49	106.41	129.08	130.64	117.34	115.26	116.04
1996	91.98	103.79	91.64	99.27	27.55	75.26	91.75
1997	96.55	104.32	76.06	76.13	73.98	119.02	96.30
1998	84.02	82.08	70.02	70.26	62.73	104.08	83.88
1999	109.12	106.50	111.45	95.98	651.22	110.91	108.80
2000	101.85	103.00	65.80	70.60	41.10	129.28	101.08
2001	112.12	107.89	111.94	109.54	133.06	116.69	111.64
2002	111.60	105.49	124.06	117.61	170.99	112.72	111.51
2003	102.48	102.66	95.96	87.40	138.79	105.12	101.99
2004	113.46	108.30	140.10	139.20	142.94	107.60	112.47
2005	115.00	107.68	122.04	123.89	113.81	119.60	114.06
2006	110.51	106.73	113.43	111.32	127.90	111.98	109.43
2007	124.69	107.40	147.54	147.81	145.90	123.00	122.90
2008	115.32	108.60	121.11	122.27	114.09	115.91	115.48
2009	112.77	104.10	120.94	115.32	163.69	110.55	112.41
2010	113.95	106.02	121.26	114.80	155.96	110.81	114.84
2011	110.08	105.01	113.54	109.60	127.37	109.68	110.80
2012	113.57	106.01	120.70	116.10	134.58	109.13	112.85
2013	109.03	97.44	104.65	101.45	112.98	126.80	108.51
2014	110.42	105.03	114.14	113.90	114.69	108.64	109.95
2015	109.59	98.29	109.91	109.71	110.37	116.39	109.00
2016	108.65	100.20	108.63	105.34	115.21	113.22	107.90

2-22 三江侗族自治县主要年份生产总值

（按当年价格计算） 单位:万元

年份	生产总值	第一产业	第二产业	工业	建筑业	第三产业	人均生产总值(元/人)
1978	4451	3290	398	383	15	763	171
1979	4810	3393	436	418	18	981	181
1980	5579	3687	653	509	144	1239	206
1981	5770	3765	597	488	109	1408	210
1982	6093	4114	635	489	146	1344	217
1983	6360	4099	733	617	116	1528	223
1984	8803	6130	863	670	193	1810	305
1985	8409	5192	1141	945	196	2076	287
1986	10576	6907	1155	958	197	2514	354
1987	13810	8159	2399	1996	403	3252	456
1988	16189	9201	1762	1091	671	5226	526
1989	16530	9994	1688	1244	444	4848	529
1990	17072	9701	1844	1410	434	5527	538
1991	20277	11050	2602	1366	1236	6625	633
1992	26541	13466	4309	2298	2011	8766	821
1993	29956	13477	5884	3247	2637	10595	917
1994	38968	18557	5872	3329	2543	14539	1180
1995	50854	21604	9786	6647	3139	19464	1529
1996	51811	22269	12396	5874	6522	17146	1552
1997	54560	23044	9516	3843	5673	22000	1628
1998	54609	22671	10835	4400	6435	21103	1619
1999	58171	22914	12571	6337	6234	22686	1720
2000	61694	23953	13131	6666	6465	24610	1813
2001	68315	25595	14010	7248	6762	28710	1994
2002	71733	25148	15897	7406	8491	30688	2085
2003	67721	27459	14035	9161	4874	26227	1957
2004	81190	34527	15789	12000	3789	30874	2321
2005	110365	37634	37333	33660	3673	35398	3110
2006	123774	39115	41194	37117	4077	43465	3337
2007	159948	48043	57759	51457	6302	54146	4401
2008	190152	56457	78844	67797	11047	54851	6214
2009	221847	64271	96075	75286	20789	61501	7227
2010	285384	84016	124828	88108	36720	76540	9427
2011	315744	109050	120701	86344	34358	85992	10582
2012	345069	133010	115114	69700	45414	96945	11483
2013	361302	141772	92006	43532	48474	127524	11954
2014	392028	159458	94391	41153	53237	138179	12904
2015	427199	170726	88979	34613	54366	167494	13984
2016	471074	178860	96556	35934	60622	195658	15314

注:2008年及以后年份人均生产总值按常住平均人口计算,2013年为经普核算数

2-23 三江侗族自治县主要年份生产总值构成

（按当年价格计算） 单位：%

年　份	生产总值	第一产业	第二产业	工　业	建筑业	第三产业
1978	100.00	73.92	8.94	8.60	0.34	17.14
1979	100.00	70.54	9.06	8.69	0.37	20.40
1980	100.00	66.09	11.70	9.12	2.58	22.21
1981	100.00	65.25	10.35	8.46	1.89	24.40
1982	100.00	67.52	10.42	8.03	2.40	22.06
1983	100.00	64.45	11.53	9.70	1.82	24.02
1984	100.00	69.64	9.80	7.61	2.19	20.56
1985	100.00	61.74	13.57	11.24	2.33	24.69
1986	100.00	65.31	10.92	9.06	1.86	23.77
1987	100.00	59.08	17.37	14.45	2.92	23.55
1988	100.00	56.84	10.88	6.74	4.14	32.28
1989	100.00	60.46	10.21	7.53	2.69	29.33
1990	100.00	56.82	10.80	8.26	2.54	32.38
1991	100.00	54.50	12.83	6.74	6.10	32.67
1992	100.00	50.74	16.24	8.66	7.58	33.03
1993	100.00	44.99	19.64	10.84	8.80	35.37
1994	100.00	47.62	15.07	8.54	6.53	37.31
1995	100.00	42.48	19.24	13.07	6.17	38.27
1996	100.00	42.98	23.93	11.34	12.59	33.09
1997	100.00	42.24	17.44	7.04	10.40	40.32
1998	100.00	41.52	19.84	8.06	11.78	38.64
1999	100.00	39.39	21.61	10.89	10.72	39.00
2000	100.00	38.83	21.28	10.80	10.48	39.89
2001	100.00	37.47	20.51	10.61	9.90	42.03
2002	100.00	35.06	22.16	10.32	11.84	42.78
2003	100.00	40.55	20.72	13.53	7.20	38.73
2004	100.00	42.53	19.45	14.78	4.67	38.03
2005	100.00	34.10	33.83	30.50	3.33	32.07
2006	100.00	31.60	33.28	29.99	3.29	35.12
2007	100.00	30.04	36.11	32.17	3.94	33.85
2008	100.00	29.69	41.46	35.65	5.81	28.85
2009	100.00	28.97	43.31	33.94	9.37	27.72
2010	100.00	29.44	43.74	30.87	12.87	26.82
2011	100.00	34.54	38.23	27.35	10.88	27.23
2012	100.00	38.55	33.36	20.20	13.16	28.09
2013	100.00	39.24	25.47	12.05	13.42	35.30
2014	100.00	40.68	24.08	10.50	13.58	35.25
2015	100.00	39.96	20.83	8.10	12.73	39.21
2016	100.00	37.97	20.50	7.63	12.87	41.53

2-24 三江侗族自治县主要年份生产总值指数

（按可比价格计算，以上年为100） 单位：%

年 份	生产总值	第一产业	第二产业	工 业	建筑业	第三产业	人均生产总值
1978	129.63	136.52	81.13	81.84	66.67	125.51	126.85
1979	120.61	120.42	101.12	100.85	110.81	127.96	118.36
1980	94.42	83.68	167.61	118.42	1307.32	121.35	92.94
1981	103.97	102.70	88.14	99.64	63.99	113.39	102.20
1982	105.56	108.64	116.26	115.97	117.20	94.31	103.46
1983	102.04	99.68	92.60	96.54	79.60	112.60	100.51
1984	119.33	117.67	150.06	146.06	166.56	115.15	117.65
1985	84.40	75.16	89.60	86.96	98.50	108.27	83.37
1986	122.19	130.50	112.84	120.08	90.86	108.98	119.95
1987	124.34	109.91	217.77	226.12	184.28	128.21	122.72
1988	94.16	93.89	69.10	53.54	145.73	108.20	92.74
1989	99.74	106.26	90.19	105.44	61.90	91.83	98.19
1990	104.49	98.65	113.47	119.07	96.34	113.16	102.92
1991	110.89	105.82	135.94	89.65	312.04	112.25	109.64
1992	120.71	109.30	143.30	147.05	139.26	130.28	119.57
1993	104.11	92.29	138.48	153.38	121.30	104.95	103.03
1994	98.11	99.34	82.00	89.65	70.80	106.26	97.06
1995	117.03	101.04	153.54	156.53	148.05	118.42	116.15
1996	98.86	100.23	118.25	92.14	169.32	85.93	98.57
1997	100.49	98.63	75.37	68.36	82.85	123.29	100.13
1998	101.33	94.64	111.90	111.93	111.86	102.10	100.57
1999	107.30	101.71	111.73	124.18	100.80	86.87	107.00
2000	106.54	124.03	94.45	92.25	96.93	99.66	105.96
2001	108.94	107.16	100.58	100.59	100.57	115.13	108.22
2002	106.80	100.30	116.10	108.70	123.80	108.40	106.37
2003	96.40	98.60	71.20	69.30	74.70	113.50	95.79
2004	109.81	109.85	107.88	107.03	109.36	110.72	108.64
2005	108.61	110.21	107.59	111.43	95.71	107.32	107.05
2006	108.49	104.13	103.03	102.30	109.80	118.87	107.26
2007	122.25	105.40	142.49	141.60	150.11	119.44	120.31
2008	113.49	108.90	114.57	108.82	137.57	116.63	113.70
2009	117.00	107.80	133.44	114.10	194.41	113.60	116.64
2010	119.44	106.48	125.65	112.40	170.17	121.69	120.03
2011	103.31	106.66	99.36	104.90	86.08	106.09	103.71
2012	108.95	107.88	109.35	101.90	131.13	109.53	108.18
2013	105.28	109.03	84.18	74.21	106.84	132.14	104.67
2014	104.59	104.53	102.47	99.30	107.46	106.60	104.06
2015	110.05	106.28	101.59	99.22	105.04	120.71	109.44
2016	108.97	104.00	107.84	100.49	112.53	114.64	108.23

2-25 地区生产总值

（2015年，按当年价格计算） 单位：万元

指　标　名　称	全　市	市　区	柳江县	柳城县
地区生产总值	24769396	18050022	2181325	1204209
农、林、牧、渔业	1859680	161139	416521	435778
工业	12325161	10154226	911713	322073
建筑业	1292888	697071	140306	72846
批发和零售业	1873836	1520848	97567	71833
批发业	816818	727059	42591	9619
零售业	1057018	793789	54976	62214
交通运输、仓储和邮政业	732665	465724	102483	42221
住宿和餐饮业	553066	455561	16334	14473
住宿业	73572	57678	2655	2732
餐饮业	479494	397883	13679	11741
金融业	1831464	1471916	98501	44536
房地产业	761553	546144	101825	27141
房地产业(k)	497079	422609	37166	2539
居民自有住房折旧	264474	123535	64659	24602
其他服务业	3539083	2577393	296075	173308
营利性服务业	1839006	1357819	180826	93488
非营利性服务业	1700077	1219574	115249	79820
第一产业	1794640	158944	395094	421448
第二产业	13618049	10851297	1052019	394919
第三产业	9356707	7039781	734212	387842

单位:万元

指　标　名　称	鹿寨县	融安县	融水苗族自治县	三江侗族自治县
地区生产总值	1382401	647633	832732	471074
农、林、牧、渔业	321166	176894	163826	184356
工业	487396	188029	225790	35934
建筑业	153262	43783	124998	60622
批发和零售业	89596	35137	41432	17423
批发业	30073	2677	3546	1253
零售业	59523	32460	37886	16170
交通运输、仓储和邮政业	48695	29027	33042	11473
住宿和餐饮业	14863	15278	20883	15674
住宿业	1107	1509	3819	4072
餐饮业	13756	13769	17064	11602
金融业	83823	38591	58841	35256
房地产业	35926	17188	24243	9086
房地产业(k)	13762	3478	13139	4386
居民自有住房折旧	22164	13710	11104	4700
其他服务业	147674	103706	139677	101250
营利性服务业	61620	36465	57409	51379
非营利性服务业	86054	67241	82268	49871
第一产业	313005	168854	158435	178860
第二产业	640658	231812	350788	96556
第三产业	428738	246967	323509	195658

2-26 地区生产总值指数

（2016年，按可比价格计算，以上年为100） 单位：%

指标名称	全市	市区	柳江县	柳城县
地区生产总值	107.25	107.17	106.76	105.08
农、林、牧、渔业	103.14	99.23	103.10	105.00
工业	105.91	105.69	108.51	100.39
建筑业	103.95	103.44	87.63	96.80
批发和零售业	104.76	104.44	106.10	107.58
批发业	102.55	102.31	105.22	111.51
零售业	106.54	106.46	106.79	106.99
交通运输、仓储和邮政业	103.35	102.40	105.68	104.70
住宿和餐饮业	107.10	107.18	106.41	107.02
住宿业	102.72	102.16	104.38	104.27
餐饮业	107.81	107.95	106.82	107.68
金融业	113.66	114.06	108.00	108.90
房地产业	109.62	111.27	105.36	105.25
房地产业(k)	112.40	113.36	106.04	107.87
居民自有住房折旧	105.00	105.00	105.00	105.00
其他服务业	114.74	113.21	120.26	118.53
营利性服务业	124.49	121.56	131.96	130.28
非营利性服务业	105.54	104.97	105.21	106.89
第一产业	103.07	99.35	103.00	104.80
第二产业	105.72	105.55	105.12	99.74
第三产业	110.49	110.04	111.41	111.90

2-26 续表 单位:%

指 标 名 称	鹿 寨 县	融 安 县	融水苗族自治县	三江侗族自治县
地区生产总值	109.68	107.33	108.65	108.97
农、林、牧、渔业	103.50	103.40	100.30	104.00
工业	109.59	108.73	105.34	100.49
建筑业	118.36	102.67	115.21	112.53
批发和零售业	104.62	106.59	106.85	106.64
批发业	101.47	104.26	105.32	104.16
零售业	106.28	106.79	106.99	106.84
交通运输、仓储和邮政业	104.83	104.26	104.77	104.30
住宿和餐饮业	106.26	107.38	106.63	106.89
住宿业	102.61	104.27	104.48	106.51
餐饮业	106.57	107.73	107.12	107.02
金融业	111.94	112.03	123.47	110.69
房地产业	104.39	104.84	108.64	111.41
房地产业(k)	103.37	104.16	112.14	119.77
居民自有住房折旧	105.00	105.00	105.00	105.00
其他服务业	122.17	114.36	115.76	121.54
营利性服务业	136.20	135.08	132.71	142.30
非营利性服务业	113.49	105.29	105.96	105.16
第一产业	103.50	103.40	100.20	104.00
第二产业	111.58	107.45	108.63	107.84
第三产业	111.55	110.05	113.22	114.64

人　口　3

3-1 全市主要年份人口

年　份	总户数（户）	总人口（人）	男	女	#非农业人口（人）	人口自然增长率(‰)
1978	494294	2478204	1277507	1200697	570585	18.59
1979	495459	2537035	1305261	1231774	612294	17.96
1980	504659	2586011	1329037	1256974	631201	14.64
1981	521981	2642070	1357922	1284148	664800	16.21
1982	531989	2711927	1399773	1312154	683976	16.57
1983	544594	2731664	1415520	1316144	698805	12.85
1984	554665	2767088	1434223	1332865	716665	15.94
1985	571667	2817837	1461505	1356332	750361	13.82
1986	602464	2874774	1494876	1379898	773525	13.86
1987	615642	2931723	1525777	1405946	808283	11.58
1988	645569	2982013	1552143	1429870	829822	10.79
1989	653351	3028806	1577955	1450851	853529	8.72
1990	674946	3064722	1599423	1465299	868278	8.24
1991	692034	3094887	1617713	1477174	882906	6.24
1992	713560	3144936	1643990	1500946	927936	8.05
1993	736142	3180584	1661032	1519552	960606	6.30
1994	754359	3218792	1677649	1541143	1003600	5.20
1995	771141	3260963	1701450	1559513	1045867	3.83
1996	791922	3291752	1720103	1571649	1071774	3.41
1997	822744	3320431	1737633	1582798	1094676	7.18
1998	843132	3366624	1758035	1608589	1109992	5.14
1999	864445	3384545	1765846	1618699	1141903	5.07
2000	891155	3436504	1795871	1640633	1131612	10.18
2001	914766	3462274	1809539	1652735	1173022	6.20
2002	930808	3485142	1817380	1667762	1194950	5.56
2003	950449	3512560	1832133	1680427	1212576	7.21
2004	973186	3545071	1848736	1696335	1229605	10.03
2005	997482	3566557	1860811	1705746	1235919	9.49
2006	1023244	3605077	1878778	1726299	1251659	9.47
2007	1044562	3624955	1886060	1738895	1263857	5.52
2008	1061344	3648989	1895495	1753494	1284498	6.94
2009	1084825	3675635	1906848	1768787	1264379	6.22
2010	1100207	3726909	1931007	1795902	1263476	13.18
2011	1110985	3747969	1940783	1807186	1261319	5.16
2012	1100637	3722979	1930747	1792232	1254771	-3.53
2013	1110577	3723478	1933872	1789606	1252962	7.40
2014	1117084	3779360	1961637	1817723	1812483	16.42
2015	1124703	3816233	1977990	1838243	1841381	10.49
2016	1133332	3856685	1996016	1860669	1902248	9.17

注:2015年非农业人口数为城镇人口数,后同。

3-2 市区主要年份人口

年份	总户数（户）	总人口（人）	男	女	#非农业人口（人）
1978	107433	497937	267858	230079	400144
1979	113056	530619	284563	246056	433614
1980	118054	546843	290947	255896	443753
1981	126073	568588	299717	268871	457095
1982	133273	591766	310618	280148	471519
1983	143806	599547	317713	281834	488032
1984	154508	617933	325445	292488	500986
1985	157499	638486	335679	302867	523138
1986	173872	654877	344163	310708	538802
1987	173428	679638	357136	322142	561028
1988	180173	700636	368301	332335	580470
1989	186419	721879	378163	343716	599788
1990	198938	736761	385907	350854	609320
1991	204702	745300	390540	354760	619406
1992	214731	776687	407080	369607	652058
1993	221961	795259	416822	378437	675401
1994	227037	818163	427673	390490	710796
1995	233213	840565	438967	401604	735811
1996	239451	858899	450088	408811	751725
1997	248243	874020	455197	418823	769319
1998	257606	879379	459962	419417	777755
1999	261828	886272	460818	425454	795100
2000	274831	906092	469533	436559	777769
2001	271885	925840	480224	445616	811818
2002	279738	943841	488191	455650	830515
2003	285962	958922	496575	462347	843522
2004	293096	972343	504467	467876	854731
2005	300615	986512	512196	474316	871634
2006	309825	1006214	522429	483785	889885
2007	317288	1018375	527375	491000	900686
2008	324305	1028232	530381	497851	907649
2009	329362	1038319	533058	505261	887530
2010	335210	1050099	536573	513526	886627
2011	365564	1141859	581328	560531	906733
2012	368903	1148327	582766	565561	900185
2013	373323	1157180	585314	571866	898376
2014	379736	1175990	592805	583185	1105231
2015	386562	1194966	600869	594097	1122859
2016	394061	1214669	608514	606155	1141266

注：由于行政区划调整，原鹿寨县雒容镇整体划归市区，故2011年的数据进行了调整，2010年以前的数据未进行调整。

3-3 柳江县主要年份人口

年份	总户数（户）	总人口（人）	男	女	#非农业人口（人）	人口自然增长率(‰)
1978	70878	387134	195834	191300	17934	19.48
1979	69922	391077	196940	194137	18897	18.27
1980	70935	396879	201182	195697	20714	14.58
1981	76955	405272	206425	198847	26599	17.22
1982	73606	412579	211450	202129	28208	18.40
1983	74511	420455	215823	204632	29497	16.32
1984	76182	430732	221580	209152	31554	20.55
1985	79251	438498	225692	212806	34788	16.67
1986	81544	445937	229921	216016	37086	14.55
1987	84246	453761	234649	219112	39609	10.88
1988	95274	456907	236205	220702	39966	8.33
1989	90089	460584	238074	222510	40662	8.14
1990	93031	465750	241641	224109	42546	6.76
1991	93513	470739	244228	226511	43951	8.53
1992	96397	480014	249540	230474	50661	13.24
1993	100213	483996	250934	233062	52474	7.29
1994	104021	489292	254444	234848	55317	6.43
1995	106271	492031	255783	236248	57552	3.98
1996	108942	494413	255271	239142	58114	3.33
1997	113439	496370	257827	238543	59697	3.46
1998	116849	509449	263588	245861	61855	3.47
1999	124077	514264	268189	246075	70070	4.08
2000	129473	522652	274186	248466	73176	5.03
2001	143944	528541	274852	253689	75748	5.22
2002	146918	529230	275814	253416	77135	5.70
2003	150399	531307	277020	254287	78694	7.85
2004	153090	535781	279494	256287	79987	11.35
2005	154931	537455	279813	257642	79424	11.80
2006	155697	541724	281265	260459	76172	17.63
2007	156171	533682	276301	257381	76808	-13.52
2008	156725	535925	276998	258927	76808	8.04
2009	156791	540048	279319	260729	76808	7.53
2010	156588	555324	287386	267938	76808	28.18
2011	156407	559668	289941	269727	76808	9.13
2012	152227	550994	286812	264182	76808	-5.77
2013	151943	548436	286421	262015	76808	7.78
2014	151743	557681	291607	266074	155997	20.93
2015	152166	563713	294551	269162	162921	11.61
2016	152835	569835	297625	272210	173016	11.70

3-4 柳城县主要年份人口

年　份	总户数（户）	总人口（人）	男	女	#非农业人口（人）	人口自然增长率(‰)
1978	63533	331721	169159	162562	32706	18.64
1979	61692	334289	170171	164118	33798	17.16
1980	61569	340652	172904	167748	35140	15.42
1981	61021	346380	177178	169202	48125	15.80
1982	65643	352838	180984	171854	49054	14.91
1983	69052	345154	177750	167404	47924	14.22
1984	65915	348880	180244	168636	48498	18.87
1985	71382	351766	181516	170250	49115	13.68
1986	74371	358476	184882	173594	50246	12.89
1987	76366	361319	187106	174213	51143	11.47
1988	77897	362183	187971	174212	49924	7.45
1989	81084	365606	190085	175521	51313	8.37
1990	77670	368446	192432	176014	52615	6.93
1991	79131	372324	194480	177844	54084	7.79
1992	80054	372248	193964	178284	53169	8.58
1993	81531	373511	194186	179325	53054	6.35
1994	82597	373924	194375	179549	50814	4.45
1995	83600	375428	195226	180202	55703	4.25
1996	86727	374900	195401	179499	53713	5.59
1997	92134	382555	198691	183864	55868	4.53
1998	92922	402139	204675	197464	58137	6.70
1999	99214	403535	206027	197508	59195	8.03
2000	101837	406074	207718	198356	59814	17.16
2001	104949	406673	208563	198110	60866	12.74
2002	106515	406380	207877	198503	61126	9.46
2003	109497	406793	208066	198727	61356	9.51
2004	112678	406053	208097	197956	60453	4.54
2005	114623	405265	208051	197214	57168	7.27
2006	116629	407553	208316	199237	57293	10.26
2007	118260	409113	209265	199848	57450	9.35
2008	119371	406519	207202	199317	60039	-2.89
2009	121644	407988	208083	199905	60039	4.87
2010	123510	414469	211740	202729	60039	17.52
2011	125166	416808	212881	203927	60039	6.30
2012	125193	412309	211456	200853	60039	-1.49
2013	124712	407534	210670	196864	60039	8.58
2014	124349	407755	211088	196667	160621	12.86
2015	124882	409415	211786	197629	161850	9.68
2016	125011	410993	212429	198564	162535	6.92

3–5 鹿寨县主要年份人口

年 份	总户数（户）	总人口（人）	男	女	#非农业人口（人）	人口自然增长率(‰)
1978	80293	386811	200961	185850	44875	20.32
1979	77191	391432	202050	189382	45960	21.07
1980	79339	397893	205076	192817	49584	20.79
1981	80417	400984	205111	195873	49618	20.53
1982	78571	417531	217864	199667	50605	21.72
1983	75020	416944	219733	197211	48488	12.96
1984	73680	404438	214372	190066	49311	17.12
1985	75316	405379	214915	190404	50239	11.24
1986	76368	412085	220805	191280	51187	12.78
1987	80146	417046	223508	193898	57846	10.46
1988	82017	425320	227221	198099	59618	16.48
1989	84501	427875	228781	199094	60372	6.68
1990	85870	433312	230644	202668	60671	10.34
1991	88343	437006	234170	202836	61411	5.95
1992	90538	439042	235527	203515	64055	7.54
1993	92106	441019	235661	205358	66490	6.83
1994	95749	442714	236085	206629	69256	6.04
1995	101023	453557	242392	211159	75018	3.79
1996	104730	458573	245630	212943	81185	2.21
1997	110736	457928	246312	211616	81206	2.88
1998	115392	462099	248252	213847	83755	3.05
1999	117916	463205	248350	214855	87769	3.53
2000	122460	473096	254020	219076	89984	9.92
2001	126459	475618	256032	219586	92391	4.34
2002	126989	476836	256330	220506	92234	4.71
2003	129208	482112	259046	223066	92154	11.45
2004	131415	482062	257464	224598	91722	10.44
2005	133322	482557	256931	225626	91050	12.18
2006	135419	482112	255195	226917	91329	8.41
2007	137442	482299	253661	228638	91169	10.78
2008	136522	485610	255005	230605	92794	9.87
2009	141900	488090	255663	232427	92794	5.50
2010	142579	495475	259059	236416	92794	16.97
2011	117832	413583	217515	196068	92794	3.74
2012	116476	405919	214027	191892	70531	–20.34
2013	116809	405003	214032	190971	70531	7.28
2014	116936	408670	215902	192768	140347	15.81
2015	116902	409315	215743	193572	142459	10.12
2016	116980	411228	216635	194593	167300	7.45

注：由于行政区划调整，原鹿寨县雒容镇整体划归市区，故2011年的数据进行了调整，2010年以前的数据未进行调整。2011年及以后年份数据按新行政区划口径统计。

3-6 融安县主要年份人口

年　份	总户数（户）	总人口（人）	男	女	#非农业人口（人）	人口自然增长率(‰)
1978	53235	253359	130128	123231	28276	18.14
1979	53327	257149	131956	125193	29811	17.40
1980	53486	260625	133516	127109	30314	13.28
1981	52191	265469	136014	129455	31192	13.94
1982	53537	268589	138643	129946	31527	13.60
1983	53817	271869	140295	131574	31662	12.50
1984	53871	275864	143018	132846	32377	16.03
1985	56967	280438	145562	134876	34457	14.66
1986	59084	285377	148838	136539	35490	15.44
1987	60386	289139	150429	138710	36272	12.42
1988	64055	294640	153447	141193	37369	9.14
1989	61106	300355	157453	142902	37781	10.49
1990	66984	299967	158427	141540	38471	6.20
1991	68371	301263	159177	142086	38679	4.88
1992	71053	303239	160617	142622	40170	7.60
1993	74152	307196	162645	144551	42311	7.60
1994	75731	309024	162107	146917	43369	6.14
1995	76690	311412	163881	147531	45482	5.15
1996	79064	314712	164945	149767	47808	3.19
1997	80970	316370	167560	148810	48984	4.32
1998	80905	317732	168366	149366	49466	3.28
1999	81828	319195	167973	151222	49993	3.07
2000	78009	321751	169728	152023	50923	4.44
2001	83105	319074	169550	149524	51879	4.96
2002	83526	318434	169388	149046	51937	4.27
2003	86044	318273	167956	150317	52129	5.30
2004	89259	322756	170485	152271	57268	16.61
2005	92082	321574	169286	152288	51519	9.66
2006	96429	323256	170323	152933	51459	9.01
2007	99354	326187	171900	154287	51464	8.94
2008	101877	328001	172884	155117	54562	5.81
2009	104543	328511	173204	155307	54562	3.27
2010	106201	330448	174488	155960	54562	9.41
2011	107480	330514	174512	156002	54562	1.85
2012	105875	321390	170337	151053	54562	-19.32
2013	105475	319309	169852	149457	54562	5.09
2014	105959	325941	173385	152556	102499	23.17
2015	105836	327395	174105	153290	100359	7.86
2016	105886	328830	174903	153927	100556	6.41

3-7 融水苗族自治县主要年份人口

年份	总户数（户）	总人口（人）	男	女	#非农业人口（人）	人口自然增长率(‰)
1978	66696	357850	180202	177648	29520	21.28
1979	66558	364508	183903	180605	32509	20.16
1980	68312	370480	187269	183211	33536	14.62
1981	71684	377689	191052	186637	33767	16.80
1982	73262	385460	195522	189938	34339	17.95
1983	73778	390880	197464	193416	34568	13.05
1984	74577	398424	201090	197334	35353	16.25
1985	74933	407267	206420	200847	38321	16.76
1986	79419	417287	211818	205469	40353	18.89
1987	80960	425904	216293	209611	41567	17.18
1988	83836	432276	220212	212064	40555	12.33
1989	86780	438030	223307	214723	41290	9.18
1990	88333	442213	226054	216159	42063	7.74
1991	91439	446319	228875	217444	42697	4.59
1992	93058	448911	229827	219084	44318	6.57
1993	94618	451077	230995	220082	46785	6.12
1994	96857	453793	231988	221805	48285	6.18
1995	97370	454574	232445	222129	49393	5.25
1996	99912	456040	234255	221785	51750	3.86
1997	101198	456942	235960	220982	51788	4.95
1998	101572	457571	236672	220899	51444	4.59
1999	101283	459649	237499	222150	52270	5.14
2000	105232	464605	241941	222664	52317	6.16
2001	104765	463655	241239	222416	52219	5.37
2002	106690	465307	240801	224506	53412	4.67
2003	108135	468071	243305	224766	54939	5.81
2004	110705	473503	245585	227918	55348	12.98
2005	110145	475900	247101	228799	55196	9.02
2006	116552	482899	251290	231609	55301	8.35
2007	122381	489807	255153	234654	55738	11.49
2008	127087	494897	258050	236847	62104	11.47
2009	131681	497906	259946	237960	62104	6.64
2010	135140	505981	264031	241950	62104	16.16
2011	135131	506170	264251	241919	62104	0.22
2012	126645	500587	262807	237780	62104	-3.01
2013	132198	498049	262295	235754	62104	8.31
2014	131971	509995	268809	241186	102131	24.44
2015	131674	515479	271668	243811	104451	10.70
2016	131337	519838	274043	245795	104916	10.14

3-8 三江侗族自治县主要年份人口

年份	总户数(户)	总人口(人)	男	女	#非农业人口(人)	人口自然增长率(‰)
1978	52226	263392	133365	130027	17130	22.15
1979	53713	267961	135678	132283	17705	19.40
1980	52964	272639	138143	134496	18160	16.86
1981	53640	277688	142425	135263	18404	16.62
1982	54097	283164	144692	138472	18724	17.26
1983	54610	286815	146742	140073	18634	13.03
1984	55932	290817	148474	142343	18586	14.84
1985	56319	296003	151721	144282	20303	14.71
1986	57806	300735	154449	146292	20361	13.08
1987	60110	304916	156656	148260	20818	12.35
1988	62317	310051	158786	151265	21920	10.78
1989	63372	314477	162092	152385	22323	11.67
1990	64120	318273	164318	153955	22592	9.49
1991	66535	321936	166243	155693	22678	9.52
1992	67729	324795	167435	157360	23505	11.05
1993	71561	328526	169789	158737	24091	8.80
1994	72367	331882	170977	160905	25763	6.91
1995	72974	333396	172756	160640	26908	4.31
1996	73096	334215	174513	159702	27479	3.55
1997	76024	336246	176086	160160	27814	5.07
1998	77886	338255	176520	161735	27580	3.84
1999	78299	338425	176990	161435	27506	3.88
2000	79313	342234	178745	163489	27629	5.54
2001	79659	342873	179079	163794	28101	5.94
2002	80432	345114	178979	166135	28591	6.16
2003	81204	347082	180165	166917	29782	8.35
2004	82943	352573	183144	169429	30096	17.39
2005	91764	357294	187433	169861	29928	16.18
2006	92693	361319	189960	171359	30220	10.62
2007	93666	365492	192405	173087	30542	11.88
2008	95457	369805	194975	174830	30542	13.15
2009	98904	374773	197575	177198	30542	12.15
2010	100979	375113	197730	177383	30542	1.77
2011	103405	379367	200355	179012	30542	9.54
2012	105318	383453	202542	180911	30542	10.02
2013	106117	387967	205288	182679	30542	13.72
2014	106390	393328	208041	185287	45657	19.82
2015	106681	395950	209268	186682	46482	14.84
2016	107222	401292	211867	189425	52659	14.03

3-9 人 口 数

（2016年）

指标名称	单位	全市	市区	柳江县	柳城县
总户数	户	1133332	394061	152835	125011
总人口数	人	3856685	1214669	569835	410993
男性人口	人	1996016	608514	297625	212429
女性人口	人	1860669	606155	272210	198564
18岁以下	人	787325	223149	118550	77788
18–34岁	人	914501	239222	158752	108259
35–59岁	人	1480182	506225	205299	155231
60岁以上	人	674677	246073	87234	69715
年平均人口	人	3836459	1204818	566774	410204
出生人数	人	56550	16334	9213	5368
出生率	‰	14.74	13.56	16.26	13.09
死亡人数	人	21380	6631	2582	2531
死亡率	‰	5.57	5.50	4.56	6.17
自然增长人数	人	35170	9793	6631	2837
自然增长率	‰	9.17	8.13	11.70	6.92
迁入人数	人	25234	16782	2630	1384
迁出人数	人	21215	6888	3311	2809
机械增长人数	人	4019	9894	–681	–1425
机械增长率	‰	1.05	8.21	–1.20	–3.47
常住人口	万人	395.87	161.49	60.42	36.73

3-9 续表

指标名称	单位	鹿寨县	融安县	融水苗族自治县	三江侗族自治县
总户数	户	116980	105886	131337	107222
总人口数	人	411228	328830	519838	401292
男性人口	人	216635	174903	274043	211867
女性人口	人	194593	153927	245795	189425
18岁以下	人	83708	61608	118123	104399
18-34岁	人	101597	82179	128805	95687
35-59岁	人	157576	123719	191731	140401
60岁以上	人	68347	61324	81179	60805
年平均人口	人	410272	328113	517659	398621
出生人数	人	5736	3956	8005	7938
出生率	‰	13.98	12.06	15.46	19.91
死亡人数	人	2679	1853	2757	2347
死亡率	‰	6.53	5.65	5.33	5.89
自然增长人数	人	3057	2103	5248	5591
自然增长率	‰	7.45	6.41	10.14	14.03
迁入人数	人	1440	1259	913	826
迁出人数	人	2655	2062	2129	1361
机械增长人数	人	-1215	-803	-1216	-535
机械增长率	‰	-2.96	-2.45	-2.35	-1.34
常住人口	万人	35.01	29.70	41.64	30.88

3-10 城区人口数

（2016年）

指 标 名 称	单 位	城中区	鱼峰区	柳南区	柳北区
总户数	户	51922	109842	119506	112791
总人口数	人	156855	347393	359035	351386
男性人口	人	76638	173594	181417	176865
女性人口	人	80217	173799	177618	174521
18岁以下	人	33429	67730	63048	58942
18-34岁	人	28518	73528	69846	67330
35-59岁	人	66968	140823	148425	150009
60岁以上	人	27940	65312	77716	75105
年平均人口	人	153355	344786	356538	350140
出生人数	人	2445	5023	4772	4184
出生率	‰	15.94	14.57	13.38	11.95
死亡人数	人	485	2084	1813	2249
死亡率	‰	3.16	6.04	5.09	6.42
自然增长人数	人	1960	2939	2959	1935
自然增长率	‰	12.78	8.52	8.30	5.55
迁入人数	人	3054	4760	5790	3178
迁出人数	人	1210	1752	2364	1562
机械增长人数	人	1844	3008	3426	1616
机械增长率	‰	12.02	8.72	9.61	4.62
常住人口	万人	17.14	48.04	51.76	44.55

3-11 全市主要年份城乡人口

单位:万人

年　份	常住总人口	按城乡分		占总人口比例(%)	
		市镇人口	乡村人口	市镇人口	乡村人口
2005	367.19	166.89	200.30	45.45	54.55
2006	362.47	167.79	194.68	46.29	53.71
2007	365.81	172.41	193.40	47.13	52.87
2008	368.66	179.98	188.68	48.82	51.18
2009	370.83	187.16	183.67	50.47	49.53
2010	375.87	206.92	168.95	55.05	44.95
2011	379.39	214.71	164.68	56.59	43.41
2012	382.45	222.77	159.68	58.25	41.75
2013	385.60	229.53	156.07	59.53	40.47
2014	388.65	237.32	151.33	61.06	38.94
2015	392.27	243.64	148.63	62.11	37.89
2016	395.87	249.44	146.43	63.01	36.99

3-12 市区主要年份城乡人口

单位:万人

年　份	常住总人口	按城乡分		占总人口比例(%)	
		城镇人口	乡村人口	城镇人口	乡村人口
2008	134.97	124.86	10.11	92.51	7.49
2009	135.57	127.67	7.90	94.17	5.83
2010	152.62	142.80	9.82	93.57	6.43
2011	154.50	145.71	8.79	94.31	5.69
2012	155.85	149.79	6.06	96.11	3.89
2013	157.79	152.85	4.94	96.87	3.13
2014	158.44	153.81	4.63	97.08	2.92
2015	159.63	155.17	4.46	97.21	2.79
2016	161.49	157.54	3.95	97.55	2.45

3-13 柳江县主要年份城乡人口

单位:万人

年　份	常住总人口	按城乡分		占总人口比例(%)	
		城镇人口	乡村人口	城镇人口	乡村人口
2008	53.88	19.08	34.80	35.41	64.59
2009	54.00	19.47	34.53	36.06	63.94
2010	56.24	20.45	35.79	36.37	63.63
2011	56.78	21.78	35.00	38.36	61.64
2012	57.18	22.81	34.37	39.89	60.11
2013	57.52	23.57	33.95	40.98	59.02
2014	59.13	26.12	33.01	44.17	55.83
2015	59.82	27.31	32.51	45.65	54.35
2016	60.42	28.10	32.32	46.51	53.49

3-14　柳城县主要年份城乡人口

单位:万人

年　份	常住总人口	按城乡分		占总人口比例(%)	
		城镇人口	乡村人口	城镇人口	乡村人口
2008	35.28	8.04	27.24	22.80	77.20
2009	35.64	8.73	26.91	24.50	75.50
2010	35.38	11.17	24.21	31.58	68.42
2011	35.61	11.89	23.72	33.38	66.62
2012	35.82	12.47	23.35	34.81	65.19
2013	36.06	12.92	23.14	35.83	64.17
2014	36.21	13.64	22.57	37.67	62.33
2015	36.53	14.26	22.27	39.04	60.96
2016	36.73	14.63	22.1	39.83	60.17

3-15　鹿寨县主要年份城乡人口

单位:万人

年　份	常住总人口	按城乡分		占总人口比例(%)	
		城镇人口	乡村人口	城镇人口	乡村人口
2008	43.10	10.13	32.97	23.50	76.50
2009	43.35	11.13	32.22	25.68	74.32
2010	33.13	10.29	22.84	31.06	68.94
2011	33.36	11.13	22.23	33.36	66.64
2012	33.76	12.05	21.71	35.69	64.31
2013	33.97	13.13	20.84	38.65	61.35
2014	34.11	14.99	19.12	43.95	56.05
2015	34.85	15.8	19.05	45.34	54.66
2016	35.01	16.40	18.61	46.84	53.16

注:鹿寨县2010年(含2010年)以后数据口径为新行政区划口径。

3-16 融安县主要年份城乡人口

单位:万人

年份	常住总人口	按城乡分		占总人口比例(%)	
		城镇人口	乡村人口	城镇人口	乡村人口
2008	28.14	7.77	20.37	27.61	72.39
2009	28.40	8.27	20.13	29.12	70.88
2010	28.57	8.35	20.22	29.24	70.76
2011	28.72	8.94	19.78	31.14	68.86
2012	28.97	9.33	19.64	32.21	67.79
2013	29.10	9.65	19.45	33.16	66.84
2014	29.23	10.02	19.21	34.28	65.72
2015	29.50	10.43	19.07	35.36	64.64
2016	29.70	10.82	18.88	36.43	63.57

3-17 融水苗族自治县主要年份城乡人口

单位:万人

年份	常住总人口	按城乡分		占总人口比例(%)	
		城镇人口	乡村人口	城镇人口	乡村人口
2008	42.71	6.42	36.29	15.03	84.97
2009	43.05	7.53	35.52	17.48	82.52
2010	40.21	9.43	30.78	23.46	76.54
2011	40.47	10.28	30.19	25.41	74.59
2012	40.72	10.78	29.94	26.47	73.53
2013	40.86	11.30	29.56	27.66	72.34
2014	41.07	12.01	29.06	29.24	70.76
2015	41.3	13.41	27.89	32.47	67.53
2016	41.64	14.00	27.64	33.62	66.38

3-18 三江侗族自治县主要年份城乡人口

单位:万人

年份	常住总人口	按城乡分		占总人口比例(%)	
		城镇人口	乡村人口	城镇人口	乡村人口
2008	30.58	3.68	26.90	12.03	87.97
2009	30.82	4.36	26.46	14.15	85.85
2010	29.72	4.41	25.31	14.84	85.16
2011	29.95	4.98	24.97	16.64	83.36
2012	30.15	5.54	24.61	18.37	81.63
2013	30.30	6.10	24.20	20.13	79.87
2014	30.46	6.73	23.73	22.09	77.91
2015	30.64	7.26	23.38	23.69	76.31
2016	30.88	7.95	22.93	25.74	74.26

3-19 城中区主要年份城乡人口

单位:万人

年份	常住总人口	按城乡分		占总人口比例(%)	
		城镇人口	乡村人口	城镇人口	乡村人口
2010	16.02	15.84	0.18	98.85	1.15
2011	16.31	16.17	0.14	99.15	0.85
2012	16.42	16.28	0.14	99.15	0.85
2013	16.74	16.60	0.14	99.16	0.84
2014	16.83	16.70	0.13	99.23	0.77
2015	16.90	16.77	0.13	99.23	0.77
2016	17.14	17.04	0.10	99.42	0.58

3-20　鱼峰区主要年份城乡人口

单位:万人

年　份	常住总人口	按城乡分		占总人口比例(%)	
		城镇人口	乡村人口	城镇人口	乡村人口
2010	44.60	40.06	4.54	89.82	10.18
2011	44.97	40.41	4.56	89.86	10.14
2012	45.38	42.81	2.57	94.34	5.66
2013	46.48	44.45	2.03	95.63	4.37
2014	46.76	44.78	1.98	95.77	4.23
2015	47.43	45.48	1.95	95.89	4.11
2016	48.04	46.21	1.83	96.19	3.81

3-21　柳南区主要年份城乡人口

单位:万人

年　份	常住总人口	按城乡分		占总人口比例(%)	
		城镇人口	乡村人口	城镇人口	乡村人口
2010	49.20	48.78	0.42	99.13	0.87
2011	49.97	49.74	0.23	99.53	0.47
2012	50.42	50.19	0.23	99.54	0.46
2013	50.94	50.75	0.19	99.63	0.37
2014	50.98	50.81	0.17	99.67	0.33
2015	51.17	51.09	0.08	99.84	0.16
2016	51.76	51.72	0.04	99.92	0.08

3-22　柳北区主要年份城乡人口

单位:万人

年　份	常住总人口	按城乡分		占总人口比例(%)	
		城镇人口	乡村人口	城镇人口	乡村人口
2010	42.80	38.12	4.68	89.06	10.94
2011	43.25	39.38	3.87	91.06	8.94
2012	43.63	40.51	3.12	92.85	7.15
2013	43.63	41.06	2.57	94.11	5.89
2014	43.87	41.52	2.35	94.64	5.36
2015	44.13	41.83	2.3	94.79	5.21
2016	44.55	42.57	1.98	95.56	4.44

3-23 按居住地分的城乡人口

（2016年） 单位:万人

地　区	常住总人口	按城乡分		占总人口比例(%)	
		城镇人口	乡村人口	城镇人口	乡村人口
柳州市	395.87	249.44	146.43	63.01	36.99
市辖区	161.49	157.54	3.95	97.55	2.45
城中区	17.14	17.04	0.1	99.42	0.58
鱼峰区	48.04	46.21	1.83	96.19	3.81
柳南区	51.76	51.72	0.04	99.92	0.08
柳北区	44.55	42.57	1.98	95.56	4.44
柳江县	60.42	28.10	32.32	46.51	53.49
柳城县	36.73	14.63	22.1	39.83	60.17
鹿寨县	35.01	16.40	18.61	46.84	53.16
融安县	29.70	10.82	18.88	36.43	63.57
融水苗族自治县	41.64	14	27.64	33.62	66.38
三江侗族自治县	30.88	7.95	22.93	25.74	74.26

就业人员和职工工资 4

4-1 全市主要年份在岗职工人数及构成

年份	在岗职工人数(人)				构成(%)		
		国有经济单位	城镇集体单位	其他经济单位	国有经济单位	城镇集体单位	其他经济单位
1978	267619	212315	55304		79.33	20.67	
1979	289044	225804	63240		78.12	21.88	
1980	313672	235680	77992		75.14	24.86	
1981	331495	246574	84921		74.38	25.62	
1982	349497	262077	87420		74.99	25.01	
1983	357909	268365	89544		74.98	25.02	
1984	348921	246061	102860		70.52	29.48	
1985	377713	280316	97397		74.21	25.79	
1986	389621	301160	88461		77.30	22.70	
1987	407703	314082	93621		77.04	22.96	
1988	424035	328988	95047		77.59	22.41	
1989	429211	336363	92848		78.37	21.63	
1990	443656	353491	89230	935	79.68	20.11	0.21
1991	461845	371307	92607	1931	80.40	20.05	0.42
1992	474336	379743	93498	1095	80.06	19.71	0.23
1993	480896	374255	91150	15491	77.82	18.95	3.22
1994	499042	378025	103629	17388	75.75	20.77	3.48
1995	489419	373291	90890	25238	76.27	18.57	5.16
1996	486118	373174	86997	25947	76.77	17.90	5.34
1997	482477	369585	83424	29468	76.60	17.29	6.11
1998	421203	286250	63670	71283	67.96	15.12	16.92
1999	382571	256221	42227	84123	66.97	11.04	21.99
2000	362555	237062	35877	89616	65.39	9.90	24.72
2001	353213	234082	28203	90928	66.27	7.98	25.74
2002	332615	212410	27766	92439	63.86	8.35	27.79
2003	322311	197891	27103	97317	61.40	8.41	30.19
2004	324752	192251	25171	107330	59.20	7.75	33.05
2005	324728	191897	26112	106719	59.09	8.04	32.86
2006	320754	194102	16877	109775	60.51	5.26	34.22
2007	322784	195366	16572	110846	60.53	5.13	34.34
2008	326438	194572	16277	115589	59.60	4.99	35.41
2009	333314	194923	16582	121809	58.48	4.97	36.54
2010	351843	204077	16908	130858	58.00	4.81	37.19
2011	369643	189645	17863	162135	51.30	4.83	43.86
2012	429170	202030	14493	212647	47.07	3.38	49.55
2013	412949	188619	9444	214886	45.68	2.29	52.04
2014	396469	186748	10722	198999	47.10	2.70	50.19
2015	403135	183472	10062	209601	45.51	2.50	51.99
2016	389391	175289	9146	204956	45.02	2.35	52.64

4-2 全市主要年份在岗职工工资总额及平均工资

年份	在岗职工工资总额（万元）	国有经济单位	城镇集体单位	其他经济单位	在岗职工平均工资（元）	国有经济单位	城镇集体单位	其他经济单位
1978	14965	12029	2936		572	580	542	
1979	17354	13883	3471		620	639	553	
1980	22138	17215	4923		712	739	632	
1981	23416	18148	5268		720	756	619	
1982	25852	20088	5764		753	782	666	
1983	27380	21162	6218		775	803	694	
1984	33660	25217	8443		975	1030	842	
1985	41965	32681	9284		1139	1194	982	
1986	50742	40773	9969		1336	1390	1154	
1987	58407	47285	11122		1487	1561	1239	
1988	73037	59648	13289		1772	1863	1445	
1989	77291	63389	13902		1831	1905	1556	
1990	91923	77202	14570	151	2089	2223	1587	1742
1991	105935	87919	17627	390	2357	2456	1966	2212
1992	127932	106979	20688	264	2771	2896	2272	2168
1993	172096	138969	25662	7465	3694	3823	2951	4840
1994	233302	182377	41290	9634	4718	4881	4022	5660
1995	260342	204767	38844	16731	5376	5537	4312	6866
1996	272049	216806	37824	17419	5636	5857	4321	6955
1997	282719	224610	38426	19682	5913	6120	4628	7016
1998	285650	184499	35667	65484	6729	6414	5572	8993
1999	289319	184963	25910	78446	7505	7176	5920	9339
2000	333058	203073	24306	105679	9145	8496	6924	11729
2001	378864	243134	23058	112669	10670	10388	8041	12203
2002	415024	264359	24271	126394	12446	12399	8643	13713
2003	449929	276929	27019	145981	13832	13802	10023	14944
2004	534546	327936	28314	178295	16199	16635	11058	16627
2005	594006	367982	32719	193305	18517	19269	12482	18657
2006	718045	455440	31248	231357	22558	23905	18417	20876
2007	852654	551457	30583	270613	26819	28593	18595	24915
2008	979800	640877	31676	307247	30558	33127	19609	27675
2009	1108934	689022	36509	383403	33645	35573	22207	32091
2010	1284165	749706	46326	488134	37278	36988	27198	39124
2011	1394508	745971	55985	592553	38229	39727	31181	37258
2012	1662394	836100	48678	777616	38881	41475	33352	36789
2013	1914477	941436	34295	938746	46710	50113	36372	44162
2014	2041929	956329	44040	1041560	48969	50472	37760	48739
2015	2350802	1155848	45076	1149878	54223	61398	44164	50538
2016	2544580	1263116	43826	1237638	60228	70726	48214	54941

注:从2014年开始,在岗职工平均工资包含劳务派遣人员平均工资。

4-3 柳江县主要年份在岗职工人数及构成

年份	在岗职工人数(人)				构成(%)		
		国有经济单位	城镇集体单位	其他经济单位	国有经济单位	城镇集体单位	其他经济单位
1978	16640	15736	904		94.57	5.43	
1979	17142	15683	1459		91.49	8.51	
1980	17163	15648	1515		91.17	8.83	
1981	17362	15922	1440		91.71	8.29	
1982	17485	16124	1361		92.22	7.78	
1983	17420	16155	1265		92.74	7.26	
1984	17165	15245	1920		88.81	11.19	
1985	17582	15715	1867		89.38	10.62	
1986	17403	15611	1792		89.70	10.30	
1987	17874	15934	1940		89.15	10.85	
1988	18769	16546	2223		88.16	11.84	
1989	19218	17252	1966		89.77	10.23	
1990	21479	19508	1971		90.82	9.18	
1991	22553	20503	2050		90.91	9.09	
1992	22943	20993	1950		91.50	8.50	
1993	22939	21203	1736		92.43	7.57	
1994	23890	21971	1919		91.97	8.03	
1995	25503	23344	2159		91.53	8.47	
1996	25195	23213	1982		92.13	7.87	
1997	24782	22973	1809		92.70	7.30	
1998	23824	22550	1043	231	94.65	4.38	0.97
1999	23080	21758	1010	312	94.27	4.38	1.35
2000	22997	21908	651	438	95.26	2.83	1.91
2001	26593	25478	692	423	95.80	2.60	1.60
2002	22812	19409	1534	1869	85.00	6.70	8.30
2003	24407	18367	1589	4451	75.20	6.50	18.30
2004	25602	18062	1566	5974	70.55	6.12	23.33
2005	24002	17645	1109	5248	73.51	4.62	21.86
2006	25526	18928	1005	5593	74.15	3.94	21.91
2007	26957	19480	1309	6168	72.26	4.86	22.88
2008	25864	18443	1183	6238	71.31	4.57	24.12
2009	25289	18211	985	6093	72.01	3.89	24.09
2010	24533	17340	927	6266	70.68	3.78	25.54
2011	27495	17746	1201	8548	64.54	4.37	31.09
2012	27881	17536	1381	8964	62.90	4.95	32.15
2013	21919	15857	1058	5004	72.34	4.83	22.83
2014	21010	14820	795	5395	70.54	3.78	25.68
2015	22613	15697	687	6229	69.42	3.04	27.55
2016	22371	15121	539	6711	68.36	2.44	29.20

4-4 柳江县主要年份在岗职工工资总额及平均工资

年份	在岗职工工资总额（万元）	国有经济单位	城镇集体单位	其他经济单位	在岗职工平均工资（元）	国有经济单位	城镇集体单位	其他经济单位
1978	763	719	44		458	457	487	
1979	872	806	66		515	521	452	
1980	1008	940	68		597	612	446	
1981	1092	1005	87		651	654	616	
1982	1166	1076	90		685	667	679	
1983	1214	1127	87		707	711	659	
1984	1295	1152	143		788	793	747	
1985	1524	1367	157		868	871	830	
1986	1827	1652	175		1072	1075	1052	
1987	2241	2012	229		1307	1316	1248	
1988	2930	2597	333		1603	1607	1578	
1989	3207	2878	329		1678	1685	1396	
1990	3907	3571	336		1865	1880	1724	
1991	4729	4361	368		2177	2209	1853	
1992	5572	5160	412		2480	2513	2129	
1993	7061	6594	467		3274	3330	2547	
1994	10147	9565	582		4274	4381	3054	
1995	11868	11008	860		4719	4788	3982	
1996	12757	11882	875		5134	5183	4540	
1997	13240	12513	727		5355	5456	4061	
1998	14041	13339	578	125	5987	6024	5372	5279
1999	14928	14365	418	145	6615	6663	5915	4823
2000	17136	16308	509	319	7502	7492	7998	7257
2001	23326	22486	527	313	8897	8958	7588	7424
2002	24713	21497	1043	2173	11311	11581	6778	12444
2003	28313	21676	1496	5141	11694	11785	9423	12151
2004	31921	23214	1352	7356	12528	12592	8549	13460
2005	34505	25103	1510	7892	14725	14387	14570	15946
2006	44534	32976	1820	9738	18564	18354	17983	19437
2007	56446	43775	1364	11307	21496	22745	11930	19262
2008	63609	50473	1611	11525	25248	27339	17084	19908
2009	67497	51167	1568	14761	27022	28214	18515	24619
2010	72476	53518	1693	17265	30107	30650	20976	29742
2011	85052	53601	3200	28251	31009	30054	27049	33593
2012	94972	59625	5565	29782	34082	34046	40951	33113
2013	92101	68218	3701	20182	42277	43261	34693	40779
2014	91873	62019	4991	24863	43441	41706	62992	44954
2015	121050	87441	5152	28457	52735	55420	73321	45036
2016	135515	99488	4554	31473	61263	66109	83704	48220

注：从2014年开始，在岗职工平均工资包含劳务派遣人员平均工资。

4-5 柳城县主要年份在岗职工人数及构成

年份	在岗职工人数(人)	国有经济单位	城镇集体单位	其他经济单位	构成(%)		
					国有经济单位	城镇集体单位	其他经济单位
1978	20459	18059	2400		88.27	11.73	
1979	20400	18300	2100		89.71	10.29	
1980	22200	20100	2100		90.54	9.46	
1981	20943	18828	2115		89.90	10.10	
1982	21470	19364	2106		90.19	9.81	
1983	21705	19610	2095		90.35	9.65	
1984	18782	16382	2400		87.22	12.78	
1985	18899	16858	2041		89.20	10.80	
1986	19288	16988	2300		88.08	11.92	
1987	20240	18234	2006		90.09	9.91	
1988	20610	18289	2321		88.74	11.26	
1989	21198	18980	2218		89.54	10.46	
1990	21991	19791	2200		90.00	10.00	
1991	23593	21288	2305		90.23	9.77	
1992	24149	21761	2388		90.11	9.89	
1993	23600	21300	2300		90.25	9.75	
1994	22644	21184	1460		93.55	6.45	
1995	23556	22023	1533		93.49	6.51	
1996	24704	22480	2224		91.00	9.00	
1997	23833	22279	1554		93.48	6.52	
1998	22838	18537	1150	3151	81.17	5.04	13.80
1999	22608	18628	1168	2812	82.40	5.17	12.44
2000	21061	16291	823	3947	77.35	3.91	18.74
2001	19369	15352	934	3083	79.26	4.82	15.92
2002	18480	14148	761	3571	76.56	4.12	19.32
2003	19858	14841	764	4253	74.73	3.85	21.42
2004	17998	13492	594	3912	74.96	3.30	21.74
2005	17147	12694	522	3931	74.03	3.04	22.93
2006	16255	12356	600	3299	76.01	3.69	20.30
2007	16951	12654	564	3733	74.65	3.33	22.02
2008	16032	11903	523	3606	74.25	3.26	22.49
2009	16433	12229	631	3573	74.42	3.84	21.74
2010	16514	12337	604	3573	74.71	3.66	21.64
2011	16986	11711	614	4661	68.95	3.61	27.44
2012	16526	10777	702	5047	65.21	4.25	30.54
2013	15965	10924	386	4655	68.42	2.42	29.16
2014	15941	10751	290	4900	67.44	1.82	30.74
2015	15984	10601	315	5068	66.32	1.97	31.71
2016	15453	10540	428	4485	68.21	2.77	29.02

4-6 柳城县主要年份在岗职工工资总额及平均工资

年份	在岗职工工资总额（万元）	国有经济单位	城镇集体单位	其他经济单位	在岗职工平均工资（元）	国有经济单位	城镇集体单位	其他经济单位
1978	935	833	102		461	453	543	
1979	1063	963	100		527	526	537	
1980	1329	1229	100		561	572	456	
1981	1437	1309	128		696	705	616	
1982	1481	1355	126		730	726	776	
1983	1517	1400	118		714	729	572	
1984	1542	1385	157		819	856	594	
1985	1685	1547	138		927	960	673	
1986	2267	2077	190		1194	1242	840	
1987	2745	2552	193		1427	1482	958	
1988	3352	3079	273		1657	1713	1210	
1989	3392	3103	289		1604	1637	1318	
1990	4062	3727	335		1894	1933	1549	
1991	4801	4476	325		2046	2100	1515	
1992	5459	5065	394		2297	2339	1865	
1993	6582	6166	416		2887	2979	1981	
1994	8631	8221	410		3909	3978	2895	
1995	10583	10024	559		4599	4671	3607	
1996	13388	12280	1108		5491	5560	4820	
1997	13618	12824	794		5886	5981	4665	
1998	12547	9732	461	2354	5673	5303	4109	8902
1999	13780	10664	474	2642	6245	5758	3907	11336
2000	14474	10459	402	3613	6919	6335	4649	10197
2001	17463	13213	575	3675	9064	8598	5821	12621
2002	18742	14375	520	3847	10753	10597	6971	12338
2003	21299	16558	624	4117	11245	11190	8282	12144
2004	20656	16169	535	3952	11866	11834	7898	12886
2005	21323	16288	607	4428	12847	12522	11760	14409
2006	24717	18511	673	5533	15432	14761	12518	18832
2007	30989	24228	763	5998	18883	18964	14783	19231
2008	36253	28902	970	6381	23466	24111	21223	21235
2009	39604	31413	1271	6920	25129	25578	23405	23569
2010	45369	35635	2144	7590	28577	28560	37154	26895
2011	53739	38821	3188	11730	32523	33183	60142	27318
2012	58738	40493	4239	14006	35208	35645	42390	30264
2013	69877	51676	1221	16980	45319	46850	32748	42280
2014	71590	50662	1205	19723	45947	47145	42129	43356
2015	89947	68441	1127	20380	57193	64013	36761	43699
2016	99295	79303	1322	18670	65088	74646	46189	44288

注:从2014年开始,在岗职工平均工资包含劳务派遣人员平均工资。

4-7 鹿寨县主要年份在岗职工人数及构成

年份	在岗职工人数(人)				构成(%)		
		国有经济单位	城镇集体单位	其他经济单位	国有经济单位	城镇集体单位	其他经济单位
1978	22667	20793	1874		91.73	8.27	
1979	22835	20814	2021		91.15	8.85	
1980	23074	20955	2119		90.82	9.18	
1981	23704	21463	2241		90.55	9.45	
1982	25124	22494	2630		89.53	10.47	
1983	24425	21507	2918		88.05	11.95	
1984	22572	19378	3194		85.85	14.15	
1985	23355	20228	3127		86.61	13.39	
1986	24490	21301	3189		86.98	13.02	
1987	25202	22049	3153		87.49	12.51	
1988	24985	21978	3007		87.96	12.04	
1989	25331	22004	3327		86.87	13.13	
1990	25577	22359	3218		87.42	12.58	
1991	26907	23372	3535		86.86	13.14	
1992	28497	24586	3911		86.28	13.72	
1993	28583	24673	3910		86.32	13.68	
1994	28340	25008	3332		88.24	11.76	
1995	28835	25872	2963		89.72	10.28	
1996	28295	25863	2432		91.40	8.60	
1997	27488	25140	2348		91.46	8.54	
1998	27444	25478	1966		92.84	7.16	
1999	27056	24207	1845	1004	89.47	6.82	3.71
2000	26993	21877	1734	3382	81.10	6.42	12.53
2001	25665	19560	1577	4528	76.21	6.14	17.64
2002	23935	19265	1404	3266	80.49	5.87	13.65
2003	23089	18408	1249	3432	79.73	5.41	14.86
2004	23071	18254	1150	3667	79.12	4.98	15.89
2005	22302	17694	873	3735	79.33	3.91	16.77
2006	22742	15264	806	6672	67.12	3.54	29.34
2007	22317	13039	741	8537	58.43	3.32	38.25
2008	21810	12977	559	8274	59.50	2.56	37.94
2009	22250	13458	700	8092	60.49	3.15	36.37
2010	23073	13719	643	8711	59.46	2.79	37.75
2011	23576	10716	697	12163	45.45	2.96	51.59
2012	23698	10906	545	12247	46.02	2.30	51.68
2013	22028	11025	1050	9953	50.05	4.77	45.18
2014	21521	11403	951	9167	52.99	4.42	42.60
2015	20927	11209	935	8783	53.56	4.47	41.97
2016	21837	10975	887	9975	50.25	4.06	45.69

4-8 鹿寨县主要年份在岗职工工资总额及平均工资

年份	在岗职工工资总额（万元）	国有经济单位	城镇集体单位	其他经济单位	在岗职工平均工资（元）	国有经济单位	城镇集体单位	其他经济单位
1978	1159	1067	92		527	531	485	
1979	1343	1251	92		590	601	473	
1980	1563	1480	83		695	725	398	
1981	1663	1549	114		727	750	511	
1982	1882	1746	136		766	794	529	
1983	1787	1632	155		774	804	555	
1984	1996	1788	208		870	903	666	
1985	2203	2004	199		968	1025	618	
1986	2918	2625	293		1249	1299	926	
1987	3404	3083	321		1416	1462	1091	
1988	4108	3735	273		1677	1739	1235	
1989	4533	4044	489		1835	1873	1571	
1990	5119	4637	482		2038	2102	1573	
1991	5869	5288	581		2181	2335	1785	
1992	7636	6831	805		2680	2975	2313	
1993	9647	8712	935		3375	3807	2517	
1994	12129	11154	975		4525	4686	3250	
1995	13484	12488	996		4850	5005	3494	
1996	13977	13115	862		4970	5141	3303	
1997	13922	13006	915		5202	5334	3849	
1998	15412	14622	790		5634	5759	4019	
1999	16490	15019	864	607	6080	6178	4717	6190
2000	18648	14780	925	2943	6990	6843	5382	8751
2001	21225	16428	919	3878	8238	8441	5907	8169
2002	25192	21146	880	3166	10477	10808	6273	9967
2003	26401	22154	819	3428	11348	11903	6529	10086
2004	29128	24273	880	3976	13015	13554	7696	11938
2005	34474	29258	910	4306	15800	16650	10545	12725
2006	37667	27944	1055	8668	17044	18523	13111	13960
2007	47164	33560	1072	12532	21841	26184	14425	15599
2008	51770	36339	1099	14331	24237	28539	17232	17939
2009	55263	40063	1142	14058	25826	30413	15886	18729
2010	64937	42945	3890	18103	29214	31792	60495	22413
2011	75137	34744	3836	36558	33750	32703	57678	33313
2012	85559	37101	4276	44182	37169	34258	77462	37966
2013	92788	49483	5299	38006	42446	44495	51444	39146
2014	92326	50477	6153	35697	43487	44475	66806	39840
2015	106292	64796	6113	35382	51713	57992	67325	42128
2016	123896	76422	5632	41842	57321	68245	63406	44384

注:从2014年开始,在岗职工平均工资包含劳务派遣人员平均工资。

4-9 融安县主要年份在岗职工人数及构成

年 份	在岗职工人数(人)				构成(%)		
		国有经济单位	城镇集体单位	其他经济单位	国有经济单位	城镇集体单位	其他经济单位
1978	14800	11700	3100		79.05	20.95	
1979	13900	10700	3200		76.98	23.02	
1980	13800	10800	3000		78.26	21.74	
1981	14071	10984	3087		78.06	21.94	
1982	14428	11400	3028		79.01	20.99	
1983	14447	11661	2786		80.72	19.28	
1984	14449	10752	3697		74.41	25.59	
1985	14121	10521	3600		74.51	25.49	
1986	13949	10495	3454		75.24	24.76	
1987	14620	11205	3415		76.64	23.36	
1988	14869	11644	3225		78.31	21.69	
1989	13593	10333	3260		76.02	23.98	
1990	16304	13357	2947		81.92	18.08	
1991	16859	13720	3139		81.38	18.62	
1992	16520	13534	2986		81.92	18.08	
1993	17174	13769	3180	225	80.17	18.52	1.31
1994	17537	14003	3248	286	79.85	18.52	1.63
1995	17162	13903	2983	276	81.01	17.38	1.61
1996	16856	14198	2307	351	84.23	13.69	2.08
1997	16434	13994	2193	247	85.15	13.34	1.50
1998	14521	12552	1519	450	86.44	10.46	3.10
1999	13804	12853	784	167	93.11	5.68	1.21
2000	14550	13517	698	335	92.90	4.80	2.30
2001	14637	13596	626	415	92.89	4.28	2.84
2002	13315	11948	600	767	89.73	4.51	5.76
2003	12981	11314	581	1086	87.16	4.47	8.37
2004	13141	11380	505	1256	86.60	3.84	9.56
2005	12657	10998	353	1306	86.89	2.79	10.32
2006	10784	8560	365	1859	79.38	3.38	17.24
2007	10686	8427	339	1920	78.86	3.17	17.97
2008	10400	8428	365	1607	81.04	3.51	15.45
2009	11084	9072	352	1660	81.85	3.18	14.98
2010	11624	9234	100	2290	79.44	0.86	19.70
2011	12286	9271	130	2885	75.46	1.06	23.48
2012	12813	9596	88	3129	74.89	0.69	24.42
2013	12798	9553	33	3212	74.64	0.26	25.10
2014	12850	9680	32	3138	75.33	0.25	24.42
2015	12603	9601	31	2971	76.18	0.25	23.57
2016	12498	9530	41	2927	76.25	0.33	23.42

4-10 融安县主要年份在岗职工工资总额及平均工资

年份	在岗职工工资总额（万元）	国有经济单位	城镇集体单位	其他经济单位	在岗职工平均工资（元）	国有经济单位	城镇集体单位	其他经济单位
1978	756	604	155		507	511	500	
1979	798	643	152		594	628	475	
1980	932	764	168		704	727	560	
1981	983	825	158		708	767	506	
1982	1027	867	161		712	760	533	
1983	1066	932	133		751	799	490	
1984	1322	1105	217		917	1028	613	
1985	1495	1273	222		1078	1210	670	
1986	1667	1403	264		1211	1336	809	
1987	1892	1600	292		1325	1473	854	
1988	2315	1977	338		1584	1736	1048	
1989	2764	2348	416		1838	1994	1276	
1990	3337	2883	455		2103	2231	1543	
1991	3642	3133	509		2178	2307	1621	
1992	4123	3577	547		2505	2654	1831	
1993	5031	4361	635	35	2956	3205	1987	1606
1994	7016	5580	1363	72	3991	3976	4181	2546
1995	7837	6144	1598	95	4692	4497	5779	3475
1996	7473	6221	1120	132	4489	4416	5001	4138
1997	8076	6941	1010	125	4842	4877	4502	6230
1998	7473	6694	585	193	5167	5350	3853	4407
1999	7924	7443	398	82	5938	6000	5147	4958
2000	10146	9564	448	134	7081	7240	5234	5099
2001	12141	11438	523	179	8400	8544	8156	4221
2002	12626	11687	490	449	9456	9763	8145	5760
2003	14007	12908	469	630	10714	11299	8158	5868
2004	15733	14176	491	1067	11975	12463	9675	8486
2005	18150	16308	644	1197	14041	14477	17989	9189
2006	17386	14878	722	1786	16251	17466	20047	9815
2007	22330	19215	873	2242	21283	22916	25985	12662
2008	28010	24245	1365	2400	26552	28938	37117	13308
2009	31902	27602	1777	2523	29169	30910	51947	15154
2010	34167	28227	167	5774	30116	31272	16058	26066
2011	38553	30553	222	7779	32179	33138	17038	29565
2012	44014	32601	175	11238	34720	34433	17657	36137
2013	48117	36746	130	11241	38145	39494	20667	34619
2014	56744	42536	96	14112	44884	44995	30125	44705
2015	69618	55251	145	14223	55007	57722	46645	46622
2016	78384	63257	204	14924	62706	66687	49707	50247

注：从2014年开始，在岗职工平均工资包含劳务派遣人员平均工资。

4-11 融水苗族自治县主要年份在岗职工人数及构成

年份	在岗职工人数(人)				构成(%)		
		国有经济单位	城镇集体单位	其他经济单位	国有经济单位	城镇集体单位	其他经济单位
1978	12418	10541	1877		84.88	15.12	
1979	12989	10529	2460		81.06	18.94	
1980	13003	10692	2311		82.23	17.77	
1981	13253	11054	2199		83.41	16.59	
1982	13458	11077	2381		82.31	17.69	
1983	13175	11186	1989		84.90	15.10	
1984	12938	10354	2584		80.03	19.97	
1985	15011	12173	2838		81.09	18.91	
1986	16581	13563	3018		81.80	18.20	
1987	17796	14544	3252		81.73	18.27	
1988	18901	15355	3546		81.24	18.76	
1989	20670	16650	4020		80.55	19.45	
1990	20567	17122	3445		83.25	16.75	
1991	20984	17416	3568		83.00	17.00	
1992	22465	18488	3977		82.30	17.70	
1993	23120	19000	3951	169	82.18	17.09	0.73
1994	25775	21694	3394	687	84.17	13.17	2.67
1995	25537	21257	3728	552	83.24	14.60	2.16
1996	24895	21615	2962	318	86.82	11.90	1.28
1997	24013	21065	2770	178	87.72	11.54	0.74
1998	20195	17911	2197	87	88.69	10.88	0.43
1999	18376	16467	1828	81	89.61	9.95	0.44
2000	17581	14882	2286	413	84.65	13.00	2.35
2001	16711	14584	1756	371	87.27	10.51	2.22
2002	14731	13547	814	370	91.96	5.53	2.51
2003	13714	12469	600	645	90.92	4.38	4.70
2004	14066	12805	625	636	91.04	4.44	4.52
2005	14569	13248	781	540	90.93	5.36	3.71
2006	14960	13639	783	538	91.17	5.23	3.60
2007	15083	13914	636	533	92.25	4.22	3.53
2008	14356	12340	630	1386	85.96	4.39	9.65
2009	13917	10180	459	3278	73.15	3.30	23.55
2010	13084	11945	476	663	91.29	3.64	5.07
2011	13890	12665	488	737	91.18	3.51	5.31
2012	14802	13011	532	1259	87.90	3.59	8.51
2013	13812	11590	678	1544	83.91	4.91	11.18
2014	13660	11477	402	1781	84.02	2.94	13.04
2015	13975	11421	369	2185	81.72	2.64	15.64
2016	14227	11774	360	2093	82.76	2.53	14.71

4-12 融水苗族自治县主要年份在岗职工工资总额及平均工资

年份	在岗职工工资总额（万元）	国有经济单位	城镇集体单位	其他经济单位	在岗职工平均工资（元）	国有经济单位	城镇集体单位	其他经济单位
1978	709	612	97		558	573	480	
1979	748	626	122		603	612	561	
1980	972	856	116		645	669	513	
1981	928	805	123		705	733	564	
1982	980	840	140		737	761	617	
1983	1035	909	126		789	819	624	
1984	1333	1118	215		1022	1088	778	
1985	1614	1366	248		1111	1160	903	
1986	2055	1799	256		1266	1333	935	
1987	2480	2150	330		1434	1511	1075	
1988	3473	3030	443		1881	1997	1347	
1989	3897	3293	604		1949	2023	1624	
1990	4322	3885	437		2182	2349	1338	
1991	4895	4254	641		2419	2503	1977	
1992	5977	5194	783		2751	2895	2069	
1993	7870	6816	1017	37	3545	3727	2690	2782
1994	10187	8973	1034	180	4198	4391	3192	3041
1995	11400	9819	1350	231	4634	4773	3968	3678
1996	10595	9231	1241	123	4308	4357	3992	4128
1997	10069	8755	1269	45	4162	4145	4383	2542
1998	9025	8090	898	37	4372	4452	3772	4253
1999	9473	8701	730	42	5094	5219	3961	5185
2000	10377	9282	925	170	5981	6239	4367	4802
2001	13891	12905	848	138	8289	8844	4722	3720
2002	15198	14504	551	143	10465	10873	6786	3854
2003	14239	13381	515	343	10505	10832	9257	5318
2004	16078	15107	584	387	11589	11911	10064	6337
2005	20066	18763	875	428	14123	14363	12524	9594
2006	23244	21867	947	430	15994	16283	14426	9613
2007	31124	29589	1062	472	20928	21386	17938	10640
2008	37311	32689	1434	1386	25887	26417	23022	31878
2009	41660	30133	1325	10203	30153	29811	29773	31267
2010	43329	40463	1888	978	33430	34163	41229	14842
2011	47758	44387	1850	1522	35008	35683	39121	20842
2012	52941	47678	1913	3350	36152	36980	38176	33502
2013	54519	46317	3146	5056	40064	40491	49933	32854
2014	67356	58585	1733	7038	48119	50639	44005	35966
2015	78898	68003	1826	9069	55970	59335	47808	41479
2016	86655	75323	1958	9375	60320	63349	51985	46180

注：从2014年开始，在岗职工平均工资包含劳务派遣人员平均工资。

4-13 三江侗族自治县主要年份在岗职工人数及构成

年份	在岗职工人数(人)				构成(%)		
		国有经济单位	城镇集体单位	其他经济单位	国有经济单位	城镇集体单位	其他经济单位
1978	7903	6903	1000		87.35	12.65	
1979	7802	6802	1000		87.18	12.82	
1980	8175	6912	1263		84.55	15.45	
1981	7967	7062	905		88.64	11.36	
1982	8465	7151	1314		84.48	15.52	
1983	8265	7264	1001		87.89	12.11	
1984	8055	6504	1551		80.74	19.26	
1985	8921	7492	1429		83.98	16.02	
1986	9042	7910	1132		87.48	12.52	
1987	10068	8585	1483		85.27	14.73	
1988	10352	8527	1825		82.37	17.63	
1989	10080	8579	1501		85.11	14.89	
1990	10110	8703	1407		86.08	13.92	
1991	10327	8920	1407		86.38	13.62	
1992	10855	9598	1257		88.42	11.58	
1993	10996	9717	1279		88.37	11.63	
1994	11048	9784	1264		88.56	11.44	
1995	11113	9939	1174		89.44	10.56	
1996	11152	10305	637	210	92.40	5.71	1.89
1997	11532	10164	1186	182	88.14	10.28	1.58
1998	10660	9278	1032	350	87.04	9.68	3.28
1999	10747	8834	1574	339	82.20	14.65	3.15
2000	10053	8771	922	360	87.25	9.17	3.58
2001	10050	8870	879	301	88.26	8.75	2.99
2002	9231	7997	893	341	86.63	9.67	3.70
2003	8518	7734	662	122	90.80	7.77	1.43
2004	8144	7471	583	90	91.74	7.16	1.11
2005	7648	7337	175	136	95.93	2.29	1.78
2006	8259	7451	445	363	90.22	5.39	4.40
2007	8250	7597	266	387	92.08	3.24	4.69
2008	7620	7099	266	255	93.16	3.49	3.35
2009	7144	6818	192	134	95.44	2.69	1.88
2010	7113	6697	297	119	94.15	4.18	1.67
2011	7831	6960	584	287	88.88	8.39	3.66
2012	8984	7778	376	830	86.58	4.19	9.24
2013	8454	7082	416	956	83.77	4.92	11.31
2014	8572	7332	421	819	85.53	4.91	9.55
2015	8598	7297	247	1054	84.87	2.87	12.26
2016	9115	7695	267	1153	84.43	2.93	12.64

4-14 三江侗族自治县主要年份在岗职工工资总额及平均工资

年份	在岗职工工资总额（万元）	国有经济单位	城镇集体单位	其他经济单位	在岗职工平均工资（元）	国有经济单位	城镇集体单位	其他经济单位
1978	428	378	50		538	530	613	
1979	456	402	54		594	603	544	
1980	530	469	61		657	690	482	
1981	539	490	49		693	713	536	
1982	599	539	60		715	761	464	
1983	631	563	68		763	775	674	
1984	896	781	115		1107	1210	702	
1985	875	779	96		1007	1071	732	
1986	1053	970	83		1166	1224	748	
1987	1305	1105	200		1350	1339	1409	
1988	1560	1317	243		1547	1559	1486	
1989	1696	1474	222		1721	1750	1548	
1990	2071	1820	251		2062	2094	1853	
1991	2440	2172	268		2407	2472	1981	
1992	2760	2490	270		2565	2633	2072	
1993	3937	3630	307		3339	3428	2604	
1994	4576	4288	288		4235	4432	2549	
1995	4925	4485	440		4462	4515	3985	
1996	4835	4505	291	39	4348	4377	4701	1857
1997	5059	4378	490	191	4389	4310	4135	10494
1998	5147	4500	432	215	4838	4859	4181	6242
1999	5811	4953	646	212	5486	5707	4104	6239
2000	6433	5750	444	239	6446	6610	4811	6657
2001	8483	7689	533	261	8413	8651	6046	8318
2002	9022	8245	554	223	9687	10205	6198	6531
2003	8753	8234	397	122	10308	10696	5973	9473
2004	9922	9397	387	138	12113	12423	7209	15322
2005	10177	9641	310	226	13324	13161	17514	16632
2006	13515	12638	469	408	16275	16859	10535	11240
2007	17192	16130	626	437	20925	21293	24920	11203
2008	19621	18151	1003	467	25614	25421	37845	18310
2009	20805	19418	1013	374	28956	28286	54468	27888
2010	22308	20175	1751	383	31349	30138	57970	31900
2011	24626	21454	2539	633	31601	30834	46171	22200
2012	28680	24970	1721	1988	32144	32190	43470	25848
2013	32505	27960	1936	2609	38490	39430	49015	27201
2014	34582	29512	2230	2840	40593	40729	53653	34070
2015	50557	44308	1167	5082	58344	60785	46412	45998
2016	63943	56509	1450	5984	70370	74370	58608	49709

注：从2014年开始，在岗职工平均工资包含劳务派遣人员平均工资。

4-15 全市单位从业人员人数

（2016年） 单位：人

指标名称	单位数（个）	单位从业人员年末人数	#女性	在岗职工	劳务派遣人员	其他从业人员	在岗职工年平均人数（含劳务）
合　计	4821	584698	180033	389391	160670	34637	533656
按执行会计标准类别分组							
企　业	1325	422165	97024	242990	156902	22273	384330
事　业	1994	110873	61905	99884	2356	8633	101594
机　关	1254	40044	14436	36536	1245	2263	37544
民间非营利组织	77	3751	2844	3534	124	93	3705
其　他	171	7865	3824	6447	43	1375	6483
按经济类型分组							
国有经济单位	3439	198331	89328	175289	8104	14938	182975
集体经济单位	172	11466	3609	9146	1165	1155	9950
其他经济单位	1210	374901	87096	204956	151401	18544	340731
按国民经济行业分组							
农、林、牧、渔业	110	4551	1520	3821	4	726	3938
采矿业	6	334	64	327	7		343
制造业	331	156746	41115	128957	21594	6195	147935
电力、热力、燃气及水生产和供应业	51	7884	2208	7175	626	83	7841
建筑业	72	158748	13082	22851	127161	8736	137938
批发和零售业	269	18913	10599	17731	488	694	17980
交通运输、仓储和邮政业	94	16819	5762	14708	1640	471	16515
住宿和餐饮业	41	3930	2096	3284	315	331	3577
信息传输、软件和信息技术服务业	33	2872	598	2808	64		2856
金融业	50	10262	5343	9330	368	564	9716
房地产业	221	13420	4754	10367	525	2528	10754
租赁和商务服务业	150	24092	8002	19477	3166	1449	22049
科学研究、技术服务业	411	13192	4215	10991	1137	1064	11866
水利、环境和公共设施管理业	164	14428	7078	10236	647	3545	10861
居民服务、修理和其他服务业	20	1228	415	1191	11	26	1178
教育	744	55697	33279	50926	939	3832	51692
卫生和社会工作	297	34927	23224	33376	192	1359	33285
文化、体育和娱乐业	103	2708	1263	2568	17	123	2569
公共管理、社会保障和社会组织	1654	43947	15416	39267	1769	2911	40763

4-15 续表1 单位:人

指标名称	单位数(个)	单位从业人员年末人数	#女性	在岗职工	劳务派遣人员	其他从业人员	在岗职工年平均人数(含劳务)
国有单位合计	3439	198331	89328	175289	8104	14938	182975
按隶属关系分组							
中　央	32	5169	1333	4541	453	175	5075
省、自治区、直辖市	112	41918	13443	37982	2025	1911	40452
地　区	678	65367	31814	57821	3192	4354	60440
县及县以下	2030	69697	34169	61004	1329	7364	62021
其　他	587	16180	8569	13941	1105	1134	14987
按执行会计标准类别分组							
企　业	213	47979	13312	39399	4503	4077	44359
#地　方	200	43733	12328	35667	4077	3989	40119
事　业	1962	110225	61547	99282	2356	8587	100996
#地　方	1958	110170	61527	99227	2356	8587	100939
机　关	1251	39985	14411	36482	1245	2258	37490
#地　方	1236	39117	14082	35728	1218	2171	36712
民间非营利组织							
其　他	13	142	58	126		16	130
按国民经济行业分组							
农、林、牧、渔业	102	4055	1347	3414		641	3522
采矿业							
制造业	19	21690	4905	19338	2004	348	21973
电力、热力、燃气及水生产和供应业	15	2048	539	1996	47	5	2042
建筑业	13	4411	898	2950	847	614	3719
批发和零售业	33	1413	376	1245	152	16	1404
交通运输、仓储和邮政业	39	2783	1000	2436	212	135	2633
住宿和餐饮业	12	1416	801	971	229	216	1213
信息传输、软件和信息技术服务业	18	46	14	46			48
金融业	9	2162	1129	2066	42	54	2107
房地产业	40	1215	640	849		366	830
租赁和商务服务业	58	6665	1885	5233	131	1301	5292
科学研究、技术服务业	354	9453	2903	7752	1084	617	8597
水利、环境和公共设施管理业	156	13873	6960	9755	574	3544	10299
居民服务、修理和其他服务业	8	475	127	438	11	26	450
教育	571	48506	27684	44409	825	3272	45058
卫生和社会工作	249	32253	21854	31246	174	833	31136
文化、体育和娱乐业	93	1995	877	1948	3	44	1960
公共管理、社会保障和社会组织	1650	43872	15389	39197	1769	2906	40692

4-15 续表2

单位:人

指 标 名 称	单位数(个)	单位从业人员年末人数	#女性	在岗职工	劳务派遣人员	其他从业人员	在岗职工年平均人数(含劳务)
城镇集体单位合计	172	11466	3609	9146	1165	1155	9950
按执行会计标准类别分组							
企 业	140	10686	3298	8371	1165	1150	9166
事 业	21	303	118	302		1	299
机 关	1	25	13	25			25
民间非营利组织	2	40	36	40			40
其 他	8	412	144	408		4	420
按国民经济行业分组							
农、林、牧、渔业	1	154	95	85		69	87
采矿业	2	76	18	76			74
制造业	31	3696	1256	2643	988	65	3473
电力、热力、燃气及水生产和供应业	1	52	15	52			60
建筑业	12	3331	616	2359	3	969	2164
批发和零售业	50	844	205	770	67	7	824
交通运输、仓储和邮政业	4	68	42	68			67
住宿和餐饮业	4	55	33	55			55
信息传输、软件和信息技术服务业							
金融业	3	834	301	721	107	6	830
房地产业	24	501	234	484		17	465
租赁和商务服务业	18	749	388	743		6	755
科学研究、技术服务业	4	147	61	147			146
水利、环境和公共设施管理业	1	113	32	113			115
居民服务、修理和其他服务业	2	247	22	247			250
教育	8	406	162	406			415
卫生和社会工作	6	185	121	169		16	162
文化、体育和娱乐业	1	8	8	8			8
公共管理、社会保障和社会组织	172	11466	3609	9146	1165	1155	9950

4-15 续表3

单位:人

指标名称	单位数(个)	单位从业人员年末人数	#女性	在岗职工	劳务派遣人员	其他从业人员	在岗职工年平均人数(含劳务)
其他单位合计	1210	374901	87096	204956	151401	18544	340731
按登记注册类型分组							
内资	1144	322300	77071	163326	141345	17629	291016
股份合作	62	2470	985	2344	57	69	2391
联营	3	97	52	97			97
#国有联营	1	42	41	42			42
集体联营	2	55	11	55			55
有限责任公司	728	255400	50836	108842	134965	11593	229743
#国有独资	77	138407	12254	17547	120218	642	125547
股份有限公司	120	53708	18056	42653	6191	4864	49246
其他	231	10625	7142	9390	132	1103	9539
港、澳、台商投资	28	7622	2430	6118	1398	106	7393
外商投资	38	44979	7595	35512	8658	809	42322
按执行会计标准类别分组							
企　业	972	363500	80414	195220	151234	17046	330805
事　业	11	345	240	300		45	299
机　关	2	34	12	29		5	29
民间非营利组织	75	3711	2808	3494	124	93	3665
其　他	150	7311	3622	5913	43	1355	5933
按国民经济行业分组							
农、林、牧、渔业	7	342	78	322	4	16	329
采矿业	4	258	46	251	7		269
制造业	281	131360	34954	106976	18602	5782	122489
电力、热力、燃气及水生产和供应业	35	5784	1654	5127	579	78	5739
建筑业	47	151006	11568	17542	126311	7153	132055
批发和零售业	186	16656	10018	15716	269	671	15752
交通运输、仓储和邮政业	51	13968	4720	12204	1428	336	13815
住宿和餐饮业	25	2459	1262	2258	86	115	2309
信息传输、软件和信息技术服务业	15	2826	584	2762	64		2808
金融业	38	7266	3913	6543	219	504	6779
房地产业	157	11704	3880	9034	525	2145	9459
租赁和商务服务业	74	16678	5729	13501	3035	142	16002
科学研究、技术服务业	53	3592	1251	3092	53	447	3123
水利、环境和公共设施管理业	7	442	86	368	73	1	447
居民服务、修理和其他服务业	10	506	266	506			478
教育	165	6785	5433	6111	114	560	6219
卫生和社会工作	42	2489	1249	1961	18	510	1987
文化、体育和娱乐业	9	705	378	612	14	79	601
公共管理、社会保障和社会组织	4	75	27	70		5	71

4-16 市区单位从业人员人数

（2016年）　　单位：人

指 标 名 称	单位数（个）	单位从业人员年末人数	#女性	在岗职工	劳务派遣人员	其他从业人员	在岗职工年平均人数（含劳务）
合 计	2065	477305	134343	293890	157214	26201	436738
按执行会计标准类别分组							
企 业	936	381574	82790	209284	153921	18369	349175
事 业	518	65270	37416	57359	2265	5646	59331
机 关	370	18967	7572	17384	861	722	18162
民间非营利组织	77	3751	2844	3534	124	93	3705
其 他	164	7743	3721	6329	43	1371	6365
按经济类型分组							
国有经济单位	1034	126203	56739	109284	7559	9360	116815
集体经济单位	91	7782	2740	6624	991	167	7463
其他经济单位							
按国民经济行业分组							
农、林、牧、渔业	15	1986	748	1352	4	630	1350
采矿业	14	1194	353	1187	7		1210
制造业	243	133424	31645	108870	19878	4676	127567
电力、热力、燃气及水生产和供应业	21	97864	2915	9893	87382	589	85154
建筑业	81	65199	12850	18079	39974	7146	58364
批发和零售业	139	14137	8003	13012	498	627	13266
交通运输、仓储和邮政业	59	15643	5803	13593	1590	460	15323
住宿和餐饮业	35	5138	1797	4570	273	295	4808
信息传输、软件和信息技术服务业	10	2558	1021	2472	86		2558
金融业	71	10306	5293	9329	123	854	9440
房地产业	120	10733	3402	7514	1123	2096	8456
租赁和商务服务业	127	20595	7583	18105	2060	430	19668
科学研究、技术服务业	75	10044	3338	7074	1221	1749	8066
水利、环境和公共设施管理业	44	9358	4616	6339	548	2471	6878
居民服务、修理和其他服务业	63	8543	4613	8276	159	108	8395
教育	332	33560	21782	31043	765	1752	31750
卫生和社会工作	112	15496	10099	14294	183	1019	14360
文化、体育和娱乐业	234	13786	4922	13129	262	395	13314
公共管理、社会保障和社会组织	270	7741	3560	5759	1078	904	6811

4-16 续表1 单位:人

指标名称	单位数（个）	单位从业人员年末人数	#女性	在岗职工	劳务派遣人员	其他从业人员	在岗职工年平均人数（含劳务）
国有单位合计	1034	126203	56739	109284	7559	9360	116815
按隶属关系分组							
中央	13	3956	969	3389	411	156	3865
省、自治区、直辖市	80	36660	11929	32960	1986	1714	35464
地区	666	65001	31723	57455	3192	4354	59970
县及县以下	166	12294	7851	8918	911	2465	9884
其他	109	8292	4267	6562	1059	671	7632
按执行会计标准类别分组							
企业	145	42227	11937	34803	4433	2991	39578
#地方	136	38716	11150	31783	4030	2903	36086
事业	508	64915	37192	57014	2265	5636	58988
#地方	508	64915	37192	57014	2265	5636	58988
机关	368	18919	7552	17341	861	717	18119
#地方	364	18474	7370	16972	853	649	17746
民间非营利组织							
其他	13	142	58	126		16	130
按国民经济行业分组							
农、林、牧、渔业	8	1520	588	975		545	966
采矿业							
制造业	13	21128	4771	18809	1981	338	21427
电力、热力、燃气及水生产和供应业	2	112	34	112			111
建筑业	12	4275	888	2931	847	497	3700
批发和零售业	21	1246	317	1078	152	16	1237
交通运输、仓储和邮政业	13	2040	780	1727	212	101	1916
住宿和餐饮业	11	1365	782	920	229	216	1162
信息传输、软件和信息技术服务业							
金融业	6	2085	1082	2035	42	8	2079
房地产业	16	977	538	621		356	618
租赁和商务服务业	36	5175	1666	4663	130	382	4725
科学研究、技术服务业	68	6762	2014	5244	1078	440	6117
水利、环境和公共设施管理业	48	11024	5506	7100	573	3351	7651
居民服务、修理和其他服务业	6	442	123	423	11	8	435
教育	198	25677	15693	23617	789	1271	24323
卫生和社会工作	58	19771	13050	19054	172	545	19108
文化、体育和娱乐业	26	1536	678	1521	3	12	1531
公共管理、社会保障和社会组织	492	21068	8229	18454	1340	1274	19709

单位:人

指标名称	单位数(个)	单位从业人员年末人数	#女性	在岗职工	劳务派遣人员	其他从业人员	在岗职工年平均人数(含劳务)
城镇集体单位合计	91	7782	2740	6624	991	167	7463
按执行会计标准类别分组							
企业	78	7148	2464	5990	991	167	6818
事业	3	161	84	161			160
机关	1	25	13	25			25
民间非营利组织	2	40	36	40			40
其他	7	408	143	408			420
按国民经济行业分组							
农、林、牧、渔业	1	154	95	85		69	87
采矿业	11	1297	519	1148	149		1305
制造业	16	2388	716	1486	839	63	2160
电力、热力、燃气及水生产和供应业	1	52	15	52			60
建筑业	4	1016	251	1016			1012
批发和零售业	10	501	76	497	3	1	499
交通运输、仓储和邮政业	5	75	48	75			74
住宿和餐饮业	3	48	27	48			48
信息传输、软件和信息技术服务业							
金融业	2	90	48	90			91
房地产业	8	698	404	681		17	672
租赁和商务服务业	9	370	140	369		1	372
科学研究、技术服务业	3	134	56	134			133
水利、环境和公共设施管理业	1	113	32	113			115
居民服务、修理和其他服务业	2	247	22	247			250
教育	9	438	190	438			447
卫生和社会工作	6	161	101	145		16	138
文化、体育和娱乐业							
公共管理、社会保障和社会组织							

4-16 续表3 单位:人

指标名称	单位数(个)	单位从业人员年末人数	#女性	在岗职工	劳务派遣人员	其他从业人员	在岗职工年平均人数(含劳务)
其他单位合计	940	343320	74864	177982	148664	16674	312460
按登记注册类型分组							
内资	880	291600	65211	137232	138608	15760	263572
股份合作	28	1464	614	1440	2	22	1456
联营	2	54	47	54			54
#国有联营	1	42	41	42			42
集体联营	1	12	6	12			12
有限责任公司	548	230974	41470	88229	132660	10085	207675
#国有独资	44	137189	11761	16400	120183	606	124378
股份有限公司	86	48904	16200	38505	5814	4585	45235
其他	216	10204	6880	9004	132	1068	9152
港、澳、台商投资	26	7573	2409	6070	1398	105	7345
外商投资	34	44147	7244	34680	8658	809	41543
按执行会计标准类别分组							
企业	713	332199	68389	168491	148497	15211	302779
事业	1	50	36	50			50
机关	7	167	111	152		15	151
民间非营利组织	75	3711	2808	3494	124	93	3665
其他	144	7193	3520	5795	43	1355	5815
按国民经济行业分组							
农、林、牧、渔业	6	312	65	292	4	16	297
采矿业	2	32	4	25	7		39
制造业	132	29601	8705	25533	2639	1429	28137
电力、热力、燃气及水生产和供应业	88	82125	17849	64870	14349	2906	77597
建筑业	43	151578	11925	18100	126335	7143	132655
批发和零售业	126	14305	8701	13363	302	640	13621
交通运输、仓储和邮政业	46	12771	4547	11387	1056	328	12221
住宿和餐饮业	23	3779	1897	3206	458	115	3894
信息传输、软件和信息技术服务业	14	3041	551	2997	44		2993
金融业	16	6409	3531	5813	143	453	5972
房地产业	102	9966	3165	7353	514	2099	7752
租赁和商务服务业	67	14686	5491	12483	2157	46	14174
科学研究、技术服务业	50	4212	1325	3315	451	446	3703
水利、环境和公共设施管理业	6	525	124	451	73	1	530
居民服务、修理和其他服务业	7	284	104	284			266
教育	162	6726	5382	6087	114	525	6189
卫生和社会工作	41	2439	1249	1911	18	510	1937
文化、体育和娱乐业	5	412	199	400		12	394
公共管理、社会保障和社会组织	4	117	50	112		5	89

4-17　柳江县单位从业人员人数

（2016年）　　单位：人

指 标 名 称	单位数（个）	单位从业人员年末人数	#女性	在岗职工	劳务派遣人员	其他从业人员	在岗职工年平均人数（含劳务）
合　计	522	25708	10309	22371	905	2432	22922
按执行会计标准类别分组							
企　业	100	11453	3665	8764	770	1919	9260
事　业	269	8547	4467	8207	2	338	8140
机　关	153	5708	2177	5400	133	175	5522
民间非营利组织							
其　他							
按经济类型分组							
国有经济单位	439	16783	7085	15121	158	1504	15206
集体经济单位	21	744	203	539	28	177	572
其他经济单位	62	8181	3021	6711	719	751	7144
按国民经济行业分组							
农、林、牧、渔业	13	504	182	502		2	505
采矿业							
制造业	25	6758	2422	5399	644	715	5772
电力、热力、燃气及水生产和供应业	1	540	119	540			541
建筑业	2	436	50	149		287	154
批发和零售业	47	844	424	820	11	13	802
交通运输、仓储和邮政业	9	340	143	340			350
住宿和餐饮业							
信息传输、软件和信息技术服务业							
金融业	1	266	96	236	28	2	267
房地产业	12	405	172	372	5	28	385
租赁和商务服务业	4	1784	221	841	82	861	918
科学研究、技术服务业	50	930	327	783		147	770
水利、环境和公共设施管理业	17	532	321	532			530
居民服务、修理和其他服务业	1	13	1	8		5	8
教育	141	4890	2419	4615		275	4576
卫生和社会工作	18	2225	1686	2225			2210
文化、体育和娱乐业	2	36	14	36			36
公共管理、社会保障和社会组织	179	5205	1712	4973	135	97	5098

4-17 续表1 单位:人

指标名称	单位数(个)	单位从业人员年末人数	#女性	在岗职工	劳务派遣人员	其他从业人员	在岗职工年平均人数(含劳务)
国有单位合计	439	16783	7085	15121	158	1504	15206
按隶属关系分组							
中 央	7	472	150	449	23		482
省、自治区、直辖市	7	1675	495	1587	21	67	1584
地 区							
县及县以下	376	14375	6331	12826	112	1437	12875
其 他	49	261	109	259	2		265
按执行会计标准类别分组							
企 业	19	2560	451	1546	23	991	1574
#地 方	16	2195	339	1204		991	1200
事 业	268	8526	4462	8186	2	338	8121
#地 方	268	8526	4462	8186	2	338	8121
机 关	152	5697	2172	5389	133	175	5511
#地 方	148	5590	2134	5282	133	175	5403
民间非营利组织							
其 他							
按国民经济行业分组							
农、林、牧、渔业	13	504	182	502		2	505
采矿业							
制造业	3	234	40	201	23	10	222
电力、热力、燃气及水生产和供应业	1	540	119	540			541
建筑业	1	136	10	19		117	19
批发和零售业	4	74	34	74			74
交通运输、仓储和邮政业	7	272	120	272			282
住宿和餐饮业							
信息传输、软件和信息技术服务业							
金融业							
房地产业	1	12	7	12			12
租赁和商务服务业	2	1191	98	340		851	334
科学研究、技术服务业	50	930	327	783		147	770
水利、环境和公共设施管理业	17	532	321	532			530
居民服务、修理和其他服务业	1	13	1	8		5	8
教育	141	4890	2419	4615		275	4576
卫生和社会工作	18	2225	1686	2225			2210
文化、体育和娱乐业	2	36	14	36			36
公共管理、社会保障和社会组织	178	5194	1707	4962	135	97	5087

 单位:人

指标名称	单位数（个）	单位从业人员年末人数					在岗职工年平均人数（含劳务）
			#女性	在岗职工	劳务派遣人员	其他从业人员	
城镇集体单位合计	21	744	203	539	28	177	572
按执行会计标准类别分组							
企　业	21	744	203	539	28	177	553
事　业	20	723	198	518	28	177	19
机　关							
民间非营利组织							
其　他							
按国民经济行业分组							
农、林、牧、渔业							
采矿业							
制造业							
电力、热力、燃气及水生产和供应业							
建筑业	1	300	40	130		170	135
批发和零售业	17	144	50	139		5	138
交通运输、仓储和邮政业							
住宿和餐饮业							
信息传输、软件和信息技术服务业							
金融业	1		96	236	28	2	267
房地产业	1		12	13			13
租赁和商务服务业	1		5	21			19
科学研究、技术服务业							
水利、环境和公共设施管理业							
居民服务、修理和其他服务业							
教育							
卫生和社会工作							
文化、体育和娱乐业							
公共管理、社会保障和社会组织							

4-17 续表3 单位:人

指 标 名 称	单位数（个）	单位从业人员年末人数	#女性	在岗职工	劳务派遣人员	其他从业人员	在岗职工年平均人数（含劳务）
其他单位合计	62	8181	3021	6711	719	751	7144
按登记注册类型分组							
内资	62	8181	3021	6711	719	751	7144
股份合作	1	18	5	18			18
联营	56	7375	2531	5926	711	738	5743
#国有联营							
集体联营							
有限责任公司	17	450	206	450			464
#国有独资							
股份有限公司	3	755	472	734	8	13	741
其他	2	33	13	33			33
港、澳、台商投资							
外商投资							
按执行会计标准类别分组							
企 业	61	8170	3016	6700	719	751	7133
事 业							
机 关	1	11	5	11			1
民间非营利组织							
其 他							
按国民经济行业分组							
农、林、牧、渔业							
采矿业							
制造业	22	6524	2382	5198	621	705	5550
电力、热力、燃气及水生产和供应业							
建筑业							
批发和零售业	26	626	340	607	11	8	590
交通运输、仓储和邮政业	2	68	23	68			68
住宿和餐饮业							
信息传输、软件和信息技术服务业							
金融业							
房地产业	10	380	153	347	5	28	360
租赁和商务服务业	1	572	118	480	82	10	565
科学研究、技术服务业							
水利、环境和公共设施管理业							
居民服务、修理和其他服务业							
教育							
卫生和社会工作							
文化、体育和娱乐业							
公共管理、社会保障和社会组织	1	11	5	11			11

4-18 柳城县单位从业人员人数

（2016年）　　单位：人

指标名称	单位数（个）	单位从业人员年末人数	#女性	在岗职工	劳务派遣人员	其他从业人员	在岗职工年平均人数（含劳务）
合　计	486	17302	7702	15453	907	942	15556
按执行会计标准类别分组							
企　业	65	6495	2241	5284	855	356	5394
事　业	279	7505	4384	6972		533	6967
机　关	139	3208	986	3103	52	53	3101
民间非营利组织							
其　他	3	94	91	94			94
按经济类型分组							
国有经济单位	413	11206	5533	10540	52	614	10638
集体经济单位	16	496	77	428	64	4	322
其他经济单位	57	5600	2092	4485	791	324	4596
按国民经济行业分组							
农、林、牧、渔业	4	172	41	172			279
采矿业							
制造业	11	4184	1584	3432	570	182	3318
电力、热力、燃气及水生产和供应业	15	497	149	497			493
建筑业	1	326	9	323		3	164
批发和零售业	29	313	115	226	64	23	280
交通运输、仓储和邮政业	2	70	16	70			66
住宿和餐饮业	1	35	16	35			33
信息传输、软件和信息技术服务业	19	95	27	80	15		92
金融业	3	312	148	267	21	24	288
房地产业	10	228	116	225		3	236
租赁和商务服务业	6	515	86	211	185	119	400
科学研究、技术服务业	79	551	192	535	5	11	532
水利、环境和公共设施管理业	23	287	129	276		11	276
居民服务、修理和其他服务业	1	25	20	25			25
教育	44	3855	2349	3432		423	3445
卫生和社会工作	34	1957	1415	1907		50	1902
文化、体育和娱乐业	7	94	49	94			96
公共管理、社会保障和社会组织	197	3786	1241	3646	47	93	3631

4-18 续表1 单位:人

指 标 名 称	单位数(个)	单位从业人员年末人数	#女性	在岗职工	劳务派遣人员	其他从业人员	在岗职工年平均人数(含劳务)
国有单位合计	413	11206	5533	10540	52	614	10638
按隶属关系分组							
中 央	3	19	5	14	5		19
省、自治区、直辖市	5	1044	288	1039		5	1028
地 区	4	148	29	148			253
县及县以下	283	8876	4495	8252	47	577	8255
其 他	118	1119	716	1087		32	1083
按执行会计标准类别分组							
企 业	9	592	185	563		29	668
#地 方	9	592	185	563		29	668
事 业	265	7406	4362	6874		532	6869
#地 方	265	7406	4362	6874		532	6869
机 关	139	3208	986	3103	52	53	3101
#地 方	136	3189	981	3089	47	53	3082
民间非营利组织							
其 他							
按国民经济行业分组							
农、林、牧、渔业	3	142	28	142			247
采矿业							
制造业							
电力、热力、燃气及水生产和供应业	1	373	103	373			370
建筑业							
批发和零售业							
交通运输、仓储和邮政业	1	41	11	41			38
住宿和餐饮业							
信息传输、软件和信息技术服务业	18	46	14	46			48
金融业							
房地产业	4	73	37	71		2	72
租赁和商务服务业	5	95	56	71		24	75
科学研究、技术服务业	79	551	192	535	5	11	532
水利、环境和公共设施管理业	23	287	129	276		11	276
居民服务、修理和其他服务业							
教育	41	3761	2258	3338		423	3351
卫生和社会工作	34	1957	1415	1907		50	1902
文化、体育和娱乐业	7	94	49	94			96
公共管理、社会保障和社会组织	197	3786	1241	3646	47	93	3631

单位:人

指标名称	单位数（个）	单位从业人员年末人数	#女性	在岗职工	劳务派遣人员	其他从业人员	在岗职工年平均人数（含劳务）
城镇集体单位合计	16	496	77	428	64	4	322
按执行会计标准类别分组							
企　业	2	397	55	330	64	3	224
事　业	14	99	22	98		1	98
机　关							
民间非营利组织							
其　他							
按国民经济行业分组							
农、林、牧、渔业							
采矿业							
制造业							
电力、热力、燃气及水生产和供应业							
建筑业	1	326	9	323		3	164
批发和零售业	15	170	68	105	64	1	158
交通运输、仓储和邮政业							
住宿和餐饮业							
信息传输、软件和信息技术服务业							
金融业							
房地产业							
租赁和商务服务业							
科学研究、技术服务业							
水利、环境和公共设施管理业							
居民服务、修理和其他服务业							
教育							
卫生和社会工作							
文化、体育和娱乐业							
公共管理、社会保障和社会组织							

4-18 续表3 单位：人

指 标 名 称	单位数（个）	单位从业人员年末人数	#女性	在岗职工	劳务派遣人员	其他从业人员	在岗职工年平均人数（含劳务）
其他单位合计	57	5600	2092	4485	791	324	4596
按登记注册类型分组							
内资	57	5600	2092	4485	791	324	4596
股份合作	12	330	137	279	21	30	304
联营							
#国有联营							
集体联营							
有限责任公司	24	2471	849	1870	432	169	2148
#国有独资	5	123	65	106		17	102
股份有限公司	17	2675	1002	2212	338	125	2018
其他	4	124	104	124			126
港、澳、台商投资							
外商投资							
按执行会计标准类别分组							
企 业	54	5506	2001	4391	791	324	4502
事 业							
机 关							
民间非营利组织							
其 他	3	94	91	94			94
按国民经济行业分组							
农、林、牧、渔业	1	30	13	30			32
采矿业							
制造业	11	4184	1584	3432	570	182	3318
电力、热力、燃气及水生产和供应业	14	124	46	124			123
建筑业							
批发和零售业	14	143	47	121		22	122
交通运输、仓储和邮政业	1	29	5	29			28
住宿和餐饮业	1	35	16	35			33
信息传输、软件和信息技术服务业	1	49	13	34	15		44
金融业	3	312	148	267	21	24	288
房地产业	6	155	79	154		1	164
租赁和商务服务业	1	420	30	140	185	95	325
科学研究、技术服务业	1	25	20	25			25
水利、环境和公共设施管理业	3	94	91	94			94
居民服务、修理和其他服务业							
教育							
卫生和社会工作							
文化、体育和娱乐业							
公共管理、社会保障和社会组织							

4-19 鹿寨县单位从业人员人数

（2016年） 单位：人

指标名称	单位数（个）	单位从业人员年末人数	#女性	在岗职工	劳务派遣人员	其他从业人员	在岗职工年平均人数（含劳务）
合计	388	24824	10514	21837	641	2346	22012
按执行会计标准类别分组	71	13181	4838	11614	606	961	11926
企业	203	7153	4177	6440	10	703	6347
事业	114	4490	1499	3783	25	682	3739
机关							
民间非营利组织							
其他							
按经济类型分组							
国有经济单位	327	12824	6037	11345	35	1444	11175
集体经济单位	10	1297	207	887	40	370	1239
其他经济单位	51	10703	4270	9605	566	532	9388
按国民经济行业分组							
农、林、牧、渔业	3	673	227	614		59	614
采矿业							
制造业	22	8098	3585	7253	333	512	7382
电力、热力、燃气及水生产和供应业	5	825	237	825			802
建筑业	7	1568	161	1180	14	374	1161
批发和零售业	12	261	118	261			260
交通运输、仓储和邮政业	6	651	95	640		11	654
住宿和餐饮业	1	123	92	123			121
信息传输、软件和信息技术服务业	1	65	20	60	5		65
金融业	4	361	152	271	40	50	308
房地产业	5	180	90	178		2	172
租赁和商务服务业	11	500	126	273	214	13	452
科学研究、技术服务业	5	62	19	61		1	61
水利、环境和公共设施管理业	15	685	395	682	1	2	684
居民服务、修理和其他服务业	2	36	6	23		13	19
教育	61	3363	1940	2947		416	2892
卫生和社会工作	36	2311	1591	2129	2	180	2081
文化、体育和娱乐业	14	109	53	103		6	102
公共管理、社会保障和社会组织	178	4953	1607	4214	32	707	4182

4-19 续表1

单位：人

指标名称	单位数（个）	单位从业人员年末人数	#女性	在岗职工	劳务派遣人员	其他从业人员	在岗职工年平均人数（含劳务）
国有单位合计	327	12824	6037	11345	35	1444	11175
按隶属关系分组							
中　央	5	493	134	490		3	494
省、自治区、直辖市	10	1977	571	1880	16	81	1841
地　区	2	19	8	19			19
县及县以下	200	8214	4284	7186	10	1018	7084
其　他	110	2121	1040	1770	9	342	1737
按执行会计标准类别分组							
企　业	10	1181	361	1122		59	1126
#地　方	9	811	276	752		59	752
事　业	203	7153	4177	6440	10	703	6337
#地　方	200	7108	4159	6395	10	703	6292
机　关	114	4490	1499	3783	25	682	3712
#地　方	113	4412	1468	3708	25	679	3637
民间非营利组织							
其　他							
按国民经济行业分组							
农、林、牧、渔业	3	673	227	614		59	614
采矿业							
制造业							
电力、热力、燃气及水生产和供应业	2	457	119	457			461
建筑业							
批发和零售业	4	47	15	47			47
交通运输、仓储和邮政业	1	25	4	23		2	23
住宿和餐饮业							
信息传输、软件和信息技术服务业							
金融业	3	77	47	31		46	28
房地产业							
租赁和商务服务业	5	67	25	54		13	54
科学研究、技术服务业	4	37	11	37			37
水利、环境和公共设施管理业	15	685	395	682	1	2	683
居民服务、修理和其他服务业							
教育	61	3363	1940	2947		416	2892
卫生和社会工作	36	2311	1591	2129	2	180	2079
文化、体育和娱乐业	14	109	53	103		6	102
公共管理、社会保障和社会组织	178	4953	1607	4214	32	707	4148

4-19 续表2

单位:人

指 标 名 称	单位数（个）	单位从业人员年末人数	#女性	在岗职工	劳务派遣人员	其他从业人员	在岗职工年平均人数（含劳务）
城镇集体单位合计	10	1297	207	887	40	370	867
按执行会计标准类别分组							
企 业	10	1297	207	887	40	370	867
事 业							
机 关							
民间非营利组织							
其 他							
按国民经济行业分组							
农、林、牧、渔业							
采矿业							
制造业	3	6	2	4		2	4
电力、热力、燃气及水生产和供应业							
建筑业	5	997	96	633		364	613
批发和零售业	1	10	4	10			10
交通运输、仓储和邮政业							
住宿和餐饮业							
信息传输、软件和信息技术服务业							
金融业	1	284	105	240	40	4	240
房地产业							
租赁和商务服务业							
科学研究、技术服务业							
水利、环境和公共设施管理业							
居民服务、修理和其他服务业							
教育							
卫生和社会工作							
文化、体育和娱乐业							
公共管理、社会保障和社会组织							

4-19 续表3 单位:人

指 标 名 称	单位数(个)	单位从业人员年末人数	#女性	在岗职工	劳务派遣人员	其他从业人员	在岗职工年平均人数(含劳务)
其他单位合计	51	10703	4270	9605	566	532	9388
按登记注册类型分组							
内资	49	9930	3935	8832	566	532	8668
股份合作	2	201	38	201			168
联营	1	43	5	43			43
#国有联营							
集体联营	1	43	5	43			43
有限责任公司	37	8704	3693	7737	561	406	7586
#国有独资	5	346	139	298	29	19	271
股份有限公司	6	887	163	756	5	126	777
其他	3	95	36	95			94
港、澳、台商投资							
外商投资	2	773	335	773			720
按执行会计标准类别分组							
企 业	51	10703	4270	9605	566	532	9388
事 业							
机 关							
民间非营利组织							
其 他							
按国民经济行业分组							
农、林、牧、渔业							
采矿业							
制造业	19	8092	3583	7249	333	510	7173
电力、热力、燃气及水生产和供应业	3	368	118	368			341
建筑业	2	571	65	547	14	10	534
批发和零售业	7	204	99	204			203
交通运输、仓储和邮政业	5	626	91	617		9	549
住宿和餐饮业	1	123	92	123			121
信息传输、软件和信息技术服务业	1	65	20	60	5		60
金融业							
房地产业	5	180	90	178		2	172
租赁和商务服务业	6	433	101	219	214		199
科学研究、技术服务业	1	25	8	24		1	24
水利、环境和公共设施管理业							
居民服务、修理和其他服务业	1	16	3	16			12
教育							
卫生和社会工作							
文化、体育和娱乐业							
公共管理、社会保障和社会组织							

4-20 融安县单位从业人员人数

（2016年）　　　　单位：人

指标名称	单位数（个）	单位从业人员年末人数					在岗职工年平均人数（含劳务）
			#女性	在岗职工	劳务派遣人员	其他从业人员	
合　计	436	12846	5812	12498	140	208	12559
按执行会计标准类别分组							
企　业	75	4110	1583	3905	140	65	4018
事　业	239	6677	3602	6572		105	6516
机　关	122	2059	627	2021		38	2025
民间非营利组织							
其　他							
按经济类型分组							
国有经济单位	376	9725	4515	9530	47	148	9519
集体经济单位	9	41	13	41			41
其他经济单位	51	3080	1284	2927	93	60	2999
按国民经济行业分组							
农、林、牧、渔业	3	110	25	110			110
采矿业							
制造业	12	2190	1017	2058	78	54	2049
电力、热力、燃气及水生产和供应业	7	517	151	465	47	5	510
建筑业	1	450	100	450			500
批发和零售业	13	117	51	117			117
交通运输、仓储和邮政业	6	111	31	111			111
住宿和餐饮业	1	51	19	51			51
信息传输、软件和信息技术服务业							
金融业	17	211	91	196	15		215
房地产业	31	459	147	453		6	447
租赁和商务服务业	8	65	22	65			65
科学研究、技术服务业	78	642	201	641		1	646
水利、环境和公共设施管理业	17	427	188	427			427
居民服务、修理和其他服务业							
教育	35	3023	1684	2994		29	2954
卫生和社会工作	38	1981	1277	1962		19	1954
文化、体育和娱乐业	18	89	36	89			89
公共管理、社会保障和社会组织	151	2403	772	2309		94	2314

4-20 续表1

单位:人

指 标 名 称	单位数(个)	单位从业人员年末人数	#女性	在岗职工	劳务派遣人员	其他从业人员	在岗职工年平均人数(含劳务)
国有单位合计	376	9725	4515	9530	47	148	9519
按隶属关系分组							
中 央	1	73	23	57		16	57
省、自治区、直辖市	5	245	87	223		22	226
地 区	4	118	31	118			117
县及县以下	282	6355	2695	6228	17	110	6218
其 他	84	2934	1679	2904	30		2901
按执行会计标准类别分组							
企 业	18	1011	293	959	47	5	1000
#地 方	18	1011	293	959	47	5	1000
事 业	236	6655	3595	6550		105	6494
#地 方	236	6655	3595	6550		105	6494
机 关	122	2059	627	2021		38	2025
#地 方	121	1986	604	1964		22	1968
民间非营利组织							
其 他							
按国民经济行业分组							
农、林、牧、渔业	3	110	25	110			110
采矿业							
制造业	3	328	94	328			324
电力、热力、燃气及水生产和供应业	4	452	135	400	47	5	445
建筑业							
批发和零售业	3	18	3	18			18
交通运输、仓储和邮政业	6	111	31	111			111
住宿和餐饮业	1	51	19	51			51
信息传输、软件和信息技术服务业							
金融业							
房地产业	17	135	52	135			118
租赁和商务服务业	5	43	15	43			43
科学研究、技术服务业	76	604	184	603		1	611
水利、环境和公共设施管理业	17	427	188	427			427
居民服务、修理和其他服务业							
教育	35	3023	1684	2994		29	2954
卫生和社会工作	37	1931	1277	1912		19	1904
文化、体育和娱乐业	18	89	36	89			89
公共管理、社会保障和社会组织	151	2403	772	2309		94	2314

单位:人

指标名称	单位数（个）	单位从业人员年末人数	#女性	在岗职工	劳务派遣人员	其他从业人员	在岗职工年平均人数（含劳务）
城镇集体单位合计	9	41	13	41			41
按执行会计标准类别分组							
企　业	6	19	6	19			19
事　业	3	22	7	22			22
机　关							
民间非营利组织							
其　他							
按国民经济行业分组							
农、林、牧、渔业							
采矿业							
制造业	1	10	4	10			10
电力、热力、燃气及水生产和供应业							
建筑业							
批发和零售业	5	9	2	9			9
交通运输、仓储和邮政业							
住宿和餐饮业							
信息传输、软件和信息技术服务业							
金融业							
房地产业							
租赁和商务服务业	3	22	7	22			22
科学研究、技术服务业							
水利、环境和公共设施管理业							
居民服务、修理和其他服务业							
教育							
卫生和社会工作							
文化、体育和娱乐业							
公共管理、社会保障和社会组织							

指 标 名 称	单位数(个)	单位从业人员年末人数	#女性	在岗职工	劳务派遣人员	其他从业人员	在岗职工年平均人数(含劳务)
其他单位合计	51	3080	1284	2927	93	60	2999
按登记注册类型分组							
内资	47	2972	1247	2820	93	59	2892
股份合作	18	245	106	230	15		249
联营							
#国有联营							
集体联营							
有限责任公司	26	2650	1127	2513	78	59	2566
#国有独资	2	40	18	40			40
股份有限公司	3	77	14	77			77
其他							
港、澳、台商投资	2	49	21	48		1	48
外商投资	2	59	16	59			59
按执行会计标准类别分组							
企 业	51	3080	1284	2927	93	60	2999
事 业							
机 关							
民间非营利组织							
其 他							
按国民经济行业分组							
农、林、牧、渔业							
采矿业							
制造业	8	1852	919	1720	78	54	1715
电力、热力、燃气及水生产和供应业	3	65	16	65			65
建筑业	1	450	100	450			500
批发和零售业	5	90	46	90			90
交通运输、仓储和邮政业							
住宿和餐饮业							
信息传输、软件和信息技术服务业							
金融业	17	211	91	196	15		215
房地产业	14	324	95	318		6	329
租赁和商务服务业							
科学研究、技术服务业	2	38	17	38			35
水利、环境和公共设施管理业							
居民服务、修理和其他服务业							
教育							
卫生和社会工作	1	50		50			50
文化、体育和娱乐业							
公共管理、社会保障和社会组织							

4-21 融水苗族自治县单位从业人员人数

（2016年） 单位:人

指标名称	单位数（个）	单位从业人员年末人数	#女性	在岗职工	劳务派遣人员	其他从业人员	在岗职工年平均人数（含劳务）
合计	596	15258	6349	14227	617	414	14667
按执行会计标准类别分组							
企业	52	2992	1031	2484	452	56	2752
事业	356	9484	4549	9239	78	167	9345
机关	184	2754	757	2480	87	187	2546
民间非营利组织							
其他	4	28	12	24		4	24
按经济类型分组							
国有经济单位	543	12258	5241	11774	165	319	11946
集体经济单位	22	404	144	360	39	5	395
其他经济单位	31	2596	964	2093	413	90	2326
按国民经济行业分组							
农、林、牧、渔业	24	527	144	527			536
采矿业							
制造业	8	1074	454	944	91	39	842
电力、热力、燃气及水生产和供应业	7	912	185	605	301	6	915
建筑业							
批发和零售业	4	46	11	46			47
交通运输、仓储和邮政业	5	186	29	167		19	168
住宿和餐饮业	2	170	131	170			172
信息传输、软件和信息技术服务业							
金融业	2	406	158	336	60	10	391
房地产业	25	215	65	207		8	205
租赁和商务服务业	8	107	18	81	1	25	80
科学研究、技术服务业	75	634	195	628	1	5	610
水利、环境和公共设施管理业	36	681	283	667		14	663
居民服务、修理和其他服务业							
教育	58	4282	1948	4207	36	39	4389
卫生和社会工作	47	2538	1745	2523		15	2452
文化、体育和娱乐业	25	116	46	92		24	91
公共管理、社会保障和社会组织	270	3364	937	3027	127	210	3106

4-21 续表1 单位:人

指 标 名 称	单位数(个)	单位从业人员年末人数	#女性	在岗职工	劳务派遣人员	其他从业人员	在岗职工年平均人数(含劳务)
国有单位合计	543	12258	5241	11774	165	319	11946
按隶属关系分组							
中 央	1	74	35	60	14		74
省、自治区、直辖市	3	251	54	237	2	12	237
地 区	1	28	10	28			28
县及县以下	451	11040	4760	10653	144	243	10808
其 他	87	865	382	796	5	64	799
按执行会计标准类别分组							
企 业	7	171	35	171			171
#地 方	7	171	35	171			171
事 业	352	9333	4449	9123	78	132	9229
#地 方	352	9333	4449	9123	78	132	9229
机 关	184	2754	757	2480	87	187	2546
#地 方	183	2680	722	2420	73	187	2472
民间非营利组织							
其 他							
按国民经济行业分组							
农、林、牧、渔业	24	527	144	527			536
采矿业							
制造业							
电力、热力、燃气及水生产和供应业	3	82	21	82			82
建筑业							
批发和零售业	1	28	7	28			28
交通运输、仓储和邮政业	5	186	29	167		19	168
住宿和餐饮业							
信息传输、软件和信息技术服务业							
金融业							
房地产业	1	14	4	6		8	6
租赁和商务服务业	3	63	12	42	1	20	41
科学研究、技术服务业	74	528	165	522	1	5	500
水利、环境和公共设施管理业	33	676	282	662		14	658
居民服务、修理和其他服务业							
教育	57	4136	1849	4096	36	4	4278
卫生和社会工作	47	2538	1745	2523		15	2452
文化、体育和娱乐业	25	116	46	92		24	91
公共管理、社会保障和社会组织	270	3364	937	3027	127	210	3106

4-21 续表2 单位:人

指标名称	单位数（个）	单位从业人员年末人数	#女性	在岗职工	劳务派遣人员	其他从业人员	在岗职工年平均人数(含劳务)
城镇集体单位合计	22	404	144	360	39	5	395
按执行会计标准类别分组							
企　业	21	400	143	360	39	1	395
事　业							
机　关							
民间非营利组织							
其　他	1	4	1			4	
按国民经济行业分组							
农、林、牧、渔业							
采矿业							
制造业	2	71	33	71			68
电力、热力、燃气及水生产和供应业							
建筑业							
批发和零售业							
交通运输、仓储和邮政业							
住宿和餐饮业							
信息传输、软件和信息技术服务业							
金融业	1	284	100	245	39		283
房地产业	17	43	8	43			43
租赁和商务服务业	2	6	3	1		5	1
科学研究、技术服务业							
水利、环境和公共设施管理业							
居民服务、修理和其他服务业							
教育							
卫生和社会工作							
文化、体育和娱乐业							
公共管理、社会保障和社会组织							

4-21 续表3

单位:人

指 标 名 称	单位数(个)	单位从业人员年末人数	#女性	在岗职工	劳务派遣人员	其他从业人员	在岗职工年平均人数(含劳务)
其他单位合计	31	2596	964	2093	413	90	2326
按登记注册类型分组							
内资	31	2596	964	2093	413	90	2326
股份合作							
联营							
#国有联营							
集体联营							
有限责任公司	22	2172	707	1735	392	45	1949
#国有独资	2	164	21	164			170
股份有限公司	3	255	148	224	21	10	243
其他	6	169	109	134		35	134
港、澳、台商投资							
外商投资							
按执行会计标准类别分组							
企 业	24	2421	853	1953	413	55	2186
事 业	4	151	100	116		35	116
机 关							
民间非营利组织							
其 他	3	24	11	24			24
按国民经济行业分组							
农、林、牧、渔业							
采矿业							
制造业	6	1003	421	873	91	39	774
电力、热力、燃气及水生产和供应业	4	830	164	523	301	6	833
建筑业							
批发和零售业	3	18	4	18			19
交通运输、仓储和邮政业							
住宿和餐饮业	2	170	131	170			172
信息传输、软件和信息技术服务业							
金融业	1	122	58	91	21	10	108
房地产业	7	158	53	158			156
租赁和商务服务业	3	38	3	38			38
科学研究、技术服务业	1	106	30	106			110
水利、环境和公共设施管理业	3	5	1	5			5
居民服务、修理和其他服务业	1	146	99	111		35	111
教育							
卫生和社会工作							
文化、体育和娱乐业							
公共管理、社会保障和社会组织							

4-22 三江侗族自治县单位从业人员人数

（2016年） 单位：人

指标名称	单位数（个）	单位从业人员年末人数	#女性	在岗职工	劳务派遣人员	其他从业人员	在岗职工年平均人数（含劳务）
合计	328	11455	5004	9115	246	2094	9202
按执行会计标准类别分组							
企业	26	2360	876	1655	158	547	1805
事业	130	6237	3310	5095	1	1141	4948
机关	172	2858	818	2365	87	406	2449
民间非营利组织							
其他							
按经济类型分组							
国有经济单位	307	9332	4178	7695	88	1549	7639
集体经济单位	3	702	225	267	3	432	250
其他经济单位	18	1421	601	1153	155	113	1313
按国民经济行业分组							
农、林、牧、渔业	48	579	153	544		35	544
采矿业							
制造业	3	268	152	251		17	247
电力、热力、燃气及水生产和供应业	5	494	135	365	117	12	485
建筑业	3	702	225	267	3	432	250
批发和零售业	1	16	4	16			16
交通运输、仓储和邮政业	6	108	25	95		13	95
住宿和餐饮业	1	30	19	30			32
信息传输、软件和信息技术服务业							
金融业	1	212	85	176	19	17	196
房地产业	7	197	65	192	5		195
租赁和商务服务业	2	31	13	20		11	20
科学研究、技术服务业	3	41	10	28		13	30
水利、环境和公共设施管理业	3	242	139	76		166	73
居民服务、修理和其他服务业							
教育	38	3656	1841	2802		854	2684
卫生和社会工作	19	1520	1090	1496		24	1479
文化、体育和娱乐业	4	255	152	172	14	69	193
公共管理、社会保障和社会组织	184	3104	896	2585	88	431	2663

单位:人

指标名称	单位数（个）	单位从业人员年末人数	#女性	在岗职工	劳务派遣人员	其他从业人员	在岗职工年平均人数（含劳务）
国有单位合计	307	9332	4178	7695	88	1549	7639
按隶属关系分组							
中　央	2	82	17	82			84
省、自治区、直辖市	2	66	19	56		10	56
地　区	1	53	13	53			53
县及县以下	272	8543	3753	6941	88	1514	6885
其　他	30	588	376	563		25	561
按执行会计标准类别分组							
企　业	5	237	50	235		2	242
#地　方	5	237	50	235		2	242
事　业	130	6237	3310	5095	1	1141	4948
#地　方	129	6227	3308	5085	1	1141	4936
机　关	172	2858	818	2365	87	406	2449
#地　方	171	2786	153	2293	87	406	2377
民间非营利组织							
其　他							
按国民经济行业分组							
农、林、牧、渔业	48	579	153	544		35	544
采矿业							
制造业							
电力、热力、燃气及水生产和供应业	2	32	8	32			32
建筑业							
批发和零售业							
交通运输、仓储和邮政业	6	108	25	95		13	95
住宿和餐饮业							
信息传输、软件和信息技术服务业							
金融业							
房地产业	1	4	2	4			4
租赁和商务服务业	2	31	13	20		11	20
科学研究、技术服务业	3	41	10	28		13	30
水利、环境和公共设施管理业	3	242	139	76		116	73
居民服务、修理和其他服务业							
教育	38	3656	1841	2802		854	2684
卫生和社会工作	19	1520	1090	1496		24	1479
文化、体育和娱乐业	1	15	1	13		2	15
公共管理、社会保障和社会组织	184	3104	896	2585	88	431	2663

单位:人

指 标 名 称	单位数(个)	单位从业人员年末人数	#女性	在岗职工	劳务派遣人员	其他从业人员	在岗职工年平均人数(含劳务)
城镇集体单位合计	3	702	225	267	3	432	250
按执行会计标准类别分组							
企　业	3	702	225	267	3	432	250
事　业							
机　关							
民间非营利组织							
其　他							
按国民经济行业分组							
农、林、牧、渔业							
采矿业							
制造业							
电力、热力、燃气及水生产和供应业							
建筑业	3	702	225	267	3	432	250
批发和零售业							
交通运输、仓储和邮政业							
住宿和餐饮业							
信息传输、软件和信息技术服务业							
金融业							
房地产业							
租赁和商务服务业							
科学研究、技术服务业							
水利、环境和公共设施管理业							
居民服务、修理和其他服务业							
教育							
卫生和社会工作							
文化、体育和娱乐业							
公共管理、社会保障和社会组织							

4-22 续表3

单位:人

指 标 名 称	单位数(个)	单位从业人员年末人数	#女性	在岗职工	劳务派遣人员	其他从业人员	在岗职工年平均人数(含劳务)
其他单位合计	18	1421	601	1153	155	113	1313
按登记注册类型分组							
内资	18	1421	601	1153	155	113	1313
股份合作	1	212	85	176	19	17	196
联营							
#国有联营							
集体联营							
有限责任公司	15	1054	459	832	131	91	967
#国有独资	2	95	44	89	6		100
股份有限公司	2	155	57	145	5	5	150
其他							
港、澳、台商投资							
外商投资							
按执行会计标准类别分组							
企 业	18	1421	601	1153	155	113	1313
事 业							
机 关							
民间非营利组织							
其 他							
按国民经济行业分组							
农、林、牧、渔业							
采矿业							
制造业	3	268	152	251		17	247
电力、热力、燃气及水生产和供应业	3	462	127	333	117	12	453
建筑业							
批发和零售业	1	16	4	16			16
交通运输、仓储和邮政业							
住宿和餐饮业	1	30	19	30			32
信息传输、软件和信息技术服务业							
金融业	1	212	85	176	19	17	196
房地产业	6	193	63	188	5		191
租赁和商务服务业							
科学研究、技术服务业							
水利、环境和公共设施管理业							
居民服务、修理和其他服务业							
教育							
卫生和社会工作							
文化、体育和娱乐业	3	240	151	159	14	67	178
公共管理、社会保障和社会组织							

4-23 全市单位从业人员劳动报酬

（2016年）　　单位：万元

指标名称	单位从业人员工资总额	在岗职工工资总额	劳务派遣人员工资总额	其他人员工资总额	单位从业人员平均工资（元）	在岗职工年平均工资（含劳务）（元）
合　计	3337596	2544580	669527	123489	58800	60228
按执行会计标准类别分组						
企　业	2294476	1543318	658960	92199	56499	57302
事　业	703009	674549	6492	21968	63845	67036
机　关	299609	290706	3660	5243	75411	78406
民间非营利组织	11712	11026	327	360	30806	30641
其　他	28790	24981	89	3720	36600	38670
按经济类型分组						
国有经济单位	1332258	1263116	31001	38141	67442	70726
集体经济单位	51459	43826	4146	3486	46535	48214
其他经济单位	1953879	1237638	634379	81862	54423	54941
按国民经济行业分组						
农、林、牧、渔业	21671	19249	34	2389	46495	48964
采矿业	1776	1723	53		51767	51767
制造业	1017766	898402	94395	24969	66276	67110
电力、热力、燃气及水生产和供应业	51131	48409	2350	372	64413	64735
建筑业	710429	127589	538084	44756	48460	48259
批发和零售业	90539	86349	1785	2405	48339	49018
交通运输、仓储和邮政业	80877	72079	7670	1128	47678	48289
住宿和餐饮业	13502	11472	1102	928	34105	35152
信息传输、软件和信息技术服务业	24347	23846	501		85249	85249
金融业	106913	101215	1471	4228	104103	105687
房地产业	61369	53755	1850	5765	46264	51706
租赁和商务服务业	99258	87930	7398	3930	42108	43234
科学研究、技术服务业	68675	63829	2061	2785	52880	55528
水利、环境和公共设施管理业	56147	45462	2122	8563	39029	43812
居民服务、修理和其他服务业	5168	5048	36	83	42920	43160
教育	337264	325999	2780	8484	60909	63604
卫生和社会工作	250144	244130	649	5365	72179	73540
文化、体育和娱乐业	16962	16621	64	277	63078	64948
公共管理、社会保障和社会组织	323658	311472	5123	7063	74235	77667

4-23 续表1

单位:万元

指 标 名 称	单位从业人员工资总额	在岗职工工资总额	劳务派遣人员工资总额	其他人员工资总额	单位从业人员平均工资(元)	在岗职工年平均工资(含劳务)(元)
国有单位合计	1332258	1263116	31001	38141	67442	70726
按隶属关系分组						
中 央	37688	35246	1987	455	71678	73365
省、自治区、直辖市	341123	322990	11902	6231	80789	82787
地 区	429145	409369	10309	9467	66305	69437
县及县以下	429749	407220	3494	19035	62076	66222
其 他	94554	88292	3309	2953	58707	61120
按执行会计标准类别分组						
企 业	332780	300954	20849	10977	68963	72545
#地 方	301406	271739	18973	10694	68628	72462
事 业	699512	671125	6492	21894	63901	67093
#地 方	699114	670727	6492	21894	63898	67092
机 关	299253	290359	3660	5234	75434	78426
#地 方	293337	284727	3549	5061	75591	78524
民间非营利组织						
其 他	714	678		36	48904	52162
按国民经济行业分组						
农、林、牧、渔业	19493	17317		2176	46903	49167
采矿业						
制造业	184377	172015	11769	594	83203	83641
电力、热力、燃气及水生产和供应业	14361	14135	222	4	70158	70312
建筑业	22952	17913	3464	1574	53675	57481
批发和零售业	12427	11772	633	22	87513	88353
交通运输、仓储和邮政业	15988	14410	1174	404	57739	59188
住宿和餐饮业	5058	3578	819	661	34741	36251
信息传输、软件和信息技术服务业	328	328			68229	68229
金融业	23268	22729	326	213	108071	109419
房地产业	5136	4310		826	42977	51924
租赁和商务服务业	34799	30760	562	3477	52623	59188
科学研究、技术服务业	50110	46440	1941	1729	54178	56276
水利、环境和公共设施管理业	52686	42279	1846	8561	38114	42844
居民服务、修理和其他服务业	2258	2139	36	83	47443	48333
教育	311945	302076	2473	7397	64724	67590
卫生和社会工作	239535	235736	608	3191	74913	75907
文化、体育和娱乐业	14203	14023	6	175	70839	71574
公共管理、社会保障和社会组织	323335	311158	5123	7054	74291	77726

单位:万元

指标名称	单位从业人员工资总额	在岗职工工资总额	劳务派遣人员工资总额	其他人员工资总额	单位从业人员平均工资(元)	在岗职工年平均工资(含劳务)(元)
城镇集体单位合计	51459	43826	4146	3486	46535	48214
按执行会计标准类别分组						
企业	47601	39974	4146	3480	46354	48135
事业	1475	1474		1	49157	49281
机关	151	151			60440	60440
民间非营利组织	190	190			47550	47550
其他	2042	2038		5	48167	48517
按国民经济行业分组						
农、林、牧、渔业	518	337		181	31951	38690
采矿业	391	391			52770	52770
制造业	17669	13714	3726	228	50453	50217
电力、热力、燃气及水生产和供应业	249	249			41417	41417
建筑业	10990	8049	15	2926	35234	37261
批发和零售业	2968	2779	171	17	35711	35803
交通运输、仓储和邮政业	241	241			36000	36000
住宿和餐饮业	174	174			31618	31618
信息传输、软件和信息技术服务业						
金融业	8973	8725	234	14	107335	107942
房地产业	1604	1560		44	33278	33557
租赁和商务服务业	2574	2566		9	33829	33981
科学研究、技术服务业	823	823			56370	56370
水利、环境和公共设施管理业	736	736			64026	64026
居民服务、修理和其他服务业	745	745			29804	29804
教育	1962	1962			47280	47280
卫生和社会工作	821	754		67	46891	46537
文化、体育和娱乐业	23	23			28375	28375
公共管理、社会保障和社会组织						

4-23 续表3

单位:万元

指 标 名 称	单位从业人员工资总额	在岗职工工资总额	劳务派遣人员工资总额	其他人员工资总额	单位从业人员平均工资(元)	在岗职工年平均工资(含劳务)(元)
其他单位合计	1953879	1237638	634379	81862	54423	54941
按登记注册类型分组						
内资	1548235	877422	595862	74952	50163	50626
股份合作	17897	17553	192	153	72663	74212
联营	340	340			35082	35082
#国有联营	136	136			32333	32333
集体联营	205	205			37182	37182
有限责任公司	1197507	579454	566509	51544	49584	49880
#国有独资	607973	105236	500511	2226	48176	48249
股份有限公司	294297	245486	28813	19999	54566	55700
其他	38194	34589	349	3256	35917	36626
港、澳、台商投资	37427	32638	4561	229	49857	50316
外商投资	368217	327578	33957	6682	85889	85425
按执行会计标准类别分组						
企 业	1914096	1202391	633964	77741	55069	55512
事 业	2023	1951		73	58811	65237
机 关	205	196		9	60176	67414
民间非营利组织	11522	10836	327	360	30628	30456
其 他	26034	22265	89	3680	35682	37677
按国民经济行业分组						
农、林、牧、渔业	1661	1595	34	32	48411	49508
采矿业	1385	1332	53		51491	51491
制造业	815721	712673	78900	24147	63776	64624
电力、热力、燃气及水生产和供应业	36521	34025	2127	368	62632	62995
建筑业	676488	101627	534605	40255	48597	48179
批发和零售业	75144	71798	981	2365	45600	46203
交通运输、仓储和邮政业	64648	57428	6496	724	45762	46272
住宿和餐饮业	8270	7720	283	267	33782	34659
信息传输、软件和信息技术服务业	24020	23519	501		85540	85540
金融业	74673	69761	911	4000	102558	104252
房地产业	54630	47884	1850	4895	47143	52579
租赁和商务服务业	61884	54604	6836	444	38205	38395
科学研究、技术服务业	17743	16566	120	1056	49395	53430
水利、环境和公共设施管理业	2726	2447	276	2	60837	60924
居民服务、修理和其他服务业	2164	2164			45276	45276
教育	23357	21962	307	1088	34546	35808
卫生和社会工作	9789	7640	41	2107	39061	38659
文化、体育和娱乐业	2736	2576	58	102	40470	43827
公共管理、社会保障和社会组织	323	314		9	42526	44239

4-24 市区单位从业人员劳动报酬

（2016年） 单位:万元

指 标 名 称	单位从业人员工资总额	在岗职工工资总额	劳务派遣人员工资总额	其他人员工资总额	单位从业人员平均工资（元）	在岗职工年平均工资（含劳务）(元)
合 计	2718264	1956893	659129	102242	58787	59899
按执行会计标准类别分组						
企 业	2113453	1382594	649669	81190	57577	58202
事 业	425540	403601	6319	15619	65543	69090
机 关	139121	135038	2726	1358	73800	75852
民间非营利组织	11712	11026	327	360	30806	30641
其 他	28438	24634	89	3715	36722	38841
按经济类型分组						
国有经济单位	867814	812815	29620	25379	68926	72117
集体经济单位	32960	28708	3732	521	43386	43467
其他经济单位	1817490	1115370	625777	76342	55262	55724
按国民经济行业分组						
农、林、牧、渔业	9054	6977	34	2044	45775	51930
采矿业	5636	5583	53		46579	46579
制造业	923050	813477	89188	20386	70089	70760
电力、热力、燃气及水生产和供应业	385715	59026	324090	2599	44987	44991
建筑业	360820	106910	214780	39130	55108	55118
批发和零售业	64677	60472	2000	2205	46370	47092
交通运输、仓储和邮政业	73017	65299	6667	1051	46322	46966
住宿和餐饮业	31784	29678	1259	847	61693	64346
信息传输、软件和信息技术服务业	23633	23330	303		92388	92388
金融业	84804	79195	806	4803	82398	84747
房地产业	51913	43829	3346	4739	49179	55788
租赁和商务服务业	89144	82460	4962	1722	44293	44449
科学研究、技术服务业	47519	39459	2397	5663	48351	51892
水利、环境和公共设施管理业	34089	27583	1739	4768	36369	42631
居民服务、修理和其他服务业	51853	51085	408	361	61004	61337
教育	215568	208337	2340	4892	64505	66355
卫生和社会工作	111037	106444	639	3954	72200	74570
文化、体育和娱乐业	107397	105354	1015	1028	78381	79893
公共管理、社会保障和社会组织	47553	42398	3105	2051	61813	668707

单位:万元

指 标 名 称	单位从业人员工资总额	在岗职工工资总额	劳务派遣人员工资总额	其他人员工资总额	单位从业人员平均工资(元)	在岗职工年平均工资(含劳务)(元)
国有单位合计	867814	812815	29620	25379	68926	72117
按隶属关系分组						
中 央	29227	26971	1859	397	72540	74591
省、自治区、直辖市	297227	279864	11789	5575	80262	82239
地 区	427001	407225	10309	9467	66456	69624
县及县以下	66448	55888	2533	8027	54071	59106
其 他	47912	42868	3131	1914	57712	60271
按执行会计标准类别分组						
企 业	304563	275588	20575	8400	71858	74830
#地 方	278042	251175	18750	8117	71668	74801
事 业	423699	401785	6319	15595	65617	69184
#地 方	423699	401785	6319	15595	65617	69184
机 关	138838	134764	2726	1349	73838	75881
#地 方	136132	132206	2692	1235	74138	76016
民间非营利组织						
其 他	714	678		36	48904	52162
按国民经济行业分组						
农、林、牧、渔业	6920	5089		1831	45979	52679
采矿业						
制造业	181918	169636	11717	565	84202	84638
电力、热力、燃气及水生产和供应业	641	641			57721	57721
建筑业	22580	17833	3464	1283	54397	57561
批发和零售业	11711	11057	633	22	93467	94497
交通运输、仓储和邮政业	12219	10761	1174	284	60522	62291
住宿和餐饮业	4924	3444	819	661	35044	36684
信息传输、软件和信息技术服务业						
金融业	22860	22514	326	20	109535	109858
房地产业	3911	3123		788	40196	50532
租赁和商务服务业	30159	28171	562	1426	59007	60810
科学研究、技术服务业	33101	29854	1926	1322	50306	51953
水利、环境和公共设施管理业	41962	31985	1842	8135	38175	44212
居民服务、修理和其他服务业	2090	2030	36	24	47178	47487
教育	173206	166942	2396	3869	67855	69620
卫生和社会工作	155478	152785	600	2094	79136	80273
文化、体育和娱乐业	11478	11392	6	80	74385	74445
公共管理、社会保障和社会组织	152656	145560	4120	2976	72853	75945

4-24 续表2　　单位:万元

指标名称	单位从业人员工资总额	在岗职工工资总额	劳务派遣人员工资总额	其他人员工资总额	单位从业人员平均工资(元)	在岗职工年平均工资(含劳务)(元)
城镇集体单位合计	32960	28708	3732	521	43386	43467
按执行会计标准类别分组						
企业	29781	25528	3732	521	42838	42915
事业	801	801			50044	50044
机关	151	151			60440	60440
民间非营利组织	190	190			47550	47550
其他	2038	2038			48517	48517
按国民经济行业分组						
农、林、牧、渔业	518	337		181	31951	38690
采矿业	5533	5034	498		42395	42395
制造业	12326	8873	3228	226	56361	56021
电力、热力、燃气及水生产和供应业	249	249			41417	41417
建筑业	3352	3352			33125	33125
批发和零售业	1805	1797	6	2	36104	36132
交通运输、仓储和邮政业	255	255			34446	34446
住宿和餐饮业	160	160			33375	33375
信息传输、软件和信息技术服务业						
金融业	317	317			34813	34813
房地产业	2052	2008		44	29778	29882
租赁和商务服务业	1313	1311		2	35206	35253
科学研究、技术服务业	795	795			59744	59744
水利、环境和公共设施管理业	736	736			64026	64026
居民服务、修理和其他服务业	745	745			29804	29804
教育	2130	2130			47642	47642
卫生和社会工作	676	609		67	44755	44138
文化、体育和娱乐业						
公共管理、社会保障和社会组织						

4-24 续表3 单位:万元

指 标 名 称	单位从业人员工资总额	在岗职工工资总额	劳务派遣人员工资总额	其他人员工资总额	单位从业人员平均工资(元)	在岗职工年平均工资(含劳务)(元)
其他单位合计	1817490	1115370	625777	76342	55262	55724
按登记注册类型分组						
内资	1416552	759855	587260	69437	50711	51110
股份合作	6246	6193	6	48	42177	42573
联营	179	179			33222	33222
#国有联营	136	136			32333	32333
集体联营	44	44			36333	36333
有限责任公司	1098760	492926	558815	47020	50416	50644
#国有独资	601496	98908	500419	2168	48122	48186
股份有限公司	275023	227770	28091	19162	55391	56563
其他	36344	32787	349	3208	35589	36206
港、澳、台商投资	37252	32469	4561	223	49949	50414
外商投资	363685	323047	33957	6682	86402	85936
按执行会计标准类别分组						
企 业	1779109	1081478	625362	72269	55994	56372
事 业	142	142			28320	28320
机 关	1031	997		34	62078	66020
民间非营利组织	11522	10836	327	360	30628	30456
其 他	25686	21918	89	3680	35784	37845
按国民经济行业分组						
农、林、牧、渔业	1617	1552	34	32	51990	53374
采矿业	178	126	53		45718	45718
制造业	136364	117782	12462	6119	45920	46289
电力、热力、燃气及水生产和供应业	607367	532203	61568	13596	75889	76520
建筑业	679180	104242	534723	40215	48584	48167
批发和零售业	66536	63150	1112	2274	46477	47179
交通运输、仓储和邮政业	55725	51149	3872	704	44491	45022
住宿和餐饮业	17718	15184	2267	267	43933	44815
信息传输、软件和信息技术服务业	24535	24095	440		81975	81975
金融业	65685	61085	682	3918	102233	103427
房地产业	45535	39087	1794	4654	46341	52736
租赁和商务服务业	58166	52650	57833	333	40749	40802
科学研究、技术服务业	19713	17699	963	1051	47263	50398
水利、环境和公共设施管理业	3233	2955	276	2	60883	60957
居民服务、修理和其他服务业	1406	1406			52857	52857
教育	22817	21470	307	1040	34075	35187
卫生和社会工作	9448	7300	41	2107	38469	37899
文化、体育和娱乐业	1915	1893		22	47155	48041
公共管理、社会保障和社会组织	353	344		9	37511	38596

4-25 柳江县单位从业人员劳动报酬

（2016年） 单位：万元

指 标 名 称	单位从业人员工资总额				单位从业人员平均工资（元）	在岗职工年平均工资（含劳务）（元）
		在岗职工工资总额	劳务派遣人员工资总额	其他人员工资总额		
合 计	14504	135515	3166	6359	57253	61263
按执行会计标准类别分组						
企 业	5101	43124	2866	5022	45739	50191
事 业	5213	51170		956	61426	62877
机 关	4190	41221	298	381	73589	76477
民间非营利组织						
其 他						
按经济类型分组						
国有经济单位	103380	99488	352	3541	61882	66109
集体经济单位	5262	4554	19	689	69790	83704
其他经济单位	36398	31473	2795	2130	46231	48220
按国民经济行业分组						
农、林、牧、渔业	2748	2748		3	54314	54416
采矿业						
制造业	31800	27182	2629	1989	49211	51974
电力、热力、燃气及水生产和供应业	3724	3724			68837	68837
建筑业	1610	647		964	37016	41987
批发和零售业	2753	2696	25	32	33733	34087
交通运输、仓储和邮政业	1489	1489			42554	42554
住宿和餐饮业						
信息传输、软件和信息技术服务业						
金融业	3358	3335	19	3	124814	139531
房地产业	2463	2298	33	132	59493	60482
租赁和商务服务业	4154	2095	160	1899	23309	25056
科学研究、技术服务业	5066	4753		313	54527	61723
水利、环境和公共设施管理业	2304	2304			43475	43475
居民服务、修理和其他服务业	79	58		21	60462	72250
教育	28681	27895		787	59161	60958
卫生和社会工作	15553	15553			70374	70374
文化、体育和娱乐业	256	256			71222	71222
公共管理、社会保障和社会组织	39002	38482	300	221	75120	77522

4-25 续表1 单位:万元

指 标 名 称	单位从业人员工资总额	在岗职工工资总额	劳务派遣人员工资总额	其他人员工资总额	单位从业人员平均工资(元)	在岗职工年平均工资(含劳务)(元)
国有单位合计	103380	99488	352	3541	61882	66109
按隶属关系分组						
中 央	2279	2228	52		47290	48532
省、自治区、直辖市	13842	13584	78	181	83285	86851
地 区						
县及县以下	85686	82104	222	3360	59933	64330
其 他	1573	1573			59355	59791
按执行会计标准类别分组						
企 业	9607	7352	52	2203	37586	47403
#地 方	8017	5814		2203	36742	48451
事 业	51944	50987		956	61349	62800
#地 方	51944	50987		956	61349	62800
机 关	41829	41148	299	381	73604	76498
#地 方	41139	40459	299	381	73793	76758
民间非营利组织						
其 他						
按国民经济行业分组						
农、林、牧、渔业	2748	2748			54314	54416
采矿业						
制造业	1239	1158	52	29	53619	58196
电力、热力、燃气及水生产和供应业	3724	3724			68837	68837
建筑业	371	80		292	29696	41895
批发和零售业	232	232			31365	31365
交通运输、仓储和邮政业	1224	1224			43415	43415
住宿和餐饮业						
信息传输、软件和信息技术服务业						
金融业						
房地产业	102	102			84833	84833
租赁和商务服务业	28714	992		1879	24170	29713
科学研究、技术服务业	5066	4753		313	54527	61723
水利、环境和公共设施管理业	2304	2304			43475	43475
居民服务、修理和其他服务业	79	58		21	60462	72250
教育	28681	27895		787	59161	60958
卫生和社会工作	15553	15553			70374	70374
文化、体育和娱乐业	256	256			71222	71222
公共管理、社会保障和社会组织	38930	38409	300	221	75139	77547

4-25 续表2 单位:万元

指标名称	单位从业人员工资总额	在岗职工工资总额	劳务派遣人员工资总额	其他人员工资总额	单位从业人员平均工资(元)	在岗职工年平均工资(含劳务)(元)
城镇集体单位合计	5262	4554	19	689	69790	83704
按执行会计标准类别分组						
企业	5080	4374	19	689	69114	83261
事业	182	182			95947	95947
机关						
民间非营利组织						
其他						
按国民经济行业分组						
农、林、牧、渔业						
采矿业						
制造业						
电力、热力、燃气及水生产和供应业						
建筑业	1239	567		672	39968	42000
批发和零售业	412	398		14	28825	28855
交通运输、仓储和邮政业						
住宿和餐饮业						
信息传输、软件和信息技术服务业						
金融业	3358	3335	19	3	124814	139531
房地产业	71	71			54769	54769
租赁和商务服务业	182	182			95947	95947
科学研究、技术服务业						
水利、环境和公共设施管理业						
居民服务、修理和其他服务业						
教育						
卫生和社会工作						
文化、体育和娱乐业						
公共管理、社会保障和社会组织						

4-25 续表3 单位:万元

指 标 名 称	单位从业人员工资总额	在岗职工工资总额	劳务派遣人员工资总额	其他人员工资总额	单位从业人员平均工资(元)	在岗职工年平均工资(含劳务)(元)
其他单位合计	36398	31473	2795	2130	46231	48220
按登记注册类型分组						
内资	36398	31473	2795	2130	46231	48220
股份合作	50	50			27833	27833
联营						
#国有联营						
集体联营						
有限责任公司	32867	28003	2772	2091	46507	48761
#国有独资	2609	2609			56220	56220
股份有限公司	3338	3276	23	39	44207	44696
其他	144	144			43515	43515
港、澳、台商投资						
外商投资						
按执行会计标准类别分组						
企 业	36325	31401	2795	2130	46204	48190
事 业						
机 关	73	73			66000	66000
民间非营利组织						
其 他						
按国民经济行业分组						
农、林、牧、渔业						
采矿业						
制造业	30562	26024	2578	1960	49048	51728
电力、热力、燃气及水生产和供应业						
建筑业						
批发和零售业	2108	2066	25	18	35197	35682
交通运输、仓储和邮政业	265	265			38985	38985
住宿和餐饮业						
信息传输、软件和信息技术服务业						
金融业						
房地产业	2290	2125	33	132	58869	59868
租赁和商务服务业	1100	920	160	20	19130	19048
科学研究、技术服务业						
水利、环境和公共设施管理业						
居民服务、修理和其他服务业						
教育						
卫生和社会工作						
文化、体育和娱乐业						
公共管理、社会保障和社会组织	73	73			66000	66000

4-26　柳城县单位从业人员劳动报酬

（2016年）　　　　　　　　　　　　　　　　单位：万元

指　标　名　称	单位从业人员工资总额	在岗职工工资总额	劳务派遣人员工资总额	其他人员工资总额	单位从业人员平均工资（元）	在岗职工年平均工资（含劳务）（元）
合　计	102992	99295	1956	1741	62571	65088
按执行会计标准类别分组						
企　业	25849	23393	1850	605	44993	46799
事　业	48990	48006		984	65599	68905
机　关	27864	27607	105	152	88374	89365
民间非营利组织						
其　他	289.2	289.2			30766	30766
按经济类型分组						
国有经济单位	80620	79303	105	1211	71777	74646
集体经济单位	1492	1322	1656	5	45764	46189
其他经济单位	20880	18670	1685	525	42594	44288
按国民经济行业分组						
农、林、牧、渔业	757	757			27129	27129
采矿业						
制造业	14412	12792	1327	293	41366	42553
电力、热力、燃气及水生产和供应业	3354	3354			68022	68022
建筑业	899	896		3	53826	54604
批发和零售业	1147	910	166	71	37838	38407
交通运输、仓储和邮政业	363	363			55061	55061
住宿和餐饮业	81	74	7		24394	24394
信息传输、软件和信息技术服务业	522	489	33		56783	56783
金融业	2975	2911	48	16	95955	102733
房地产业	1092	1087		5	45686	46068
租赁和商务服务业	1536	1056	270	209	28867	33160
科学研究、技术服务业	3583	3527	14	42	65980	66564
水利、环境和公共设施管理业	1366	1332		34	47610	48261
居民服务、修理和其他服务业	45	45			18000	18000
教育	24899	24402		497	64908	70832
卫生和社会工作	13750	13454		296	70440	70738
文化、体育和娱乐业	604	604			62927	62927
公共管理、社会保障和社会组织	31609	31243	91	275	84901	86295

4-26 续表1 单位:万元

指标名称	单位从业人员工资总额	在岗职工工资总额	劳务派遣人员工资总额	其他人员工资总额	单位从业人员平均工资(元)	在岗职工年平均工资(含劳务)(元)
国有单位合计	80620	79303	105	1211	71777	74646
按隶属关系分组						
中　央	81	67	14		42579	42579
省、自治区、直辖市	9696	9680		16	93863	94161
地　区	758	758			29949	29949
县及县以下	62925	61837	91	997	71408	75019
其　他	7161	6962		198	64222	64287
按执行会计标准类别分组						
企　业	4125	4048		77	58101	60603
#地　方	4125	4048		77	58101	60603
事　业	48631	47648		982	65994	69367
#地　方	48631	47648		982	65994	69367
机　关	27864	27607	105	152	88374	89365
#地　方	27783	27540	91	152	88651	89653
民间非营利组织						
其　他						
按国民经济行业分组						
农、林、牧、渔业	713	713			28879	28879
采矿业						
制造业						
电力、热力、燃气及水生产和供应业	2745	2745			74197	74197
建筑业						
批发和零售业						
交通运输、仓储和邮政业	253	253			66447	66447
住宿和餐饮业						
信息传输、软件和信息技术服务业	328	328			68229	68229
金融业						
房地产业	351	348		4	47446	48278
租赁和商务服务业	709	645		64	63321	85987
科学研究、技术服务业	3583	3527	14	42	65980	66564
水利、环境和公共设施管理业	1366	1332		34	47610	48261
居民服务、修理和其他服务业						
教育	24609	24112		497	65765	71956
卫生和社会工作	13750	13454		296	70440	70738
文化、体育和娱乐业	604	604			62927	62927
公共管理、社会保障和社会组织	31609	31243	91	275	84901	86295

4-26 续表2 单位:万元

指标名称	单位从业人员工资总额	在岗职工工资总额	劳务派遣人员工资总额	其他人员工资总额	单位从业人员平均工资(元)	在岗职工年平均工资(含劳务)(元)
城镇集体单位合计	1492	1322	1656	5	45764	46189
按执行会计标准类别分组						
企业	1133	964	1656	3	49912	50429
事业	359	358		1	36253	36500
机关						
民间非营利组织						
其他						
按国民经济行业分组						
农、林、牧、渔业						
采矿业						
制造业						
电力、热力、燃气及水生产和供应业						
建筑业	899	896		3	53826	54604
批发和零售业	593	426	1656	1	37296	37456
交通运输、仓储和邮政业						
住宿和餐饮业						
信息传输、软件和信息技术服务业						
金融业						
房地产业						
租赁和商务服务业						
科学研究、技术服务业						
水利、环境和公共设施管理业						
居民服务、修理和其他服务业						
教育						
卫生和社会工作						
文化、体育和娱乐业						
公共管理、社会保障和社会组织						

4-26 续表3

单位:万元

指标名称	单位从业人员工资总额	在岗职工工资总额	劳务派遣人员工资总额	其他人员工资总额	单位从业人员平均工资(元)	在岗职工年平均工资(含劳务)(元)
其他单位合计	20880	18670	1685	525	42594	44288
按登记注册类型分组						
内资	20880	18670	1685	525	42594	44288
股份合作	3104	2972	48	84	92940	99352
联营						
#国有联营						
集体联营						
有限责任公司	8151	6897	1026	229	35485	36883
#国有独资	480	477		3	41000	46725
股份有限公司	9292	8469	611	213	43318	44991
其他	333	333			26413	26413
港、澳、台商投资						
外商投资						
按执行会计标准类别分组						
企　业	20591	18381	1685	525	42825	44570
事　业						
机　关						
民间非营利组织						
其　他	289	289			30766	30766
按国民经济行业分组						
农、林、牧、渔业	44	44			13625	13625
采矿业						
制造业	14412	12792	1327	293	41366	42553
电力、热力、燃气及水生产和供应业	608	608			49447	49447
建筑业						
批发和零售业	554	484		70	38438	39639
交通运输、仓储和邮政业	111	111			39607	39607
住宿和餐饮业	81	74	7		24394	24394
信息传输、软件和信息技术服务业	195	162	33		44295	44295
金融业	2975	2911	48	16	95955	102733
房地产业	741	740		1	44897	45098
租赁和商务服务业	827	412	270	145	19679	20969
科学研究、技术服务业						
水利、环境和公共设施管理业						
居民服务、修理和其他服务业	45	45			18000	18000
教育	289	289			30766	30766
卫生和社会工作						
文化、体育和娱乐业						
公共管理、社会保障和社会组织						

4-27 鹿寨县单位从业人员劳动报酬

（2016年） 单位:万元

指 标 名 称	单位从业人员工资总额	在岗职工工资总额	劳务派遣人员工资总额	其他人员工资总额	单位从业人员平均工资(元)	在岗职工年平均工资(含劳务)(元)
合 计	133280	123895	2281	7104	54803	57321
按执行会计标准类别分组						
企 业	60409	54694	2186	3529	46941	47694
事 业	39433	37581	34	1818	56077	59265
机 关	33438	31620	60	1757	75668	84730
民间非营利组织						
其 他						
按经济类型分组						
国有经济单位	80384	76422	95	3868	63615	68245
集体经济单位	6825	5632	119	1074	55087	63406
其他经济单位	46071	41842	2067	2162	44108	44384
按国民经济行业分组						
农、林、牧、渔业	3467	3174		292	51511	51699
采矿业						
制造业	32229	29179	974	2076	40724	40847
电力、热力、燃气及水生产和供应业	8309	8309			103601	103601
建筑业	5029	3881	46	1101	33593	33829
批发和零售业	981	981			37712	37712
交通运输、仓储和邮政业	3518	2858	633	26	52895	53382
住宿和餐饮业	394	394			32595	32595
信息传输、软件和信息技术服务业	469	442	27		72154	72154
金融业	4259	3937	119	203	121689	131682
房地产业	974	955		19	55966	55500
租赁和商务服务业	1520	1069	386	65	32697	32199
科学研究、技术服务业	343	337		6	55274	55262
水利、环境和公共设施管理业	2067	2059	4	5	30134	30149
居民服务、修理和其他服务业	106	68		38	33031	35526
教育	17845	17068		777	54324	59019
卫生和社会工作	15230	14585	8	637	67002	70123
文化、体育和娱乐业	625	600		25	57358	58804
公共管理、社会保障和社会组织	35916	34001	83	1833	73493	81500

4-27 续表1

单位:万元

指 标 名 称	单位从业人员工资总额	在岗职工工资总额	劳务派遣人员工资总额	其他人员工资总额	单位从业人员平均工资(元)	在岗职工年平均工资(含劳务)(元)
国有单位合计	80384	76422	95	3868	63615	68245
按隶属关系分组						
中 央	4245	4225		19	85402	85532
省、自治区、直辖市	16400	16022	32	346	84623	86449
地 区	82	82			43263	43263
县及县以下	48488	45606	33	2849	59810	64316
其 他	11170	10486	31	653	53829	60234
按执行会计标准类别分组						
企 业	7513	7220		292	63398	64123
#地 方	4249	3957		292	52393	52616
事 业	39433	37581	34	1818	56077	59265
#地 方	39108	37256	34	1818	55973	59172
机 关	33438	31620	60	1757	75668	84730
#地 方	32782	30984	60	1738	75517	84727
民间非营利组织						
其 他						
按国民经济行业分组						
农、林、牧、渔业	3467	3174		292	51511	51699
采矿业						
制造业						
电力、热力、燃气及水生产和供应业	3857	3857			83662	83662
建筑业						
批发和零售业	183	183			38979	38979
交通运输、仓储和邮政业	128	126		2	51320	54739
住宿和餐饮业						
信息传输、软件和信息技术服务业						
金融业	408	215		193	61773	76786
房地产业						
租赁和商务服务业	371	306		65	55313	56593
科学研究、技术服务业	197	197			53351	53351
水利、环境和公共设施管理业	2067	2059	4	5	30134	30149
居民服务、修理和其他服务业						
教育	17845	17068		777	54324	59019
卫生和社会工作	15230	14585	8	637	67002	70123
文化、体育和娱乐业	625	600		25	57358	58804
公共管理、社会保障和社会组织	35916	34001	83	1833	73493	81500

4-27　续表2

单位：万元

指　标　名　称	单位从业人员工资总额	在岗职工工资总额	劳务派遣人员工资总额	其他人员工资总额	单位从业人员平均工资（元）	在岗职工年平均工资（含劳务）（元）
城镇集体单位合计	6825	5632	119	1074	55087	63406
按执行会计标准类别分组						
企　业	6825	5632	119	1074	55087	63406
事　业						
机　关						
民间非营利组织						
其　他						
按国民经济行业分组						
农、林、牧、渔业						
采矿业						
制造业	17	15		3	28833	36750
电力、热力、燃气及水生产和供应业						
建筑业	2876	1815		1815	30628	29605
批发和零售业	81	81			80600	80600
交通运输、仓储和邮政业						
住宿和餐饮业						
信息传输、软件和信息技术服务业						
金融业	3851	3722	119	11	135613	137171
房地产业						
租赁和商务服务业						
科学研究、技术服务业						
水利、环境和公共设施管理业						
居民服务、修理和其他服务业						
教育						
卫生和社会工作						
文化、体育和娱乐业						
公共管理、社会保障和社会组织						

单位:万元

指 标 名 称	单位从业人员工资总额	在岗职工工资总额	劳务派遣人员工资总额	其他人员工资总额	单位从业人员平均工资(元)	在岗职工年平均工资(含劳务)(元)
其他单位合计	46071	41842	2067	2162	44108	44384
按登记注册类型分组						
内资	42158	37929	2067	2162	43350	43602
股份合作	3411	3411			203036	203036
联营	161	161			37419	37419
#国有联营					37419	37419
集体联营	161	161				
有限责任公司	33834	30148	2040	1647	39702	39806
#国有独资	1497	1368	75	53	47968	49276
股份有限公司	4405	3862	27	515	49050	49739
其他	348	348			36979	36979
港、澳、台商投资						
外商投资	3913	3913			54342	54342
按执行会计标准类别分组						
企 业	46071	41842	2067	2162	44108	44384
事 业						
机 关						
民间非营利组织						
其 他						
按国民经济行业分组						
农、林、牧、渔业						
采矿业						
制造业	32212	29164	974	2073	40733	40849
电力、热力、燃气及水生产和供应业	4452	4452			130557	130557
建筑业	2153	2066	46	40	38581	38555
批发和零售业	717	717			35305	35305
交通运输、仓储和邮政业	3389	2733	633	24	52956	53333
住宿和餐饮业	394	394			32595	32595
信息传输、软件和信息技术服务业	469	442	27		72154	72154
金融业						
房地产业	974	955		19	55966	55500
租赁和商务服务业	1150	764	386		28889	28889
科学研究、技术服务业	145	140		6	58120	58208
水利、环境和公共设施管理业						
居民服务、修理和其他服务业	16	16			13333	13333
教育						
卫生和社会工作						
文化、体育和娱乐业						
公共管理、社会保障和社会组织						

4-28 融安县单位从业人员劳动报酬

（2016年） 单位:万元

指标名称	单位从业人员工资总额	在岗职工工资总额	劳务派遣人员工资总额	其他人员工资总额	单位从业人员平均工资（元）	在岗职工年平均工资(含劳务)(元)
合　计	79227	78384	368	475	62017	62706
按执行会计标准类别分组						
企　业	20303	19821	368	114	49629	50246
事　业	41045	40786		259	61992	62593
机　关	17879	17777		102	86665	87790
民间非营利组织						
其　他						
按经济类型分组						
国有经济单位	63844	63257	222	364	66043	66687
集体经济单位	204	204			49707	49707
其他经济单位	15180	14924	146	111	49494	50247
按国民经济行业分组						
农、林、牧、渔业	724	724			65827	65827
采矿业						
制造业	9528	9367	86	76	45306	46132
电力、热力、燃气及水生产和供应业	3298	3072	222	4	64041	64596
建筑业	1215	1215			24300	24300
批发和零售业	447	447			38222	38222
交通运输、仓储和邮政业	543	543			48928	48928
住宿和餐饮业	135	135			26392	26392
信息传输、软件和信息技术服务业						
金融业	2803	2743	60		130349	130349
房地产业	2184	2148		35	47364	48060
租赁和商务服务业	382	382			58723	58723
科学研究、技术服务业	4203	4201		3	64966	65026
水利、环境和公共设施管理业	1276	1276			29883	29883
居民服务、修理和其他服务业						
教育	19318	19275		44	64761	65249
卫生和社会工作	12646	12525		122	64096	64097
文化、体育和娱乐业	522	522			58629	58629
公共管理、社会保障和社会组织	20004	19811		193	83074	85615

4-28 续表1 单位:万元

指 标 名 称	单位从业人员工资总额	在岗职工工资总额	劳务派遣人员工资总额	其他人员工资总额	单位从业人员平均工资(元)	在岗职工年平均工资(含劳务)(元)
国有单位合计	63844	63257	222	364	66043	66687
按隶属关系分组						
中 央	583	544		39	79849	95421
省、自治区、直辖市	1566	1504		63	63149	66527
地 区	812	812			69368	69368
县及县以下	42869	42526	81	263	67745	68521
其 他	18014	17872	142		62095	62095
按执行会计标准类别分组						
企 业	5052	4826	222	4	50273	50487
#地 方	5052	4826	222	4	50273	50487
事 业	40912	40653		259	61998	62601
#地 方	40912	40653		259	61998	62601
机 关	17879	17777		102	86665	87790
#地 方	17296	17234		63	86915	87569
民间非营利组织						
其 他						
按国民经济行业分组						
农、林、牧、渔业	724	724			65827	65827
采矿业						
制造业	1221	1221			37670	37670
电力、热力、燃气及水生产和供应业	2644	2418	222	4	58764	59342
建筑业						
批发和零售业	100	100			55500	55500
交通运输、仓储和邮政业	543	543			48928	48928
住宿和餐饮业	135	135			26392	26392
信息传输、软件和信息技术服务业						
金融业						
房地产业	668	668			56585	56585
租赁和商务服务业	249	249			57884	57884
科学研究、技术服务业	4135	4132		3	67562	67630
水利、环境和公共设施管理业	1276	1276			29883	29883
居民服务、修理和其他服务业						
教育	19318	19275		44	64761	65249
卫生和社会工作	12306	12184		122	63991	63991
文化、体育和娱乐业	522	522			58629	58629
公共管理、社会保障和社会组织	20004	19811		193	83074	85615

4-28　续表2　　单位:万元

指　标　名　称	单位从业人员工资总额	在岗职工工资总额	劳务派遣人员工资总额	其他人员工资总额	单位从业人员平均工资(元)	在岗职工年平均工资(含劳务)(元)
城镇集体单位合计	204	204			49707	49707
按执行会计标准类别分组						
企　业	71	71			37368	37368
事　业	133	133			60364	60364
机　关						
民间非营利组织						
其　他						
按国民经济行业分组						
农、林、牧、渔业						
采矿业						
制造业	26	26			25800	25800
电力、热力、燃气及水生产和供应业						
建筑业						
批发和零售业	45	45			50222	50222
交通运输、仓储和邮政业						
住宿和餐饮业						
信息传输、软件和信息技术服务业						
金融业						
房地产业						
租赁和商务服务业	133	133			60364	60364
科学研究、技术服务业						
水利、环境和公共设施管理业						
居民服务、修理和其他服务业						
教育						
卫生和社会工作						
文化、体育和娱乐业						
公共管理、社会保障和社会组织						

4-28 续表3 单位:万元

指标名称	单位从业人员工资总额	在岗职工工资总额	劳务派遣人员工资总额	其他人员工资总额	单位从业人员平均工资(元)	在岗职工年平均工资(含劳务)(元)
其他单位合计	15180	14924	146	111	49494	50247
按登记注册类型分组						
内资	14386	14136	146	105	48617	49381
股份合作	2855	2795	60		114663	114663
联营						
#国有联营						
集体联营						
有限责任公司	11191	11000	86	105	42501	43203
#国有独资	183	183			45700	45700
股份有限公司	340	340			44169	44169
其他						
港、澳、台商投资	175	169		6	35735	35229
外商投资	619	619			104898	104898
按执行会计标准类别分组						
企　业	15180	14924	146	111	49494	50247
事　业						
机　关						
民间非营利组织						
其　他						
按国民经济行业分组						
农、林、牧、渔业						
采矿业						
制造业	8282	8121	86	76	46815	47849
电力、热力、燃气及水生产和供应业	654	654			100569	100569
建筑业	1215	1215			24300	24300
批发和零售业	302	302			33567	33567
交通运输、仓储和邮政业						
住宿和餐饮业						
信息传输、软件和信息技术服务业						
金融业	2803	2743	60		130349	130349
房地产业	1516	1481		35	44192	45003
租赁和商务服务业						
科学研究、技术服务业	69	69			19571	19571
水利、环境和公共设施管理业						
居民服务、修理和其他服务业						
教育						
卫生和社会工作	341	341			68120	68120
文化、体育和娱乐业						
公共管理、社会保障和社会组织						

4-29 融水苗族自治县单位从业人员劳动报酬

（2016年） 单位：万元

指 标 名 称	单位从业人员工资总额	在岗职工工资总额	劳务派遣人员工资总额	其他人员工资总额	单位从业人员平均工资（元）	在岗职工年平均工资（含劳务）（元）
合 计	89555	86655	1816	1084	59402	60320
按执行会计标准类别分组						
企 业	13275	11474	1462	339	47226	47007
事 业	55206	54691	135	380	58063	58669
机 关	21011	20432	219	361	76993	81108
民间非营利组织						
其 他	63	58		5	22429	24250
按经济类型分组						
国有经济单位	76369	75323	353	693	62306	63349
集体经济单位	2060	1958	96	7	51510	51985
其他经济单位	11126	9375	1367	384	45993	46180
按国民经济行业分组						
农、林、牧、渔业	1301	1301			31199	31199
采矿业						
制造业	2836	2557	192	87	32080	32648
电力、热力、燃气及水生产和供应业	5687	4351	1132	204	61746	59922
建筑业						
批发和零售业	257	257			54766	54766
交通运输、仓储和邮政业	1017	937		81	54699	55768
住宿和餐饮业	502	502			29163	29163
信息传输、软件和信息技术服务业						
金融业	2745	2561	139	46	68451	69038
房地产业	874	839		34	41014	40941
租赁和商务服务业	379	348		31	36124	43500
科学研究、技术服务业	3912	3903		9	63613	63995
水利、环境和公共设施管理业	2998	2969		287	44348	44784
居民服务、修理和其他服务业						
教育	23600	23463	78	60	53297	53635
卫生和社会工作	17450	17414		36	70732	71019
文化、体育和娱乐业	673	605		68	58530	66473
公共管理、社会保障和社会组织	24420	23744	275	401	73775	77330

4-29 续表1 单位:万元

指标名称	单位从业人员工资总额				单位从业人员平均工资(元)	在岗职工年平均工资(含劳务)(元)
		在岗职工工资总额	劳务派遣人员工资总额	其他人员工资总额		
国有单位合计	76369	75323	353	693	62306	63349
按隶属关系分组						
中　央	749	686	63		101203	101203
省、自治区、直辖市	1731	1711	4	15	70633	72371
地　区	201	201			71929	71929
县及县以下	68322	67543	281	498	61841	62754
其　他	5366	5181	5	180	62251	64907
按执行会计标准类别分组					367857	
企　业	1135	1135			66363	66363
#地　方	1135	1135			66363	66363
事　业	54223	53757	135	332	57949	58393
#地　方	54223	53757	135	332	57949	58393
机　关	21011	20432	219	361	76993	81108
#地　方	20262	19745	156	361	76318	80507
民间非营利组织						
其　他						
按国民经济行业分组						
农、林、牧、渔业	2206	2206			41153	41153
采矿业						
制造业						
电力、热力、燃气及水生产和供应业	611	611			74512	74512
建筑业						
批发和零售业	200	200			71536	71536
交通运输、仓储和邮政业	1017	937		80	54699	55768
住宿和餐饮业						
信息传输、软件和信息技术服务业						
金融业						
房地产业	69	35		34	49500	58333
租赁和商务服务业	286	261		24	46803	63707
科学研究、技术服务业	3823	3814		9	75693	76280
水利、环境和公共设施管理业	2963	2934		29	44155	44591
居民服务、修理和其他服务业						
教育	22652	22563	78	12	52901	52923
卫生和社会工作	17450	17414		36	70732	71019
文化、体育和娱乐业	673	605		68	58530	66473
公共管理、社会保障和社会组织	24420	23744	275	401	73775	77330

4-29 续表2 单位:万元

指标名称	单位从业人员工资总额	在岗职工工资总额	劳务派遣人员工资总额	其他人员工资总额	单位从业人员平均工资(元)	在岗职工年平均工资(含劳务)(元)
城镇集体单位合计	2060	1958	96	7	51510	51985
按执行会计标准类别分组						
企业	2056	1958	96	2	51914	51985
事业						
机关						
民间非营利组织						
其他	5			5	11500	11500
按国民经济行业分组						
农、林、牧、渔业						
采矿业						
制造业	157	157			23132	23132
电力、热力、燃气及水生产和供应业						
建筑业						
批发和零售业						
交通运输、仓储和邮政业						
住宿和餐饮业						
信息传输、软件和信息技术服务业						
金融业	1764	1669	96		62343	62343
房地产业	127	127			29535	29535
租赁和商务服务业	12	5		7	19667	48000
科学研究、技术服务业						
水利、环境和公共设施管理业						
居民服务、修理和其他服务业						
教育						
卫生和社会工作						
文化、体育和娱乐业						
公共管理、社会保障和社会组织						

4-29 续表3

单位:万元

指标名称	单位从业人员工资总额	在岗职工工资总额	劳务派遣人员工资总额	其他人员工资总额	单位从业人员平均工资(元)	在岗职工年平均工资(含劳务)(元)
其他单位合计	11126	9375	1367	384	45993	46180
按登记注册类型分组						
内资	11126	9375	1367	384	45993	46180
股份合作						
联营						
#国有联营						
集体联营						
有限责任公司	8693	7079	1324	291	43532	43112
#国有独资	1344	1344			79076	79076
股份有限公司	1406	1318	43	46	55581	55996
其他	1026	978		48	60722	73000
港、澳、台商投资						
外商投资						
按执行会计标准类别分组						
企　业	10085	8382	1367	336	44940	44594
事　业	983	935		48	65099	80603
机　关						
民间非营利组织						
其　他	58	58			24250	24250
按国民经济行业分组						
农、林、牧、渔业						
采矿业						
制造业	2679	2400	192	87	32826	33484
电力、热力、燃气及水生产和供应业	5076	3740	1132	204	60498	58486
建筑业						
批发和零售业	57	57			30053	30053
交通运输、仓储和邮政业						
住宿和餐饮业	502	502			29163	29163
信息传输、软件和信息技术服务业						
金融业	981	892	43	46	83102	86583
房地产业	677	677			43417	43417
租赁和商务服务业	82	82			21579	21579
科学研究、技术服务业	90	90			8155	8155
水利、环境和公共设施管理业	35	35			70200	70200
居民服务、修理和其他服务业						
教育	948	900		48	64925	81072
卫生和社会工作						
文化、体育和娱乐业						
公共管理、社会保障和社会组织						

4-30 三江侗族自治县单位从业人员劳动报酬

（2016年）　　　　单位：万元

指标名称	单位从业人员工资总额	在岗职工工资总额	劳务派遣人员工资总额	其他人员工资总额	单位从业人员平均工资（元）	在岗职工年平均工资（含劳务）（元）
合　计	69238	63943	812	4483	61474	70370
按执行会计标准类别分组						
企　业	10175	8217	558	1400	42934	48618
事　业	40670	38714	4	1952	66979	78249
机　关	18393	17012	250	1131	65202	70485
民间非营利组织						
其　他						
按经济类型分组						
国有经济单位	59848	56509	254	3085	65500	74306
集体经济单位	2654	1450	15	1189	37872	58608
其他经济单位	6736	5984	543	209	47269	49709
按国民经济行业分组						
农、林、牧、渔业	2715	2662		53	46891	48941
采矿业						
制造业	683	619		64	25875	25077
电力、热力、燃气及水生产和供应业	2442	2009	389	44	48842	49439
建筑业	2655	1450	15	1190	37872	58608
批发和零售业	86	86			53750	53750
交通运输、仓储和邮政业	603	567		36	55824	59632
住宿和餐饮业	74	74			23188	23188
信息传输、软件和信息技术服务业						
金融业	2230	2131	78	21	104695	112704
房地产业	675	657	18		34615	34615
租赁和商务服务业	155	136		19	50032	68200
科学研究、技术服务业	206	164		42	47791	54500
水利、环境和公共设施管理业	747	389		358	32478	53329
居民服务、修理和其他服务业						
教育	25633	24221		1412	72615	90242
卫生和社会工作	9769	9762		7	64997	66000
文化、体育和娱乐业	764	625	58	81	29624	35394
公共管理、社会保障和社会组织	19801	18391	254	1156	64709	70014

4-30 续表1

单位:万元

指标名称	单位从业人员工资总额	在岗职工工资总额	劳务派遣人员工资总额	其他人员工资总额	单位从业人员平均工资(元)	在岗职工年平均工资(含劳务)(元)
国有单位合计	59848	56509	254	3085	65500	74306
按隶属关系分组						
中　央	525	525			62500	62500
省、自治区、直辖市	662	627		35	100242	111857
地　区	291	291			54887	54887
县及县以下	55011	51716	254	3041	65898	75483
其　他	3359	3350		9	57314	59718
按执行会计标准类别分组						
企　业	785	784		1	32156	32376
#地　方	785	784		1	32156	32376
事　业	40669	38714	3	1952	66979	78249
#地　方	40596	38641	3	1952	66991	78291
机　关	18394	17011	251	1132	65202	70485
#地　方	17941	16558	251	1132	65265	70719
民间非营利组织						
其　他						
按国民经济行业分组						
农、林、牧、渔业	2715	2662		53	46891	48941
采矿业						
制造业						
电力、热力、燃气及水生产和供应业	139	139			43469	43469
建筑业						
批发和零售业						
交通运输、仓储和邮政业	603	567		36	55824	59632
住宿和餐饮业						
信息传输、软件和信息技术服务业						
金融业						
房地产业	35	35			86750	86750
租赁和商务服务业	155	136		19	50032	68200
科学研究、技术服务业	206	164		42	47791	54500
水利、环境和公共设施管理业	747	389		358	32478	53329
居民服务、修理和其他服务业						
教育	25633	24221		1412	72615	90242
卫生和社会工作	9769	9761		8	64997	66000
文化、体育和娱乐业	45	44		1	26471	29267
公共管理、社会保障和社会组织	19801	18391	254	1156	64709	70014

4-30 续表2 单位:万元

指 标 名 称	单位从业人员工资总额	在岗职工工资总额	劳务派遣人员工资总额	其他人员工资总额	单位从业人员平均工资(元)	在岗职工年平均工资(含劳务)(元)
城镇集体单位合计	2654	1450	15	1189	37872	58608
按执行会计标准类别分组						
企 业	2654	1450	15	1189	37872	58608
事 业						
机 关						
民间非营利组织						
其 他						
按国民经济行业分组						
农、林、牧、渔业						
采矿业						
制造业						
电力、热力、燃气及水生产和供应业						
建筑业	2654	1450	15	1189	37872	58608
批发和零售业						
交通运输、仓储和邮政业						
住宿和餐饮业						
信息传输、软件和信息技术服务业						
金融业						
房地产业						
租赁和商务服务业						
科学研究、技术服务业						
水利、环境和公共设施管理业						
居民服务、修理和其他服务业						
教育						
卫生和社会工作						
文化、体育和娱乐业						
公共管理、社会保障和社会组织						

4-30 续表3　　　　单位:万元

指 标 名 称	单位从业人员工资总额	在岗职工工资总额	劳务派遣人员工资总额	其他人员工资总额	单位从业人员平均工资(元)	在岗职工年平均工资(含劳务)(元)
其他单位合计	6736	5984	543	209	47269	49709
按登记注册类型分组						
内资	6736	5984	543	209	47269	49709
股份合作	2230	2131	78	21	104695	112704
联营						
#国有联营						
集体联营						
有限责任公司	4012	3402	447	163	37957	39804
#国有独资						
股份有限公司	494	451	18	25	31858	31253
其他						
港、澳、台商投资						
外商投资						
按执行会计标准类别分组						
企　业	6736	5984	543	209	47269	49709
事　业						
机　关						
民间非营利组织						
其　他						
按国民经济行业分组						
农、林、牧、渔业						
采矿业						
制造业	683	619		64	25875	25077
电力、热力、燃气及水生产和供应业	2303	1870	389	44	49209	49861
建筑业						
批发和零售业	86	86			53750	53750
交通运输、仓储和邮政业						
住宿和餐饮业	74	74			23188	23188
信息传输、软件和信息技术服务业						
金融业	2230	2131	78	21	104695	112704
房地产业	641	623	18		33524	33524
租赁和商务服务业						
科学研究、技术服务业						
水利、环境和公共设施管理业						
居民服务、修理和其他服务业						
教育						
卫生和社会工作						
文化、体育和娱乐业	719	581	58	80	29846	35910
公共管理、社会保障和社会组织						

农　业　5

5-1 全市主要年份农林牧渔业总产值

单位:万元

年 份	农林牧渔业总产值	农业产值	林业产值	畜牧业产值	渔业产值	农林牧渔服务业产值
1978	38770	27280	4787	6362	341	
1979	41145	29027	5897	5932	289	
1980	44076	31857	5267	6654	299	
1981	48068	35080	4844	7170	300	
1982	52065	38695	5581	7303	306	
1983	56906	41558	5331	9606	410	
1984	61959	40265	10430	10502	762	
1985	73579	45971	11916	14438	1254	
1986	76600	47953	11652	15649	1346	
1987	98817	57171	12043	19864	9739	
1988	116102	69243	14648	29565	2646	
1989	139821	86944	14430	35222	3225	
1990	172786	113748	17514	37887	3637	
1991	188737	122367	21198	40513	4659	
1992	209517	132733	24727	47240	4817	
1993	254820	163810	28126	56539	6345	
1994	369075	252413	30295	76241	10126	
1995	469086	324245	30152	100072	14617	
1996	501568	342415	29962	111438	17753	
1997	533598	362650	26719	123127	21102	
1998	562880	380078	23307	131831	27664	
1999	582356	389712	26451	138056	28137	
2000	612085	390779	27959	163423	29924	
2001	650711	417582	29491	172267	31371	
2002	683385	435369	32666	181020	34330	
2003	727944	428184	42073	221150	27539	
2004	883345	509121	46383	284752	32805	10284
2005	957124	549975	49710	311639	34768	11032
2006	1072306	606978	61895	355769	35493	12171
2007	1286831	698695	82626	412898	35513	57099
2008	1421038	757210	101790	459726	41129	61183
2009	1492874	822100	106136	456531	41767	66340
2010	1795371	1019618	134893	522059	49342	69459
2011	2250955	1269527	166595	679013	60728	75092
2012	2435735	1396352	202535	695276	63119	78453
2013	2596913	1495934	202274	740400	71621	86685
2014	2741632	1598259	214804	753637	82126	92803
2015	2861812	1695308	209747	769031	89864	97864
2016	3091440	1799276	236932	856880	94439	103913

5-2 全市主要年份农林牧渔业总产值发展速度

（按可比价计算，上年＝100）

年　份	农林牧渔业总产值	农业产值	林业产值	畜牧业产值	渔业产值	农林牧渔服务业产值
1978	100.00	100.00	100.00	100.00	100.00	
1979	111.34	106.11	158.76	102.94	59.96	
1980	99.96	108.13	74.94	99.30	151.79	
1981	119.10	117.63	146.21	95.74	115.39	
1982	107.99	108.31	111.09	111.97	103.55	
1983	106.44	102.71	88.29	129.79	93.38	
1984	93.04	88.40	127.79	104.34	170.47	
1985	104.29	100.54	100.77	110.71	141.11	
1986	104.89	106.27	93.24	106.10	117.63	
1987	111.18	110.11	110.45	111.30	118.18	
1988	95.80	93.04	96.35	106.05	93.93	
1989	112.84	115.22	111.04	110.50	111.46	
1990	128.40	115.71	105.69	118.99	140.57	
1991	107.77	106.99	115.37	106.56	113.54	
1992	110.15	109.48	112.65	111.68	104.40	
1993	104.04	103.76	108.93	103.18	119.39	
1994	103.77	103.31	100.76	106.19	116.15	
1995	113.91	117.73	91.96	115.95	132.97	
1996	104.35	104.33	93.45	108.48	119.55	
1997	111.79	112.01	86.35	120.17	133.81	
1998	106.05	104.90	91.20	110.89	127.04	
1999	103.24	107.48	109.21	90.92	103.26	
2000	105.53	101.23	105.32	117.13	110.99	
2001	109.91	109.76	111.78	110.68	105.36	
2002	111.66	110.23	121.44	114.93	105.39	
2003	105.85	101.03	109.71	114.83	108.13	
2004	105.44	104.17	103.23	108.26	104.01	
2005	107.93	105.83	107.49	111.77	107.76	
2006	108.52	105.70	125.18	111.01	106.29	
2007	107.13	107.91	107.86	105.38	109.43	
2008	105.39	103.10	119.72	106.67	102.72	
2009	105.43	104.79	104.79	106.2	104.52	109.24
2010	105.57	105.12	104.78	106.5	107.54	104.70
2011	105.98	105.96	109.63	104.66	107.56	108.11
2012	106.30	106.63	112.70	104.26	107.01	104.48
2013	103.89	104.76	96.28	103.34	107.03	110.50
2014	103.55	104.09	100.75	102.44	107.30	107.06
2015	103.36	104.35	100.88	101.53	105.08	105.45
2016	103.21	102.98	111.92	100.76	105.21	105.92

5-3 全市主要年份农民人均纯收入及主要农产品产量

年　份	农民人均纯收入(元)	粮食产量(吨)	甘蔗产量(吨)	水果产量(吨)	猪牛羊肉产量(吨)	水产品产量(吨)
1978	82	598500	245700	8125	19548	1576
1979	91	637415	292200	13257	18547	1235
1980	81	629287	308325	10949	14963	1973
1981	103	671535	408806	15160	15650	1963
1982	159	761499	580600	14034	20231	2189
1983	254	757870	535800	10675	24913	2921
1984	270	634956	415700	13423	24445	3653
1985	316	594735	598630	14991	26509	4330
1986	352	613998	854157	18869	31591	5360
1987	392	723514	989188	26624	33056	6168
1988	453	608574	1120176	16562	41007	5617
1989	518	744962	1004926	29628	42050	6305
1990	586	814574	1233591	38730	49037	7583
1991	694	795806	1852104	40244	56315	9294
1992	783	861726	1783957	58499	62143	10094
1993	890	858754	1814118	65641	66931	11225
1994	1120	785888	2050099	72222	74604	13156
1995	1440	925770	2677517	81002	76195	16532
1996	1701	887814	3066106	79878	81927	19762
1997	2035	933187	3592019	105517	98951	27145
1998	2155	966843	4012577	97362	109504	34718
1999	2183	967861	3739241	152656	119189	35252
2000	1658	972533	4036335	120216	128696	38867
2001	1797	935310	5130940	174744	144743	40798
2002	1954	874402	6505783	176884	161419	43130
2003	2082	798890	6291567	195657	173741	46603
2004	2250	795552	6181128	225627	184929	48036
2005	2534	841567	6101538	247241	203109	51551
2006	2914	858191	6409426	271297	216096	55113
2007	3497	768290	8083880	326371	123576	48737
2008	3956	765681	8291027	341025	132261	49884
2009	4330	811277	6687480	388467	141293	52177
2010	4935	776906	6970209	459297	146374	55721
2011	5721	787211	7121690	538511	148054	59828
2012	6747	816816	7642220	601188	157634	64076
2013	7663	845969	7414503	665922	163310	68139
2014	8606	853347	6920281	747162	166673	71920
2015	9449	850966	6754543	850860	165532	75600
2016	11107	858099	6659350	876602	161701	79704

注:根据国家统计局、区统计局的规定,农民人均纯收入的历史资料统计口径有调整,使用时请注意。2016年开始农民人均纯收入指标改为农村居民人均可支配收入。

5-4 柳江县主要年份农林牧渔业总产值

单位:万元

年份	农林牧渔业总产值	农业产值	林业产值	畜牧业产值	渔业产值	农林牧渔服务业产值
1978	7963	6324	105	1501	33	
1979	8084	6890	94	1053	47	
1980	9550	7566	55	1910	20	
1981	11569	9139	130	2275	25	
1982	9852	8309	102	1421	20	
1983	11227	8834	226	2120	47	
1984	12194	8886	351	2858	99	
1985	15137	11279	540	3133	185	
1986	16729	12241	842	3360	286	
1987	19932	15146	387	4047	352	
1988	28542	21673	451	5941	477	
1989	30969	23475	277	6771	446	
1990	34597	26403	563	7119	512	
1991	35571	26860	762	7285	664	
1992	40111	30620	646	8173	672	
1993	49800	38970	1041	8915	874	
1994	80267	62908	2849	12973	1537	
1995	102642	83657	1076	16040	1869	
1996	109899	89555	1143	16943	2258	
1997	116166	91921	799	20947	2499	
1998	116362	89966	1356	21413	3627	
1999	121222	89734	1416	26041	4031	
2000	131746	94343	1147	32588	3668	
2001	142571	101716	2288	33938	4629	
2002	151272	106653	2941	36395	5283	
2003	173663	118881	3629	43643	5093	
2004	209197	140696	3120	56571	6225	2585
2005	223307	148110	3550	62484	6449	2714
2006	257189	170586	4927	72009	6654	3013
2007	308392	195102	6865	85327	6526	14572
2008	340037	210337	7280	97998	8065	16357
2009	352249	222541	8443	96085	8170	17010
2010	408978	261836	11618	106694	10358	18472
2011	509910	310703	19371	145622	13280	20934
2012	537140	328778	21422	148756	15657	22527
2013	582996	353041	26177	160391	18826	24561
2014	610003	367711	27255	166914	21966	26157
2015	634807	385818	23424	173341	24759	27465
2016	689751	412597	28458	194019	25564	29113

5-5 柳江县主要年份农林牧渔业总产值发展速度

（按可比价计算，上年=100） 单位：%

年份	农林牧渔业总产值	农业产值	林业产值	畜牧业产值	渔业产值	农林牧渔服务业产值
1978	100.00	100.00	100.00	100.00	100.00	
1979	101.90	97.29	173.85	112.74	120.00	
1980	104.63	103.59	47.76	114.55	100.00	
1981	105.72	119.91	144.26	64.19	98.48	
1982	112.71	113.02	79.35	115.49	76.92	
1983	106.46	102.77	221.56	115.79	174.00	
1984	97.79	92.50	149.66	112.79	174.71	
1985	103.89	102.30	156.28	97.15	186.18	
1986	100.75	97.20	111.98	109.30	131.45	
1987	106.84	113.02	38.69	105.52	122.31	
1988	94.45	90.55	120.20	106.04	94.51	
1989	112.24	116.21	55.23	108.32	93.26	
1990	114.28	113.26	149.13	115.93	109.48	
1991	102.15	101.26	135.79	101.36	115.95	
1992	114.60	119.94	82.14	101.73	97.25	
1993	107.95	109.48	155.32	94.96	145.45	
1994	99.62	92.22	262.16	107.50	110.00	
1995	114.52	123.56	34.54	108.09	121.59	
1996	111.11	113.16	90.72	101.13	138.11	
1997	115.98	114.43	75.32	125.99	128.20	
1998	106.37	102.22	189.24	113.19	145.92	
1999	107.33	102.84	107.42	124.94	110.73	
2000	110.34	107.00	80.97	124.68	108.24	
2001	114.26	116.23	167.11	106.60	107.38	
2002	107.02	106.30	111.46	109.12	105.65	
2003	105.03	100.06	124.65	117.61	105.14	
2004	103.08	101.74	82.75	108.14	105.87	
2005	106.16	103.22	115.96	113.1	105.37	
2006	111.33	110.52	140.08	112.12	107.49	
2007	107.9	107.75	118.17	107.32	109.14	
2008	104.3	102.35	103.31	108.85	105.19	
2009	104.4	102.06	115.27	107.87	108.16	106.98
2010	105.10	104.37	110.33	104.85	115.32	108.59
2011	106.61	104.77	124.39	107.66	110.32	113.33
2012	106.18	106.17	101.67	106.00	112.50	107.61
2013	104.83	103.70	118.14	104.36	108.49	109.03
2014	102.10	101.53	88.97	104.33	106.42	106.50
2015	103.15	103.67	94.06	102.93	105.23	105.00
2016	103.06	102.36	121.8	101.54	104.51	105.18

5-6 柳江县主要年份农民人均纯收入及主要农产品产量

年 份	农民人均纯收入(元)	粮食产量(吨)	甘蔗产量(吨)	水果产量(吨)	猪牛羊肉产量(吨)	水产品产量(吨)
1978	104	121742	77099	2377	5048	150
1979	116	121808	84292	3229	5038	149
1980	181	123576	76769	3814	3115	182
1981	251	151300	93147	4897	4222	179
1982	294	171420	137641	3210	5181	141
1983	312	180650	122875	3802	5429	234
1984	269	148205	103593	4260	6271	412
1985	324	138579	116742	3866	5460	769
1986	343	132956	177785	4588	7525	1020
1987	420	162233	237931	4136	5978	1257
1988	573	131635	325603	3369	6665	1192
1989	629	164445	327496	2954	7491	1116
1990	814	181951	350707	3524	8428	1220
1991	756	162086	523008	4614	9970	1207
1992	883	196769	534779	6638	9913	1301
1993	940	202103	542997	7558	9923	1748
1994	1082	151931	587644	7379	10840	1921
1995	1553	205720	781020	9940	12470	2336
1996	1612	206308	971217	11174	12971	3226
1997	1670	210827	1161958	11943	16961	4137
1998	1730	217541	1271128	12079	20261	6258
1999	1792	221626	1110000	14100	22014	6880
2000	1853	223326	1385629	13614	26706	7237
2001	2061	195323	1819068	18581	30191	7808
2002	2267	182120	2115167	21046	32771	8070
2003	2414	165573	1909240	35840	36255	8579
2004	2589	171143	1914721	35932	39288	9015
2005	2844	182650	1892802	37090	43067	9509
2006	3615	191491	2087241	40128	46815	10200
2007	4379	158194	2547114	47780	27641	8855
2008	4883	158327	2414307	51137	30773	9277
2009	5358	166706	1840431	53793	33104	10018
2010	5975	159179	1946539	61026	34584	11401
2011	6878	160137	1957822	72729	35527	12559
2012	8099	168696	2081431	80573	37478	13690
2013	9192	179008	2017582	84355	39200	14776
2014	10258	174837	1884234	97144	40185	15727
2015	11253	175305	1780999	111473	40253	16743
2016	11084	177264	1609227	123029	39599	17505

5-7 柳城县主要年份农林牧渔业总产值

单位:万元

年 份	农林牧渔业总产值	农业产值	林业产值	畜牧业产值	渔业产值	农林牧渔服务业产值
1978	5085	4343	182	555	5	
1979	5161	4569	138	443	11	
1980	5253	4853	59	332	9	
1981	6601	5592	254	744	11	
1982	9666	8643	161	838	24	
1983	10130	8758	216	1106	50	
1984	9445	7847	205	1392	1	
1985	10971	8631	156	2070	114	
1986	12625	9771	185	2477	192	
1987	15486	11653	263	3343	227	
1988	19094	12683	334	5740	337	
1989	26330	19083	393	6399	455	
1990	33915	24588	593	8070	664	
1991	38348	28141	630	8771	806	
1992	42488	30921	872	9810	885	
1993	56035	43640	1361	10032	1002	
1994	79039	63809	1432	11957	1841	
1995	101996	73567	1312	24656	2461	
1996	116727	84090	1349	28108	3180	
1997	128705	94833	1494	28823	3555	
1998	146002	103933	2110	34009	5950	
1999	137530	100977	1562	28688	6303	
2000	146785	105070	1759	33053	6903	
2001	156458	111069	2068	35878	7443	
2002	166671	118943	3044	35848	8836	
2003	160147	109924	3042	38664	5888	
2004	187615	123310	3297	50998	7122	2888
2005	204491	132224	3966	57626	7443	3232
2006	233655	146774	5536	70160	7646	3539
2007	276712	165665	6076	81923	7419	15629
2008	299235	180088	5803	88070	8979	16295
2009	316588	193359	7098	89022	8810	18299
2010	391016	241949	8762	111463	10542	18300
2011	502045	310691	14461	145259	13334	18300
2012	542510	329515	19676	159304	14060	19955
2013	578975	352540	19015	168596	15869	22954
2014	622315	381328	24729	172189	18450	25619
2015	670954	417166	29312	175580	20636	28260
2016	738145	451269	33819	200139	21832	31086

5-8 柳城县主要年份农林牧渔业总产值发展速度

（按可比价计算，上年＝100）　　单位：%

年份	农林牧渔业总产值	农业产值	林业产值	畜牧业产值	渔业产值	农林牧渔服务业产值
1978	100.00	100.00	100.00	100.00	100.00	
1979	112.74	117.40	84.57	88.68	217.65	
1980	106.16	111.52	33.78	78.46	227.03	
1981	130.86	120.96	450.00	222.94	35.71	
1982	105.01	110.84	45.33	80.79	156.67	
1983	114.05	110.28	146.08	143.66	221.28	
1984	89.01	84.27	90.83	124.37	128.85	
1985	102.74	101.81	91.63	107.30	145.52	
1986	119.21	118.57	109.14	120.52	169.23	
1987	110.08	105.87	151.48	126.85	106.97	
1988	101.19	96.70	126.02	115.82	112.75	
1989	113.05	112.49	95.48	117.45	114.07	
1990	113.10	113.53	119.86	111.08	110.35	
1991	109.59	111.17	74.18	108.36	113.97	
1992	112.84	112.60	142.40	111.39	109.46	
1993	107.24	107.37	167.24	98.17	134.88	
1994	112.25	115.46	109.44	101.20	103.68	
1995	106.52	107.19	66.18	109.56	127.92	
1996	108.31	109.41	89.87	106.49	102.50	
1997	110.72	109.80	105.78	111.13	146.60	
1998	111.67	109.13	149.03	112.40	155.89	
1999	104.36	103.37	63.43	110.98	118.33	
2000	107.68	106.28	117.06	111.58	112.00	
2001	107.85	105.98	128.56	113.33	107.69	
2002	116.31	119.06	119.21	108.48	106.45	
2003	105.29	102.56	113.07	115.18	101.21	
2004	102.18	98.90	104.57	110.71	104.91	
2005	107.23	103.49	120.14	115.33	106.23	
2006	108.32	103.80	138.91	116.72	106.89	
2007	107.89	108.14	97.78	108.09	108.92	
2008	104.71	105.12	92.08	105.07	102.97	
2009	105.56	104.24	120.94	106.11	104.59	112.30
2010	106.60	105.23	106.03	110.75	108.90	108.90
2011	107.35	107.97	127.87	105.3	110.65	100.00
2012	106.27	105.57	119.51	105.77	109.74	109.04
2013	104.77	105.74	93.34	102.67	107.35	115.03
2014	106.72	106.39	125.34	104.45	109.00	111.61
2015	106.23	106.56	119.81	102.72	108.28	110.31
2016	105.00	105.72	115.85	100.74	104.47	110.00

5-9 柳城县主要年份农民人均纯收入及主要农产品产量

年份	农民人均纯收入(元)	粮食产量（吨）	甘蔗产量（吨）	水果产量（吨）	猪牛羊肉产量（吨）	水产品产量（吨）
1978	70	94851	90244	1849	2055	340
1979	76	104200	110958	2051	1980	255
1980	77	103876	116065	2309	1118	216
1981	113	132370	136728	2118	863	200
1982	136	153159	193801	2783	1343	263
1983	227	150034	182788	1313	1223	381
1984	315	110275	163368	3352	5387	738
1985	381	95561	257119	2950	4433	625
1986	426	108133	374547	5203	5037	821
1987	479	126518	394617	6409	6153	858
1988	527	104864	425883	2950	8183	39
1989	667	131145	388049	8951	8125	642
1990	643	144208	491515	8517	8822	1216
1991	754	147022	673735	8994	9914	1386
1992	687	155979	761026	15083	11544	1516
1993	846	163370	824765	18788	13005	2045
1994	1165	163924	929213	19291	15371	2097
1995	1450	170109	1064981	21034	13265	2708
1996	1550	165065	1225491	21346	14452	2780
1997	1657	176750	1409744	27266	17313	4076
1998	1772	183833	1571553	19127	18804	6550
1999	1895	188343	1504466	30933	22264	7725
2000	2027	191201	1708102	24491	24804	8461
2001	2230	190691	2036025	29615	27878	9100
2002	2432	182393	2611715	29733	29763	9686
2003	2579	165329	2596340	34460	32517	9830
2004	2739	161059	2566540	47575	34848	10308
2005	2905	171083	2413415	59100	38072	10902
2006	3273	171951	2527157	70300	40373	11653
2007	3954	148672	3112078	90616	23589	10077
2008	4396	147412	3190025	98736	25494	10379
2009	4826	155964	2533042	123772	27439	10856
2010	5464	151025	2618749	167050	28364	11820
2011	6621	150949	2666528	213133	28593	13071
2012	7777	153116	2749713	244778	35315	14348
2013	8780	162128	2551939	273579	36770	15450
2014	9904	173357	2420414	316564	38174	16844
2015	10954	170572	2594859	368005	38154	18348
2016	11410	173666	2758799	356981	37190	19173

5-10 鹿寨县主要年份农林牧渔业总产值

单位:万元

年份	农林牧渔业总产值	农业产值	林业产值	畜牧业产值	渔业产值	农林牧渔服务业产值
1978	5197	4293	239	567	98	
1979	5928	4658	475	788	7	
1980	6291	5577	16	681	17	
1981	10125	8997	364	703	61	
1982	10390	9153	275	929	33	
1983	11072	9730	156	1167	19	
1984	9591	8227	198	1084	82	
1985	12697	9779	541	2234	143	
1986	14566	11346	479	2592	149	
1987	17541	13344	996	3043	158	
1988	20846	14750	872	4836	388	
1989	25975	17770	1876	5920	409	
1990	29780	22153	1257	5926	444	
1991	34579	26804	1101	6226	448	
1992	35117	25964	1850	6780	523	
1993	42913	29149	2034	10914	816	
1994	67336	44851	2529	18805	1151	
1995	89177	62006	3369	22174	1628	
1996	97131	64911	4035	25891	2294	
1997	98334	63252	3004	29029	3049	
1998	101706	64303	3220	30771	3412	
1999	114702	76761	4284	30285	3372	
2000	120908	72874	5140	39359	3535	
2001	128197	79105	5924	39570	3598	
2002	136845	84187	7231	41706	3721	
2003	141540	78658	6789	52162	3367	
2004	181986	103644	7308	66265	4044	725
2005	205355	117867	7720	74364	4610	794
2006	226194	126127	8894	85829	4490	854
2007	263016	146342	15185	89572	4772	7145
2008	273961	155317	15699	91062	4338	7545
2009	290364	165344	19258	91268	5597	8897
2010	362598	210331	24444	111268	6786	9769
2011	386346	213120	28245	126831	7485	10665
2012	417486	231566	37127	129645	8012	11136
2013	451021	245437	46247	137771	9136	12430
2014	464511	256816	44460	139448	10304	13483
2015	483358	275194	44317	138377	11388	14082
2016	523342	277639	60355	158586	12090	14673

5-11 鹿寨县主要年份农林牧渔业总产值发展速度

（按可比价计算，上年=100） 单位：%

年 份	农林牧渔业总产值	农业产值	林业产值	畜牧业产值	渔业产值	农林牧渔服务业产值
1978	100.00	100.00	100.00	100.00	100.00	
1979	114.82	111.54	198.84	138.98	7.10	
1980	103.84	122.26	3.35	86.42	245.83	
1981	160.81	152.58	2284.78	103.22	357.63	
1982	103.32	108.99	75.55	132.00	54.03	
1983	106.22	93.28	56.05	122.00	57.89	
1984	70.84	72.88	104.49	100.52	219.70	
1985	118.69	110.08	259.57	117.67	173.79	
1986	101.15	104.17	77.55	102.08	100.00	
1987	118.82	114.89	139.42	131.62	120.63	
1988	92.63	86.64	117.55	105.77	107.89	
1989	112.98	108.18	195.05	105.31	105.18	
1990	107.11	119.00	41.41	109.58	106.09	
1991	111.63	118.66	85.63	104.76	121.04	
1992	103.31	100.48	163.43	108.31	89.62	
1993	100.49	98.82	91.06	127.00	121.16	
1994	102.92	96.67	133.63	113.88	119.13	
1995	128.55	128.42	97.58	135.07	142.76	
1996	108.24	102.22	91.40	122.74	141.69	
1997	118.32	111.03	76.73	135.02	151.08	
1998	113.80	107.08	106.79	125.09	111.88	
1999	95.65	123.71	127.11	55.97	92.70	
2000	104.93	95.69	125.26	129.84	104.96	
2001	106.47	104.17	120.65	110.16	101.73	
2002	109.03	106.11	127.85	112.96	103.25	
2003	105.92	100.61	108.14	114.38	113.53	
2004	112.13	117.05	102.36	106.18	106.44	
2005	111.32	110.84	102.63	112.58	115.92	
2006	105.75	102.32	114.46	110.37	101.48	
2007	107.94	107.95	128.31	105.7	109.55	
2008	102.19	101.69	100.32	103.17	99.87	
2009	105.32	103.63	119.66	104.56	107.65	117.92
2010	105.36	104.28	99.66	107.78	110.47	109.80
2011	91.63	88.90	101.96	92.73	95.62	109.17
2012	106.64	104.12	128.61	106.00	109.41	104.42
2013	105.17	104.01	118.56	102.65	108.71	111.62
2014	102.86	103.21	94.74	104.32	105.11	108.47
2015	104.12	105.16	102.09	102.67	105.96	104.44
2016	103.52	100.88	128.2	100.59	106.16	104.20

5-12 鹿寨县主要年份农民人均纯收入及主要农产品产量

年　份	农民人均纯收入(元)	粮食产量(吨)	甘蔗产量(吨)	水果产量(吨)	猪牛羊肉产量(吨)	水产品产量(吨)
1978	80	134565	58717	486	4760	323
1979	93	153515	72609	998	3722	111
1980	94	158610	85294	142	1974	291
1981	133	152875	143857	1483	3063	465
1982	226	180540	193239	2008	2852	288
1983	343	173260	152328	779	4506	348
1984	295	130530	88045	1371	3501	365
1985	409	126015	164045	2073	4890	509
1986	444	137335	220275	306	5883	610
1987	447	162506	278164	5391	6705	1031
1988	527	129401	276405	2709	7445	777
1989	673	159281	201156	4768	7576	817
1990	675	176299	263973	7269	9866	889
1991	827	178149	421969	7956	13230	988
1992	890	181598	383096	10417	14464	935
1993	1050	179836	287909	12730	15695	1166
1994	1269	160236	345513	15813	17004	1391
1995	1631	195745	525632	17067	19081	1984
1996	1853	191684	543864	20055	21220	2811
1997	2070	201004	683017	24841	28688	4588
1998	2205	205785	822591	26994	33504	5098
1999	2316	204323	770519	54400	32619	4383
2000	1780	200432	622309	41956	32197	4776
2001	1951	191620	713382	60402	35797	4848
2002	2155	181117	916785	60166	39139	4998
2003	2306	166789	944642	60026	41320	5810
2004	2539	161607	908730	68162	42514	6103
2005	3008	171165	1005358	72182	47332	6811
2006	3239	176743	963568	77903	50335	7113
2007	3973	165841	1295121	89580	24518	6586
2008	4534	163156	1318059	91288	25465	6748
2009	4938	176159	1120671	91731	26920	7224
2010	5595	172769	1177799	96754	27851	7921
2011	6190	157687	979924	97745	23342	7527
2012	7276	166905	1109960	104696	24458	8203
2013	8295	172019	1155720	110418	25175	8942
2014	9415	170046	1067699	119536	25947	9321
2015	10394	170866	1057453	134701	21993	9893
2016	11653	171820	1035599	142408	24914	10519

5-13 融安县主要年份农林牧渔业总产值

单位:万元

年份	农林牧渔业总产值	农业产值	林业产值	畜牧业产值	渔业产值	农林牧渔服务业产值
1978	5109	3681	315	1081	32	
1979	6039	3844	1078	1078	39	
1980	5582	3814	685	1046	37	
1981	5730	3193	857	961	44	
1982	6377	4279	963	914	41	
1983	6547	4581	791	1109	66	
1984	7214	4395	1204	1553	62	
1985	7611	4265	1593	1675	78	
1986	7661	4290	1407	1836	128	
1987	8488	4930	1491	1908	159	
1988	10144	4730	1812	3021	581	
1989	11369	5471	2014	3200	684	
1990	19908	12014	3726	3664	504	
1991	21140	12371	4477	3765	527	
1992	23905	13135	5388	4806	576	
1993	26078	14951	5756	4740	631	
1994	34498	22313	5507	5912	766	
1995	38138	26776	5329	4671	1362	
1996	38852	23528	6812	7245	1267	
1997	43594	26824	6057	8940	1773	
1998	47101	30172	3852	10105	2972	
1999	49657	31922	3602	11220	2913	
2000	49631	31736	4345	11302	2248	
2001	52272	33564	4472	11923	2313	
2002	54527	35366	4169	12612	2380	
2003	62378	34017	5592	19645	2137	
2004	76362	40935	6829	25037	2353	1208
2005	81175	44311	6298	26922	2436	1208
2006	90566	47090	8661	30964	2508	1343
2007	110758	53520	11387	36667	2617	6567
2008	129457	62000	15264	41926	3305	6962
2009	134848	66748	15744	41407	3417	7532
2010	159507	83392	18079	46032	4069	7935
2011	215515	119095	24159	59097	5110	8054
2012	235238	133115	27231	61425	5171	8296
2013	253261	147740	26151	64709	5951	8710
2014	265480	158222	24334	67058	6721	9145
2015	277192	167247	23576	70011	7214	9145
2016	296116	177560	25484	76076	7527	9470

5-14 融安县主要年份农林牧渔业总产值发展速度

（按可比价计算，上年＝100） 单位：%

年份	农林牧渔业总产值	农业产值	林业产值	畜牧业产值	渔业产值	农林牧渔服务业产值
1978	100.00	100.00	100.00	100.00	100.00	
1979	115.36	115.33	115.31	115.44	116.47	
1980	95.94	95.92	95.93	95.96	96.97	
1981	102.15	96.78	147.66	74.71	113.54	
1982	107.66	107.64	107.73	107.69	106.42	
1983	98.81	94.08	86.34	149.76	93.97	
1984	103.80	103.75	103.82	103.83	106.41	
1985	104.31	95.93	123.21	107.34	132.35	
1986	100.22	103.11	86.06	108.36	157.78	
1987	113.06	112.59	122.18	103.42	123.94	
1988	93.77	92.15	90.69	100.85	112.50	
1989	110.78	119.72	98.35	100.59	113.13	
1990	110.43	111.66	105.04	112.53	110.71	
1991	109.56	106.31	126.92	102.20	103.55	
1992	112.17	105.77	119.22	125.53	102.51	
1993	97.10	103.10	103.75	69.84	116.04	
1994	100.69	100.50	88.96	120.01	122.07	
1995	108.80	115.32	88.94	112.99	111.79	
1996	97.62	88.00	132.22	95.00	93.11	
1997	106.28	112.23	80.23	120.00	144.86	
1998	97.31	100.38	67.13	113.00	125.65	
1999	105.88	106.93	93.31	111.86	99.92	
2000	105.72	99.71	138.19	104.55	103.49	
2001	108.47	109.44	107.51	107.13	111.88	
2002	109.75	114.64	94.69	108.59	103.52	
2003	105.44	96.05	121.17	116.64	104.50	
2004	108.05	107.26	113.23	108.25	98.50	
2005	108.35	109.99	93.02	110.55	105.14	
2006	110.71	105.69	138.93	112.67	107.02	
2007	107.87	107.71	109.41	107.46	109.69	
2008	110.63	109.36	130.61	107.38	106.88	
2009	105.07	105.34	101.25	105.08	110.77	108.19
2010	106.12	108.80	94.66	106.11	108.46	105.35
2011	106.45	107.76	109.04	103.64	109.46	101.50
2012	108.05	110.08	104.69	106.08	107.05	103.00
2013	105.89	109.98	92.84	102.45	111.72	104.99
2014	103.15	105.43	89.83	102.80	106.03	104.99
2015	104.11	105.43	99.77	102.99	105.43	100.00
2016	103.55	104.20	108.86	100.10	104.88	103.50

5-15 融安县主要年份农民人均纯收入及主要农产品产量

年　份	农民人均纯收入(元)	粮食产量(吨)	甘蔗产量(吨)	水果产量(吨)	猪牛羊肉产量(吨)	水产品产量(吨)
1978	94	82928	3688	1122	2007	95
1979	100	87130	6721	1988	2401	140
1980	75	82345	5452	1562	2330	140
1981	90	77575	4633	2667	1959	76
1982	110	87725	4272	2632	2093	179
1983	316	88176	2624	3120	3129	227
1984	311	85821	4709	2398	2941	457
1985	313	79435	8933	3000	3469	351
1986	319	80377	10480	3209	3609	582
1987	332	97069	6690	4005	3663	721
1988	412	88095	5512	3114	3643	806
1989	466	102491	5269	3356	3711	911
1990	670	109473	7617	6552	4877	1013
1991	713	112836	24881	6314	4977	1056
1992	779	116259	18325	7313	6276	1108
1993	838	109493	12000	7308	6457	1253
1994	1094	109716	17495	7647	7246	1500
1995	1352	121575	33125	8035	7623	1696
1996	1435	104622	30029	6781	7571	1577
1997	1776	115177	43884	8379	8595	2556
1998	1927	115819	36494	9931	8867	3061
1999	2083	111852	51906	13640	10282	3100
2000	1407	115871	53621	11402	11549	3110
2001	1589	111928	103529	17954	12636	3400
2002	1717	103788	191788	19110	13835	3380
2003	1859	89784	161790	19103	14624	3518
2004	2032	95097	154384	21743	15884	3520
2005	2310	99295	162671	25807	17428	3710
2006	2672	100481	181501	27712	18540	3981
2007	3161	92075	267871	35716	10989	3752
2008	3695	92847	429712	36666	11839	3824
2009	4076	97481	317462	45935	12536	4283
2010	4715	94549	364946	57073	13028	4628
2011	5480	97264	393345	68713	13025	5041
2012	6494	99338	472386	79469	13656	5401
2013	7403	100695	553010	94465	14148	6004
2014	8336	101910	483346	109283	14561	6427
2015	9245	101245	447289	125168	14541	6778
2016	10622	101343	388488	138066	14287	7120

5-16 融水苗族自治县主要年份农林牧渔业总产值

单位:万元

年份	农林牧渔业总产值	农业产值	林业产值	畜牧业产值	渔业产值	农林牧渔服务业产值
1978	5509	3471	1267	716	55	
1979	5857	3690	1347	761	59	
1980	6821	4297	1569	887	68	
1981	6707	4234	1568	874	31	
1982	7798	4194	2165	1403	36	
1983	9032	4391	2726	1861	54	
1984	12361	4401	5920	1979	61	
1985	12525	4256	5780	2356	133	
1986	12607	4625	5450	2361	171	
1987	12632	4998	4769	2667	198	
1988	12783	4747	5226	2647	163	
1989	17151	8533	4551	3846	221	
1990	23862	12186	7152	4138	386	
1991	25594	11979	8669	4572	374	
1992	27800	12795	9860	4754	391	
1993	33236	13756	12069	6747	664	
1994	44172	24595	10523	7795	1259	
1995	62740	35802	12532	12724	1682	
1996	59303	33908	9751	13131	2513	
1997	64698	38618	8766	13865	3449	
1998	63095	39660	7114	12372	3949	
1999	65674	39168	9951	12439	4116	
2000	66020	36835	10300	13965	4920	
2001	66532	37484	9103	15591	4354	
2002	68060	38475	9064	16135	4386	
2003	75809	37259	13894	20502	2646	
2004	90868	45197	13674	27175	3050	1772
2005	97019	47840	14390	29657	3274	1858
2006	106042	52007	16374	32244	3358	2059
2007	140972	62476	24383	45043	3428	5642
2008	163829	68311	31991	53356	4237	5934
2009	165860	72785	30200	52552	3974	6349
2010	192598	86817	37712	56550	4916	6603
2011	224578	105143	33360	72599	6009	7467
2012	239708	108478	44020	73541	6053	7616
2013	243028	113574	38267	76759	6660	7768
2014	261881	117527	49846	78821	7671	8016
2015	261831	118159	45529	81709	8258	8176
2016	276029	126481	43189	88777	9079	8503

5-17 融水苗族自治县主要年份农林牧渔业总产值发展速度

（按可比价计算，上年=100）　　单位：%

年份	农林牧渔业总产值	农业产值	林业产值	畜牧业产值	渔业产值	农林牧渔服务业产值
1978	100.00	100.00	100.00	100.00	100.00	
1979	106.32	106.35	106.32	106.20	105.00	
1980	116.47	116.45	116.46	116.64	114.29	
1981	118.28	111.11	152.40	109.14	91.67	
1982	107.70	95.94	136.77	112.39	95.45	
1983	104.54	100.65	97.08	136.63	100.00	
1984	106.49	90.96	141.51	98.58	142.86	
1985	95.51	95.68	80.67	125.23	210.00	
1986	96.88	106.98	92.18	81.37	119.05	
1987	105.43	110.27	95.90	106.02	116.00	
1988	98.03	94.96	105.29	98.04	81.61	
1989	119.01	133.89	99.22	108.87	108.45	
1990	289.34	84.45	162.07	101.94	177.07	
1991	104.12	97.66	112.08	104.83	100.54	
1992	106.63	105.03	109.69	102.29	105.39	
1993	108.61	96.94	115.66	123.12	112.02	
1994	104.79	125.16	87.79	101.52	118.49	
1995	118.90	127.89	109.83	112.94	133.53	
1996	91.10	93.97	77.72	103.34	152.53	
1997	110.48	119.16	86.52	119.43	138.22	
1998	96.81	103.55	90.48	81.20	120.05	
1999	106.87	101.42	125.87	103.42	102.05	
2000	100.08	94.64	101.67	112.62	113.30	
2001	107.75	109.66	101.82	114.40	93.24	
2002	104.59	109.00	98.10	101.33	100.58	
2003	104.26	99.20	105.87	113.79	94.74	
2004	103.87	104.42	92.62	109.77	101.78	
2005	108.06	105.46	107.22	112.99	109.11	
2006	107.40	105.11	114.59	107.41	106.69	
2007	107.70	106.50	119.01	103.63	110.57	
2008	108.59	100.40	129.48	109.35	104.96	
2009	104.17	104.86	98.16	106.75	102.10	106.99
2010	106.03	106.34	105.06	105.93	112.38	104.00
2011	105.02	105.95	106.22	101.63	107.75	113.08
2012	106.20	101.93	122.27	105.40	106.72	102.00
2013	98.08	100.61	83.88	101.75	106.56	102.00
2014	105.00	100.86	124.71	101.18	108.59	103.19
2015	98.65	98.30	95.07	100.42	105.58	102.00
2016	100.31	101.48	95.54	99.91	110.15	104.00

5-18 融水苗族自治县主要年份农民人均纯收入及主要农产品产量

年　份	农民人均纯收入(元)	粮食产量(吨)	甘蔗产量(吨)	水果产量(吨)	猪牛羊肉产量(吨)	水产品产量(吨)
1978	83	85100	4381	924	1661	200
1979	86	87675	5082	1335	1888	80
1980	71	85530	8193	277	2088	249
1981	80	88605	9702	853	1772	237
1982	172	89130	13828	987	2796	169
1983	206	80235	13956	648	2643	412
1984	279	79630	11667	617	2529	295
1985	245	69250	15331	514	3512	511
1986	255	76877	11840	854	3453	612
1987	287	88304	9046	770	3766	707
1988	376	70884	14106	792	5742	581
1989	441	94310	25688	844	5420	910
1990	404	103957	29038	869	5577	912
1991	579	101533	52057	1198	6112	1709
1992	586	111669	57892	1595	7144	3317
1993	536	105993	31053	1848	8328	1508
1994	782	109321	96397	2987	9423	2021
1995	1122	125736	182030	6002	10053	3395
1996	1198	120974	165880	4649	10997	2476
1997	1318	127480	148532	12330	11190	3517
1998	1460	133035	130667	13529	10761	4407
1999	1546	131034	114166	17200	12845	4203
2000	1085	130679	104650	14281	12962	4920
2001	1241	132309	215946	22537	15308	4500
2002	1380	121576	296059	25787	16223	4520
2003	1487	118361	325650	25392	17813	4759
2004	1562	120997	322118	28023	19751	4607
2005	1794	123346	319241	30161	22018	5046
2006	1959	121718	356588	29800	23192	5379
2007	2265	111421	523730	34110	15450	4735
2008	2699	111050	569666	34710	16058	4908
2009	2920	116149	462283	39532	17117	5069
2010	3370	109914	528044	40151	17803	5564
2011	3952	113772	540125	42677	18065	5995
2012	4640	116222	554249	45015	18894	6399
2013	5280	117024	556494	48232	19443	6830
2014	5966	118990	503073	50416	19838	7413
2015	6586	118811	379178	54775	19674	7867
2016	10310	120004	393929	55030	19173	8712

5-19 三江侗族自治县主要年份农林牧渔业总产值

单位:万元

年　份	农林牧渔业总产值	农业产值	林业产值	畜牧业产值	渔业产值	农林牧渔服务业产值
1978	7665	3952	2664	950	99	
1979	7890	4071	2741	977	101	
1980	8111	4181	2818	1009	104	
1981	4704	2425	1634	585	60	
1982	5100	2470	1854	687	89	
1983	5104	2916	1096	992	100	
1984	7454	3357	2417	1430	250	
1985	8081	2900	3094	1694	393	
1986	8650	3354	3068	1876	352	
1987	10241	3560	4063	2183	435	
1988	11755	4136	4816	2482	320	
1989	13241	5078	4795	2963	405	
1990	12813	5422	3524	3391	476	
1991	14951	5450	4910	4070	521	
1992	17752	7691	5404	4115	542	
1993	19265	8643	5097	4953	572	
1994	26718	13310	6269	6182	957	
1995	29031	15632	5442	6947	1010	
1996	30782	16813	5405	7496	1068	
1997	31772	17080	5130	8362	1200	
1998	34878	18795	3710	10973	1400	
1999	35102	19414	4149	10059	1480	
2000	36691	18550	3722	12619	1800	
2001	39377	20463	4151	13019	1744	
2002	39752	19753	2727	15432	1840	
2003	43167	18565	4377	18192	1417	
2004	53963	20273	7299	23980	1635	776
2005	59064	22396	8359	25823	1628	858
2006	62581	23561	8623	27671	1791	935
2007	76856	28077	9242	32149	1707	5681
2008	90386	30061	15212	37236	1664	6213
2009	102058	42781	13519	37402	2084	6272
2010	131461	65137	18929	38587	2461	6347
2011	171518	92133	22573	47475	2990	6347
2012	207514	124218	25519	48142	2907	6728
2013	228926	142642	25055	51324	3177	6728
2014	256987	167637	25143	53499	3576	7132
2015	275565	180366	27389	56082	4328	7400
2016	289553	189300	26938	60847	4765	7704

5-20 三江侗族自治县主要年份农林牧渔业总产值发展速度

（按可比价计算，上年＝100） 单位：%

年份	农林牧渔业总产值	农业产值	林业产值	畜牧业产值	渔业产值	农林牧渔服务业产值
1978	100.00	100.00	100.00	100.00	100.00	
1979	120.53	91.23	226.54	64.36	117.54	
1980	82.10	93.45	71.86	72.69	231.34	
1981	103.84	90.92	115.28	126.58	100.00	
1982	107.79	102.46	109.76	117.30	150.32	
1983	100.12	118.64	76.08	139.30	59.23	
1984	114.93	102.32	130.32	111.13	249.28	
1985	96.21	89.16	94.67	120.74	106.69	
1986	104.99	111.88	96.29	110.50	89.92	
1987	110.17	103.75	130.95	85.25	108.18	
1988	92.08	100.68	80.44	106.58	61.34	
1989	114.36	105.50	122.53	118.60	127.85	
1990	98.33	109.01	75.89	106.87	116.79	
1991	107.88	101.28	119.81	102.28	109.48	
1992	104.48	104.74	106.13	100.42	104.19	
1993	101.51	101.55	96.08	113.03	105.36	
1994	100.06	100.83	98.40	101.42	100.25	
1995	102.59	108.13	91.64	109.99	105.58	
1996	101.51	104.50	93.12	107.34	105.77	
1997	97.04	101.55	83.27	104.25	112.27	
1998	96.92	100.92	76.82	107.86	117.00	
1999	106.48	101.08	106.95	98.25	105.53	
2000	104.08	99.53	92.42	120.67	121.64	
2001	114.23	116.72	119.23	107.14	112.94	
2002	98.19	96.58	70.94	118.35	109.80	
2003	98.91	95.37	101.53	99.95	105.88	
2004	107.71	96.42	147.64	109.71	100.99	
2005	110.83	110.81	112.80	111.06	101.22	
2006	106.13	105.20	105.68	106.45	114.62	
2007	105.75	114.04	91.75	102.77	103.85	
2008	109.18	99.03	153.51	105.39	106.97	
2009	108.10	118.69	91.74	107.48	106.85	100.95
2010	106.78	109.13	112.32	102.92	108.78	101.20
2011	107.17	111.38	105.43	102.10	107.35	100.00
2012	108.06	113.71	95.82	103.38	104.82	106.00
2013	106.47	110.49	96.88	102.08	106.43	100.00
2014	104.77	108.66	91.66	100.15	105.85	106.00
2015	106.24	107.18	109.88	101.17	117.28	103.76
2016	104.00	104.98	100.34	102.13	110.7	104.00

5-21 三江侗族自治县主要年份农民人均纯收入及主要农产品产量

年份	农民人均纯收入(元)	粮食产量（吨）	甘蔗产量（吨）	水果产量（吨）	猪牛羊肉产量（吨）	水产品产量（吨）
1978	97	65119	139	115	1951	139
1979	123	68310	71	239	1925	77
1980	93	63600	127	325	1571	412
1981	81	57060	139	660	1756	249
1982	191	64670	71	549	2090	631
1983	209	62190	127	477	2035	710
1984	272	60305	186	410	1974	884
1985	286	65495	227	208	2938	848
1986	299	56855	111	573	3380	801
1987	349	64069	146	766	3278	870
1988	391	63943	55	502	4695	587
1989	436	70187	102	812	4706	676
1990	406	73829	56	1791	5001	793
1991	552	71206	17	2228	5605	868
1992	583	72910	22	2215	5955	904
1993	773	69540	30	2412	6402	954
1994	889	67975	29	2533	6630	957
1995	1092	75457	22	2622	6797	1010
1996	1204	72315	13	2515	7374	1068
1997	1408	69463	33	2665	7954	1200
1998	1456	76428	30	2345	8534	1400
1999	1549	75627	25	2605	9385	1480
2000	1188	76449	74	2061	10985	1800
2001	1356	78779	59	7519	11846	2030
2002	1368	71571	30	5155	14551	2230
2003	1450	63533	89	4730	14616	2360
2004	1616	57657	132	5694	16222	2370
2005	1903	62887	165	5423	18248	2410
2006	2090	63448	166	6023	19295	2750
2007	2391	63728	166	6159	11413	2371
2008	2819	63616	4402	6663	11881	2490
2009	3062	68347	2722	7651	12646	2589
2010	3562	62184	5555	8438	12997	2816
2011	4062	62692	6717	8849	13046	3021
2012	4826	64508	7715	9419	12738	3157
2013	5420	67407	8567	9953	13187	3346
2014	6060	69370	7372	10316	13313	3577
2015	6672	69632	6932	11608	13153	3819
2016	10086	70527	7749	12765	13128	4130

5-22 农村基本情况及从业人员构成

（2016年）

指 标 名 称	单位	全市	市区	#城中区	鱼峰区	柳南区	柳北区	柳东新区	阳和工业新区
农村基层组织									
乡镇个数	个	86	6			1	3	2	
#镇个数	个	51	6			1	3	2	
村民委员会	个	935	82	6	3	20	35	15	3
居民委员会	个	125	56	15	12	1	21	3	4
村民小组	个	13267	939	76	25	207	346	244	41
农村社会基础设施									
自来水受益村数	个	820	73	6	3	13	33	15	3
通有线电视村数	个	773	79	6	3	18	34	15	3
通宽带村数	个	819	79	5	3	20	35	13	3
乡村人口与从业人员									
乡(镇)村户数	万户	63.49	5.5	0.76	0.12	1.12	1.60	1.50	0.40
乡(镇)村人口数	万人	246.98	19.94	1.78	0.32	4.19	6.21	5.94	1.50
男	万人	128.84	9.38	0.90	0.15	1.93	3.14	2.46	0.80
女	万人	118.14	10.56	0.88	0.17	2.26	3.07	3.48	0.70
乡(镇)村劳动力资源数	万人	153.17	12.3	1.38	0.21	2.62	3.72	3.47	0.90
男	万人	82.55	6.2	0.71	0.09	1.25	1.93	1.72	0.50
女	万人	70.62	6.1	0.67	0.12	1.37	1.79	1.75	0.40
乡(镇)村从业人员数	万人	138.62	10.68	1.19	0.11	2.57	2.86	3.10	0.85
男	万人	74.97	5.3	0.59	0.05	1.22	1.40	1.60	0.44
#农业从业人员	万人	52.08	2.45	0.28	0.03		0.80	1.20	0.14
女	万人	63.65	5.38	0.60	0.06	1.35	1.46	1.50	0.41
#农业从业人员	万人	44.30	2.26	0.35	0.03		0.88	0.90	0.10
农业用地情况									
耕地	公顷	342182	16279	374	20	2572	8427	4656	230
园地	公顷	49018	2575	704		435	1136	300	
林地	公顷	1103844	26665	2680		3524	9910	9980	571
草地	公顷	91890	450	48		205	194	3	
设施农业用地	公顷	962	246	50		67	129		

5-22 续表

指标名称	单位	柳江县	柳城县	鹿寨县	融安县	融水苗族自治县	三江侗族自治县
农村基层组织							
乡镇个数	个	12	12	9	12	20	15
#镇个数	个	12	9	6	6	7	5
村民委员会	个	127	121	110	137	198	160
居民委员会	个	22	16	8	10	8	5
村民小组	个	1496	1393	2147	2010	3122	2160
农村社会基础设施							
自来水受益村数	个	98	102	60	137	190	160
通有线电视村数	个	107	89	89	127	122	160
通宽带村数	个	86	100	98	136	160	160
乡村人口与从业人员							
乡(镇)村户数	万户	12.68	9.99	8.50	7.23	10.71	8.88
乡(镇)村人口数	万人	50.36	34.46	33.94	27.70	44.26	36.32
男	万人	26.14	17.78	18.38	15.04	23.52	18.60
女	万人	24.22	16.68	15.56	12.66	20.74	17.72
乡(镇)村劳动力资源数	万人	29.83	22.50	22.37	18.38	27.39	20.40
男	万人	16.28	11.89	12.24	10.08	15.01	10.85
女	万人	13.55	10.61	10.13	8.30	12.38	9.55
乡(镇)村从业人员数	万人	27.93	20.25	20.48	16.81	23.79	18.68
男	万人	15.46	10.89	11.29	9.21	12.94	9.88
#农业从业人员	万人	10.43	7.75	8.22	6.87	9.76	6.60
女	万人	12.47	9.36	9.19	7.60	10.85	8.80
#农业从业人员	万人	8.40	7.52	6.83	5.71	7.59	5.99
农业用地情况							
耕地	公顷	85973	77586	58985	26856	55715	20788
园地	公顷	2481	12319	11137	9073	6215	5218
林地	公顷	116010	45652	179680	214259	349004	172574
草地	公顷		14326	18462	19272	21680	17700
设施农业用地	公顷	214	333	56	67		46

5-23 农林牧渔业总产值

（2016年） 单位:万元

指 标 名 称	全 市		市 区	
	按上年现行价格计算	按当年现行价格计算	按上年现行价格计算	按当年现行价格计算
农林牧渔业总产值	2953737	3091440	258366	278504
农业产值	1745870	1799276	148798	164430
主产品产值	1726751	1780277	148108	163740
粮食作物合计	242469	236319	12129	11709
经济作物合计	376943	396661	23185	24622
#油料	25071	25534	2163	2204
糖类	289810	309055	20493	21879
中草药材	59615	59615	519	519
蔬菜(食用菌)作物	639512	685935	94064	109166
#蔬菜	528925	574216	71289	86254
食用菌	85800	87741	3429	3566
水果、饮料和香料	424880	418414	18249	17760
#水果	278967	272361	18201	17712
茶及饮料原料	141518	141659		
其他农作物	42947	42947	481	481
副产品产值	19118	18998	689	689
粮食作物副产品	3885	3871	202	202
经济作物副产品	15232	15126	487	487
林业产值	234739	236932	18785	18689
林木的培育和种植	44034	43953	1048	1038
全社会竹木采伐	145341	147970	12786	12780
林产品	45362	45008	4951	4871
牧业产值	774904	856880	73845	78436
牲畜饲养	162112	153406	3286	3118
牛的饲养	142223	135563	2733	2604
羊的饲养	19443	17398	376	337
其他牲畜饲养(马、驴、骡)	447	447	178	178
猪的饲养	290668	357906	27529	34175
家禽的饲养	127747	126985	24782	24433
活的畜禽产品	23658	21409	16379	14671
狩猎和捕捉野生动物				
其他动物饲养	170720	197174	1871	2040
#蚕茧	159753	186465	1260	1470
渔业产值	94546	94439	13570	13582
农林牧渔服务业产值	103678	103913	3368	3368

5-23 续表1 单位:万元

指 标 名 称	城中区		鱼峰区	
	按上年现行价格计算	按当年现行价格计算	按上年现行价格计算	按当年现行价格计算
农林牧渔业总产值	17030	17985	2873	3230
农业产值	3580	3848	861	1069
主产品产值	3564	3832	861	1069
粮食作物合计	339	314		
经济作物合计	74	75		
#油料	68	69		
糖类				
中草药材				
蔬菜(食用菌)作物	2965	3256	832	1041
#蔬菜	2693	2984	832	1041
食用菌				
水果、饮料和香料	186	187	29	28
#水果	186	187	29	28
茶及饮料原料				
其他农作物				
副产品产值	16	16		
粮食作物副产品	14	14		
经济作物副产品	2	2		
林业产值	7939	7901		
林木的培育和种植	495	495		
全社会竹木采伐	6876	6874		
林产品	568	532		
牧业产值	5039	5764	1655	1744
牲畜饲养	12	11		
牛的饲养	12	11		
羊的饲养				
其他牲畜饲养(马、驴、骡)				
猪的饲养	1990	2755	403	496
家禽的饲养	2905	2866	310	306
活的畜禽产品	132	132	943	943
狩猎和捕捉野生动物				
其他动物饲养				
#蚕茧				
渔业产值	322	322	333	391
农林牧渔服务业产值	150	150	24	25

5-23 续表2

单位:万元

指 标 名 称	柳南区		柳北区	
	按上年现行价格计算	按当年现行价格计算	按上年现行价格计算	按当年现行价格计算
农林牧渔业总产值	45650	47315	156359	171662
农业产值	17942	19706	97226	109496
主产品产值	17920	19684	96718	108988
粮食作物合计	2340	2280	4733	4577
经济作物合计	425	433	12964	13757
#油料	421	429	1092	1113
糖类	3	4	11349	12121
中草药材			519	519
蔬菜(食用菌)作物	13966	15817	65248	77317
#蔬菜	13068	14915	43643	55579
食用菌	137	141	3292	3425
水果、饮料和香料	1190	1154	13293	12857
#水果	1190	1154	13245	12809
茶及饮料原料				
其他农作物			479	479
副产品产值	21	21	507	507
粮食作物副产品	17	17	74	74
经济作物副产品	4	4	433	433
林业产值	3152	3124	7538	7508
林木的培育和种植	149	139	352	352
全社会竹木采伐	1211	1208	4595	4594
林产品	1792	1777	2591	2562
牧业产值	22151	22092	39132	42230
牲畜饲养	1035	977	1200	1146
牛的饲养	870	829	948	903
羊的饲养	165	148	91	82
其他牲畜饲养(马、驴、骡)			161	161
猪的饲养	6253	7693	15376	18917
家禽的饲养	4184	4129	16261	16024
活的畜禽产品	10541	9155	4561	4241
狩猎和捕捉野生动物				
其他动物饲养	137	137	1734	1903
#蚕茧			1260	1470
渔业产值	1654	1643	11111	11076
农林牧渔服务业产值	751	751	1353	1353

5-23 续表3 单位:万元

指 标 名 称	柳东新区		阳和工业新区	
	按上年现行价格计算	按当年现行价格计算	按上年现行价格计算	按当年现行价格计算
农林牧渔业总产值	33271	35047	3183	3265
农业产值	27875	28978	1314	1333
主产品产值	27750	28852	1295	1315
粮食作物合计	4172	4021	545	517
经济作物合计	9375	9996	347	361
#油料	384	391	198	202
糖类	8992	9605	149	149
中草药材				
蔬菜(食用菌)作物	10714	11363	339	372
#蔬菜	10714	11363	339	372
食用菌				
水果、饮料和香料	3486	3470	65	64
#水果	3486	3470	65	64
茶及饮料原料				
其他农作物	2	2		
副产品产值	126	126	19	19
粮食作物副产品	81	81	16	16
经济作物副产品	45	45	3	3
林业产值	52	52	104	104
林木的培育和种植	52	52		
全社会竹木采伐			104	104
林产品				
牧业产值	4226	4900	1642	1706
牲畜饲养	837	798	202	186
牛的饲养	837	798	66	63
羊的饲养			120	107
其他牲畜饲养(马、驴、骡)			17	17
猪的饲养	3095	3807	412	507
家禽的饲养	107	107	1015	1001
活的畜禽产品	188	188	14	12
狩猎和捕捉野生动物				
其他动物饲养				
#蚕茧				
渔业产值	118	118	32	32
农林牧渔服务业产值	1000	999	90	90

5-23 续表4 单位:万元

指 标 名 称	柳江县		柳城县	
	按上年现行价格计算	按当年现行价格计算	按上年现行价格计算	按当年现行价格计算
农林牧渔业总产值	654221	689751	704498	738145
农业产值	394922	412597	441024	451269
主产品产值	390513	408188	434382	444641
粮食作物合计	50177	48706	49305	48193
经济作物合计	75792	80507	132379	140471
#油料	3237	3299	7239	7380
糖类	72319	76972	117382	125334
中草药材			7675	7675
蔬菜(食用菌)作物	211006	227883	136275	142922
#蔬菜	198505	216225	69466	73381
食用菌	9189	9153	66809	69540
水果、饮料和香料	47369	44923	102605	99237
#水果	47186	44740	101540	98181
茶及饮料原料			1060	1051
其他农作物	6169	6169	13818	13818
副产品产值	4409	4409	6642	6628
粮食作物副产品	869	869	698	684
经济作物副产品	3540	3540	5944	5944
林业产值	28531	28458	33959	33819
林木的培育和种植	9184	9184	11360	11359
全社会竹木采伐	17082	17011	21560	21433
林产品	2265	2263	1039	1027
牧业产值	176004	194019	176871	200139
牲畜饲养	48202	45510	31303	29699
牛的饲养	40769	38860	28937	27582
羊的饲养	7433	6650	2366	2117
其他牲畜饲养(马、驴、骡)				
猪的饲养	67562	83120	69727	85783
家禽的饲养	23807	23452	16909	16663
活的畜禽产品	1067	1080	1906	1667
狩猎和捕捉野生动物				
其他动物饲养	35366	40857	57026	66327
#蚕茧	32836	38327	55626	64927
渔业产值	25875	25564	21558	21832
农林牧渔服务业产值	28889	29113	31086	31086

指标名称	鹿寨县		融安县	
	按上年现行价格计算	按当年现行价格计算	按上年现行价格计算	按当年现行价格计算
农林牧渔业总产值	500375	523342	287045	296116
农业产值	277606	277639	174265	177560
主产品产值	273779	273918	172749	176044
粮食作物合计	48333	46994	28721	28072
经济作物合计	74818	78011	40162	41225
#油料	7708	7855	1855	1883
糖类	46085	49132	15588	16622
中草药材	20850	20850	22468	22468
蔬菜(食用菌)作物	98617	97246	41925	44975
#蔬菜	98035	96662	40043	43390
食用菌	163	170	1795	1497
水果、饮料和香料	37499	37155	58993	58825
#水果	36814	36298	57091	56925
茶及饮料原料	216	389	176	174
其他农作物	14512	14512	2948	2948
副产品产值	3827	3721	1516	1516
粮食作物副产品	876	876	392	392
经济作物副产品	2951	2845	1123	1123
林业产值	56815	60355	25666	25484
林木的培育和种植	5619	5619	3145	3145
全社会竹木采伐	43036	46801	18137	17992
林产品	8159	7934	4384	4347
牧业产值	139192	158586	70083	76076
牲畜饲养	19257	18122	17076	16098
牛的饲养	15255	14541	13975	13321
羊的饲养	4002	3581	3072	2749
其他牲畜饲养(马、驴、骡)			29	29
猪的饲养	45960	56543	24565	30221
家禽的饲养	12750	13657	15940	15708
活的畜禽产品	2111	2059	944	827
狩猎和捕捉野生动物				
其他动物饲养	59113	68205	11558	13222
#蚕茧	55647	64952	9974	11641
渔业产值	12090	12090	7566	7527
农林牧渔服务业产值	14673	14673	9465	9470

单位:万元

指标名称	融水苗族自治县		三江侗族自治县	
	按上年现行价格计算	按当年现行价格计算	按上年现行价格计算	按当年现行价格计算
农林牧渔业总产值	262637	276029	286595	289553
农业产值	119904	126481	189351	189300
主产品产值	118232	124809	188988	188937
粮食作物合计	33540	32818	20264	19827
经济作物合计	24316	25494	6291	6331
#油料	1730	1756	1139	1157
糖类	17596	18747	347	369
中草药材	4168	4168	3935	3935
蔬菜(食用菌)作物	40285	46172	17340	17571
#蔬菜	35248	41720	16339	16584
食用菌	3441	2856	974	959
水果、饮料和香料	19184	19418	140981	141096
#水果	14254	14509	3881	3996
茶及饮料原料	3545	3524	136521	136521
其他农作物	907	907	4112	4112
副产品产值	1672	1672	363	363
粮食作物副产品	557	557	291	291
经济作物副产品	1115	1115	72	72
林业产值	43500	43189	27483	26938
林木的培育和种植	8430	8375	5248	5233
全社会竹木采伐	22514	22255	10226	9698
林产品	12556	12559	12008	12007
牧业产值	81634	88777	57275	60847
牲畜饲养	21096	19997	21892	20862
牛的饲养	19181	18283	21373	20372
羊的饲养	1915	1714	279	250
其他牲畜饲养(马、驴、骡)			240	240
猪的饲养	34130	41989	21195	26075
家禽的饲养	20979	20668	12580	12404
活的畜禽产品	325	282	926	823
狩猎和捕捉野生动物				
其他动物饲养	5104	5841	682	682
#蚕茧	4410	5148		
渔业产值	9096	9079	4791	4765
农林牧渔服务业产值	8503	8503	7696	7704

5-24 农林牧渔业中间消耗

（2016年） 单位：万元

指标名称	全市	市区	#城中区	鱼峰区	柳南区	柳北区	柳东新区	阳和工业新区
农林牧渔业总产值	3091440	278504	17985	3230	47315	171662	35047	3265
农林牧渔业生产中间消耗总计	1231760	117365	7465	1374	18008	73964	15351	1203
农林牧渔业增加值	1859680	161139	10520	1856	29307	97698	19696	2062
农业产值	1799276	164430	3848	1069	19706	109496	28978	1333
农业中间消耗合计	595100	57565	1403	114	4437	40197	11169	245
农业增加值	1204176	106865	2445	955	15269	69299	17809	1088
林业产值	236932	18689	7901		3124	7508	52	104
林业中间物质消耗	76149	5776	2689		341	2740	5	1
林业增加值	160682	12812	5212		2783	4768	47	2
牧业产值	856880	78436	5764	1744	22092	42230	4900	1706
牧业中间消耗合计	488646	47994	3140	1024	12624	26858	3558	790
牧业增加值	368234	30442	2624	720	9468	15372	1342	916
渔业产值	94439	13582	322	391	1643	11076	118	32
渔业中间消耗合计	32891	4757	188	223	475	3780	60	31
渔业增加值	61548	8825	134	168	1168	7296	58	1
农林牧渔服务业产值	103913	3364	150	25	751	1353	995	90
农林牧渔服务业中间消耗	38858	1154	45	12	132	390	540	35
农林牧渔服务业增加值	65040	2195	105	13	619	963	440	55

5-24 续表

指 标 名 称	柳江县	柳城县	鹿寨县	融安县	融水苗族自治县	三江侗族自治县
农林牧渔业总产值	689751	738145	523342	296116	276029	289553
农林牧渔业生产中间消耗总计	273230	302367	202176	119222	112203	105197
农林牧渔业增加值	416521	435778	321166	176894	163826	184356
农业产值	412597	451269	277639	177560	126481	189300
农业中间消耗合计	131327	151631	87315	63030	41539	62693
农业增加值	281270	299638	190324	114530	84942	126607
林业产值	28458	33819	60355	25484	43189	26938
林业中间物质消耗	8292	14178	17803	8203	14132	7765
林业增加值	20166	19641	42552	17281	29057	19173
牧业产值	194019	200139	158586	76076	88777	60847
牧业中间消耗合计	117037	112678	87406	42778	49968	30785
牧业增加值	76982	87461	71180	33298	38809	30062
渔业产值	25564	21832	12090	7527	9079	4765
渔业中间消耗合计	8888	7124	3141	3782	3452	1747
渔业增加值	16676	14708	8949	3745	5627	3018
农林牧渔服务业产值	29113	31086	14673	9470	8503	7704
农林牧渔服务业中间消耗	7686	16756	6512	1430	3112	2208
农林牧渔服务业增加值	21427	14330	8161	8040	5391	5496

5-25 农作物播种面积和产量

（2016年）

指标名称	单位	全市	市区						
				#城中区	鱼峰区	柳南区	柳北区	柳东新区	阳和工业新区
农作物总播种面积	公顷	403532	27466	1147	197	3857	12139	9121	1005
粮食播种面积	公顷	166483	8335	266		1557	3236	2829	447
公顷产量	公斤/公顷	5154	5216	4876		5	5202	5343	4331
产　　量	吨	858099	43475	1297		8292	16835	15115	1936
夏收播种面积	公顷	78780	4397	184		796	1802	1373	242
公顷产量	公斤/公顷	5268	5940	4913		6	5908	6502	4397
产　　量	吨	415021	26119	904		4578	10646	8927	1064
秋收播种面积	公顷	85435	3753	82		756	1401	1309	205
公顷产量	公斤/公顷	5108	4417	4793		5	4302	4271	4254
产　　量	吨	436442	16578	393		3695	6027	5591	872
稻谷播种面积	公顷	132519	6196	102		1324	2417	2135	218
公顷产量	公斤/公顷	5627	5656	5961		6	5710	5659	5312
产　　量	吨	745716	35047	608		7399	13800	12082	1158
早稻播种面积	公顷	61503	3098	59		643	1280	996	120
公顷产量	公斤/公顷	5700	6574	6475		6	6310	7307	5350
产　　量	吨	350552	20365	382		3986	8077	7278	642
中稻播种面积	公顷	22696	5			5			
公顷产量	公斤/公顷	6181	6000			6			
产　　量	吨	140285	30			30			
晚稻播种面积	公顷	48261	3093	43		676	1137	1139	98
公顷产量	公斤/公顷	5276	4737	5256		5	5033	4218	5265
产　　量	吨	254638	14652	226		3383	5723	4804	516
玉米播种面积	公顷	17283	1763	157		176	644	614	172
公顷产量	公斤/公顷	4432	4348	4312		4	4230	4635	3977
产　　量	吨	76596	7666	677		735	2724	2846	684
豆类播种面积	公顷	5646	206	1		26	82	40	57
公顷产量	公斤/公顷	1538	2180	2000		2	2646	1950	1649
产　　量	吨	8686	449	2		58	217	78	94
#大豆播种面积	公顷	4086	173	1		23	59	33	57
公顷产量	公斤/公顷	1571	2173	2000		2	2729	2000	1649
产　　量	吨	6420	376	2		53	161	66	94
红薯播种面积	公顷	8548	161	6		31	84	40	
公顷产量	公斤/公顷	11311	9155	8333		16	4500	13625	
产　　量	吨	96688	1474	50		501	378	545	
经济作物播种面积	公顷	118030	7588	45		224	3290	3859	170
油料作物播种面积	公顷	15922	1337	34		217	789	202	95
公顷产量	公斤/公顷	2259	2248	2676		2613	1982	2559	2811
产　　量	吨	35964	3006	91		567	1564	517	267
#花生播种面积	公顷	11486	1187	34		217	639	202	95
公顷产量	公斤/公顷	2697	2364	2676		2613	2135	2559	2811
产　　量	吨	30975	2806	91		567	1364	517	267
油菜籽播种面积	公顷	4048	134				134		
公顷产量	公斤/公顷	1117	1403				1403		
产　　量	吨	4523	188				188		

5-25 续表1

指标名称	单位	柳江县	柳城县	鹿寨县	融安县	融水苗族自治县	三江侗族自治县
农作物总播种面积	公顷	88898	89161	81479	44888	44462	27178
粮食播种面积	公顷	34130	32890	32640	20733	23668	14087
公顷产量	公斤/公顷	5194	5280	5264	4888	5070	5007
产量	吨	177264	173666	171820	101343	120004	70527
夏收播种面积	公顷	18200	17665	18711	9695	7765	2347
公顷产量	公斤/公顷	5167	5486	5275	5125	5056	4392
产量	吨	94040	96911	98697	49687	39258	10309
秋收播种面积	公顷	15620	14655	13684	10963	15809	10951
公顷产量	公斤/公顷	5261	5102	5283	4685	5088	5372
产量	吨	82178	74768	72297	51362	80430	58829
稻谷播种面积	公顷	26300	28070	25800	17623	18862	9668
公顷产量	公斤/公顷	5648	5598	5581	5289	5646	6341
产量	吨	148540	157142	143982	93215	106490	61300
早稻播种面积	公顷	12860	15200	14760	8197	6276	1112
公顷产量	公斤/公顷	5739	5790	5571	5404	5588	6106
产量	吨	73804	88006	82224	44295	35068	6790
中稻播种面积	公顷	640	120	650	5693	8059	7529
公顷产量	公斤/公顷	6388	5925	7103	5701	6092	6547
产量	吨	4088	711	4617	32453	49096	49290
晚稻播种面积	公顷	12800	12750	10390	3693	4515	1020
公顷产量	公斤/公顷	5519	5367	5500	4405	4943	5085
产量	吨	70648	68425	57141	16268	22317	5187
玉米播种面积	公顷	4740	2300	3730	1674	1976	1100
公顷产量	公斤/公顷	4823	4495	5243	3450	3159	3776
产量	吨	22862	10339	19558	5775	6242	4154
豆类播种面积	公顷	2080	940	750	309	129	1232
公顷产量	公斤/公顷	1436	1388	1789	2081	1047	1481
产量	吨	2987	1305	1342	643	135	1825
#大豆播种面积	公顷	1700	940	740	296	72	165
公顷产量	公斤/公顷	1415	1388	1789	2108	1375	1739
产量	吨	2405	1305	1324	624	99	287
红薯播种面积	公顷	650	1010	1610	1052	2468	1597
公顷产量	公斤/公顷	13705	14324	13583	6732	13369	6196
产量	吨	8908	14467	21868	7082	32994	9895
经济作物播种面积	公顷	22769	39014	24436	11305	9889	3029
油料作物播种面积	公顷	2010	4021	3676	1928	1730	1220
公顷产量	公斤/公顷	2241	2475	2878	1642	1678	1517
产量	吨	4505	9952	10581	3166	2903	1851
#花生播种面积	公顷	1714	3426	3163	844	605	547
公顷产量	公斤/公顷	2417	2734	3127	2214	2878	2119
产量	吨	4142	9367	9891	1869	1741	1159
油菜籽播种面积	公顷	136	551	382	1061	1125	659
公顷产量	公斤/公顷	1324	980	1387	1172	1033	1032
产量	吨	180	540	530	1243	1162	680

5-25 续表2

指标名称	单位	全市	市区	#城中区	鱼峰区	柳南区	柳北区	柳东新区	阳和工业新区
芝麻播种面积	公顷	153							
公顷产量	公斤/公顷	1150							
产　量	吨	176							
生麻播种面积	公顷	203							
公顷产量	公斤/公顷	2374							
产　量	吨	482							
#生黄红麻播种面积	公顷	203							
公顷产量	公斤/公顷	2374							
产　量	吨	482							
甘蔗播种面积	公顷	88969	6068			1	2335	3657	75
公顷产量	公斤/公顷	74850	76724			75000	110385	55882	45000
产　量	吨	6659350	465559			75	257749	204360	3375
糖蔗播种面积	公顷	87894	6066			1	2333	3657	75
公顷产量	公斤/公顷	74564	76698			75000	110346	55882	45000
产　量	吨	6553746	465248			75	257438	204360	3375
果蔗播种面积	公顷	1075	2				2		
公顷产量	公斤/公顷	98236	155500				155500		
产　量	吨	105604	311				311		
烟叶播种面积	公顷	113							
公顷产量	公斤/公顷	973							
产　量	吨	110							
#晒烟播种面积	公顷	113							
公顷产量	公斤/公顷	973							
产　量	吨	110							
药材播种面积	公顷	9055	141			5	136		
木薯播种面积	公顷	2143	36	11		1	24		
公顷产量	公斤/公顷	5980	3056	5545		5000	1833		
产　量	吨	12815	110	61		5	44		
红瓜子播种面积	公顷	1082	6				6		
公顷产量	公斤/公顷	1466	1333				1333		
产　量	吨	1586	8				8		
其他农作物播种面积	公顷	119019	11543	836	197	2076	5613	2433	388
蔬菜播种面积	公顷	101445	10571	831	187	1989	4987	2189	388
产　量	吨	2168131	276521	10705	3633	44260	169239	47122	1562
食用菌播种面积	公顷	1890	62	5		2	55		
产　量	吨	82466	3584	145		114	3325		
瓜果类	公顷	4424	582		10	11	320	241	
产　量	吨	121386	14184		80	299	9323	4482	
青饲料	公顷	4403	105			54	48	3	
饲草	公顷	2687	23				23		
绿肥	公顷	3038	55			15	40		
马蹄	公顷	975	140				140		

5-25 续表3

指标名称	单位	柳江县	柳城县	鹿寨县	融安县	融水苗族自治县	三江侗族自治县
芝麻播种面积	公顷		44	94	1		14
公顷产量	公斤/公顷		1023	1181			857
产量	吨	8	45	111			12
生麻播种面积	公顷		88	115			
公顷产量	公斤/公顷		1898	2739			
产量	吨		167	315			
#生黄红麻播种面积	公顷		88	115			
公顷产量	公斤/公顷		1898	2739			
产量	吨		167	315			
甘蔗播种面积	公顷	20145	34201	16010	6667	5781	97
公顷产量	公斤/公顷	79882	80664	64685	58270	68142	79887
产量	吨	1609227	2758799	1035599	388488	393929	7749
糖蔗播种面积	公顷	19586	34095	15802	6575	5681	89
公顷产量	公斤/公顷	79190	80598	64274	58173	67560	84562
产量	吨	1551022	2747998	1015658	382487	383807	7526
果蔗播种面积	公顷	559	106	208	92	100	8
公顷产量	公斤/公顷	104123	101896	95870	65228	101220	27875
产量	吨	58205	10801	19941	6001	10122	223
烟叶播种面积	公顷				9	104	
公顷产量	公斤/公顷				778	990	
产量	吨				7	103	
#晒烟播种面积	公顷				9	104	
公顷产量	公斤/公顷				778	990	
产量	吨				7	103	
药材播种面积	公顷		480	4102	2340	1104	888
木薯播种面积	公顷	232		42	333	1170	330
公顷产量	公斤/公顷	10151		4524	6532	5132	6000
产量	吨	2355		190	2175	6005	1980
红瓜子播种面积	公顷	371	210	485			10
公顷产量	公斤/公顷	1011	2757	1163			6000
产量	吨	375	579	564			60
其他农作物播种面积	公顷	31999	17257	24403	12850	10905	10062
蔬菜播种面积	公顷	31086	12705	20371	10894	9645	6173
产量	吨	826179	265298	404973	182220	145757	67183
食用菌播种面积	公顷	173	1135	26	80	186	228
产量	吨	7643	67407	165	1123	1599	945
瓜果类	公顷	262	1424	1290	355	190	321
产量	吨	5592	48169	41174	3825	3713	4729
青饲料	公顷	28	706	1403	417	550	1194
饲草	公顷	190	962	485	283		744
绿肥	公顷	202	196	216	785	334	1250
马蹄	公顷	58	129	612	36		

5-26 茶叶、水果、食用坚果及桑园生产

（2016年）

指标名称	单位	全市	市区	#城中区	鱼峰区	柳南区	柳北区	柳东新区	阳和工业新区
茶叶合计	吨	13399							
绿茶	吨	4379							
红茶	吨	8994							
其它茶	吨	26							
园林水果合计	吨	876602	48323	657	20	3318	34963	9121	244
梨	吨	17088	181			80	101		
#雪花梨	吨	145							
鸭梨	吨	342							
柑橘类水果	吨	624126	33267	395		468	23811	8593	
#柑	吨	423723	25188	370		380	20720	3718	
橘	吨	142249	6135				1527	4608	
橙	吨	21836	1720			80	1380	260	
柚	吨	35740	165	25		8	125	7	
热带水果	吨	30932	3494	173		887	1919	381	134
#香蕉	吨	226	226				208	3	15
荔枝	吨	885	92	23		3	16	50	
龙眼	吨	9298	1322	95		300	582	320	25
芒果	吨	51	41	2		20	19		
火龙果	吨								
百香果	吨	12125	1409			530	879		
其他蕉	吨	7488	320	53		34	215	8	10
其他水果	吨	204456	11381	89	20	1883	9132	147	110
#桃	吨	21927	258	10		78	145	25	
猕猴桃	吨	15							
葡萄	吨	79485	7810		20	900	6812	53	25
红枣(按鲜枣计算)	吨	1094	113			5	108		
柿子(按鲜柿计算)	吨	27045	671	4		30	602		35
李子	吨	14865	106	7		10	89		
其他	吨	60025	2423	68		860	1376	69	50
食用坚果	吨	3141	73				73		
#板　栗	吨	3034	46				46		
白　果	吨	107	27				27		
年末实有茶园面积	公顷	13679							
#当年采摘面积	公顷	11595							
年末实有桑园面积	公顷	32821	210				210		
年末果园面积	公顷	67640	2758	176	10	404	1889	256	23
梨　园	公顷	1518	17	1		7	9		
柑橘园(含金橘)	公顷	40515	1017	22		55	787	153	
橙　园	公顷	1980	75			10	55	10	
柚子园	公顷	2535	41	30		3	6	2	
蕉　园	公顷	502	131	77		14	31	5	4
#香蕉园	公顷	27	27				24	3	
荔枝园	公顷	58	4	1			2		1
龙眼园	公顷	731	104	40		35	8	16	5
芒果园	公顷	155	4	1		3			
桃　园	公顷	2231	18	1		7	3	7	
猕猴桃园	公顷	2							
葡萄园	公顷	5241	864		10	138	704	9	3
枣　园	公顷	124	6			2	4		
柿子园	公顷	1327	25	2		16	7		
李子园	公顷	857	6	1		2	3		
火龙果园	公顷	2							
百香果园	公顷	625	50			40	10		
其他果园	公顷	9237	396			72	260	54	10

5-26 续表

指 标 名 称	单 位	柳江县	柳城县	鹿寨县	融安县	融水苗族自治县	三江侗族自治县
茶叶合计	吨		210	86	57	635	12411
绿茶	吨		144	74	31	310	3820
红茶	吨		66	12		325	8591
其它茶	吨				26		
园林水果合计	吨	123029	356981	142408	138066	55030	12765
梨	吨	12658	411	1926	686	956	270
#雪花梨	吨		145				
鸭梨	吨		92				250
柑橘类水果	吨	18831	312060	74655	129325	46417	9571
#柑	吨	12751	306126	41776	5929	27787	4166
橘	吨	3049		15447	117488	90	40
橙	吨	910	5551	8017	2041	2140	1457
柚	吨	1602	383	9415	3867	16400	3908
热带水果	吨	15082	4107	5322	2707	125	95
#香蕉	吨						
荔枝	吨	171	393	229			
龙眼	吨	3275	661	4040			
芒果	吨			10			
火龙果	吨						
百香果	吨	7581	515		2525		95
其他蕉	吨	4055	2538	268	182	125	
其他水果	吨	76458	40403	60505	5348	7532	2829
#桃	吨	3132	4926	11882	699	690	340
猕猴桃	吨						15
葡萄	吨	48354	17727	2633	2405	172	384
红枣(按鲜枣计算)	吨	297	69	340	87	20	168
柿子(按鲜柿计算)	吨	4955	6012	13538	339	1000	530
李子	吨	4401	1743	7291	499	584	241
其他	吨	15319	9926	24821	1319	5066	1151
食用坚果	吨	261	8	683	1347	295	474
#板 栗	吨	261	8	612	1347	295	465
白 果	吨			71			9
年末实有茶园面积	公顷		371	226	60	2400	10622
#当年采摘面积	公顷		369	226	55	1533	9412
年末实有桑园面积	公顷	6947	9880	11855	1791	2138	
年末果园面积	公顷	8294	20205	18337	11621	3738	2687
梨 园	公顷	804	139	322	63	83	90
柑橘园(含金橘)	公顷	1830	16463	7835	10456	2025	889
橙 园	公顷	104	419	601	189	125	467
柚子园	公顷	152	12	649	265	836	580
蕉 园	公顷	184	152	20	11	4	
#香蕉园	公顷						
荔枝园	公顷	4	23	27			
龙眼园	公顷	183	73	371			
芒果园	公顷		150	1			
桃 园	公顷	171	349	1420	59	128	86
猕猴桃园	公顷						2
葡萄园	公顷	2650	926	426	262	25	88
枣 园	公顷	23	4	35	9	7	40
柿子园	公顷	299	273	562	35	43	90
李子园	公顷	125	141	461	54	45	25
火龙果园	公顷		2				
百香果园	公顷	390	86		93		6
其他果园	公顷	1375	993	5607	125	417	324

5-27 蔬菜播种面积

（2016年） 单位:公顷

指 标 名 称	全市	市区	#城中区	鱼峰区	柳南区	柳北区	柳东新区	阳和工业新区
蔬菜合计	101445	10571	831	187	1989	4987	2189	388
叶菜类	24260	2762	384	134	652	801	613	178
#芹菜	2062	145			39	99		7
菜心菜	6858	1171	294		244	354	113	166
菠菜	1927	136			18	118		
白菜类	20860	1444	116	53	192	744	271	68
#大白菜	12159	805	94		89	484	70	68
甘蓝类	513	106	2		22	82		
#卷心菜(结球甘蓝)	334	70			13	57		
根茎类	9597	1296	14		23	1058	179	22
#白萝卜	6147	914	12		17	857	15	13
胡萝卜	269	3				3		
生姜	1952	37	1			30		6
榨菜头	118							
瓜菜类	6763	806	66		51	589	47	53
#黄瓜	3241	303			30	240	1	32
南瓜	1130	118	44		18	53		3
冬瓜	553	44			3	41		
豆类	10906	1269	69		59	397	706	38
#豆角	6922	249	12		46	161		30
四季豆	1724	99			13	82		4
茄果类	9540	977	64		78	457	349	29
#茄子	1885	145			27	102		16
辣椒	4312	263	61		28	169	1	4
西红柿	2292	148			23	115	1	9
葱蒜类	6918	867	5		544	306	12	
#大葱	726	64			1	56	7	
蒜头	1514	63	1		5	52	5	
水生菜类	7299	338	1		108	229		
#莲藕	5180	159			29	130		
其他蔬菜	4789	706	110		260	324	12	

5-27 续表

单位:公顷

指标名称	柳江县	柳城县	鹿寨县	融安县	融水苗族自治县	三江侗族自治县
蔬菜合计	31086	12705	20371	10894	9645	6173
叶菜类	7569	2591	3376	2751	4499	712
#芹菜	800	272	432	150		263
菜心菜	2454	770	1283	963		217
菠菜	498	330	380	366		217
白菜类	6134	3683	3682	2638	2652	627
#大白菜	4543	2490	1536	2193		592
甘蓝类	23	162		130		92
#卷心菜(结球甘蓝)	8	111		106		39
根茎类	3379	1350	1087	1508	239	738
#白萝卜	1729	802	897	1132	136	537
胡萝卜		45	35	150		36
生姜	1262	155	107	125	103	163
榨菜头		73	43			2
瓜菜类	1730	889	1175	756	285	1122
#黄瓜	483	497	650	557	175	576
南瓜	279	65	212	151	10	295
冬瓜	136	9	65	48		251
豆类	1990	1062	4350	1047	286	902
#豆角	1127	331	3686	827	206	496
四季豆	391	229	398	121	80	406
茄果类	1844	810	3204	1511	278	916
#茄子	345	172	473	381	92	277
辣椒	744	221	1981	553	89	461
西红柿	755	227	310	577	97	178
葱蒜类	3219	464	623	214	1230	301
#大葱		181	298	72		111
蒜头	711	117	308	129		186
水生菜类	4523	688	1637	81		32
#莲藕	3212	361	1335	81		32
其他蔬菜	675	1006	1237	258	176	731

5-28 蔬菜产量

（2016年）

指标名称	全市	市区	#城中区	鱼峰区	柳南区	柳北区	柳东新区	阳和工业新区
蔬菜合计	2168131	276521	10705	3633	44260	169239	47122	1562
叶菜类	471452	50136	4575	2998	12476	22129	7383	575
#芹菜	38091	6194			878	5287		29
菜心菜	117848	18361	3585		4411	7811	2024	530
菠菜	32868	3890			305	3585		
白菜类	490379	41009	1500	635	3873	29601	5106	294
#大白菜	320116	28659	1223		1909	23342	1891	294
甘蓝类	10494	3033	15		458	2560		
#卷心菜(结球甘蓝)	6802	2121			321	1800		
根茎类	228639	41588	191		518	37089	3535	255
#白萝卜	148533	34063	173		415	32766	559	150
胡萝卜	6113	277				277		
生姜	50133	525	8			447		70
榨菜头	1811							
瓜菜类	154607	24415	788		1157	20800	1505	165
#黄瓜	65647	9994			657	9141	95	101
南瓜	24512	3421	513		418	2481		9
冬瓜	13970	2270			82	2188		
豆类	182983	33761	725		1439	12386	19065	146
#豆角	110259	6558	130		1116	5208		104
四季豆	25269	3163			323	2825		15
茄果类	191864	26020	1305		1877	13229	9482	127
#茄子	36098	4035			663	3305		67
辣椒	70039	6300	1250		674	4275	85	16
西红柿	51425	4325			540	3616	125	44
葱蒜类	129095	22199	80		14552	7396	171	
#大葱	12363	1728			25	1609	94	
蒜头	24779	1937	17		125	1718	77	
水生菜类	189814	11847	15		2554	9278		
#莲藕	144193	5597			856	4741		
其他蔬菜	118804	22513	1511		5356	14771	875	

5-28 续表

单位:吨

指标名称	柳江县	柳城县	鹿寨县	融安县	融水苗族自治县	三江侗族自治县
蔬菜合计	826179	265298	404973	182220	145757	67183
叶菜类	176450	52692	81645	35045	68196	7288
#芹菜	10812	7216	8688	2377		2804
菜心菜	51551	11926	22913	11746		1351
菠菜	9520	4804	6975	4772		2907
白菜类	224745	48989	72026	54417	40915	8278
#大白菜	183369	32591	30443	37335		7719
甘蓝类	445	3771		2173		1072
#卷心菜(结球甘蓝)	215	2164		1814		488
根茎类	103106	18255	22487	31322	3489	8392
#白萝卜	52990	12216	18597	22768	2312	5587
胡萝卜		721	695	4010		410
生姜	38281	2253	2252	3270	1177	2375
榨菜头		922	871			18
瓜菜类	48086	25519	22682	15260	4124	14521
#黄瓜	13275	8809	12270	12444	2658	6197
南瓜	10068	1140	3777	2258	152	3696
冬瓜	5134	222	1158	558		4628
豆类	31061	20630	73735	12350	4343	7103
#豆角	17537	6878	61224	11132	3127	3803
四季豆	6534	3215	6623	1218	1216	3300
茄果类	39116	25760	66404	21330	4221	9013
#茄子	9536	3383	10403	4956	1398	2387
辣椒	12835	3625	35891	5116	1352	4920
西红柿	16745	5500	10420	11258	1471	1706
葱蒜类	59355	10691	12911	3303	18218	2418
#大葱		2641	6288	813		893
蒜头	10186	2551	6550	2055		1500
水生菜类	126184	14336	35289	1677		481
#莲藕	104198	5860	26380	1677		481
其他蔬菜	17631	44655	17794	5343	2251	8617

5-29 林业生产

（2016年）

指标名称	单位	全市	市区	#城中区	鱼峰区	柳南区	柳北区	柳东新区	阳和工业新区
营林情况									
荒山荒地造林面积	公顷	4590	100				100		
#人工造林	公顷	4576	100				100		
#用材林	公顷	3012	100				100		
#速丰林	公顷	1910	80				80		
经济林	公顷	1170							
防护林	公顷	408							
有林地造林面积	公顷	313							
更新造林（迹地更新）	公顷	7141	543	278		67	54	71	73
低产低效林改造面积	公顷	983							
四旁（零星）植树	万株	481.23	35.03		10.03	20	5		
年末实有封山（沙）育林面积	公顷	2669							
未成林抚育作业面积	公顷	160900	1988	1971			17		
未成林抚育实际面积	公顷	64429	2005	1971			34		
成林抚育面积	公顷	226742	4731	1659		133	2672	134	133
抚育改造出材量	立方米	7807							
林木种子采集量	吨	1							
当年苗木产量	万株	10473	1530	180			1350		
育苗面积	公顷	635	104	10			94		
年末实有母树林面积	公顷	100							
年末实有种子园面积	公顷	767							
主要林产品产量（包括农户自用）									
油桐籽（籽:油=4:1）	吨	1991							
油茶籽（籽:油=5:1）	吨	27793	159	15			144		
棕　片	吨	49							
松　脂	吨	6691	1535	600		350	585		
竹笋干（鲜笋按1/3折干）	吨	4423	1048			460	588		
八　角	吨	2230							
桂　皮	吨								
全社会竹木采伐量									
1.全社会木材采伐	立方米	239.7	35.4	11.65		1.82	8.61	12.26	1.06
原　木	立方米	239.37	35.07	11.65		1.49	8.61	12.26	1.06
#桉木	立方米	168.65	33.5	11.65		1.42	7.76	11.86	0.81
其中：村及村以下木材采伐	立方米	191.93	19.64			1.82	7.25	9.51	1.06
原　木	立方米	191.6	19.31			1.49	7.25	9.51	1.06
#桉木	立方米	130.21	18.2			1.42	6.86	9.11	0.81
2.全社会竹材采伐									
毛竹	万根	1396							
篙竹	万根	2064.05	40	30			10		
大杂竹	万根	1770	58			48	10		
小杂竹	吨	49528	14195	195		4000	10000		

5–29　续表

指　标　名　称	单　位	柳江县	柳城县	鹿寨县	融安县	融水苗族自治县	三江侗族自治县
营林情况							
荒山荒地造林面积	公顷	284	418	1578	920	1276	14
#人工造林	公顷	284	418	1578	920	1276	
#用材林	公顷	18	273	1066	459	1082	14
#速丰林	公顷		268	1066	459	37	
经济林	公顷	266	145	512	66	181	
防护林	公顷				395	13	
有林地造林面积	公顷				313		
更新造林(迹地更新)	公顷	113	64	3339	1241	1005	836
低产低效林改造面积	公顷	0				114	869
四旁(零星)植树	万株	108	102	53.2	82	70	31
年末实有封山(沙)育林面积	公顷	44		149	2476		
未成林抚育作业面积	公顷	53283	52132	28	20100	20500	12869
未成林抚育实际面积	公顷	17761	8033	14	20100	10082	6434
成林抚育面积	公顷	44295	65270	13540		55000	43906
抚育改造出材量	立方米				6922	866	19
林木种子采集量	吨				1		
当年苗木产量	万株	1232	247	1534	3399	915	1616
育苗面积	公顷	170	197	57	72	23	12
年末实有母树林面积	公顷				100		
年末实有种子园面积	公顷			403	364		
主要林产品产量(包括农户自用)							
油桐籽(籽:油=4：1)	吨	314	3	421	347	731	175
油茶籽(籽:油=5：1)	吨	642		2249	3779	5764	15200
棕　片	吨					49	
松　脂	吨	112	207	3845	667	308	17
竹笋干(鲜笋按1/3折干)	吨	350	3	502	200	1985	335
八　角	吨	12		22	810	1136	250
桂　皮	吨						
全社会竹木采伐量							
1.全社会木材采伐	立方米	23.83	27.92	79.95	32.38	30.29	9.93
原　木	立方米	23.83	27.92	79.95	32.38	30.29	9.93
#桉木	立方米	23.06	27.07	71.45	11.15	2.42	
其中:村及村以下木材采伐	立方米	19.99	26.76	63.7	31.15	22.55	8.14
原　木	立方米	19.99	26.76	63.7	31.15	22.55	8.14
#桉木	立方米	19.74	25.92	55.2	11.15		
2.全社会竹材采伐							
毛竹	万根			26	291	529	550
篙竹	万根	656	901.05	136	158	118	55
大杂竹	万根	282	750	74	130	346	130
小杂竹	吨	3645	6711	4923	11474	6955	1625

5-30 主要牲畜年末存栏

（2016年）

指标名称	单位	全市	市区	#城中区	鱼峰区	柳南区	柳北区	柳东新区	阳和工业新区
大牲畜	万头	38.17	0.74	0.01	0.05	0.08	0.42	0.1	0.08
#役用畜	万头	21.54	0.01	0.01					
牛	万头	36.51	0.74	0.01	0.05	0.08	0.42	0.1	0.08
#肉牛	万头	30.78	0.38	0.01		0.07	0.3		
奶牛	万头	0.28	0.13			0.01	0.12		
马	万匹	1.66							
猪	万头	135.02	17.76	1.33	0.24	2.92	10.69	2.43	0.15
#能繁殖母猪	万头	12.88	2.5	0.2	0.04	0.35	1.65	0.22	0.04
山羊	万只	22.32	0.55			0.35	0.11		0.09
家禽	万只	1396.6	306.6	22	1.76	92.06	158.65	10.13	22
#鸡	万只	867.27	237.38	3.5	0.03	91.1	125.34	7.81	9.6
鸭	万只	504.33	52.12	18.5	1.73	0.82	31.07		
鹅	万只	10.28	2.38			0.14	2.24		

5-30 续表

指标名称	单位	柳江县	柳城县	鹿寨县	融安县	融水苗族自治县	三江侗族自治县
大牲畜	万头	8.71	8.22	5.51	4.11	4.58	6.3
#役用畜	万头	5.49	6.31	5.3		2.21	2.22
牛	万头	8.47	8.21	5.5	3.32	4.1	6.17
#肉牛	万头	3.23	8.21	5.37	3.32	4.1	6.17
奶牛	万头	0.02		0.13			
马	万匹	0.24	0.01	0.01	0.79	0.48	0.13
猪	万头	26.71	27.12	22.04	9.89	20.3	11.2
#能繁殖母猪	万头	2.94	3.15	1.81	0.79	1.25	0.44
山羊	万只	6.04	2.87	5.72	3.98	2.71	0.45
家禽	万只	176.31	168.45	232.93	119.46	285.45	107.4
#鸡	万只	113.61	106.81	99.6	105.23	131.35	73.29
鸭	万只	61.54	60.04	131.23	13.71	154.1	31.59
鹅	万只	1.16	1.6	2.1	0.52		2.52

5-31 主要牲畜全年出栏

（2016年）

指标名称	单位	全市	市区	#城中区	鱼峰区	柳南区	柳北区	柳东新区	阳和工业新区
猪	万头	176.91	16.86	1.35	0.26	3.68	9.28	1.90	0.39
牛	万头	24.16	0.54			0.13	0.16	0.12	0.13
山羊	万只	34.11	0.66			0.29	0.16		0.21
家禽	万只	3415.87	666.2	96.98	11.56	96.93	392.86	16.47	51.4
#鸡	万只	2249.81	440.85	8.50	0.34	77.41	332.75	9.25	12.6
鸭	万只	1102.26	174.76	88.48	11.22	17.95	57.11		
鹅	万只	17.78	4.57			1.57	3		
家兔	万只	76.47	1.06			0.06	1		
肉狗	万只	28.40	0.23			0.23			
肉鸽	万只	7.29	4.2			4.20			
鹌鹑	万只	24.90	15				15		

5-31 续表

指标名称	单位	柳江县	柳城县	鹿寨县	融安县	融水苗族自治县	三江侗族自治县
猪	万头	41.08	42.62	28.01	15.01	20.71	12.62
牛	万头	6.55	5.01	2.59	2.38	3.47	3.62
山羊	万只	13.04	4.15	7.02	5.39	3.36	0.49
家禽	万只	607.54	428.14	371.7	394.53	646.03	301.73
#鸡	万只	399.24	349.35	142.48	336.51	400.12	181.26
鸭	万只	206.28	76.50	225.62	57.14	245.91	116.05
鹅	万只	2.02	2.29	3.6	0.88		4.42
兔	万只	21.02	4.00	24.9	10.63	7.73	7.13
肉狗	万只	7.01	8.91	3.62	2.37	2.83	3.43
肉鸽	万只	3		0.09			
鹌鹑	万只	9.81		0.09			

5-32 牧业主要产品产量

（2016年） 单位：吨

指标名称	全市	市区	#城中区	鱼峰区	柳南区	柳北区	柳东新区	阳和工业新区
肉类总产量	224699	25241	2792	370	4839	14257	1892	1091
#猪肉	134064	12881	1031	186	2880	7081	1432	271
牛肉	21899	439	8		134	146	129	22
羊肉	5738	90			40	33		17
禽肉	57139	11496	1753	184	1745	6717	331	766
#鸡肉	34353	6614	109	4	1013	5187	181	120
鸭肉	21661	4320	1644	180	585	1115	150	646
鹅肉	1125	562			147	415		
兔肉	1505	36			2	34		
狗肉	2990	12			12			
鸽肉	51	4			4			
鹌鹑肉	176	18				18		
其他肉产量	1087	265			22	228		15
禽蛋产量	18051	12070			9239	2819		12
奶类产量	6732	5353	255	1820	195	2721	362	
#牛奶产量	6732	5353	255	1820	195	2721	362	
天然蜂蜜产量	436	20				20		
蚕茧产量	52377	412				412		

5-32 续表 单位：吨

指标名称	柳江县	柳城县	鹿寨县	融安县	融水苗族自治县	三江侗族自治县
肉类总产量	51755	45501	32223	21724	29172	19083
#猪肉	31114	32111	21166	11313	15718	9761
牛肉	6272	4452	2347	2150	2951	3288
羊肉	2213	627	1401	824	504	79
禽肉	10408	7235	6260	6576	9671	5493
#鸡肉	6670	5168	2226	5431	5122	3122
鸭肉	3678	1911	3924	1123	4549	2156
鹅肉	60	156	110	22		215
兔肉	419	103	505	219	116	107
狗肉	792	599	524	592	212	259
鸽肉	46		1			
鹌鹑肉	157		1			
其他肉产量	334	374	18			96
禽蛋产量	786	1682	1561	838	288	826
奶类产量	572	19	788			
#牛奶产量	572	19	788			
天然蜂蜜产量	50		261	62	27	16
蚕茧产量	10766	18238	18245	3270	1446	

5-33 渔业生产

（2016年）

指 标 名 称	单 位	全 市	市 区	#城中区	鱼峰区	柳南区	柳北区	柳东新区	阳和工业新区
水产品总产量	吨	79704	12545	322	340	1367	10333	155	28
淡水产品产量	吨	79704	12545	322	340	1367	10333	155	28
淡水捕捞	吨	4937	125	40			85		
鱼 类	吨	4151	99	36			63		
虾蟹类	吨	241	11	1			10		
贝 类	吨	494	10	2			8		
其他类	吨	51	5	1			4		
淡水养殖	吨	74767	12420	282	340	1367	10248	155	28
鱼 类	吨	72644	12171	282	340	1307	10059	155	28
虾蟹类	吨	210	61			17	44		
贝 类	吨	391	63			13	50		
其他类	吨	1522	125			30	95		
淡水养殖面积	公顷	7885	798	11	23	128	563	71	2
池塘养殖	公顷	3285	421	11	22	62	302	22	2
河沟养殖	公顷	62	1				1		
山塘水库养殖	公顷	4421	373		1	63	260	49	
其他养殖	公顷	117	3			3			
补充资料:稻田养鱼面积	公顷	9841							

5-33 续表

指 标 名 称	单 位	柳江县	柳城县	鹿寨县	融安县	融水苗族自治县	三江侗族自治县
水产品总产量	吨	17505	19173	10519	7120	8712	4130
淡水产品产量	吨	17505	19173	10519	7120	8712	4130
淡水捕捞	吨	396	250	2025	1282	633	226
鱼 类	吨	328	245	1475	1267	511	226
虾蟹类	吨	63	5	145	4	13	
贝 类	吨	3		405	10	66	
其他类	吨	2			1	43	
淡水养殖	吨	17109	18923	8494	5838	8079	3904
鱼 类	吨	16230	18533	8231	5701	7941	3837
虾蟹类	吨	52	5	50	15	27	
贝 类	吨	7	119	55	82	65	
其他类	吨	820	266	158	40	46	67
淡水养殖面积	公顷	1487	2385	1460	881	646	228
池塘养殖	公顷	525	923	520	308	396	192
河沟养殖	公顷	6	38	4	6	6	1
山塘水库养殖	公顷	907	1373	930	564	241	33
其他养殖	公顷	49	51	6	3	3	2
补充资料:稻田养鱼面积	公顷				6	4862	4973

5-34 农业机械化

（2016年）

指标名称	单位	全市	市区
农业机械总动力	千瓦	2337059	183837
柴油发动机动力	千瓦	1933158	146604
汽油发动机动力	千瓦	121041	6969
电动机动力	千瓦	272828	24819
其他机械动力	千瓦	10032	5445
主要农业机械与设备			
大中型拖拉机	台	6008	466
小型拖拉机	台	29677	1572
大中型拖拉机配套农具	部	6402	770
小型拖拉机配套农具	部	72363	1965
农用排灌电动机	台	9776	546
农用排灌柴油机	台	38901	4668
农用排灌其他动力机械	台	1647	589
联合收割机	台	3745	194
机动脱粒机	台	61373	4017
农用运输车	台	3122	400
养殖渔船	艘	167	99
捕捞渔船	艘	657	50
农用水泵	台	44770	4291
节水灌溉机械	套	6762	144
农机作业情况			
机耕面积	公顷	307386	10437
机播面积	公顷	52266	2538
机收面积	公顷	165593	28400

5-34 续表

指标名称	单位	柳江县	柳城县	鹿寨县	融安县	融水苗族自治县	三江侗族自治县
农业机械总动力	千瓦	441539	478549	466798	248706	286732	230898
柴油发动机动力	千瓦	398110	449006	423468	206390	156735	152845
汽油发动机动力	千瓦	2325	2959	2495	12569	77455	16269
电动机动力	千瓦	40123	25819	40779	29747	50429	61112
其他机械动力	千瓦	981	765	56		2113	672
主要农业机械与设备							
大中型拖拉机	台	1748	1045	1476	826	446	1
小型拖拉机	台	5154	4249	13206	2786	2289	421
大中型拖拉机配套农具	部	1991	1157	702	1605	173	4
小型拖拉机配套农具	部	6524	7771	12043	3005	11776	29279
农用排灌电动机	台	1344	1036	4192	1144	301	1213
农用排灌柴油机	台	4962	5931	15971	3458	3042	869
农用排灌其他动力机械	台	214	224		324	292	4
联合收割机	台	626	913	1332	422	220	38
机动脱粒机	台	7824	15788	15036	3475	11117	4116
农用运输车	台	344	722	605	353	198	500
养殖渔船	艘		48			20	
捕捞渔船	艘		55	298	107	20	127
农用水泵	台	5493	7191	18904	4425	3646	820
节水灌溉机械	套	5493	620		466		39
农机作业情况							
机耕面积	公顷	85220	64103	71742	24288	31096	20500
机播面积	公顷	13933	20339	10476	1564	916	2500
机收面积	公顷	27983	40191	29335	16204	15780	7700

5-35 农村能源、物资消耗及农田水利情况

（2016年）

指标名称	单位	全市	市区	#城中区	鱼峰区	柳南区	柳北区	柳东新区	阳和工业新区
农业主要能源									
乡镇办水电站	个	14							
装机容量	千瓦	13476							
发电量	千瓦小时	41010000							
村和村民小组办水电站	个	12	1					1	
装机容量	千瓦	2082							
发电量	千瓦小时	6481619	119					59	60
农村用电量	万千瓦小时	89370	36274	215		1447	2060	552	32000
农用化肥施用量									
按实物量计算	吨	630265	67872	288	42	3100	18510	45332	600
氮肥	吨	181895	20255	71		890	4381	14713	200
磷肥	吨	120423	11835	25		565	2217	8878	150
钾肥	吨	102190	11217	21		545	3330	7221	100
复合肥	吨	225757	24565	171	42	1100	8582	14520	150
按折纯法计算	吨	191616	18734	116	4	983	6089	11342	200
氮肥	吨	45242	4409	32		235	1333	2759	50
磷肥	吨	17017	1468	5		95	367	951	50
钾肥	吨	48670	4783	11		245	1357	3120	50
复合肥	吨	80687	8074	68	4	408	3032	4512	50
农用塑料薄膜使用量	吨	1921	246	7		26	160	38	15
#地膜使用量	吨	1255	216	6		23	146	31	10
地膜覆盖面积	公顷	21199	3060	86		30	1887	985	72
农用柴油使用量	吨	17279	1514	42		71	996	315	90
农药使用量（按实物量计算）	吨	7419	1468	4	1	37	151	1273	2
农田水利建设情况									
有效灌溉面积	公顷	112092	4730	190	3	1347	2434	556	200
旱涝保收面积	公顷	81210	4137		3	705	1625	1654	150
机电排灌面积	公顷	16837	1724	210	3	300	940	241	30
机电井	眼	3705	42	5		22	13	2	

5-35 续表

指标名称	单位	柳江县	柳城县	鹿寨县	融安县	融水苗族自治县	三江侗族自治县
水电建设							
乡(镇)办水电站	个	1	2		2	9	
装机容量	千瓦	600	956		900	11020	
发电量	千瓦小时		2300000		1800000	36910000	
村和村民小组办水电站	个				2	9	
装机容量	千瓦				310	1772	
发电量	千瓦小时				751500	5730000	
农村用电量	万千瓦小时	18281	9181	7246	4236	6490	7662
农用化肥施用量							
按实物量计算	吨	104210	181390	114817	72585	68938	20453
氮肥	吨	31905	57976	35380	17195	14052	5132
磷肥	吨	21862	38963	18910	12648	12585	3620
钾肥	吨	16743	38865	16745	9802	7500	1318
复合肥	吨	33700	45586	43782	32940	34801	10383
按折纯法计算	吨	33469	57218	33845	22899	19521	5930
氮肥	吨	9865	15072	7836	3610	2808	1642
磷肥	吨	3368	5336	2572	2221	1509	543
钾肥	吨	8132	19040	8047	4664	3372	632
复合肥	吨	12104	17770	15390	12404	11832	3113
农用塑料薄膜使用量	吨	241	303	301	569	83	178
#地膜使用量	吨	207	263	189	303	25	52
地膜覆盖面积	公顷	4336	5761	5176	2087	11	768
农用柴油使用量	吨	6031	2990	2566	2952	282	944
农药使用量(按实物量计算)	吨	2640	1241	581	720	260	509
灌溉情况							
有效灌溉面积	公顷	24760	20770	19325	17627	13690	11190
旱涝保收面积	公顷	14912	15701	13360	14589	11089	7422
机电排灌面积	公顷	840	4107	5347	2351	2208	260
机电井	眼	2118	559	58	928		

工　业　6

6-1 全市主要年份工业总产值

（按当年价格计算） 单位:万元

年 份	全部工业总产值	轻 工 业	重 工 业
1978	136997	57425	79572
1979	152033	67452	84581
1980	168701	84910	83791
1981	187464	109746	77718
1982	209010	123163	85847
1983	226472	129560	96912
1984	262851	141747	121104
1985	355692	163387	192305
1986	412518	180653	231865
1987	516286	231564	284722
1988	664057	319364	344693
1989	792060	369577	422483
1990	824869	390534	434335
1991	956670	414707	541963
1992	1273284	491927	781357
1993	2003126	615306	1387820
1994	2554145	788154	1765991
1995(旧口径)	3069320	1096126	1973194
1995(新口径)	2665127	931714	1733413
1996	2570572	923732	1646840
1997	2750692	964328	1786364
1998	2892219	963388	1928831
1999	3002125	965195	2036930
2000	3283229	1010347	2272882
2001	3683987	1076703	2607284
2002	4178409	1160373	3018036
2003	5006187	1168493	3837694
2004	7351643	1624850	5726793
2005	8464482	1792235	6672247
2006	10873420	2145479	8727941
2007	13909275	2689016	11220259
2008	17502118	3198993	14303125
2009	20151857	3039541	17112316
2010	26537584	3533509	23004075
2011	31519795	4276739	27243056
2012	36217838	4777286	31440552
2013	40248805	4743640	35505165
2014	44351238	5031656	39319582
2015	45461950	5188056	40273895
2016	48074788	5329152	42745636

6-2 全市主要年份工业总产值发展速度

（按可比价计算,上年=100）　　单位:%

年　份	全部工业总产值	轻 工 业	重 工 业
1978	114.74	115.41	114.24
1979	111.67	119.86	105.54
1980	115.29	134.19	99.20
1981	110.40	123.00	95.89
1982	113.08	114.89	110.44
1983	110.08	108.53	112.43
1984	111.76	108.63	116.33
1985	127.85	113.97	146.86
1986	110.28	106.62	114.16
1987	118.37	120.11	116.63
1988	115.05	118.35	111.67
1989	104.72	104.68	104.76
1990	103.97	106.06	101.71
1991	111.73	103.80	119.44
1992	126.96	119.61	133.17
1993	130.24	115.67	141.30
1994	119.90	112.31	124.62
1995(旧口径)	118.79	122.21	116.88
1995(新口径)			
1996	98.86	97.60	99.58
1997	107.08	105.35	108.04
1998	108.69	101.69	112.48
1999	108.06	107.07	108.55
2000	110.14	100.59	114.75
2001	113.30	103.36	117.52
2002	119.86	112.98	122.42
2003	118.14	104.67	122.78
2004	146.85	139.06	149.22
2005	115.14	110.30	116.51
2006	128.46	119.71	130.81
2007	127.92	125.33	128.56
2008	126.06	119.01	127.51
2009	118.51	97.80	123.14
2010	131.69	116.25	134.43
2011	118.77	121.03	118.43
2012	114.91	111.70	115.41
2013	111.13	99.30	112.93
2014	110.19	106.07	110.74
2015	102.50	103.11	102.43
2016	105.75	102.72	106.14

注:从2004年起,发展速度按当年价格计算。

6-3 市区主要年份工业总产值

（按当年价格计算） 单位：万元

年份	全部工业总产值	轻工业	重工业
1978	112518	47042	65476
1979	125386	56542	68844
1980	142670	72506	70164
1981	157575	96237	61338
1982	177242	107351	69891
1983	192018	112475	79543
1984	226260	126687	99573
1985	311156	145938	165218
1986	353374	156589	196785
1987	436958	199201	237757
1988	577076	277307	299768
1989	686254	316508	369746
1990	709512	332175	377337
1991	818860	341238	477622
1992	1090105	390697	699408
1993	1726198	472134	1254064
1994	2151671	585489	1566182
1995（旧口径）	2483683	811992	1671691
1995（新口径）	2148304	685323	1462981
1996	2014901	646769	1368132
1997	2145835	645279	1500556
1998	2283367	613242	1670125
1999	2405731	636704	1769027
2000	2642927	661300	1981627
2001	2948066	715488	2232578
2002	3328415	743112	2585303
2003	4103551	752865	3350686
2004	6227249	1210541	5016708
2005	7078856	1279958	5798898
2006	9143126	1516213	7626913
2007	11444044	1783967	9660077
2008	14266233	2129873	12136360
2009	16279830	1844487	14435344
2010	21689925	2048518	19641407
2011	26521853	2815372	23706482
2012	30875591	3091510	27784081
2013	34680480	2908870	31771610
2014	38022220	3051910	34970310
2015	38814235	3192176	35622058
2016	41112111	3316376	37795735

6-4　柳江县主要年份工业总产值

（按当年价格计算）　　单位:万元

年　份	全部工业总产值	轻工业	重工业
1978	2611	1850	761
1979	3020	1912	1108
1980	3197	2273	924
1981	3596	2171	1425
1982	4206	2865	1341
1983	5023	3353	1670
1984	4756	3170	1586
1985	6226	3255	2971
1986	8246	4698	3548
1987	13340	7675	5665
1988	17213	9161	8052
1989	18647	12001	6646
1990	23357	15812	7545
1991	29929	20244	9685
1992	45531	31287	14244
1993	61192	37713	23479
1994	100249	50417	49832
1995(旧口径)	146308	60299	86009
1995(新口径)	127983	53199	74784
1996	133205	66541	66664
1997	160791	86898	73893
1998	180251	107199	73052
1999	190032	96054	93978
2000	203800	109697	94103
2001	224774	103174	121600
2002	302250	121092	181158
2003	386416	140965	245451
2004	460208	137338	322870
2005	513756	174228	339528
2006	693374	198783	494591
2007	1012656	304610	708046
2008	1252359	314400	937959
2009	1372569	316161	1056408
2010	1787592	344114	1443477
2011	2206805	389787	1817018
2012	2232469	401652	1830817
2013	2416112	434692	1981420
2014	2736939	383824	2353115
2015	2907288	364207	2543082
2016	3112345	362413	2749932

6-5 柳江县主要年份工业总产值发展速度

（按可比价计算,上年=100）　　单位:%

年　　份	全部工业总产值	轻　工　业	重　工　业
1978	128.37	127.18	131.81
1979	125.83	117.66	148.70
1980	99.70	109.04	79.01
1981	110.64	96.38	154.24
1982	119.42	131.44	96.46
1983	120.10	117.36	127.25
1984	92.72	93.18	91.62
1985	114.87	93.88	166.12
1986	123.92	134.84	108.82
1987	153.19	162.80	136.81
1988	109.98	101.55	127.14
1989	95.35	102.92	83.04
1990	119.82	123.23	112.95
1991	134.45	133.78	136.24
1992	171.83	183.74	140.82
1993	106.17	97.44	135.79
1994	135.53	96.35	231.01
1995(旧口径)	138.38	96.72	180.74
1995(新口径)			
1996	104.48	133.37	88.76
1997	119.10	134.41	106.58
1998	112.68	129.08	95.78
1999	123.79	116.63	133.73
2000	101.93	101.65	102.26
2001	104.54	83.09	130.38
2002	148.27	134.70	158.68
2003	131.72	126.16	135.34
2004	119.10	97.43	131.54
2005	111.64	126.86	105.16
2006	134.96	114.09	145.67
2007	146.05	153.24	143.16
2008	123.67	103.21	132.47
2009	116.40	107.12	119.51
2010	130.24	108.84	136.64
2011	123.45	113.27	125.88
2012	101.16	103.04	100.76
2013	108.23	108.23	108.23
2014	113.28	88.30	118.76
2015	106.22	94.89	108.07
2016	107.05	97.57	108.13

注:从2004年起,发展速度按当年价格计算。

6-6　柳城县主要年份工业总产值

（按当年价格计算）　　　　单位:万元

年　　份	全部工业总产值	轻　工　业	重　工　业
1978	4347	2674	1673
1979	4598	3431	1167
1980	5769	4102	1667
1981	6454	4194	2260
1982	7317	4347	2970
1983	7922	4631	3291
1984	6969	3090	3879
1985	8917	4483	4434
1986	12950	7468	5482
1987	15495	8984	6511
1988	21210	11989	9221
1989	26201	14863	11338
1990	28520	14740	13780
1991	34162	18971	15191
1992	39734	23346	16388
1993	59828	31589	28239
1994	87949	45036	42913
1995(旧口径)	142425	78725	63700
1995(新口径)	125155	69688	55467
1996	132326	78779	53547
1997	150364	93226	57138
1998	152941	98586	54355
1999	134362	80634	53728
2000	136923	83268	53655
2001	170863	102002	68861
2002	183556	120039	63517
2003	167068	106126	60942
2004	161391	93787	67604
2005	206483	114362	92121
2006	262305	153650	108655
2007	325836	196865	128971
2008	389799	227486	162313
2009	442789	208161	234627
2010	539625	260790	278835
2011	669737	336975	332763
2012	698549	360861	337688
2013	754524	407443	347081
2014	863377	444747	418630
2015	915751	462118	453633
2016	838342	440519	397823

6-7 柳城县主要年份工业总产值发展速度

（按可比价计算,上年=100） 单位:%

年份	全部工业总产值	轻工业	重工业
1978	102.49	101.51	104.11
1979	103.22	125.23	68.04
1980	127.26	125.48	132.48
1981	105.54	99.79	121.56
1982	115.38	106.21	134.23
1983	106.47	105.32	108.35
1984	81.94	61.25	114.68
1985	129.30	143.70	117.12
1986	142.30	168.74	114.88
1987	114.54	117.11	110.63
1988	113.18	117.93	105.53
1989	104.92	103.99	106.59
1990	96.88	87.77	112.89
1991	113.71	119.91	105.93
1992	129.04	139.93	113.59
1993	130.06	113.40	159.18
1994	123.42	110.10	140.00
1995(旧口径)	131.84	135.66	128.10
1995(新口径)			
1996	106.11	119.30	92.47
1997	113.06	120.36	103.33
1998	113.66	115.64	110.58
1999	100.76	102.28	98.28
2000	94.81	93.35	97.27
2001	116.40	110.03	126.72
2002	120.71	136.44	98.55
2003	98.07	98.55	97.14
2004	96.60	88.37	110.93
2005	127.94	121.94	136.27
2006	127.00	134.11	118.00
2007	124.22	128.13	118.70
2008	119.63	115.55	125.85
2009	106.59	105.35	108.33
2010	121.87	125.28	118.84
2011	124.11	129.21	119.34
2012	104.30	107.09	101.48
2013	108.01	112.91	102.78
2014	114.43	109.16	120.61
2015	106.07	103.91	108.36
2016	91.55	95.33	87.70

注:从2004年起,发展速度按当年价格计算。

6-8 鹿寨县主要年份工业总产值

（按当年价格计算） 单位:万元

年　　份	全部工业总产值	轻 工 业	重 工 业
1978	7197	2985	4212
1979	7891	3039	4852
1980	6996	3506	3490
1981	8760	3852	4908
1982	9182	4948	4234
1983	9986	5309	4677
1984	11396	5135	6261
1985	15421	6049	9372
1986	22395	8302	14093
1987	27936	10673	17263
1988	29435	13266	16169
1989	36487	17719	18768
1990	35789	17674	18115
1991	43112	22061	21051
1992	55811	27645	28166
1993	85763	39245	46518
1994	111119	57076	54043
1995(旧口径)	160938	90518	70420
1995(新口径)	140060	74026	66034
1996	166601	88685	77916
1997	180201	95956	84245
1998	185890	112080	73810
1999	176014	120398	55616
2000	186993	124706	62287
2001	215132	123668	91464
2002	238380	134461	103919
2003	242663	134882	107781
2004	306588	128947	177641
2005	417945	162467	255478
2006	483265	208353	274912
2007	701792	301339	400453
2008	1055590	393793	661797
2009	1262876	469114	793762
2010	1556243	536380	1019863
2011	1001526	384929	616597
2012	1236724	568087	668637
2013	1299925	633689	666236
2014	1505710	796938	708772
2015	1565665	821978	743687
2016	1671565	836539	835026

注:2011年数据不含原鹿寨县雒容镇。

6-9 鹿寨县主要年份工业总产值发展速度

（按可比价计算，上年=100）　　单位：%

年　　份	全部工业总产值	轻　工　业	重　工　业
1978	135.59	124.38	144.84
1979	98.49	91.42	103.49
1980	89.15	116.01	72.33
1981	123.44	114.47	132.45
1982	99.13	121.41	81.62
1983	100.67	99.32	102.25
1984	107.62	91.20	126.26
1985	129.57	112.79	143.32
1986	129.74	122.62	134.33
1987	117.46	121.05	115.35
1988	94.56	111.55	84.05
1989	102.86	110.84	96.32
1990	101.43	111.59	91.84
1991	117.77	126.09	109.65
1992	124.26	121.39	127.48
1993	125.17	120.13	130.54
1994	123.56	126.71	120.46
1995(旧口径)	127.70	149.36	105.29
1995(新口径)			
1996	125.49	111.96	145.02
1997	102.13	119.18	83.13
1998	103.42	110.32	92.39
1999	108.08	117.83	89.51
2000	107.85	101.63	123.47
2001	117.55	97.76	158.45
2002	118.10	121.64	113.60
2003	113.26	116.24	109.21
2004	126.34	95.60	164.82
2005	136.32	126.00	143.82
2006	115.63	128.00	108.00
2007	145.22	144.63	145.67
2008	150.41	130.68	165.26
2009	119.41	121.49	118.18
2010	123.23	114.34	128.48
2011			
2012	123.48	147.58	108.44
2013	105.11	111.55	99.64
2014	115.83	125.76	106.38
2015	103.98	103.14	104.93
2016	106.76	101.77	112.28

注：1.从2004年起，发展速度按当年价格计算。
　　2.2011年数据不含原鹿寨县雒容镇，故无法计算指数。

6-10 融安县主要年份工业总产值

（按当年价格计算） 单位:万元

年 份	全部工业总产值	轻 工 业	重 工 业
1978	3445	1012	2433
1979	3906	1121	2785
1980	3746	1301	2445
1981	3700	1086	2614
1982	4000	1518	2482
1983	4100	1378	2722
1984	4400	1280	3120
1985	5358	1685	3673
1986	5955	1367	4588
1987	8356	1612	6744
1988	7487	2710	4777
1989	10485	3072	7413
1990	12327	3106	9221
1991	12894	4130	8764
1992	15264	6613	8651
1993	23964	11703	12261
1994	36103	18707	17396
1995（旧口径）	45427	17782	27645
1995（新口径）	40701	15837	24864
1996	45190	10048	35142
1997	44591	10670	33921
1998	35264	5863	29401
1999	40566	5032	35534
2000	54872	4064	50808
2001	64101	4044	60057
2002	62154	7533	54621
2003	54663	6558	48105
2004	87383	10485	76898
2005	124159	21728	102431
2006	142170	24968	117202
2007	206728	31138	175590
2008	265715	46500	219215
2009	307726	58262	249464
2010	368890	92398	276492
2011	436965	154054	282911
2012	478285	146954	331331
2013	461848	138554	323294
2014	499414	128748	370666
2015	521812	137710	384103
2016	563259	177782	385477

6-11 融安县主要年份工业总产值发展速度

（按可比价计算，上年=100） 单位：%

年　份	全部工业总产值	轻 工 业	重 工 业
1978	112.34	98.28	119.44
1979	107.61	105.16	108.62
1980	100.58	121.67	92.10
1981	90.09	79.00	95.99
1982	103.47	116.85	96.84
1983	95.22	92.68	96.74
1984	102.74	90.40	109.81
1985	124.66	141.70	116.61
1986	102.29	88.64	110.12
1987	109.97	108.45	110.67
1988	104.52	149.34	84.24
1989	106.03	94.82	115.02
1990	109.08	96.67	117.29
1991	84.40	103.01	78.30
1992	114.87	137.31	105.19
1993	179.27	243.19	143.31
1994	123.86	131.41	116.66
1995（旧口径）	110.88	83.36	140.46
1995（新口径）			
1996	108.83	62.19	138.54
1997	97.83	105.29	95.70
1998	78.70	54.68	86.26
1999	123.89	104.76	127.71
2000	127.26	84.01	134.33
2001	111.92	98.76	113.27
2002	106.34	181.96	99.59
2003	95.54	98.86	95.00
2004	159.86	159.88	159.85
2005	142.09	207.23	133.20
2006	114.51	114.91	114.42
2007	145.41	124.71	149.82
2008	128.53	149.34	124.84
2009	111.23	120.29	109.31
2010	119.88	158.59	110.83
2011	118.45	166.73	102.32
2012	109.46	95.39	117.11
2013	96.56	94.28	97.57
2014	108.13	92.92	114.65
2015	104.48	106.96	103.62
2016	107.94	129.10	100.36

注：从2004年起，发展速度按当年价格计算。

6-12 融水苗族自治县主要年份工业总产值

（按当年价格计算）　　单位：万元

年　　份	全部工业总产值	轻　工　业	重　工　业
1978	5195	1297	3898
1979	5557	1142	4415
1980	5089	931	4158
1981	5506	1241	4265
1982	5056	1126	3930
1983	5028	1225	3803
1984	6678	1410	5268
1985	5671	1248	4423
1986	6574	1265	5309
1987	10041	2014	8027
1988	8611	2849	5762
1989	10328	3018	7310
1990	10578	3785	6793
1991	13017	4463	8554
1992	19056	6645	12411
1993	29500	10023	19477
1994	48705	19376	29329
1995（旧口径）	60908	21009	39899
1995（新口径）	53845	17802	36043
1996	52619	19587	33032
1997	41267	17948	23319
1998	31248	13390	17858
1999	28937	11813	17124
2000	29313	9642	19671
2001	33829	12643	21186
2002	36001	16457	19544
2003	31283	19200	12083
2004	79602	35673	43929
2005	92421	31027	61394
2006	111064	36422	74642
2007	157037	56785	100252
2008	198407	69641	128766
2009	286270	95912	190358
2010	355243	108214	247029
2011	425117	132559	292558
2012	504536	144277	360259
2013	503362	142827	360535
2014	591364	157832	433533
2015	640065	158590	481475
2016	681944	144304	537640

6-13　融水苗族自治县主要年份工业总产值发展速度

（按可比价计算，上年=100）　　单位：%

年　　份	全部工业总产值	轻　工　业	重　工　业
1978	87.85	106.73	82.97
1979	106.94	88.06	113.22
1980	112.30	100.00	115.48
1981	88.04	102.05	84.90
1982	105.98	104.57	106.40
1983	94.88	103.78	92.34
1984	95.29	82.57	99.38
1985	108.55	134.11	101.71
1986	102.96	103.63	102.72
1987	127.35	138.65	123.33
1988	98.69	130.70	85.88
1989	104.73	104.51	104.85
1990	107.26	110.36	105.38
1991	120.13	126.72	116.27
1992	133.32	134.03	132.87
1993	121.19	145.78	105.37
1994	171.19	154.61	185.95
1995（旧口径）	110.09	96.26	120.32
1995（新口径）			
1996	100.81	109.17	95.84
1997	73.78	81.04	68.87
1998	79.82	100.88	63.04
1999	97.37	71.11	130.85
2000	102.44	78.94	118.72
2001	105.62	127.23	95.66
2002	117.71	153.19	95.97
2003	99.32	132.58	66.78
2004	254.46	185.80	363.56
2005	116.10	86.98	139.76
2006	120.17	117.00	122.00
2007	141.39	155.91	134.31
2008	126.34	122.64	128.44
2009	113.43	112.10	114.15
2010	124.09	112.83	129.77
2011	119.67	122.50	118.43
2012	118.68	108.84	123.14
2013	99.77	99.00	100.08
2014	117.48	110.51	120.25
2015	108.24	100.48	111.06
2016	106.54	90.99	111.67

注:从2004年起,发展速度按当年价格计算。

6-14 三江侗族自治县主要年份工业总产值

（按当年价格计算） 单位：万元

年份	全部工业总产值	轻工业	重工业
1978	1684	565	1119
1979	1675	265	1410
1980	1234	291	943
1981	1873	965	908
1982	2007	1008	999
1983	2395	1189	1206
1984	2392	975	1417
1985	2943	729	2214
1986	3024	964	2060
1987	4160	1405	2755
1988	3025	2082	944
1989	3658	2396	1262
1990	4786	3242	1544
1991	4696	3600	1096
1992	7783	5694	2089
1993	16681	12899	3782
1994	18349	12053	6296
1995（旧口径）	29631	15801	13830
1995（新口径）	29079	15839	13240
1996	25730	13323	12407
1997	27643	14351	13292
1998	23258	13028	10230
1999	26483	14560	11923
2000	28401	17670	10731
2001	27222	15684	11538
2002	27653	17679	9974
2003	20543	7897	12646
2004	29222	8079	21143
2005	30862	8465	22397
2006	38116	7090	31026
2007	61182	14312	46870
2008	74015	17300	56715
2009	199798	47444	152354
2010	240066	143095	96971
2011	257791	63063	194729
2012	191684	63944	127740
2013	132554	77565	54989
2014	132215	67658	64557
2015	97134	51277	45858
2016	95221	51218	44004

6-15　三江侗族自治县主要年份工业总产值发展速度

（按可比价计算，上年=100）　　单位：%

年　　份	全部工业总产值	轻　工　业	重　工　业
1978	92.70	75.15	109.62
1979	91.55	106.53	81.65
1980	106.57	126.82	89.09
1981	85.93	84.14	88.13
1982	118.13	115.15	121.29
1983	92.44	91.37	93.51
1984	121.45	99.68	142.90
1985	85.87	102.09	74.72
1986	123.61	147.48	101.18
1987	149.11	136.67	166.13
1988	66.03	100.16	27.59
1989	122.15	119.00	135.03
1990	139.40	138.68	141.98
1991	95.47	111.85	58.93
1992	149.02	140.77	183.91
1993	226.11	236.29	193.11
1994	96.25	79.18	163.91
1995（旧口径）	129.96	110.10	167.98
1995（新口径）			
1996	88.95	85.98	92.63
1997	111.67	108.33	115.52
1998	87.57	91.50	83.33
1999	125.83	121.04	131.52
2000	107.93	128.69	85.29
2001	95.00	85.80	110.16
2002	101.43	118.41	79.67
2003	81.16	54.40	132.16
2004	142.25	102.30	167.19
2005	105.61	104.78	105.93
2006	123.50	83.76	138.53
2007	160.52	201.86	151.07
2008	120.97	120.87	121.00
2009	112.73	114.53	112.18
2010	120.15	301.61	63.65
2011	107.38	44.07	200.81
2012	74.36	101.40	65.60
2013	69.15	121.30	43.05
2014	99.74	87.23	117.40
2015	73.47	75.79	71.03
2016	98.03	99.88	95.96

注:从2004年起,发展速度按当年价格计算。

6-16 全市主要年份规模以上工业总产值

（按当年价格计算）　　单位：万元

年份	规模以上工业总产值	轻工业	重工业
1998	2300474	657884	1642590
1999	2405761	654142	1751619
2000	2672795	685800	1986995
2001	2979298	693999	2285299
2002	3451608	756294	2695314
2003	4265218	759080	3506138
2004	5689557	847197	4842360
2005	6914282	935692	5978590
2006	8973135	1095501	7877634
2007	11498137	1356773	10141364
2008	14551665	1578929	12972735
2009	17715987	1873401	15842586
2010	23887937	2265026	21622911
2011	28723855	2980133	25743722
2012	34268856	3881755	30387101
2013	39178509	4251854	34926655
2014	43239443	4600171	38639272
2015	44552506	4833372	39719134
2016	47053953	4931026	42122927

注:1998年至2006年为全部国有及年主营业务收入在500万元以上非国有工业企业(以下表均同)。
2007年至2010年为年主营业务收入在500万元以上工业企业(以下表均同)。
2011年以后为年主营业务收入2000万元以上工业企业(以下表均同)。

6-17 市区主要年份规模以上工业总产值

（按当年价格计算）　　单位：万元

年份	规模以上工业总产值	轻工业	重工业
1998	1937165	458780	1478385
1999	2061006	485965	1575041
2000	2294376	503373	1791003
2001	2567645	515435	2052210
2002	2952898	537005	2415893
2003	3688500	524781	3163719
2004	4964225	560472	4403753
2005	6048847	589198	5459649
2006	7870083	675760	7194323
2007	9842538	726625	9115913
2008	12527664	937951	11589713
2009	15087627	1057373	14030254
2010	20391206	1273660	19117546
2011	25104977	1966784	23138193
2012	30024245	2581627	27442618
2013	34162956	2716675	31446281
2014	37474630	2848548	34626082
2015	38415918	3021543	35394375
2016	40664603	3113348	37551255

6-18　柳江县主要年份规模以上工业总产值

（按当年价格计算）　　单位:万元

年　　份	规模以上工业总产值	轻　工　业	重　工　业
1998	118300	61002	57298
1999	124147	53286	70861
2000	133148	61977	71171
2001	125903	52946	72957
2002	201200	66559	134641
2003	270749	78387	192362
2004	317876	110670	207206
2005	324765	127104	197661
2006	457277	139913	317364
2007	675856	220410	455446
2008	801587	201710	599877
2009	953361	211359	742002
2010	1336270	231283	1104986
2011	1717565	295608	1421957
2012	1855106	334951	1520155
2013	2248882	335730	1913152
2014	2573226	362542	2210684
2015	2688096	324774	2363323
2016	2866306	326675	2539632

6-19　柳城县主要年份规模以上工业总产值

（按当年价格计算）　　单位:万元

年　　份	规模以上工业总产值	轻　工　业	重　工　业
1998	119244	78417	40827
1999	97453	61145	36308
2000	99738	63348	36390
2001	107741	71379	36362
2002	114122	86810	27312
2003	93744	70390	23354
2004	125704	81106	44598
2005	153507	93336	60171
2006	196918	132419	64499
2007	247241	166057	81184
2008	300054	159763	140291
2009	322055	165079	156975
2010	409642	208797	200845
2011	517577	263938	253640
2012	593624	308399	285225
2013	696905	374195	322711
2014	803523	412426	391097
2015	872175	440090	432085
2016	789428	414594	374834

6-20 鹿寨县主要年份规模以上工业总产值

（按当年价格计算）　　单位：万元

年　份	规模以上工业总产值	轻　工　业	重　工　业
1998	88448	51666	36782
1999	80582	47151	33431
2000	89652	50234	39418
2001	112921	45477	67444
2002	123180	53921	69259
2003	154122	71476	82646
2004	197408	75088	122320
2005	283771	103217	180554
2006	325709	121298	204411
2007	509792	201227	308565
2008	817884	291194	526690
2009	1014862	366864	647998
2010	1289230	441080	848150
2011	800521	292329	508192
2012	1042436	451515	590921
2013	1193230	599988	593242
2014	1394878	730438	664440
2015	1484973	781424	703549
2016	1580990	788251	792739

6-21 融安县主要年份规模以上工业总产值

（按当年价格计算）　　单位：万元

年　份	规模以上工业总产值	轻　工　业	重　工　业
1998	17064	1470	15594
1999	22331	813	21518
2000	34982	1766	33216
2001	40852	1817	39035
2002	35457	1848	33609
2003	32197	2677	29520
2004	42874	2585	40289
2005	52991	8516	44475
2006	61797	9742	52055
2007	108047	12444	95603
2008	143331	17331	126000
2009	170828	32355	138473
2010	221504	44137	177367
2011	281441	76522	204919
2012	350042	89245	260797
2013	391423	93203	298220
2014	426258	99486	326772
2015	468191	113044	355148
2016	503475	156858	346617

6-22 融水苗族自治县主要年份规模以上工业总产值

（按当年价格计算） 单位:万元

年份	规模以上工业总产值	轻工业	重工业
1998	12149	5325	6824
1999	10536	4571	5965
2000	11006	2254	8752
2001	13881	5188	8693
2002	18016	9997	8019
2003	19189	11220	7969
2004	30600	17121	13479
2005	38212	14122	24090
2006	49162	16170	32992
2007	78285	30010	48275
2008	97236	32075	65161
2009	117011	31594	85417
2010	173018	47223	125795
2011	226534	66828	159706
2012	337600	89839	247761
2013	421687	100122	321565
2014	506522	122876	383647
2015	578297	133111	445186
2016	612611	115877	496734

6-23 三江侗族自治县主要年份规模以上工业总产值

（按当年价格计算） 单位:万元

年份	规模以上工业总产值	轻工业	重工业
1998	8104	1224	6880
1999	9706	1211	8495
2000	9893	2848	7045
2001	10355	1757	8598
2002	6735	154	6581
2003	6717	149	6568
2004	10870	155	10715
2005	12189	199	11990
2006	18979	209	18771
2007	36378		36378
2008	37473		37473
2009	50244	8777	41467
2010	67067	18847	48221
2011	75240	18124	57117
2012	65803	26179	39624
2013	63425	31940	31485
2014	60406	23855	36551
2015	44855	19387	25469
2016	36539	15422	21117

6-24 规模以上工业企业单位数

（2016年） 单位:个

指 标 名 称	全 市	市 区	柳江县	柳城县
总 计	792	515	107	36
#国有控股企业	90	58	8	4
按轻重工业分				
轻工业	148	74	16	15
重工业	644	441	91	21
按企业规模分				
大型企业	34	27	2	1
中型企业	158	103	17	11
小型企业	573	366	83	23
微型企业	27	19	5	1
按登记注册类型分组				
国有企业	12	7	1	1
集体企业	14	14		
股份合作企业	5	5		
联营企业				
有限责任公司	242	164	34	13
股份有限公司	30	19	3	3
私营企业	453	275	68	19
港澳台商投资企业	13	12		
外商投资企业	21	17	1	
按经济组织类型分组				
独资企业	80	59	12	1
国有企业	12	7	1	1
集体企业	14	14		
私营独资企业	39	26	11	
港澳台商独资经营企业	4	3		
外资企业	11	9		

6-24 续表1 单位:个

指 标 名 称	鹿寨县	融安县	融水苗族自治县	三江侗族自治县
总 计	56	33	36	9
#国有控股企业	9	3	6	2
按轻重工业分				
轻工业	24	9	4	6
重工业	32	24	32	3
按企业规模分				
大型企业	4			
中型企业	19	5	2	1
小型企业	33	27	33	8
微型企业		1	1	
按登记注册类型分组				
国有企业	1	2		
集体企业				
股份合作企业				
联营企业				
有限责任公司	13	6	7	5
股份有限公司	3		1	1
私营企业	37	23	28	3
港澳台商投资企业		1		
外商投资企业	2	1		
按经济组织类型分组				
独资企业	5	3		
国有企业	1	2		
集体企业				
私营独资企业	2			
港澳台商独资经营企业		1		
外资企业	2			

6-24 续表2 单位:个

指标名称	全市	市区	柳江县	柳城县
合作、合伙企业	16	11	3	
股份合作企业	5	5		
集体联营企业				
国有与集体联营企业				
私营合伙企业	8	4	3	
港或澳、台资合作经营企业				
中外合作经营企业	1			
股份有限公司	49	19	6	3
股份有限公司(内资)	30	19	3	3
私营股份有限公司	18	11	3	
有限责任公司	647	414	86	32
国有独资公司	19	13	2	
私营有限责任公司	388	234	51	19
港澳台合资经营企业	9	9		
中外合资经营企业	8	7	1	
其他有限责任公司	223	151	32	13

6-24 续表3 单位:个

指 标 名 称	鹿寨县	融安县	融水苗族自治县	三江侗族自治县
合作、合伙企业		1	1	
股份合作企业				
集体联营企业				
国有与集体联营企业				
私营合伙企业			1	
港或澳、台资合作经营企业				
中外合作经营企业		1		
股份有限公司	6		2	1
股份有限公司(内资)	3		1	1
私营股份有限公司	3		1	
有限责任公司	45	29	33	8
国有独资公司	2		2	
私营有限责任公司	32	23	26	3
港澳台合资经营企业				
中外合资经营企业				
其他有限责任公司	11	6	5	5

6-25 全部工业总产值

（2016年，按当年价格计算） 单位：万元

指 标 名 称	全 市	市 区	柳江县	柳城县
总 计	48074788	41112111	3112345	838342
轻工业	5329152	3316376	362414	440519
重工业	42745637	37795735	2749932	397823
按统计口径分组				
年主营业务收入2000万元以上工业企业	47053953	40664603	2866306	789428
#国有控股企业	24464423	22888529	892783	232270
#轻工业	4931026	3113348	326675	414594
重工业	42122927	37551255	2539632	374834
#大型企业	23804079	22995864	390266	145677
中型企业	12232422	9452378	1327480	342456
小型企业	10385920	7608797	1135205	297027
微型企业	631531	607564	13355	4269
按登记注册类型分组				
国有企业	1316328	1160296	51438	24382
集体企业	239562	239562		
股份合作企业	52196	52196		
联营企业				
有限责任公司	18108636	15711425	1432749	293475
股份有限公司	2067861	1678513	72211	179869
私营企业	12260835	8873411	1289948	291702
港澳台商投资企业	1718633	1716088		
外商投资企业	10901177	10844388	19960	
按经济组织类型分组				
独资企业	3042708	2716825	180440	24382
国有企业	1316328	1160296	51438	24382
集体企业	239562	239562		
私营独资企业	951766	813767	129002	
港澳台商独资经营企业	25434	22889		
外资企业	509618	480310		

6-25　续表1　单位:万元

指　标　名　称	鹿寨县	融安县	融水苗族自治县	三江侗族自治县
总　计	1671565	563259	681944	95221
轻工业	836539	177782	148782	51218
重工业	835026	385477	533162	44004
按统计口径分组				
年主营业务收入2000万元以上工业企业	1580990	503475	612611	36539
#国有控股企业	254612	59754	101882	18459
#轻工业	684809	156858	115877	15422
重工业	745654	346617	496734	21117
#大型企业	272273			
中型企业	863210	152619	81496	12783
小型企业	445507	348311	527317	23756
微型企业		2545	3798	
按登记注册类型分组				
国有企业	45583	34630		
集体企业				
股份合作企业				
联营企业				
有限责任公司	324689	104853	173862	27816
股份有限公司	115004		6156	2658
私营企业	920218	353926	432593	6065
港澳台商投资企业		2545		
外商投资企业	24969	7521		
按经济组织类型分组				
独资企业	79724	37175		
国有企业	45583	34630		
集体企业				
私营独资企业	9171			
港澳台商独资经营企业		2545		
外资企业	24969			

6-25 续表2 单位:万元

指标名称	全市	市区	柳江县	柳城县
合作、合伙企业	584988	555434	19628	
股份合作企业	52196	52196		
集体联营企业				
国有与集体联营企业				
私营合伙企业	136546	114513	19628	
港或澳、台资合作经营企业				
中外合作经营企业	7521			
股份有限公司	2434988	1871864	119290	179869
股份有限公司(内资)	2067861	1678513	72211	179869
私营股份有限公司	279692	105917	47079	
有限责任公司	40991269	35520480	2546948	585177
国有独资公司	6058919	5987710	54304	
私营有限责任公司	10892831	7839214	1094239	291702
港澳台合资经营企业	1693199	1693199		
中外合资经营企业	10296603	10276642	19960	
其他有限责任公司	12049717	9723715	1378445	293475
年主营业务收入2000万元以下工业企业	1020835	447508	246039	48914
#轻工业	398126	203027	35739	25925
重工业	622709	244481	210300	22989

6-25 续表3　　单位:万元

指标名称	鹿寨县	融安县	融水苗族自治县	三江侗族自治县
合作、合伙企业		7521	2404	
股份合作企业				
集体联营企业				
国有与集体联营企业				
私营合伙企业			2404	
港或澳、台资合作经营企业				
中外合作经营企业		7521		
股份有限公司	244571		16735	2658
股份有限公司(内资)	128453		6156	2658
私营股份有限公司	116118		10579	
有限责任公司	1252532	458779	593472	33881
国有独资公司	5667		11239	
私营有限责任公司	888076	353926	419609	6065
港澳台合资经营企业				
中外合资经营企业				
其他有限责任公司	358790	104853	162623	27816
年主营业务收入2000万元以下工业企业	90575	59784	69333	58682
#轻工业	48288	20924	28427	35796
重工业	42287	38860	40906	22886

6-26 主要工业产品产量

（2016年）

产品名称	单位	全市	市区	柳江县	柳城县
铁矿石原矿	吨	430049	430049		
锌金属含量	吨	3551			
高岭土(瓷土)	吨	20135			
小麦粉	吨	158714	158714		
大米	吨	156212	156212		
饲料	吨	892526	567740	99910	
其中:配合饲料	吨	656161	431285		
混合饲料	吨	190564	90654	99910	
精制食用植物油	吨	11880	10037		
成品糖	吨	677871	27698	172723	287366
加工糖	吨	76820		76820	
冷冻蔬菜	吨	2068			
饼干	吨	612	612		
焙烤松脆食品	吨	115	115		
糖果	吨	2	2		
乳制品	吨	24567	24567		
液体乳	吨	24567	24567		
酱油	吨	1116	1116		
食品添加剂	吨	68923	1047	32905	34856
发酵酒精(折96度,商品量)	千升	21980			3705
饮料酒	千升	101371	31086	70285	
其中:白酒(折65度,商品量)	千升	31517	31086	431	
黄酒	千升	29706		29706	
果酒及配制酒	千升	39938		39938	
软饮料	吨	57570	57148	422	
其中:碳酸型饮料(汽水)	吨	1855	1433	422	
包装饮用水	吨	55378	55378		
精制茶	吨	252			
卷烟	万支	3763202	3763202		
纱	吨	33587	31219		
棉纱	吨	11964	9596		
棉混纺纱	吨	21109	21109		
化学纤维纱	吨	1426	1426		
布	万米	1025	1025		
其中:棉布	万米	102	102		

6-26 续表

产品名称	单位	鹿寨县	融安县	融水苗族自治县	三江侗族自治县
铁矿石原矿	吨				
锌金属含量	吨		3551		
高岭土(瓷土)	吨			20135	
小麦粉	吨				
大米	吨				
饲料	吨	224876			
其中:配合饲料	吨	224876			
混合饲料	吨				
精制食用植物油	吨			1732	111
成品糖	吨	56022	41484	92578	
加工糖	吨				
冷冻蔬菜	吨			2068	
饼干	吨				
焙烤松脆食品	吨				
糖果	吨				
乳制品	吨				
液体乳	吨				
酱油	吨				
食品添加剂	吨	115			
发酵酒精(折96度,商品量)	千升	18275			
饮料酒	千升				
其中:白酒(折65度,商品量)	千升				
黄酒	千升				
果酒及配制酒	千升				
软饮料	吨				
其中:碳酸型饮料(汽水)	吨				
包装饮用水	吨				
精制茶	吨				252
卷烟	万支				
纱	吨	2368			
棉纱	吨	2368			
棉混纺纱	吨				
化学纤维纱	吨				
布	万米				
其中:棉布	万米				

6-26 续表1

产品名称	单位	全市	市区	柳江县	柳城县
化学纤维短纤布	万米	10	10		
蚕丝	吨	14424	671		1713
服装	万件	803	680	123	
梭织服装	万件	117	50	67	
西服套装	万件	21	21		
针织服装	万件	666	610	56	
锯材	立方米	20296			
人造板	立方米	4827196	1076873		184645
其中:胶合板	立方米	3615966	1000690		78549
纤维板	立方米	570919	2805		106096
刨花板	立方米	110338			
实木木地板	平方米	386286			
家具	件	885468	756805		
其中:木质家具	件	245967	163024		
金属家具	件	296415	296415		
软体家具	件	103228	103228		
纸浆(原生浆及废纸浆)	吨	66681	21615		
机制纸及纸板(外购原纸加工除外)	吨	272007	49400	19232	103248
其中:未涂布印刷书写用纸	吨	1	1		
卫生用纸原纸	吨	59164	49399		
纸制品	吨	8994	8060	934	
其中:瓦楞纸箱	吨	934		934	
单色印刷品	令	612803	612803		
多色印刷品	对开色令	114407	114407		
硫酸(折100%)	吨	437480	43891		123892
盐酸(氯化氢,含量31%)	吨	112613			
浓硝酸(折100%)	吨	72334	72334		
烧碱(折100%)	吨	141940			28440
其中:离子膜法烧碱(折100%)	吨	113500			
纯碱(碳酸钠)	吨	52721	52721		
精甲醇	吨	110502	21244		
硫磺	吨	46119	46119		
合成氨(无水氨)	吨	374605	367240		
农用氮、磷、钾化学肥料(折纯)	吨	293467	96255		49850
氮肥(折含氮100%)	吨	147771	96255		
其中:尿素(折含氮100%)	吨	79626	79626		
磷肥(折五氧化二磷100%)	吨	145696			49850
合成复合肥料(实物量)	吨	452947	168311		54020

6-26 续表2

产品名称	单位	鹿寨县	融安县	融水苗族自治县	三江侗族自治县
化学纤维短纤布	万米				
蚕丝	吨	10437	858	745	
服装	万件				
梭织服装	万件				
西服套装	万件				
针织服装	万件				
锯材	立方米			20296	
人造板	立方米	481643	1413109	1670926	
其中:胶合板	立方米	19625	970737	1546365	
纤维板	立方米	462018			
刨花板	立方米		32894	77444	
实木木地板	平方米			386286	
家具	件		45720	82943	
其中:木质家具	件			82943	
金属家具	件				
软体家具	件				
纸浆(原生浆及废纸浆)	吨	45066			
机制纸及纸板(外购原纸加工除外)	吨	100127			
其中:未涂布印刷书写用纸	吨				
卫生用纸原纸	吨	9765			
纸制品	吨				
其中:瓦楞纸箱	吨				
单色印刷品	令				
多色印刷品	对开色令				
硫酸(折100%)	吨	206321	63376		
盐酸(氯化氢,含量31%)	吨	112613			
浓硝酸(折100%)	吨				
烧碱(折100%)	吨	113500			
其中:离子膜法烧碱(折100%)	吨	113500			
纯碱(碳酸钠)	吨				
精甲醇	吨	89258			
硫磺	吨				
合成氨(无水氨)	吨	7365			
农用氮、磷、钾化学肥料(折纯)	吨	147362			
氮肥(折含氮100%)	吨	51516			
其中:尿素(折含氮100%)	吨				
磷肥(折五氧化二磷100%)	吨	95846			
合成复合肥料(实物量)	吨			230616	

6-26 续表3

产品名称	单位	全市	市区	柳江县	柳城县
磷酸一铵(实物量)	吨	59591			
磷酸二铵(实物量)	吨	79029			
涂料	吨	5390	4617	686	
颜料	吨	4810			
初级形态塑料	吨	242	242		
化学试剂	吨	68322			
活性炭	吨	4175			
松香	吨	9778			
改性松香	吨	12111			
松节油	吨	1453			
肥(香)皂	吨	2693	2693		
合成洗涤剂	吨	11956	11956		
其中:合成洗衣粉	吨	2885	2885		
液体洗涤剂	吨	8878	8878		
牙膏(折65克标准支)	万支	14244	14244		
香精	吨	200	200		
化学药品原药	吨	21	21		
中成药	吨	47804	3513	7195	29399
橡胶轮胎外胎	条	3508580	3508580		
其中:乘用车橡胶轮胎外胎	条	3508580	3508580		
其中:子午线轮胎外胎	条	3508580	3508580		
橡胶输送带	平方米	461923		461923	
橡胶管	万标米	10		10	
塑料制品	吨	186785	58291	121220	
其中:塑料薄膜	吨	1950	1950		
塑料丝、绳及编织品	吨	2759			
泡沫塑料	吨	59	59		
日用塑料制品	吨	5919	5919		
硅酸盐水泥熟料	吨	4796134	3561762		
其中:窑外分解窑水泥熟料	吨	4796134	3561762		
水泥	吨	8851255	4031133		191854
其中:强度等级42.5水泥(含R型)	吨	4354482	3364954		78619
强度等级52.5水泥(含R型)	吨	241195	241195		
石灰	吨	647066		161411	485655
商品混凝土	立方米	7526723	6156202	388040	
砖	万块	126779	79093	231	6115
天然大理石建筑板材	平方米	50602		50602	
耐火材料制品	吨	1301	1301		
生铁	吨	10729770	10729770		
粗钢	吨	11050977	11050977		

6-26 续表4

产品名称	单位	鹿寨县	融安县	融水苗族自治县	三江侗族自治县
磷酸一铵(实物量)	吨	59591			
磷酸二铵(实物量)	吨	79029			
涂料	吨	87			
颜料	吨	4810			
初级形态塑料	吨				
化学试剂	吨	68322			
活性炭	吨			4175	
松香	吨	1356		8421	
改性松香	吨			12111	
松节油	吨			1453	
肥(香)皂	吨				
合成洗涤剂	吨				
其中:合成洗衣粉	吨				
液体洗涤剂	吨				
牙膏(折65克标准支)	万支				
香精	吨				
化学药品原药	吨				
中成药	吨	2825	4872		
橡胶轮胎外胎	条				
其中:乘用车橡胶轮胎外胎	条				
其中:子午线轮胎外胎	条				
橡胶输送带	平方米				
橡胶管	万标米				
塑料制品	吨	7274			
其中:塑料薄膜	吨				
塑料丝、绳及编织品	吨	2759			
泡沫塑料	吨				
日用塑料制品	吨				
硅酸盐水泥熟料	吨	1234372			
其中:窑外分解窑水泥熟料	吨	1234372			
水泥	吨	3717359	910909		
其中:强度等级42.5水泥(含R型)	吨		910909		
强度等级52.5水泥(含R型)	吨				
石灰	吨				
商品混凝土	立方米	473128	83858	425495	
砖	万块	998	35516	4826	
天然大理石建筑板材	平方米				
耐火材料制品	吨				
生铁	吨				
粗钢	吨				

6-26 续表5

产品名称	单位	全市	市区	柳江县	柳城县
铸铁件	吨	350422	336770	13652	
铸钢件	吨	30310	9447	2382	18481
钢材	吨	14278849	14182498		
棒材	吨	162034	162034		
钢筋	吨	3832665	3832665		
线材(盘条)	吨	760652	760652		
特厚板	吨	146410	146410		
厚钢板	吨	423181	423181		
中板	吨	220967	220967		
中厚宽钢带	吨	5526989	5526989		
冷轧薄宽钢带	吨	3069392	3069392		
无缝钢管	吨	20849	20849		
焊接钢管	吨	96351			
其他钢材	吨	19359	19359		
用外购国产钢材再加工生产钢材	吨	3516596	3420245		
用外购钢材再加工生产钢材	吨	3516596	3420245		
十种有色金属	吨	38920	9606		4293
锌	吨	38920	9606		4293
铝材	吨	4205		4205	
钢丝	吨	52398			52398
锻件	吨	80828	80828		
工业锅炉	蒸发量吨	2224	2224		
发动机	千瓦	150894375	150894375		
其中:汽车用发动机	千瓦	150894375	150894375		
电站水轮机	千瓦	323293	323293		
金属切削机床	台	162	162		
其中:数控金属切削机床	台	152	152		
起重机	吨	4327	4327		
内燃叉车	台	6820	6820		
泵	台	7001	7001		
气体压缩机	台	3821	3821		

6-26 续表6

产 品 名 称	单 位	鹿寨县	融安县	融水苗族自治县	三江侗族自治县
铸铁件	吨				
铸钢件	吨				
钢材	吨	96351			
棒材	吨				
钢筋	吨				
线材(盘条)	吨				
特厚板	吨				
厚钢板	吨				
中板	吨				
中厚宽钢带	吨				
冷轧薄宽钢带	吨				
无缝钢管	吨				
焊接钢管	吨	96351			
其他钢材	吨				
用外购国产钢材再加工生产钢材	吨	96351			
用外购钢材再加工生产钢材	吨	96351			
十种有色金属	吨		25021		
锌	吨		25021		
铝材	吨				
钢丝	吨				
锻件	吨				
工业锅炉	蒸发量吨				
发动机	千瓦				
其中:汽车用发动机	千瓦				
电站水轮机	千瓦				
金属切削机床	台				
其中:数控金属切削机床	台				
起重机	吨				
内燃叉车	台				
泵	台				
气体压缩机	台				

6-26 续表7

产 品 名 称	单 位	全 市	市 区	柳江县	柳城县
非制冷设备用压缩机	台	3663	3663		
液压元件	件	101970	101970		
齿轮	吨	301	301		
钢铁铰接链(工业链条)	吨	858	858		
工商用制冷、空调设备	台(套)	540570	504487	36083	
其中:工商用空调设备	台(套)	49851	13768	36083	
其中:车用空调设备	台(套)	49851	13768	36083	
金属紧固件	吨	76326		76326	
弹簧	吨	1051	1051		
建筑工程用机械	台	10203	8466	1737	
其中:挖掘、铲土运输机械	台	10203	8466	1737	
其中:挖掘机	台	1737		1737	
装载机	台	7983	7983		
塑料加工专用设备	台	110		110	
模具	套	20	20		
小型拖拉机	台	180		180	
机械化农业及园艺机具	台				
其中:土壤耕整机械	台				
收获机械	台				
汽车	辆	2446703	2446703		
其中:基本型乘用车(轿车)	辆	77821	77821		
轿车(排量≤1升)	辆	2593	2593		
轿车(1升<排量≤1.6升)	辆	75228	75228		
多功能乘用车(MPV)	辆	1184696	1184696		
运动型多用途乘用车(SUV)	辆	437558	437558		
交叉型乘用车	辆	441271	441271		
载货汽车	辆	263827	263827		
改装汽车	辆	82338	76355	5983	
汽车车身(包括驾驶室)	辆	979966		979966	
机动车(汽车)零配件	千元	22157579	12816587	7908488	860734
民用钢质船舶	载重吨	7840			7840
钢质机动货船	载重吨	7840			7840
发电机组(发电设备)	千瓦	291000	291000		
其中:水轮发电机组	千瓦	291000	291000		
电动机	千瓦	5328	5328		
交流电动机	千瓦	5328	5328		
变压器	千伏安	7819335	7592685	226650	
高压开关板	面	30457	30457		
低压开关板	面	37270	37270		
电线	千米	6860	1110	5750	
电力电缆	千米	28891		28891	
铅酸蓄电池	千伏安时	406683		406683	
灯具及照明装置	套(台、个)	18531	18531		
光电子器件	万只(片、套)	3145			
液晶显示屏	万片	2708			
自来水生产量	万立方米	21068	19803		

6-26 续表8

产品名称	单位	鹿寨县	融安县	融水苗族自治县	三江侗族自治县
非制冷设备用压缩机	台				
液压元件	件				
齿轮	吨				
钢铁铰接链(工业链条)	吨				
工商用制冷、空调设备	台(套)				
其中:工商用空调设备	台(套)				
其中:车用空调设备	台(套)				
金属紧固件	吨				
弹簧	吨				
建筑工程用机械	台				
其中:挖掘、铲土运输机械	台				
其中:挖掘机	台				
装载机	台				
塑料加工专用设备	台				
模具	套				
小型拖拉机	台				
机械化农业及园艺机具	台				
其中:土壤耕整机械	台				
收获机械	台				
汽车	辆				
其中:基本型乘用车(轿车)	辆				
轿车(排量≤1升)	辆				
轿车(1升<排量≤1.6升)	辆				
多功能乘用车(MPV)	辆				
运动型多用途乘用车(SUV)	辆				
交叉型乘用车	辆				
载货汽车	辆				
改装汽车	辆				
汽车车身(包括驾驶室)	辆				
机动车(汽车)零配件	千元	571770			
民用钢质船舶	载重吨				
钢质机动货船	载重吨				
发电机组(发电设备)	千瓦				
其中:水轮发电机组	千瓦				
电动机	千瓦				
交流电动机	千瓦				
变压器	千伏安				
高压开关板	面				
低压开关板	面				
电线	千米				
电力电缆	千米				
铅酸蓄电池	千伏安时				
灯具及照明装置	套(台、个)				
光电子器件	万只(片、套)		3145		
液晶显示屏	万片		2708		
自来水生产量	万立方米		569	696	

6-27 全市规模以上工业企业主要财务状况

（2016年）　　单位：万元

指标名称	单位数（个）	#亏损企业	工业总产值（当年价）	工业销售产值（当年价）
总　计	792	133	47053953	45505151
#亏损企业	133	133	2633819	2409773
#国有控股企业	90	22	24464423	24170942
按登记注册类型分组				
内资企业	758	126	34434143	33074189
国有企业	12	1	1316328	1305472
中央企业	5		1193083	1182272
地方企业	7	1	123246	123200
集体企业	14		239562	236479
股份合作企业	5	1	52196	46401
联营企业				
有限责任公司	242	43	18108636	17680975
#国有独资公司	19	3	6058919	6033193
其他有限责任公司	223	40	12049717	11647782
股份有限公司	30	7	2067861	1901651
私营企业	453	73	12260835	11514487
港、澳、台商投资企业	13	2	1718633	1636813
外商投资企业	21	5	10901177	10794149
按经济组织类型分组				
独资企业	80	11	3042708	2975402
#国有企业	12	1	1316328	1305472
集体企业	14		239562	236479
合作、合伙企业	16	2	584988	565717
股份有限公司	49	11	2434988	2214870
有限责任公司	647	109	40991269	39749163
按轻重工业分				
轻工业	148	20	4931026	4608933
重工业	644	113	42122927	40896218
按企业规模分				
#大型工业	34	3	23804079	23496184
中型工业	158	27	12232422	11613930
小型工业	573	96	10385920	9767888
微型工业	27	7	631531	627149

注：规模以上工业企业指年主营业务收入在2000万元以上工业企业。

单位:万元

指 标 名 称	单位数(个)	#亏损企业	工业总产值(当年价)	工业销售产值(当年价)
按工业行业大类分				
黑色金属矿采选业	6		333990	321343
有色金属矿采选业	2	2	7445	7390
非金属矿采选业	3		13263	13243
农副食品加工业	29	8	1085817	1003283
食品制造业	19	3	436273	397545
酒、饮料和精制茶制造业	8		68786	66740
烟草制品业	1		848054	842496
纺织业	26	3	868903	775171
纺织服装、服饰业	2	1	13040	13040
木材加工和木、竹、藤、棕、草制品业	72	2	1477621	1439718
家具制造业	8		368479	358549
造纸和纸制品业	15	4	249589	238950
印刷和记录媒介复制业	4		20474	10727
文教、工美、体育和娱乐用品制造业	2		17863	15213
石油加工、炼焦和核燃料加工业	2		60863	66822
化学原料和化学制品制造业	36	9	1095278	1075042
医药制造业	11	1	291841	234910
橡胶和塑料制品业	12	2	171688	170603
非金属矿物制品业	44	8	1022452	996437
黑色金属冶炼和压延加工业	34	5	7795844	7756906
有色金属冶炼和压延加工业	14	5	297332	229632
金属制品业	29	4	643505	617778
通用设备制造业	37	8	984024	920976
专用设备制造业	32	3	1966544	1868705
汽车制造业	268	56	24477627	23694490
铁路、船舶、航空航天和其他运输设备制造业	5		253292	248585
电气机械和器材制造业	29	4	683215	631414
计算机、通信和其他电子设备制造业	4	1	104577	101562
仪器仪表制造业	2		45708	45586
其他制造业	1		49089	49089
废弃资源综合利用业	5		175285	175285
金属制品、机械和设备修理业	1		3983	3983
电力、热力生产和供应业	26	4	1073594	1065320
燃气生产和供应业	2		26186	26186
水的生产和供应业	1		22431	22431

6-27 续表1 单位:万元

指 标 名 称	资产合计	流动资产合计	#存货	#产成品	固定资产合计	固定资产原价	累计折旧
总 计	32773543	18870677	4398210	2165658	9785420	15005660	5825600
#亏损企业	4294675	1620709	405187	185624	1854496	2835145	984917
#国有控股企业	20985366	11373518	2852651	1397018	6822511	10959110	4595238
按登记注册类型分组							
内资企业	25386446	14187092	3342007	1230951	7542871	12044708	4660873
国有企业	1310972	877481	349681	7423	215515	455751	253088
中央企业	1253727	848395	348304	6558	195076	420185	237967
地方企业	57244	29086	1376	865	20439	35566	15121
集体企业	111639	83944	11501	5962	25209	32515	9651
股份合作企业	35214	24178	5030	728	6935	10483	3593
联营企业							
有限责任公司	13370296	7488487	1853231	637582	4361560	7578737	3254049
#国有独资公司	5191177	2345186	994603	200079	2377689	4296140	1917992
其他有限责任公司	8179118	5143302	858628	437503	1983871	3282598	1336057
股份有限公司	4294667	2012302	316597	179804	1194077	1718229	534800
私营企业	6140326	3651270	788521	386274	1665672	2172742	603346
港、澳、台商投资企业	1313779	800178	352532	293663	451207	520953	181269
外商投资企业	6073319	3883407	703672	641045	1791342	2439998	983459
按经济组织类型分组							
独资企业	1941270	1341015	410330	30072	343907	669097	340403
#国有企业	1310972	877481	349681	7423	215515	455751	253088
集体企业	111639	83944	11501	5962	25209	32515	9651
合作、合伙企业	219978	112338	29617	17764	97693	134017	37114
股份有限公司	4703231	2236006	372239	210235	1327601	1859129	572828
有限责任公司	25909064	15181317	3586025	1907588	8016219	12343417	4875255
按轻重工业分							
轻工业	3523875	2104007	622564	120835	801208	1429193	627624
重工业	29249668	16766670	3775647	2044823	8984212	13576467	5197977
按企业规模分							
#大型工业	18609292	10878726	2447068	1387191	5564753	8871474	3754169
中型工业	8171318	4564194	1123835	394527	2459637	3653575	1271300
小型工业	5698304	3239607	800085	378122	1707846	2398908	764885
微型工业	294630	188149	27223	5818	53185	81702	35246

6-27 续表2 单位:万元

指标名称	资产合计	流动资产合计	#存货	#产成品	固定资产合计	固定资产原价	累计折旧
按工业行业大类分							
黑色金属矿采选业	154263	87630	9588	4404	53915	56036	2134
有色金属矿采选业	13810	8444	2499	2412	1623	3280	1657
非金属矿采选业	8072	5870	159	159	1507	2333	662
农副食品加工业	659564	442560	105107	46165	154663	338946	188101
食品制造业	189649	75520	25120	9966	88407	137690	49079
酒、饮料和精制茶制造业	33850	17805	3676	807	12507	17844	5357
烟草制品业	980898	657611	329713	5573	147846	331662	183816
纺织业	343800	196944	61258	20132	119563	109633	25833
纺织服装、服饰业	12087	10883	3014	1351	1204	2362	1158
木材加工和木、竹、藤、棕、草制品业	421656	207350	81035	33312	144979	180654	41999
家具制造业	182270	135856	9540	2588	15291	30814	12683
造纸和纸制品业	131691	39990	13492	5780	25326	98313	29216
印刷和记录媒介复制业	13475	9650	890	365	3703	4393	2896
文教、工美、体育和娱乐用品制造业	11269	8060	3230	100	2778	4123	1345
石油加工、炼焦和核燃料加工业	45048	32995	3314	1163	4902	6964	3005
化学原料和化学制品制造业	1605485	679526	116098	53163	635345	1051355	466105
医药制造业	235144	153950	23633	7245	21695	47410	27292
橡胶和塑料制品业	207956	125946	16548	4702	76211	78899	8131
非金属矿物制品业	841766	394797	54098	19314	306182	517603	228163
黑色金属冶炼和压延加工业	5233938	2833144	909418	104266	2031112	3391948	1365451
有色金属冶炼和压延加工业	457118	189188	74863	37048	233055	256336	24133
金属制品业	213356	103706	32979	16496	63660	89764	36775
通用设备制造业	463077	313736	92678	36660	107468	204269	106698
专用设备制造业	2584610	1526339	252214	147646	245944	375492	136736
汽车制造业	14740291	9627080	2043023	1556585	3780482	5081216	1786886
铁路、船舶、航空航天和其他运输设备制造业	333071	227354	20909	146	49988	96265	47915
电气机械和器材制造业	341904	254297	73553	32780	53844	72627	24811
计算机、通信和其他电子设备制造业	36212	18962	5556	2564	14578	17004	2426
仪器仪表制造业	15719	11218	1909	1377	3374	4482	1108
其他制造业	7086	6074	2039	2039	827	2356	1529
废弃资源综合利用业	143828	112128	9093	4437	8542	10942	2430
金属制品、机械和设备修理业	6528	5271	10		867	2077	1210
电力、热力生产和供应业	1971642	331551	16338	4915	1291832	2233622	944068
燃气生产和供应业	80820	10444	1171		42087	61428	19382
水的生产和供应业	52592	8798	448		40111	85521	45410

单位:万元

指 标 名 称	负债合计	流动负债	所有者权益合计	实收资本	国家资本	集体资本
总 计	22995257	18616250	9772068	3856559	1302261	69310
#亏损企业	3556346	2755183	743077	950859	255931	9139
#国有控股企业	14853860	12497829	6136938	2412528	1229090	6161
按登记注册类型分组						
内资企业	17307340	13333853	8072888	3301912	1163326	62295
国有企业	502363	475732	808609	322553	315219	1315
中央企业	479470	452864	774258	304481	304481	
地方企业	22893	22868	34351	18071	10737	1315
集体企业	58810	37139	52828	11735	1269	9531
股份合作企业	20515	19835	14699	12165		
联营企业						
有限责任公司	9641224	7582794	3731989	1777759	618575	48637
#国有独资公司	3994699	3217728	1201912	325752	253843	
其他有限责任公司	5646525	4365066	2530078	1452007	364732	48637
股份有限公司	2585169	1701358	1709498	528532	223094	672
私营企业	4433281	3516268	1697910	640538	5169	2141
港、澳、台商投资企业	950585	863229	363193	201966	29651	3450
外商投资企业	4737332	4419168	1335987	352681	109283	3565
按经济组织类型分组						
独资企业	918934	849910	1022336	405370	317596	10846
#国有企业	502363	475732	808609	322553	315219	1315
集体企业	58810	37139	52828	11735	1269	9531
合作、合伙企业	120551	49151	99427	30620		1440
股份有限公司	2866641	1863305	1836590	596458	223094	2797
有限责任公司	19089131	15853885	6813715	2824111	761570	54228
按轻重工业分						
轻工业	1686939	1305940	1836935	668434	337041	6120
重工业	21308317	17310311	7935133	3188125	965219	63190
按企业规模分						
#大型工业	13863709	11328020	4745583	1299658	593109	2797
中型工业	5240164	4225521	2931152	1282896	526021	35192
小型工业	3655738	2893923	2041878	1243913	175435	26244
微型工业	235646	168786	53455	30091	7696	5078

指 标 名 称	负债合计	流动负债	所有者权益合计	实收资本	国家资本	集体资本
按工业行业大类分						
黑色金属矿采选业	111368	110768	42895	13822		51
有色金属矿采选业	8733	8345	5078	4650		
非金属矿采选业	5600	5600	2472	1055		5
农副食品加工业	324288	286357	335276	56911	4200	738
食品制造业	96312	60316	93337	74715	19344	332
酒、饮料和精制茶制造业	16688	16289	17161	4592		
烟草制品业	293576	272188	687322	242010	242010	
纺织业	273761	148338	70039	29105	498	
纺织服装、服饰业	3872	3829	8216	6530		
木材加工和木、竹、藤、棕、草制品业	224602	146175	197053	51516	80	
家具制造业	134730	126399	47540	28033		
造纸和纸制品业	135721	42201	-4031	37799	19731	
印刷和记录媒介复制业	4375	3995	9100	7564	2014	5050
文教、工美、体育和娱乐用品制造业	5226	4751	6043	4895		
石油加工、炼焦和核燃料加工业	22172	22008	22876	13722	6120	
化学原料和化学制品制造业	947915	763386	657570	382200	61341	
医药制造业	110117	91006	125026	26949	934	
橡胶和塑料制品业	107045	103610	100911	20771		51
非金属矿物制品业	489879	417246	351202	230653	8995	6583
黑色金属冶炼和压延加工业	3911835	3063540	1321059	348547	244165	6450
有色金属冶炼和压延加工业	393940	180066	68611	109774	104526	
金属制品业	105899	90251	106958	48466	3285	
通用设备制造业	273408	248619	189669	149382	37865	594
专用设备制造业	1331431	955292	1253179	394907	85863	672
汽车制造业	11489441	10265389	3249877	1072300	263607	41365
铁路、船舶、航空航天和其他运输设备制造业	235428	214169	97643	65708	63678	730
电气机械和器材制造业	212284	185384	129619	67018		600
计算机、通信和其他电子设备制造业	7958	6051	28254	4900		
仪器仪表制造业	8500	8303	7219	2000		
其他制造业	4332		2755	1540		
废弃资源综合利用业	143946	140593	-117	6234	500	
金属制品、机械和设备修理业	816	816	5712	5000	5000	
电力、热力生产和供应业	1519975	593821	443218	291692	103256	6090
燃气生产和供应业	32689	24785	48131	16800	7500	
水的生产和供应业	7397	6369	45195	34800	17748	

6-27 续表5 单位:万元

指 标 名 称	法人资本	个人资本	港澳台资本	外商资本	主营业务收入	#主营业务成本	#主营业务税金及附加
总 计	1485583	703804	38288	257313	44325512	38901772	1116859
#亏损企业	486513	147808	9918	41549	1977744	1928113	7887
#国有控股企业	849414	155630	7936	164299	24610237	20764207	1049148
按登记注册类型分组							
内资企业	1341309	703549	436	30997	31330562	28169869	715724
国有企业	6019				1461335	732708	538532
中央企业					1343928	621359	538051
地方企业	6019				117406	111349	481
集体企业	600	336			241324	221076	1329
股份合作企业	15	12150			45274	43012	103
联营企业							
有限责任公司	940974	163393		6180	16934893	15565626	123722
# 国有独资公司	71909				5973346	5592356	17911
其他有限责任公司	869065	163393		6180	10961547	9973270	105811
股份有限公司	105736	197102	436	1492	1820719	1567142	10095
私营企业	287965	321938		23325	10462474	9710915	41120
港、澳、台商投资企业	63353		31262	74249	1783776	1548941	5699
外商投资企业	80922	255	6590	152067	11211173	9182963	395436
按经济组织类型分组							
独资企业	12443	13043	7048	44395	3074044	2173174	551453
# 国有企业	6019				1461335	732708	538532
集体企业	600	336			241324	221076	1329
合作、合伙企业	115	23305		5760	542803	491475	1807
股份有限公司	137155	229059	436	3917	2143882	1855300	11535
有限责任公司	1335870	438397	30805	203241	38564783	34381823	552065
按轻重工业分							
轻工业	165911	114001	1924	43436	4601470	3542127	553557
重工业	1319672	589803	36364	213877	39724042	35359646	563302
按企业规模分							
#大型工业	415678	149721	2520	135833	23901101	20772446	506880
中型工业	505052	167497	12198	36937	10666214	9197999	576255
小型工业	560811	380214	16667	84542	9135252	8336613	32944
微型工业	4042	6373	6903		622945	594713	780

6-27 续表6 单位:万元

指标名称							
	法人资本	个人资本	港澳台资本	外商资本	主营业务收入	#主营业务成本	#主营业务税金及附加
按工业行业大类分							
黑色金属矿采选业	5421	8350			310225	292625	1067
有色金属矿采选业		4650			6807	6467	63
非金属矿采选业		1050			13307	10959	239
农副食品加工业	42847	8956		170	887290	823416	1986
食品制造业	21513	8804		24722	372404	319266	1802
酒、饮料和精制茶制造业	942	3650			65437	50554	3509
烟草制品业					1027252	345314	537143
纺织业	9835	18772			729091	692295	2733
纺织服装、服饰业	5000	1530			12966	11478	56
木材加工和木、竹、藤、棕、草制品业	22594	28841			1400058	1331705	4994
家具制造业	20389	6655	989		316624	295218	594
造纸和纸制品业	8610	9458			224500	214535	527
印刷和记录媒介复制业		500			13621	10337	72
文教、工美、体育和娱乐用品制造业	4895				14645	11730	83
石油加工、炼焦和核燃料加工业	1722	5880			64893	54613	444
化学原料和化学制品制造业	186504	131928	936	1492	1071824	982174	3810
医药制造业	22572	3443			264978	177180	1891
橡胶和塑料制品业	11250	9470			165967	148368	384
非金属矿物制品业	170685	36026	8364		939720	815217	9062
黑色金属冶炼和压延加工业	66419	28410	3103		7532880	7154993	20836
有色金属冶炼和压延加工业	2826	2422			229299	225294	374
金属制品业	16069	24389		4723	627704	570459	2475
通用设备制造业	68172	22833		19918	850498	772157	2234
专用设备制造业	162711	136679		8982	1905651	1703016	10219
汽车制造业	433361	145878	13597	174493	22984930	19803972	500842
铁路、船舶、航空航天和其他运输设备制造业	810	490			220208	195027	1428
电气机械和器材制造业	23317	43101			611590	553792	1303
计算机、通信和其他电子设备制造业		4900			89446	82702	84
仪器仪表制造业		2000			45625	40352	103
其他制造业		1540			49089	46632	
废弃资源综合利用业	3594	2140			173073	161809	149
金属制品、机械和设备修理业					3983	3712	74
电力、热力生产和供应业	172716	70	3800	5760	1037162	956285	5860
燃气生产和供应业	810	990	7500		40337	26038	295
水的生产和供应业				17052	22431	12080	126

指标名称	销售费用	其他业务利润	管理费用	#税金
总计	1255197	60341	1559860	45200
#亏损企业	46864	7505	134689	5829
#国有控股企业	916536	44993	971599	20069
按登记注册类型分组				
内资企业	579688	54041	1088126	40700
国有企业	25141	1932	95389	2249
中央企业	24498	1863	92572	2242
地方企业	644	68	2818	6
集体企业	1489	1029	14556	94
股份合作企业	442	27	1142	41
联营企业				
有限责任公司	284099	43326	549008	19469
#国有独资公司	27678	22632	147021	7255
其他有限责任公司	256421	20694	401987	12213
股份有限公司	114497	3618	119360	2019
私营企业	146125	4110	294322	13831
港、澳、台商投资企业	46984	3610	123996	2938
外商投资企业	628526	2689	347738	1562
按经济组织类型分组				
独资企业	48934	3252	155663	4538
#国有企业	25141	1932	95389	2249
集体企业	1489	1029	14556	94
合作、合伙企业	10887	46	20628	3080
股份有限公司	117172	5528	137106	2892
有限责任公司	1078206	51515	1246462	34690
按轻重工业分				
轻工业	132098	3156	186515	10652
重工业	1123100	57185	1373345	34548
按企业规模分				
#大型工业	903205	39375	858737	14483
中型工业	163278	15835	387053	15676
小型工业	186185	4778	297334	14773
微型工业	2530	354	16736	269

6-27 续表8 单位:万元

指 标 名 称	销售费用	其他业务利润	管理费用	#税 金
按工业行业大类分				
黑色金属矿采选业	3321	45	4748	74
有色金属矿采选业	1		1123	25
非金属矿采选业	1244		644	9
农副食品加工业	10651	388	23011	1113
食品制造业	12734	0.3	14225	782
酒、饮料和精制茶制造业	2035		4976	1102
烟草制品业	20797	1634	59477	1929
纺织业	3435	78	16746	609
纺织服装、服饰业	544		657	
木材加工和木、竹、藤、棕、草制品业	18166	18	22723	936
家具制造业	6160	26	7648	246
造纸和纸制品业	2109		10360	337
印刷和记录媒介复制业	276	32	1357	
文教、工美、体育和娱乐用品制造业	50	93	1922	29
石油加工、炼焦和核燃料加工业	1897	194	2707	
化学原料和化学制品制造业	55072	1122	65589	1971
医药制造业	42832	13	12013	297
橡胶和塑料制品业	3268		7382	3147
非金属矿物制品业	35467	103	35406	1230
黑色金属冶炼和压延加工业	28544	21253	118172	8638
有色金属冶炼和压延加工业	5246	630	10280	741
金属制品业	11380	1	30955	183
通用设备制造业	19648	120	31733	904
专用设备制造业	69835	3704	74139	319
汽车制造业	869143	22764	903941	16695
铁路、船舶、航空航天和其他运输设备制造业	3013	812	18165	418
电气机械和器材制造业	17237	833	25143	538
计算机、通信和其他电子设备制造业	1108		2560	247
仪器仪表制造业	714		2069	2
其他制造业	821		895	
废弃资源综合利用业	702	849	1558	52
金属制品、机械和设备修理业		177	319	19
电力、热力生产和供应业	3373	5025	41587	2465
燃气生产和供应业	2392		1253	44
水的生产和供应业	1981	428	4378	103

6-27 续表9 单位:万元

指标名称	财务费用	#利息支出	营业利润	利润总额	亏损企业亏损额	利税总额
总计	248786	307771	1282296	1345477	197863	3516733
#亏损企业	68016	65475	-208804	-197863	197863	-171229
#国有控股企业	108186	183310	807187	831503	153819	2619381
按登记注册类型分组						
内资企业	259027	291071	553282	611449	187093	2008102
国有企业	531	4947	79728	80534	1124	733790
中央企业	605	4916	77613	77794		725614
地方企业	-75	31	2115	2740	1124	8176
集体企业	468	390	3611	4854		13048
股份合作企业	431	433	170	246	40	1470
联营企业						
有限责任公司	129163	145673	270694	290833	101382	774772
#国有独资公司	94448	77081	65137	54071	14179	230739
其他有限责任公司	34715	68592	205556	236761	87203	544033
股份有限公司	49435	71879	-20418	-3505	68388	39811
私营企业	76398	66581	210013	229002	16106	432356
港、澳、台商投资企业	8065	3447	60331	62258	493	112480
外商投资企业	-18306	13254	668684	671769	10278	1396151
按经济组织类型分组						
独资企业	15359	18561	136515	139868	6872	841853
#国有企业	531	4947	79728	80534	1124	733790
集体企业	468	390	3611	4854		13048
合作、合伙企业	3678	2224	14374	14503	92	23766
股份有限公司	52270	73759	-8420	10867	69132	65066
有限责任公司	177479	213227	1139827	1180240	121767	2586047
按轻重工业分						
轻工业	44133	52315	179152	186526	17424	933917
重工业	204653	255456	1103144	1158951	180439	2582816
按企业规模分						
#大型工业	85344	158055	778350	798316	89112	1950175
中型工业	80393	77620	297091	315294	67336	1160207
小型工业	81337	70289	200236	221839	39027	392076
微型工业	1713	1807	6619	10028	2389	14275

6-27 续表10 单位:万元

指标名称	财务费用	#利息支出	营业利润	利润总额	亏损企业亏损额	利税总额
按工业行业大类分						
黑色金属矿采选业	2388	2066	6119	6196		11448
有色金属矿采选业	167	167	-1030	-931	931	-587
非金属矿采选业	83	66	137	118		777
农副食品加工业	7074	8170	25254	27048	7076	53748
食品制造业	13933	13523	11584	13405	2465	21329
酒、饮料和精制茶制造业	3250	3238	1500	1530		6764
烟草制品业	381	4133	70441	68615		706960
纺织业	4509	4502	8930	10002	2216	31209
纺织服装、服饰业	60	54	172	186	2	710
木材加工和木、竹、藤、棕、草制品业	4553	4420	18396	18480	1006	45083
家具制造业	2723	2869	5914	6054		10986
造纸和纸制品业	3705	3446	-3822	-3015	5657	1987
印刷和记录媒介复制业	79	4	1408	1876		2565
文教、工美、体育和娱乐用品制造业	-42	10	741	275		920
石油加工、炼焦和核燃料加工业	611	544	4149	4003		5504
化学原料和化学制品制造业	27423	32695	-45643	-41692	75508	1906
医药制造业	2552	1945	30043	31130	8	48468
橡胶和塑料制品业	916	698	5457	5831	268	8069
非金属矿物制品业	9217	8130	39012	41283	1998	76794
黑色金属冶炼和压延加工业	99854	81411	83058	69656	373	226978
有色金属冶炼和压延加工业	13753	13557	-25072	-24206	25735	-20298
金属制品业	3711	3619	7643	7887	600	17766
通用设备制造业	4337	4965	15137	17568	2592	29187
专用设备制造业	9852	28253	26036	35363	3492	77752
汽车制造业	4606	58981	935542	972690	35336	2018691
铁路、船舶、航空航天和其他运输设备制造业	736	1673	4775	6473		17637
电气机械和器材制造业	5465	4857	7638	11589	3900	22687
计算机、通信和其他电子设备制造业	192	190	2215	2571	26	3338
仪器仪表制造业	144	144	2242	2312		3056
其他制造业	120	120	621	621		621
废弃资源综合利用业	2072	2050	10323	10635		13082
金属制品、机械和设备修理业	-6		58	52		759
电力、热力生产和供应业	19878	16755	18354	26711	28675	54233
燃气生产和供应业	419	401	10769	10967		11550
水的生产和供应业	73	117	4196	4194		5056

6-27 续表11 单位:万元

指 标 名 称	本年应付工资总额	本年应交增值税	全部从业人员年平均数(人)
总 计	1887680	1047918	265376
#亏损企业	152039	18657	32684
#国有控股企业	1186519	732793	109340
按登记注册类型分组			
内资企业	1377971	674554	220865
国有企业	81277	113846	7303
中央企业	66899	108967	5345
地方企业	14378	4880	1958
集体企业	14780	6836	3033
股份合作企业	4071	1121	1124
联营企业			
有限责任公司	727669	355057	87588
#国有独资公司	299463	156490	23947
其他有限责任公司	428206	198567	63641
股份有限公司	130657	33046	24418
私营企业	412661	162102	96734
港、澳、台商投资企业	80412	44418	12678
外商投资企业	429297	328946	31833
按经济组织类型分组			
独资企业	132177	149624	18887
#国有企业	81277	113846	7303
集体企业	14780	6836	3033
合作、合伙企业	16116	7457	2805
股份有限公司	158710	42489	30672
有限责任公司	1580676	848348	213012
按轻重工业分			
轻工业	265174	193021	42434
重工业	1622506	854897	222942
按企业规模分			
#大型工业	1103552	639868	114957
中型工业	474345	267635	81084
小型工业	295899	136948	67473
微型工业	13885	3468	1862

6-27 续表12 单位：万元

指 标 名 称	本年应付工资总额	本年应交增值税	全部从业人员年平均数(人)
按工业行业大类分			
黑色金属矿采选业	4079	4185	839
有色金属矿采选业	517	282	134
非金属矿采选业	631	420	176
农副食品加工业	41864	24714	8905
食品制造业	13565	6117	2765
酒、饮料和精制茶制造业	1836	1724	662
烟草制品业	48355	100647	882
纺织业	39027	18402	10426
纺织服装、服饰业	1062	468	442
木材加工和木、竹、藤、棕、草制品业	52177	21609	12569
家具制造业	13334	4338	2620
造纸和纸制品业	12520	4473	2495
印刷和记录媒介复制业	1305	618	351
文教、工美、体育和娱乐用品制造业	2271	561	453
石油加工、炼焦和核燃料加工业	1948	1057	224
化学原料和化学制品制造业	66014	39612	14013
医药制造业	29305	15445	2906
橡胶和塑料制品业	6836	1852	1738
非金属矿物制品业	43861	26449	9222
黑色金属冶炼和压延加工业	250019	135596	21130
有色金属冶炼和压延加工业	4143	3533	1690
金属制品业	25441	7404	5560
通用设备制造业	39261	9363	6880
专用设备制造业	81188	28868	13347
汽车制造业	950736	545004	121591
铁路、船舶、航空航天和其他运输设备制造业	13835	9287	4573
电气机械和器材制造业	32139	9613	7172
计算机、通信和其他电子设备制造业	2637	682	589
仪器仪表制造业	3600	640	450
其他制造业	693		192
废弃资源综合利用业	4367	2223	527
金属制品、机械和设备修理业	3270	630	226
电力、热力生产和供应业	79979	21076	8428
燃气生产和供应业	4783	288	581
水的生产和供应业	11087	736	618

6-28 市区规模以上工业企业主要财务状况

（2016年） 单位:万元

指标名称	单位数(个)	#亏损企业	工业总产值（当年价）	工业销售产值（当年价）
总计	515	84	40664603	39628632
#亏损企业	84	84	1647340	1508398
#国有控股企业	58	14	22888529	22722890
按登记注册类型分组				
内资企业	486	78	28104127	27252103
国有企业	7	1	1160296	1149440
中央企业	4		1147500	1136689
地方企业	3	1	12796	12751
集体企业	14		239562	236479
股份合作企业	5	1	52196	46401
联营企业				
有限责任公司	164	28	15711425	15432067
#国有独资公司	13	2	5987710	5966308
其他有限责任公司	151	26	9723715	9465759
股份有限公司	19	4	1678513	1588561
私营企业	275	43	8873411	8410431
港、澳、台商投资企业	12	2	1716088	1634267
外商投资企业	17	4	10844388	10742261
按经济组织类型分组				
独资企业	59	9	2716825	2655046
#国有企业	7	1	1160296	1149440
集体企业	14		239562	236479
合作、合伙企业	11	2	555434	536614
股份有限公司	31	8	1871864	1747960
有限责任公司	414	65	35520480	34689012
按轻重工业分				
轻工业	74	9	3113348	3003743
重工业	441	75	37551255	36624888
按企业规模分				
#大型工业	27	2	22995864	22833345
中型工业	103	18	9452378	9040324
小型工业	366	58	7608797	7151093
微型工业	19	6	607564	603870

单位:万元

指 标 名 称	单位数(个)	#亏损企业	工业总产值(当年价)	工业销售产值(当年价)
按工业行业大类分				
黑色金属矿采选业	6		333990	321343
有色金属矿采选业	1	1	4559	4559
非金属矿采选业	2		8673	8673
农副食品加工业	15	3	555629	539887
食品制造业	13	2	284224	259386
酒、饮料和精制茶制造业	1		3369	2424
烟草制品业	1		848054	842496
纺织业	9	2	238121	233802
木材加工和木、竹、藤、棕、草制品业	21		759224	753321
家具制造业	6		341795	333122
造纸和纸制品业	6	1	111163	107672
印刷和记录媒介复制业	4		20474	10727
石油加工、炼焦和核燃料加工业	2		60863	66822
化学原料和化学制品制造业	21	3	624238	626552
医药制造业	4	1	120988	88719
橡胶和塑料制品业	6		107056	107450
非金属矿物制品业	27	3	700153	691337
黑色金属冶炼和压延加工业	30	4	7723432	7687434
有色金属冶炼和压延加工业	8	3	240379	174383
金属制品业	21	4	463948	448568
通用设备制造业	33	8	961073	899459
专用设备制造业	26	3	1675513	1602568
汽车制造业	200	40	22416122	21815144
铁路、船舶、航空航天和其他运输设备制造业	5		253292	248585
电气机械和器材制造业	25	3	618077	566304
计算机、通信和其他电子设备制造业	3		87872	86053
仪器仪表制造业	2		45708	45586
其他制造业	1		49089	49089
废弃资源综合利用业	5		175285	175285
金属制品、机械和设备修理业	1		3983	3983
电力、热力生产和供应业	7	3	779641	779284
燃气生产和供应业	2		26186	26186
水的生产和供应业	1		22431	22431

单位:万元

指 标 名 称	资产合计	流动资产合计	#存货	#产成品	固定资产合计	固定资产原价	累计折旧
总 计	28339179	16840402	3921879	1939969	8013545	12291878	4823092
#亏损企业	3015904	1156965	284297	134789	1174965	1889710	684460
#国有控股企业	19121528	10740834	2712564	1325427	5836073	9412120	4003359
按登记注册类型分组							
内资企业	21064686	12194846	2873334	1008469	5827171	9425872	3697135
国有企业	1249124	852108	349503	7423	186755	413049	233631
中央企业	1237223	840555	348126	6558	186412	411521	232452
地方企业	11902	11553	1376	865	343	1528	1179
集体企业	111639	83944	11501	5962	25209	32515	9651
股份合作企业	35214	24178	5030	728	6935	10483	3593
联营企业							
有限责任公司	11533244	6646100	1632065	518431	3606810	6221650	2621039
#国有独资公司	5121897	2321744	988784	194657	2339673	4219008	1874981
其他有限责任公司	6411347	4324356	643281	323774	1267137	2002641	746058
股份有限公司	3469483	1766849	286115	163053	729643	1151768	422889
私营企业	4542648	2772237	571675	299695	1197916	1520157	403986
港、澳、台商投资企业	1298240	797678	352530	293663	438949	507770	180344
外商投资企业	5976253	3847878	696016	637837	1747425	2358236	945613
按经济组织类型分组							
独资企业	1802111	1267504	397541	25600	289161	588635	309026
#国有企业	1249124	852108	349503	7423	186755	413049	233631
集体企业	111639	83944	11501	5962	25209	32515	9651
合作、合伙企业	175084	83107	25208	15919	84966	91229	7053
股份有限公司	3749747	1932632	323719	187656	805107	1224782	451088
有限责任公司	22612237	13557158	3175411	1710793	6834311	10387232	4055924
按轻重工业分							
轻工业	2555315	1562847	481673	60569	518229	905016	380126
重工业	25783864	15277555	3440206	1879400	7495316	11386862	4442965
按企业规模分							
#大型工业	18137624	10676050	2392306	1358065	5398567	8437622	3493211
中型工业	6296927	3587365	928212	312601	1780003	2609913	873142
小型工业	3673618	2405541	575879	264800	796189	1179507	423960
微型工业	231010	171446	25483	4503	38786	64836	32779

6-28 续表2 单位:万元

指标名称	资产合计	流动资产合计	#存货	#产成品	固定资产合计	固定资产原价	累计折旧
按工业行业大类分							
黑色金属矿采选业	154263	87630	9588	4404	53915	56036	2134
有色金属矿采选业	1550	469	77	77	149	325	176
非金属矿采选业	7108	5070	139	139	1507	2019	512
农副食品加工业	277691	208348	68626	20151	61842	79745	18904
食品制造业	102472	47829	12445	5577	41458	76916	35129
酒、饮料和精制茶制造业	1233	926	80	61	307	537	230
烟草制品业	980898	657611	329713	5573	147846	331662	183816
纺织业	163462	82938	20342	5618	64809	38483	7348
木材加工和木、竹、藤、棕、草制品业	180348	103593	29193	13028	65207	65642	3834
家具制造业	173714	132568	6745	2149	11011	24511	10660
造纸和纸制品业	83410	18614	6553	3248	2660	62709	16750
印刷和记录媒介复制业	13475	9650	890	365	3703	4393	2896
石油加工、炼焦和核燃料加工业	45048	32995	3314	1163	4902	6964	3005
化学原料和化学制品制造业	1035658	484769	54588	26408	334597	564630	245028
医药制造业	95578	79938	3655	1744	3069	10594	7571
橡胶和塑料制品业	125378	61721	4659	1995	63657	64306	4649
非金属矿物制品业	544974	267422	40100	12838	165194	322722	171461
黑色金属冶炼和压延加工业	5189953	2807002	905455	101756	2021664	3378224	1358667
有色金属冶炼和压延加工业	421004	169487	73392	36127	223930	234966	8986
金属制品业	90736	63155	13064	2893	13752	27468	15881
通用设备制造业	445233	301208	88319	34631	103464	197119	103552
专用设备制造业	2331149	1363083	205879	121048	223647	339343	119071
汽车制造业	13814521	9018191	1923350	1493202	3572349	4713095	1641185
铁路、船舶、航空航天和其他运输设备制造业	333071	227354	20909	146	49988	96265	47915
电气机械和器材制造业	314203	238025	69962	31282	47610	64058	22477
计算机、通信和其他电子设备制造业	20700	16757	4241	1666	2222	3697	1475
仪器仪表制造业	15719	11218	1909	1377	3374	4482	1108
其他制造业	7086	6074	2039	2039	827	2356	1529
废弃资源综合利用业	143828	112128	9093	4437	8542	10942	2430
金属制品、机械和设备修理业	6528	5271	10		867	2077	1210
电力、热力生产和供应业	1085777	200116	11933	4830	633279	1358646	718713
燃气生产和供应业	80820	10444	1171		42087	61428	19382
水的生产和供应业	52592	8798	448		40111	85521	45410

 单位:万元

指 标 名 称	负债合计	流动负债	所有者权益合计	实收资本	国家资本	集体资本
总 计	20321077	16686486	8022561	2887527	1153971	54596
#亏损企业	2651279	2179668	370058	555317	177723	4144
#国有控股企业	13685723	11749932	5441237	1892253	1096355	2300
按登记注册类型分组						
内资企业	14680013	11435158	6389132	2414024	1015036	49021
国有企业	488410	461836	760715	303207	301392	
中央企业	473876	447302	763347	301171	301171	
地方企业	14534	14534	–2632	2036	221	
集体企业	58810	37139	52828	11735	1269	9531
股份合作企业	20515	19835	14699	12165		
联营企业						
有限责任公司	8569203	6781022	2968503	1254425	534473	38119
#国有独资公司	3937031	3186632	1190299	315786	250200	
其他有限责任公司	4632172	3594390	1778204	938639	284273	38119
股份有限公司	2007247	1405926	1462236	396199	177734	672
私营企业	3469850	2728673	1072796	427663	169	700
港、澳、台商投资企业	940317	861967	357923	198166	29651	3450
外商投资企业	4700748	4389360	1275505	275338	109283	2125
按经济组织类型分组						
独资企业	853480	795394	948631	368586	303769	9531
#国有企业	488410	461836	760715	303207	301392	
集体企业	58810	37139	52828	11735	1269	9531
合作、合伙企业	97623	31692	77461	23105		
股份有限公司	2219755	1506008	1529992	440607	177734	2797
有限责任公司	17150219	14353392	5466477	2055229	672467	42269
按轻重工业分						
轻工业	1146546	844180	1408769	514186	315243	5412
重工业	19174531	15842305	6613792	2373341	838728	49184
按企业规模分						
#大型工业	13633607	11101191	4504017	1140990	593109	2797
中型工业	4112190	3317242	2184736	950352	453160	34884
小型工业	2385007	2107873	1288607	772466	100006	11838
微型工业	190273	160180	45200	23720	7696	5078

单位:万元

指 标 名 称	负债合计	流动负债	所有者权益合计	实收资本	国家资本	集体资本
按工业行业大类分						
黑色金属矿采选业	111368	110768	42895	13822		51
有色金属矿采选业	568	568	982	150		
非金属矿采选业	5584	5584	1524	55		5
农副食品加工业	122534	86447	155156	7971		30
食品制造业	44665	39951	57807	55670	2244	332
酒、饮料和精制茶制造业	418	418	815	50		
烟草制品业	293576	272188	687322	242010	242010	
纺织业	152500	35234	10962	12835		
木材加工和木、竹、藤、棕、草制品业	122331	52119	58018	12002	80	
家具制造业	130943	123012	42771	26883		
造纸和纸制品业	112155	24502	-28745	20745	19731	
印刷和记录媒介复制业	4375	3995	9100	7564	2014	5050
石油加工、炼焦和核燃料加工业	22172	22008	22876	13722	6120	
化学原料和化学制品制造业	595252	512283	440406	150647	32693	
医药制造业	34034	34034	61544	2414	934	
橡胶和塑料制品业	50624	50624	74754	7111		51
非金属矿物制品业	268650	251701	276324	195128	7353	5268
黑色金属冶炼和压延加工业	3884791	3039227	1305162	342598	244165	6450
有色金属冶炼和压延加工业	365932	152288	60505	105931	104526	
金属制品业	59348	56493	31388	23938		
通用设备制造业	262518	239588	182715	147949	37865	594
专用设备制造业	1231813	856478	1099336	287646	85863	672
汽车制造业	10869798	9731040	2943752	918981	250798	33136
铁路、船舶、航空航天和其他运输设备制造业	235428	214169	97643	65708	63678	730
电气机械和器材制造业	199932	174676	114272	57063		600
计算机、通信和其他电子设备制造业	6206	6051	14494	4100		
仪器仪表制造业	8500	8303	7219	2000		
其他制造业	4332		2755	1540		
废弃资源综合利用业	143946	140593	-117	6234	500	
金属制品、机械和设备修理业	816	816	5712	5000	5000	
电力、热力生产和供应业	935886	410177	149891	98462	23150	1628
燃气生产和供应业	32689	24785	48131	16800	7500	
水的生产和供应业	7397	6369	45195	34800	17748	

6-28 续表5

单位:万元

指标名称					主营业务收入	#主营业务成本	#主营业务税金及附加
	法人资本	个人资本	港澳台资本	外商资本			
总计	915156	488717	34488	240599	39274818	34358713	1089833
#亏损企业	254702	73461	9918	35369	1367347	1339572	5275
#国有控股企业	477188	150356	7936	158119	23480677	19766076	1042393
按登记注册类型分组							
内资企业	836301	488462	436	24767	26335477	23675592	689272
国有企业	1815				1311336	596632	538061
中央企业					1298435	584881	537960
地方企业	1815				12902	11752	101
集体企业	600	336			241324	221076	1329
股份合作企业	15	12150			45274	43012	103
联营企业							
有限责任公司	556598	125236			15131503	13940571	116463
#国有独资公司	65586				5904793	5532624	17613
其他有限责任公司	491012	125236			9226710	8407947	98850
股份有限公司	58075	157790	436	1492	1574800	1371904	8611
私营企业	219198	184321		23275	7666696	7173007	23881
港、澳、台商投资企业	63353		27462	74249	1781231	1547978	5664
外商投资企业	15502	255	6590	141583	11158110	9135144	394896
按经济组织类型分组							
独资企业	6297	6070	3248	39671	2760537	1895065	546745
#国有企业	1815				1311336	596632	538061
集体企业	600	336			241324	221076	1329
合作、合伙企业	15	23090			513461	468384	1303
股份有限公司	85894	169879	436	3867	1754736	1535959	9153
有限责任公司	822949	289678	30805	197061	34246085	30459306	532631
按轻重工业分							
轻工业	78529	69642	1924	43436	3086659	2190806	543697
重工业	836627	419075	32564	197164	36188159	32167907	546136
按企业规模分							
#大型工业	258990	147741	2520	135833	23305319	20224963	504591
中型工业	340545	83531	12198	26034	8642031	7383604	565079
小型工业	311579	253644	16667	78732	6729576	6177881	19464
微型工业	4042	3801	3103		597892	572265	699

指标名称					主营业务收入	#主营业务成本	#主营业务税金及附加
	法人资本	个人资本	港澳台资本	外商资本			
按工业行业大类分							
黑色金属矿采选业	5421	8350			310225	292625	1067
有色金属矿采选业		150			4559	4872	7
非金属矿采选业		50			8737	6610	225
农副食品加工业	2944	4827		170	470524	456762	221
食品制造业	19953	8419		24722	238936	206538	1121
酒、饮料和精制茶制造业		50			2424	2026	7
烟草制品业					1027252	345314	537143
纺织业	6025	6810			196017	184696	387
木材加工和木、竹、藤、棕、草制品业	10702	1220			735097	711583	2594
家具制造业	20389	5505	989		291197	271694	504
造纸和纸制品业	610	404			98728	94999	240
印刷和记录媒介复制业		500			13621	10337	72
石油加工、炼焦和核燃料加工业	1722	5880			64893	54613	444
化学原料和化学制品制造业	34357	81170	936	1492	645844	583753	2935
医药制造业		1480			134114	77997	1187
橡胶和塑料制品业	4900	2160			108490	97661	146
非金属矿物制品业	159947	14197	8364		673583	587173	3771
黑色金属冶炼和压延加工业	63419	25461	3103		7474031	7099135	20740
有色金属冶炼和压延加工业		1405			173050	171386	346
金属制品业	12119	11819			461602	420638	2241
通用设备制造业	67864	21708		19918	829682	755564	2184
专用设备制造业	63081	129049		8982	1746641	1564365	9448
汽车制造业	339488	113699	13597	168263	21617457	18559851	497424
铁路、船舶、航空航天和其他运输设备制造业	810	490			220208	195027	1428
电气机械和器材制造业	23317	33146			546479	493041	1274
计算机、通信和其他电子设备制造业		4100			86106	79696	73
仪器仪表制造业		2000			45625	40352	103
其他制造业		1540			49089	46632	
废弃资源综合利用业	3594	2140			173073	161809	149
金属制品、机械和设备修理业					3983	3712	74
电力、热力生产和供应业	73684				760784	740133	1857
燃气生产和供应业	810	990	7500		40337	26038	295
水的生产和供应业				17052	22431	12080	126

6-28 续表7

单位:万元

指 标 名 称	销售费用	其他业务利润	管理费用	
				#税金
总 计	1156226	59022	1349326	36748
#亏损企业	35782	6840	88324	4199
#国有控股企业	899452	44331	898046	17375
按登记注册类型分组				
内资企业	482313	52722	881673	32477
国有企业	24646	1895	85091	2228
中央企业	24498	1863	82740	2227
地方企业	149	32	2351	2
集体企业	1489	1029	14556	94
股份合作企业	442	27	1142	41
联营企业				
有限责任公司	247933	42388	461298	16324
#国有独资公司	27187	22468	142322	7243
其他有限责任公司	220746	19920	318976	9081
股份有限公司	97150	3605	100133	1735
私营企业	102756	3778	205105	9057
港、澳、台商投资企业	46984	3610	123954	2938
外商投资企业	626929	2689	343699	1333
按经济组织类型分组				
独资企业	46098	3200	138275	3370
#国有企业	24646	1895	85091	2228
集体企业	1489	1029	14556	94
合作、合伙企业	10276	27	18843	3038
股份有限公司	98219	5516	109044	2388
有限责任公司	1001633	50279	1083164	27952
按轻重工业分				
轻工业	99094	2925	134374	7781
重工业	1057131	56097	1214952	28967
按企业规模分				
#大型工业	897494	38936	829595	13563
中型工业	127193	15608	296875	13136
小型工业	129130	4124	206724	9786
微型工业	2409	354	16132	263

指标名称	销售费用	其他业务利润	管理费用	#税　金
按工业行业大类分				
黑色金属矿采选业	3321	45	4748	74
有色金属矿采选业	1		154	25
非金属矿采选业	1191		495	7
农副食品加工业	4698	244	6064	244
食品制造业	9137	0.3	8936	536
酒、饮料和精制茶制造业	96		192	5
烟草制品业	20797	1634	59477	1929
纺织业	1891	97	8479	527
木材加工和木、竹、藤、棕、草制品业	4723		7183	234
家具制造业	5731	26	6694	238
造纸和纸制品业	1407		5816	196
印刷和记录媒介复制业	276	32	1357	
石油加工、炼焦和核燃料加工业	1897	194	2707	
化学原料和化学制品制造业	40926	523	37503	1138
医药制造业	25865		6520	53
橡胶和塑料制品业	2138		5561	3106
非金属矿物制品业	30713	103	26113	1174
黑色金属冶炼和压延加工业	28100	21253	117292	8632
有色金属冶炼和压延加工业	4427	630	9182	723
金属制品业	9173	1	23558	145
通用设备制造业	18914	101	29667	783
专用设备制造业	61922	3689	68431	302
汽车制造业	848838	22434	841464	14036
铁路、船舶、航空航天和其他运输设备制造业	3013	812	18165	418
电气机械和器材制造业	16027	833	23907	497
计算机、通信和其他电子设备制造业	1020		2346	34
仪器仪表制造业	714		2069	2
其他制造业	821		895	
废弃资源综合利用业	702	849	1558	52
金属制品、机械和设备修理业		177	319	19
电力、热力生产和供应业	3373	4917	16841	1473
燃气生产和供应业	2392		1253	44
水的生产和供应业	1981	428	4378	103

6-28 续表9 单位:万元

指 标 名 称	财务费用	#利息支出	营业利润	利润总额	亏损企业亏损额	利税总额
总 计	189933	251314	1166075	1220035	144913	3237979
#亏损企业	51825	49273	-152898	-144913	144913	-113416
#国有控股企业	83858	159969	794089	813721	115613	2571993
按登记注册类型分组						
内资企业	201663	236238	436216	485264	139515	1731169
国有企业	682	4916	74914	75176	1124	722279
中央企业	653	4916	76486	76288		722529
地方企业	29		-1572	-1112	1124	-249
集体企业	468	390	3611	4854		13048
股份合作企业	431	433	170	246	40	1470
联营企业						
有限责任公司	100629	119663	254472	270303	63197	690473
#国有独资公司	92643	75201	64061	53543	13403	226554
其他有限责任公司	7986	44462	190412	216760	49794	463918
股份有限公司	44618	65939	-30687	-15088	63215	32979
私营企业	52235	43730	124251	140288	11887	258064
港、澳、台商投资企业	7659	3019	59232	61159	493	111269
外商投资企业	-19389	12058	670627	673612	4905	1395541
按经济组织类型分组						
独资企业	10457	13469	128540	131344	6396	818578
#国有企业	682	4916	74914	75176	1124	722279
集体企业	468	390	3611	4854		13048
合作、合伙企业	3578	2071	11105	11186	92	18308
股份有限公司	45780	66156	-24492	-7590	63959	44696
有限责任公司	130119	169618	1050923	1085095	74467	2356396
按轻重工业分						
轻工业	22635	30241	128497	132482	10924	817017
重工业	167298	221073	1037578	1087553	133990	2420962
按企业规模分						
#大型工业	78061	150151	770608	788023	60034	1914789
中型工业	58039	53785	247093	260695	59883	1027071
小型工业	52648	46110	143027	162556	22626	283456
微型工业	1185	1269	5347	8762	2371	12663

6-28 续表10 单位:万元

指 标 名 称	财务费用	#利息支出	营业利润	利润总额	亏损企业亏损额	利税总额
按工业行业大类分						
黑色金属矿采选业	2388	2066	6119	6196		11448
有色金属矿采选业	26	26	–515	–514	514	–457
非金属矿采选业	83	66	132	113		621
农副食品加工业	257	353	4700	5294	1918	10911
食品制造业	9655	9240	4080	5505	2020	8652
酒、饮料和精制茶制造业	15	16	88	88		138
烟草制品业	381	4133	70441	68615		706960
纺织业	1339	1320	–1726	–703	2090	1599
木材加工和木、竹、藤、棕、草制品业	1022	924	7993	8014		20041
家具制造业	2585	2731	5622	5762		10010
造纸和纸制品业	3174	3153	–4177	–4227	4889	–2581
印刷和记录媒介复制业	79	4	1408	1876		2565
石油加工、炼焦和核燃料加工业	611	544	4149	4003		5504
化学原料和化学制品制造业	17915	23188	–17588	–14700	42484	12243
医药制造业	598	184	22983	23172	8	33950
橡胶和塑料制品业	335	234	2455	2798		3704
非金属矿物制品业	7801	6744	22953	24984	1521	46886
黑色金属冶炼和压延加工业	99274	80831	82067	68669	369	225377
有色金属冶炼和压延加工业	13589	13387	–25289	–24469	25598	–22070
金属制品业	2381	2310	3505	3608	600	11383
通用设备制造业	4159	4834	13923	16287	2592	27357
专用设备制造业	9565	28150	22252	30700	3492	68451
汽车制造业	–7098	47198	905498	939565	28249	1952080
铁路、船舶、航空航天和其他运输设备制造业	736	1673	4775	6473		17637
电气机械和器材制造业	5149	4523	6070	9988	3883	20597
计算机、通信和其他电子设备制造业	144	142	2242	2598		3294
仪器仪表制造业	144	144	2242	2312		3056
其他制造业	120	120	621	621		621
废弃资源综合利用业	2072	2050	10323	10635		13082
金属制品、机械和设备修理业	–6		58	52		759
电力、热力生产和供应业	10950	10513	–6293	1559	24688	27554
燃气生产和供应业	419	401	10769	10967		11550
水的生产和供应业	73	117	4196	4194		5056

6-28 续表11　　　　单位:万元

指 标 名 称	本年应付工资总额	本年应交增值税	全部从业人员年平均数(人)
总　计	1555327	921813	198694
#亏损企业	108617	26132	21862
#国有控股企业	1095872	710047	95346
按登记注册类型分组			
内资企业	1051926	550438	155103
国有企业	63538	108266	5459
中央企业	61516	107504	4971
地方企业	2022	762	488
集体企业	14780	6836	3033
股份合作企业	4071	1121	1124
联营企业			
有限责任公司	616859	298560	66522
#国有独资公司	295353	153133	23055
其他有限责任公司	321506	145428	43467
股份有限公司	107705	39281	20622
私营企业	238115	93829	57678
港、澳、台商投资企业	80366	44342	12672
外商投资企业	423035	327033	30919
按经济组织类型分组			
独资企业	106371	139683	15056
#国有企业	63538	108266	5459
集体企业	14780	6836	3033
合作、合伙企业	13567	5818	2336
股份有限公司	118361	42957	23820
有限责任公司	1317029	733355	157482
按轻重工业分			
轻工业	160473	140104	20820
重工业	1394854	781709	177874
按企业规模分			
#大型工业	1022913	617065	99432
中型工业	322648	200434	54473
小型工业	196115	101111	43000
微型工业	13651	3203	1789

6-28 续表12 单位：万元

指 标 名 称	本年应付工资总额	本年应交增值税	全部从业人员年平均数(人)
按工业行业大类分			
黑色金属矿采选业	4079	4185	839
有色金属矿采选业	119	51	19
非金属矿采选业	612	283	148
农副食品加工业	9337	5396	2102
食品制造业	9315	2025	1933
酒、饮料和精制茶制造业	43	42	50
烟草制品业	48355	100647	882
纺织业	8107	1913	2317
木材加工和木、竹、藤、棕、草制品业	17343	9434	4057
家具制造业	12578	3744	2374
造纸和纸制品业	6235	1406	1099
印刷和记录媒介复制业	1305	618	351
石油加工、炼焦和核燃料加工业	1948	1057	224
化学原料和化学制品制造业	45966	23832	8921
医药制造业	9718	9591	1295
橡胶和塑料制品业	3911	758	897
非金属矿物制品业	30110	18131	6095
黑色金属冶炼和压延加工业	247591	135078	20654
有色金属冶炼和压延加工业	3245	2052	1406
金属制品业	9445	5535	2630
通用设备制造业	37320	8864	6479
专用设备制造业	74278	25000	12449
汽车制造业	851340	514939	102060
铁路、船舶、航空航天和其他运输设备制造业	13835	9287	4573
电气机械和器材制造业	30757	9153	6766
计算机、通信和其他电子设备制造业	2292	623	480
仪器仪表制造业	3600	640	450
其他制造业	693		192
废弃资源综合利用业	4367	2223	527
金属制品、机械和设备修理业	3270	630	226
电力、热力生产和供应业	48346	23652	5000
燃气生产和供应业	4783	288	581
水的生产和供应业	11087	736	618

6-29 各县规模以上工业企业主要经济指标

（2016年） 单位：万元

指标名称	柳江县	柳城县	鹿寨县	融安县	融水苗族自治县	三江侗族自治县
企业单位数（个）	107	36	56	33	36	9
#亏损企业	23	10	11	3	2	
工业总产值（当年价格）	2866306	789428	1580990	503475	612611	36539
工业销售产值（当年价格）	2629233	717135	1430463	489455	573671	36564
#出口交货值	12002	8012	6778			
资产合计	1709044	701281	1347150	267872	336371	72647
流动资产合计	1060511	303300	433314	131231	86000	15920
#应收账款净额	294059	43254	88608	19054	7925	1551
存货	206852	85836	115758	47468	19145	1272
#产成品	105254	37959	50798	22311	8784	584
固定资产小计	419182	288160	757522	90896	186292	29824
固定资产原价	741760	421349	1047464	163347	302192	37670
累计折旧	315479	152396	328230	77920	120638	7846
负债合计	983710	373990	940505	157724	202417	15834
#流动负债合计	836795	240046	597264	135927	112299	7435
所有者权益合计	724149	326247	406645	110148	125506	56813
主营业务收入	1997043	670898	1350345	446182	548423	37803
主营业务成本	1769577	588378	1243157	408754	504081	29113
主营业务税金及附加	11063	3073	8238	2609	1824	220
销售费用	50431	15546	13431	8640	9922	1003
管理费用	88329	26105	65742	10364	17324	2670
财务费用	23475	10988	14412	5005	4585	388
利润总额	61553	30324	8436	10016	10529	4583
亏损企业亏损总额	11332	2652	36275	2054	639	
利税总额	126388	68929	27418	23342	26986	5692
本年应交增值税	53708	35464	10717	10695	14632	889
本年应付工资总额	123094	53937	107389	24763	20338	2833
全部从业人员平均人数（人）	24955	8813	21538	5291	5155	930

6-30　各县规模以上工业企业分行业情况

（2016年）　　单位：个

指标名称	柳江县	柳城县	鹿寨县	融安县	融水苗族自治县	三江侗族自治县
按工业行业大类分	107	36	56	33	36	9
黑色金属矿采选业						
有色金属矿采选业				1		
非金属矿采选业	1					
农副食品加工业	5	2	4	1	2	
食品制造业	3	2	1			
酒、饮料和精制茶制造业	2		1			4
烟草制品业						
纺织业		5	9	2	1	
纺织服装、服饰业	2					
木材加工和木、竹、藤、棕、草制品业	1	3	5	18	21	3
家具制造业		1			1	
造纸和纸制品业	2	3	4			
印刷和记录媒介复制业						
文教、工美、体育和娱乐用品制造业			2			
石油加工、炼焦和核燃料加工业						
化学原料和化学制品制造业		5	7		3	
医药制造业	2	2	1	2		
橡胶和塑料制品业	4		2			
非金属矿物制品业	3	4	6	3	1	
黑色金属冶炼和压延加工业	1	2	1			
有色金属冶炼和压延加工业	3	1		2		
金属制品业	5	1	2			
通用设备制造业	3		1			
专用设备制造业	6					
汽车制造业	58	3	7			
铁路、船舶、航空航天和其他运输设备制造业						
电气机械和器材制造业	4					
计算机、通信和其他电子设备制造业				1		
仪器仪表制造业						
其他制造业						
废弃资源综合利用业						
金属制品、机械和设备修理业						
电力、热力生产和供应业	2	2	3	3	7	2
燃气生产和供应业						
水的生产和供应业						

6-31 各县规模以上工业分行业总产值

（2016年）　　单位：万元

指标名称	柳江县	柳城县	鹿寨县	融安县	融水苗族自治县	三江侗族自治县
按工业行业大类分	2866306	789428	1580990	503475	612611	36539
黑色金属矿采选业						
有色金属矿采选业				2886		
非金属矿采选业	4590					
农副食品加工业	109370	177977	149299	25124	68418	
食品制造业	80839	61710	9500			
酒、饮料和精制茶制造业	44504		10754			10158
烟草制品业						
纺织业		77187	475159	51021	27415	
纺织服装、服饰业	13040					
木材加工和木、竹、藤、棕、草制品业	11172	32224	75301	251384	340394	7921
家具制造业		6640			20045	
造纸和纸制品业	17820	31633	88973			
印刷和记录媒介复制业						
文教、工美、体育和娱乐用品制造业			17863			
石油加工、炼焦和核燃料加工业						
化学原料和化学制品制造业		146682	229281		95077	
医药制造业	61101	59448	12803	37501		
橡胶和塑料制品业	55245		9387			
非金属矿物制品业	17344	20068	224472	49399	11017	
黑色金属冶炼和压延加工业	4956	16463	50992			
有色金属冶炼和压延加工业	8553	6232		42167		
金属制品业	51200	59613	68743			
通用设备制造业	19803		3148			
专用设备制造业	291030					
汽车制造业	1935986	57616	67904			
铁路、船舶、航空航天和其他运输设备制造业						
电气机械和器材制造业	65138					
计算机、通信和其他电子设备制造业				16705		
仪器仪表制造业						
其他制造业						
废弃资源综合利用业						
金属制品、机械和设备修理业						
电力、热力生产和供应业	74614	35937	87410	27288	50245	18459
燃气生产和供应业						
水的生产和供应业						

6-32 全市规模以上工业增加值

（2016年） 单位：万元

指标名称	全市	轻工业	重工业	国有企业	集体企业	股份合作企业	股份制企业
按工业行业大类分	11937244	1879787	10057457	733383	75293	66434	7711523
黑色金属矿采选业	108115		108115				107430
有色金属矿采选业	1112		1112				426
非金属矿采选业	6315		6315				5303
其他采矿业	2589		2589				2589
农副食品加工业	310389	310389		1352			286892
食品制造业	93609	93609					93036
酒、饮料和精制茶制造业	23795	23795					6078
烟草制品业	682853	682853					
纺织业	283856	283856					268488
纺织服装、服饰业	10364	10364					10447
皮革、毛皮、羽毛及其制品和制鞋业	6060	6060					6202
木材加工和木、竹、藤、棕、草制品业	483650	42030	431417				434263
家具制造业	98695	98695					98695
造纸和纸制品业	62695	62695					60816
印刷和记录媒介复制业	3154	3154					
文教、工美、体育和娱乐用品制造业	4257	4257					4257
石油加工、炼焦和核燃料加工业	60228		60228				42241
化学原料和化学制品制造业	301665	77841	223824		13609		270683
医药制造业	117526	117526					116497
橡胶和塑料制品业	61235	10583	51629				56150
非金属矿物制品业	303169		303169	2803			286039
黑色金属冶炼和压延加工业	1266785		1266785	509058		58046	671352
有色金属冶炼和压延加工业	50475		50475				47397
金属制品业	192883		188992		6287		111251
通用设备制造业	494190		494190				342917
专用设备制造业	401887	10	401878				391822
汽车制造业	5543198		5543198	64902	38038	2366	2630790
铁路、船舶、航空航天和其他运输设备制造业	24276	1807	22468		10533		6487
电气机械和器材制造业	254659	6229	248430				249996
计算机、通信和其他电子设备制造业	38577		38577				37291
仪器仪表制造业	7474		7474				6538
其他制造业	24667	24667					21883
废弃资源综合利用业	76206		76206				72261
金属制品、机械和设备修理业	45923		45923	43537			2385
电力、热力生产和供应业	457239		457239	45247			263545
燃气生产和供应业	16172		16172				
水的生产和供应业	17301	17301					

注：分行业增加值采用2011年行业标准划分

6-32 续表 单位：万元

指 标 名 称	外商及港澳台商投资企业	其它经济类型企业	国有控股企业	非公有工业	大中型企业	其中：国有企业	私有企业
按工业行业大类分	2891119	459491	5195915	6414100	8580646	658081	3652757
黑色金属矿采选业				107430	72115		72309
有色金属矿采选业							
非金属矿采选业			3462	1715	4062		1837
其他采矿业				2589			
农副食品加工业			103270	194285	247904	1340	53040
食品制造业			13489	74016	13489		17246
酒、饮料和精制茶制造业		13600		23040			17579
烟草制品业			682853		682853		
纺织业		10408	735	283061	196879		235319
纺织服装、服饰业			1722	2229			1916
皮革、毛皮、羽毛及其制品和制鞋业				5029	4712		5452
木材加工和木、竹、藤、棕、草制品业		40979		482588	175275		441475
家具制造业				98695	74595		32995
造纸和纸制品业			14328	49304	17255		28924
印刷和记录媒介复制业		520	1657	634			617
文教、工美、体育和娱乐用品制造业				4257	4257		4257
石油加工、炼焦和核燃料加工业			30724	5485	25194		
化学原料和化学制品制造业	1476	8950	64365	146448	164253		45797
医药制造业				76887	63373		20433
橡胶和塑料制品业		1174	754	66684	21294		30509
非金属矿物制品业	4195		30796	272579	125708		140241
黑色金属冶炼和压延加工业		71926	525007	887568	747956	508675	225231
有色金属冶炼和压延加工业			21549	33573	20569		28037
金属制品业		41630		166256	59134		109848
通用设备制造业	9477		19816	419175	161732		293895
专用设备制造业	4715		213403	218194	277011		167997
汽车制造业	2578995	228649	2950793	2400689	4783553	64902	1542924
铁路、船舶、航空航天和其他运输设备制造业			656	6676	6410		471
电气机械和器材制造业				253346	136706		60344
计算机、通信和其他电子设备制造业				38339	13369		5703
仪器仪表制造业				7474	4268		7474
其他制造业				18393	4888		10555
废弃资源综合利用业				67464			50332
金属制品、机械和设备修理业			45253		43856	43537	
电力、热力生产和供应业			437811		394503	39626	
燃气生产和供应业	14012		16172		16172		
水的生产和供应业	16162		17301		17301		

交通、邮电通信业　7

7-1 全市主要年份邮电情况

年　份	邮电业务总量(万元)	年末电话用户(含移动、固定电话、小灵通、大灵通)(户)
1978	316	4991
1979	345	5382
1980	387	5432
1981	461	6045
1982	494	6095
1983	567	6437
1984	565	6082
1985	680	6749
1986	682	7448
1987	829	8599
1988	1123	9716
1989	1246	24087
1990	2465	28693
1991	3293	32592
1992	4691	45157
1993	8282	63913
1994	14549	89032
1995	23885	130465
1996	34003	162950
1997	47027	214439
1998	63833	271622
1999	84033	354026
2000	107828	573818
2001	121988	809204
2002	126124	1046077
2003	173428	1264142
2004	197390	1582387
2005	191980	1826291
2006	428931	2317435
2007	561498	2390623
2008	671688	2504600
2009	729063	2854000
2010	813803	2854800
2011	329351	3112700
2012	357186	3420800
2013	375209	3766100
2014	510768	4051200
2015	644149	4063262
2016	1001666	3961800

7-2 各县主要年份邮电业务总量

单位:万元

年 份	柳江县	柳城县	鹿寨县	融安县	融水苗族自治县	三江侗族自治县
1978	15	27	34	24	17	18
1979	16	28	37	25	19	18
1980	18	28	39	27	18	19
1981	19	34	52	36	20	19
1982	18	33	51	36	27	21
1983	20	33	53	39	34	23
1984	23	34	58	42	40	28
1985	27	36	65	47	42	34
1986	29	86	68	46	46	32
1987	34	44	78	50	50	37
1988	43	53	91	59	59	45
1989	48	58	99	64	56	44
1990	110	62	210	115	62	46
1991	157	125	260	131	130	92
1992	211	178	320	170	154	103
1993	285	267	418	226	215	138
1994	460	357	682	286	280	181
1995	923	555	1054	382	434	259
1996	1480	730	1243	636	635	391
1997	2490	1315	1892	949	941	576
1998	3470	1791	2576	1384	1287	801
1999	4056	1554	2872	1737	2036	923
2000	5591	2324	5172	1795	2045	1257
2001	7001	3609	5761	2845	3194	1452
2002	7801	4190	5385	3612	3238	1458
2003	14994	8204	11252	6873	5543	3989
2004	18283	13531	13359	8340	6834	4451
2005	15994	10993	13267	8131	7023	4448
2006	36563	23186	32129	19509	19729	11898
2007	40659	25204	36545	21147	23844	13076
2008	58217	34656	51701	28256	35090	20704
2009	63922	36541	57840	32465	40657	24870
2010	72730	42592	63039	37836	47437	29360
2011	27607	15808	14830	18135	11889	11889
2012	29649	17083	23800	15306	19968	13498
2013	31959	18556	25476	16860	21957	15085
2014	39788	22108	30592	23519	26046	18782
2015	57024	33454	45336	30904	42075	29058
2016	89667	51514	70309	47500	69078	46954

7-3 全市民用车辆拥有量

（2016年）　　　　单位：辆

指 标 名 称	总计	#个人
合计	820371	752165
汽车	533811	471651
#载客汽车	479601	450177
#大型	2883	10
中型	1192	245
小型	460614	435542
微型	14912	14380
载货汽车	51804	20475
#重型	18356	1547
中型	6572	1934
轻型	26597	16796
微型	279	198
其他汽车	2406	999
#三轮汽车	20	18
低速汽车	341	302
摩托车	237304	234874
#普通	236341	233912
轻便	963	962
拖拉机	45517	45517
挂车	3703	123
其他类型车	36	

7-4　全社会交通运输情况

（2016年）

指　标　名　称	计量单位	全市	市区	柳江县	柳城县
公路客运周转量	万人公里	153621	87980	10100	6064
公路货物周转量	万吨公里	2320711	954229	1082299	72489
水路客运周转量	万人公里	199	199		
水路货物周转量	万吨公里	389340	257536	18796	69787
公路客运量	万人	2280	1298	151	91
公路货运量	万吨	12705	5384	5801	389
境内公路里程	公里	8607	489	1287	1407
#境内等级公路里程	公里	7320	362	1148	937
#境内高速公路里程	公里	429	40	109	65
内河港口货物吞吐量(规模以上)	万吨	128.58	119.03		
水运客运量	万人	20	20		
水运货运量	万吨	727	363	79	169
民用航空货邮运量	吨	2077	2077		
民用航空客运量	人	654400	654400		

7-4　续表

指　标　名　称	计量单位	鹿寨县	融安县	融水苗族自治县	三江侗族自治县
公路客运周转量	万人公里	6955	13160	20206	9156
公路货物周转量	万吨公里	126975	33341	27143	24235
水路客运周转量	万人公里				
水路货物周转量	万吨公里	14235	17596	10025	1365
公路客运量	万人	103	198	301	138
公路货运量	万吨	682	178	144	128
境内公路里程	公里	1316	1068	1916	1124
#境内等级公路里程	公里	852	990	1910	1121
#境内高速公路里程	公里	86	60	28	41
内河港口货物吞吐量(规模以上)	万吨	9.55			
水运客运量	万人				
水运货运量	万吨	72	26	16	2
民用航空货邮运量	吨				
民用航空客运量	人				

固定资产投资 8

8-1 全市主要年份固定资产投资

单位:万元

年 份	固定资产投资额	#基本建设投资额	#更新改造投资额	#项目投资	#房地产开发投资
1978	12288	12288			
1979	9556	9556			
1980	17302	17128	174		
1981	13269	8750	3847		
1982	16801	8639	6939		
1983	18064	7862	8326		
1984	29890	17856	8556		
1985	48756	25805	15511		
1986	53719	22593	23029		
1987	86652	18727	55352		
1988	97575	25954	52584		
1989	76326	24146	37583		
1990	65881	22720	31807		
1991	107140	24383	62453		
1992	156432	55214	80440		
1993	353403	122472	111009		
1994	457769	171241	163182		
1995	386777	121826	125983		
1996	405356	134864	138198		
1997	413562	141445	130638		
1998	461678	194313	144040		
1999	454624	175936	130420		
2000	448313	185795	92727		
2001	507723	160431	144268		
2002	757782	249577	226928		
2003	1093675	411050	306719		
2004	1413167	520850	413789		384921
2005	1717576	580618	579858		410577
2006	2006914	679170	677981		452001
2007	3020360	983519	1002864		737351
2008	4302999	1402919	1493058		920145
2009	6818560	2145296	3002675		1200886
2010	10048841	3505604	4056773		1654073
2011	13055573	4297390	5415625		1991690
2012	16831269	5384909	7613677		2302717
2013	15667102	4316249	7764101		2458540
2014	18109355	5068649	9202165		2775238
2015	20828907	5965500	10672043		3016449
2016	23386111			19938250	3447861

注:2003年以前的房地产开发投资数据暂缺,2013年统计口径为计划总投资500万元以上项目,2015年及以前为全社会固定资产投资,2016年取消基本建设更新改造指标,后同。

8-2 柳江县主要年份固定资产投资

单位:万元

年 份	固定资产投资额	#基本建设投资额	#更新改造投资额	#项目投资	#房地产开发投资
1978	856	856			
1979	367	367			
1980	375	312	63		
1981	289	217	72		
1982	869	488	214		
1983	988	541	435		
1984	719	537	128		
1985	1642	978	102		
1986	2183	1029	233		
1987	3786	697	450		
1988	9671	7166	1774		
1989	4572	1206	1138		
1990	5025	953	645		
1991	5164	1633	1386		
1992	6982	2765	1135		
1993	13794	7913	1259		
1994	32959	5388	3846		
1995	28624	6059	2584		
1996	26897	4944	8087		
1997	23520	5509	4769		
1998	26355	7313	1124		
1999	22154	4111	370		
2000	23795	9142	135		
2001	24690	5743	1897		
2002	35019	7502	14990		
2003	60810	30626	12362		
2004	115082	87169	5909		6328
2005	132485	82774	24075		8053
2006	266227	97881	97117		30399
2007	351110	80152	147734		55251
2008	439104	98858	155632		63054
2009	712623	128280	437944		63003
2010	1098936	207491	578553		105873
2011	1365582	181144	751875		105308
2012	1743043	270732	985533		174766
2013	1647432	257483	1025472		152285
2014	1931038	307878	1232018		145271
2015	2208745	344987	1555047		70538
2016	2499493			2330474	169019

8-3 柳城县主要年份固定资产投资

单位:万元

年 份	固定资产投资额	#基本建设投资额	#更新改造投资额	#项目投资	#房地产开发投资
1978	1420	1420			
1979	1226	1226			
1980	1180	1180			
1981	1222	1222			
1982	1342	1342			
1983	1141	799	334		
1984	817	720	93		
1985	1140	660	130		
1986	877	441	436		
1987	1543	437	1106		
1988	2936	1649	1287		
1989	3061	1323	723		
1990	2137	1807	330		
1991	3873	571	3302		
1992	4762	4103	164		
1993	12897	7832	1782		
1994	14144	10011	2680		
1995	19041	9930	4317		
1996	19774	6353	8342		
1997	23825	5729	6336		
1998	16011	6600	1535		
1999	15974	3788	800		
2000	23331	6002	2844		98
2001	20901	6563	290		250
2002	38830	19682	1635		110
2003	43166	30409	1223		1060
2004	52108	38289	1391		1760
2005	30006	12397	1388		4110
2006	63126	25116	10419		8898
2007	103452	31819	26264		15762
2008	154153	59825	35668		12813
2009	263117	83697	115008		29316
2010	429695	125132	223949		53576
2011	603848	161224	321043		63647
2012	805209	189175	416906		116894
2013	768014	157031	441013		87996
2014	912086	180379	565779		94913
2015	1105836	390904	523356		104406
2016	1222324			1157743	64581

8-4 鹿寨县主要年份固定资产投资

单位:万元

年 份	固定资产投资额	#基本建设投资额	#更新改造投资额	#项目投资	#房地产开发投资
1978	743	743			
1979	824	813			
1980	1114	1013	96		
1981	1079	584	489		
1982	1689	618	1014		
1983	876	197	513		
1984	1668	552	605		
1985	3298	592	298		
1986	1563	382	800		
1987	4049	565	1851		
1988	5559	471	1988		
1989	5106	841	1006		
1990	5522	344	2550		
1991	11825	2511	3191		
1992	12100	4043	4430		
1993	25998	6702	5362		
1994	36598	13810	7033		
1995	43673	15796	8359		
1996	47460	22241	3341		
1997	54698	45399	771		
1998	92000	82420	360		
1999	64704	34237	5120		
2000	72033	36624	2512		
2001	61938	30362	7882		
2002	63743	23589	2634		
2003	80636	38111	8673		
2004	110235	61865	7139		14619
2005	185926	115555	11050		19581
2006	193425	70411	65712		19100
2007	411181	171012	139599		37297
2008	633812	175099	337418		33555
2009	1229905	452077	662522		47743
2010	1681553	859662	628823		72375
2011	1027733	173864	520682		58148
2012	1355691	290437	859140		80261
2013	1258041	177088	879585		100715
2014	1449208	235351	1049286		103983
2015	1668616	303303	1195023		113830
2016	1934613			1811260	123353

注:2011年及以后年份数据按新的行政区划统计的数据。

8-5 融安县主要年份固定资产投资

单位:万元

年 份	固定资产投资额	#基本建设投资额	#更新改造投资额	#项目投资	#房地产开发投资
1978	120	120			
1979	187	187			
1980	151	143	8		
1981	254	154	97		
1982	460	190	89		
1983	655	166	108		
1984	1365	360	390		
1985	1464	544	352		
1986	1542	462	562		
1987	2020	399	889		
1988	2405	554	622		
1989	2461	596	781		
1990	1899	206	555		
1991	2483	481	991		
1992	4906	2915	1074		
1993	8312	4438	1515		
1994	13765	7125	2347		
1995	16824	8498	1696		
1996	18146	8639	535		
1997	23182	11042	1239		
1998	23997	12864	2159		
1999	17357	11071	334		
2000	30520	14956	2853		
2001	31468	13055	3744		
2002	31849	13711	3679		
2003	27529	9475	1097		
2004	35148	16273	4289		
2005	62500	20649	8395		9008
2006	72663	13580	13405		3351
2007	103228	27663	17423		5353
2008	145578	48028	31558		17571
2009	247728	63778	91614		52455
2010	396155	121688	122231		87107
2011	525988	176327	170814		99742
2012	706541	220176	230682		120676
2013	670337	245999	253770		100270
2014	772450	364184	307918		56161
2015	885452	440287	351769		62153
2016	1023233			975174	48059

8-6 融水苗族自治县主要年份固定资产投资

单位:万元

年 份	固定资产投资额	#基本建设投资额	#更新改造投资额	#项目投资	#房地产开发投资
1978	427	427			
1979	398	398			
1980	354	354			
1981	210	210			
1982	696	696			
1983	490	490			
1984	858	858			
1985	827	827			
1986	804	804			
1987	1677	1677			
1988	4824	4824			
1989	3409	3409			
1990	2139	1939			
1991	2700	1215	514		
1992	5621	2106	1630		
1993	9470	5115	2412		
1994	15491	3716	7280		
1995	16237	3532	9000		
1996	8916	3630	1100		
1997	8765	2655	851		
1998	9452	2157	67		
1999	22392	3368	67		
2000	12209	9071			
2001	13458	7459	837		
2002	20727	8846	4614		
2003	24310	13678	2080		
2004	37303	24745	700		4970
2005	60187	28583	688		3310
2006	67026	28900	10982		11485
2007	101974	37252	20000		17838
2008	143806	37409	20733		24213
2009	256917	41699	75297		31102
2010	424365	105927	91624		57073
2011	557683	139488	125500		58867
2012	737915	209771	170416		43705
2013	722878	229467	222786		90825
2014	889656	437107	221105		88560
2015	1065504	470411	269403		134322
2016	1052403			924256	128147

8-7 三江侗族自治县主要年份固定资产投资

单位:万元

年 份	固定资产投资额	#基本建设投资额	#更新改造投资额	#项目投资	#房地产开发投资
1978	365	365			
1979	252	246			
1980	322	299	7		
1981	446	186	247		
1982	405	352	31		
1983	392	251	34		
1984	530	199	50		
1985	400	271	129		
1986	656	452	30		
1987	932	371	150		
1988	1708	1169	108		
1989	1506	1261	50		
1990	1759	1543	50		
1991	1446	1194			
1992	1443	886	242		
1993	2562	688			
1994	4290	2657	798		
1995	3936	902	280		
1996	6662	1631			
1997	5907	1757	675		
1998	11984	4113	330		
1999	13995	1340	190		
2000	15051	7638	61		
2001	16205	8021	624		
2002	21878	14750	446		
2003	26120	14883	1116		
2004	29192	19966	1555		1857
2005	24599	15262	2010		974
2006	28486	8261	3418		2774
2007	59999	30599	7623		6618
2008	110541	62011	8148		15518
2009	220399	93102	51025		23223
2010	426071	177471	86023		66031
2011	395670	148759	70661		49518
2012	592560	206115	94220		60124
2013	665518	324678	52091		75979
2014	717439	326740	69623		48117
2015	658755	364217	68044		30678
2016	466472			411635	54837

8-8 全市固定资产投资

（2016年） 单位:万元

指标名称	总计	项目投资	房地产投资
本年完成投资	23386111	19938250	3447861
#地方	23010459	19562598	3447861
#国有控股	9313204	8267579	1045625
#住宅	2554850	36342	2518508
1.按经济类型分:			
内资企业	22412799	19326940	3085859
国有企业	3513276	3482439	30837
集体企业	101640	101640	
股份合作企业	28474	28474	
联营企业	10730	10730	
国有联营企业	1780	1780	
集体联营企业	4970	4970	
国有与集体联营企业			
其他联营企业	3980	3980	
有限责任公司	8904172	6662801	2241371
国有独资公司	4353370	3831693	521677
其他有限责任公司	4550802	2831108	1719694
股份有限公司	401937	333503	68434
私营企业	7672881	6927664	745217
其他企业	1779689	1779689	
港、澳、台商投资企业	228987	119859	109128
合资经营企业(港或澳、台资)	24440	24440	
合作经营企业(港或澳、台资)			
港、澳、台商独资经营企业	156150	47022	109128
港、澳、台商投资股份有限公司	4670	4670	
外商投资企业	593250	340376	252874
中外合资经营企业	516667	281593	235074
中外合作经营企业	825	825	
外资企业	40736	22936	17800
外商投资股份有限公司	20073	20073	
个体经营	151075	151075	
个体户	114891	114891	

指标名称	总计	项目投资	房地产投资
个人合伙	36184	36184	
2.按建设性质分:			
(1)新　建	10302597	10302597	
(2)扩　建	1390671	1390671	
(3)改　建	6937947	6937947	
3.按构成分:			
(1)建筑工程	12278397	10373723	1904674
(2)安装工程	1704449	1426514	277935
(3)设备、工具、器具购置	6828912	6810612	18300
#用于更新设备			
(4)其他费用	2574353	1327401	1246952
4.按国民经济行业分:			
农、林、牧、渔业	969729	969729	
农业	311983	311983	
林业	182216	182216	
畜牧业	146557	146557	
渔业	37549	37549	
农、林、牧、渔服务业	291424	291424	
采矿业	153141	153141	
煤炭开采和洗选业	3900	3900	
石油和天然气开采业			
黑色金属矿采选业	22080	22080	
有色金属矿采选业	21798	21798	
非金属矿采选业	105363	105363	
开采辅助活动			
其他采矿业			
制造业	8152631	8152631	
农副食品加工业	120478	120478	
食品制造业	319665	319665	
酒、饮料和精制茶制造业	126488	126488	
烟草制品业	23547	23547	
纺织业	131346	131346	
纺织服装、服饰业	65660	65660	
皮革、毛皮、羽毛及其制品和制鞋业	14884	14884	
木材加工和木、竹、藤、棕、草制品业	549127	549127	
家具制造业	104129	104129	

单位:万元

指标名称	总计	项目投资	房地产投资
造纸和纸制品业	108736	108736	
印刷和记录媒介复制业	59647	59647	
文教、工美、体育和娱乐用品制造业	14615	14615	
石油加工、炼焦和核燃料加工业	27893	27893	
化学原料和化学制品制造业	241612	241612	
医药制造业	62482	62482	
化学纤维制造业			
橡胶和塑料制品业	224261	224261	
非金属矿物制品业	348821	348821	
黑色金属冶炼和压延加工业	135079	135079	
有色金属冶炼和压延加工业	108093	108093	
金属制品业	206468	206468	
通用设备制造业	738093	738093	
专用设备制造业	521348	521348	
汽车制造业	3410962	3410962	
铁路、船舶、航空航天和其他运输设备制造业	38409	38409	
电气机械和器材制造业	300070	300070	
计算机、通信和其他电子设备制造业	73014	73014	
仪器仪表制造业	19594	19594	
其他制造业	7603	7603	
废弃资源综合利用业	31679	31679	
金属制品、机械和设备修理业	18828	18828	
电力、热力、燃气及水生产和供应业	638712	638712	
电力、热力生产和供应业	471672	471672	
燃气生产和供应业	17823	17823	
水的生产和供应业	149217	149217	
建筑业	150382	150382	
房屋建筑业	14707	14707	
土木工程建筑业	83718	83718	
建筑安装业	6742	6742	
建筑装饰和其他建筑业	45215	45215	
批发和零售业	905649	905649	
批发业	558799	558799	
零售业	346850	346850	

单位:万元

指标名称	总计	项目投资	房地产投资
交通运输、仓储和邮政业	1952645	1952645	
铁路运输业	92030	92030	
道路运输业	1617022	1617022	
水上运输业	34354	34354	
航空运输业	55020	55020	
管道运输业			
装卸搬运和运输代理业	29841	29841	
仓储业	113392	113392	
邮政业	10986	10986	
住宿和餐饮业	154929	154929	
住宿业	58736	58736	
餐饮业	96193	96193	
信息传输、软件和信息技术服务业	135185	135185	
电信、广播电视和卫星传输服务	51048	51048	
互联网和相关服务	24993	24993	
软件和信息技术服务业	59144	59144	
金融业	41999	41999	
货币金融服务	20655	20655	
资本市场服务	5000	5000	
保险业	1835	1835	
其他金融业	14509	14509	
房地产业	3807539	359678	3447861
房地产业	3807539	359678	3447861
租赁和商务服务业	537026	537026	
租赁业	34147	34147	
商务服务业	502879	502879	
科学研究和技术服务业	188485	188485	
研究和试验发展	22185	22185	
专业技术服务业	81166	81166	
科技推广和应用服务业	85134	85134	
水利、环境和公共设施管理业	4036387	4036387	
水利管理业	410108	410108	
生态保护和环境治理业	66859	66859	
公共设施管理业	3559420	3559420	

8-8 续表4 单位:万元

指标名称	总计	项目投资	房地产投资
居民服务、修理和其他服务业	79432	79432	
居民服务业	37260	37260	
机动车、电子产品和日用产品修理业	37715	37715	
其他服务业	4457	4457	
教育	566365	566365	
教育	566365	566365	
卫生和社会工作	301288	301288	
卫生	275485	275485	
社会工作	25803	25803	
文化、体育和娱乐业	116556	116556	
新闻和出版业			
广播、电视、电影和影视录音制作业	5046	5046	
文化艺术业	50668	50668	
体育	30297	30297	
娱乐业	30545	30545	
公共管理、社会保障和社会组织	498031	498031	
中国共产党机关			
国家机构	467756	467756	
人民政协、民主党派			
社会保障	3040	3040	
群众团体、社会团体和其他成员组织	9635	9635	
基层群众自治组织	17600	17600	
国际组织			
国际组织			
新增固定资产(万元)	13164721	12462874	701847
其中:地方	13052029	12350182	701847
项目个数(个)	6589	6327	262

8-8 续表5 单位:万元

指 标 名 称	总 计	项目投资	房地产投资
房屋建筑面积(平方米)			
1.施工面积	25979611	3984543	21995068
其中:住宅	16002049	295214	15706835
2.竣工面积	3136453	1129807	2006646
其中:住宅	1925558	268784	1656774
3.本年竣工房屋价值	988129	463124	525005
其中:住宅	525043	99968	425075
本年资金来源合计(万元)	25438240	18522576	6915664
其中:地方	25075995	18160331	6915664
1.上年末结余资金	2204923	444876	1760047
2.本年资金来源小计	23233317	18077700	5155617
(1)国家预算内资金	1144984	1144984	
其中:中央预算资金	294165	294165	
(2)国内贷款	5330076	3949069	1381007
(3)债券	68015	68015	
(4)利用外资	8757	8757	
其中:外商直接投资	3457	3457	
(5)自筹资金	13741143	12015266	1725877
其中:企、事业单位自有资金	5061284	4587330	473954
其中:股东投入资金	616782	326212	290570
其中:借入资金	835194	75267	759927
(6)其他资金来源	2940342	891609	2048733
各项应付款合计(万元)	1613552	604316	1009236
其中:工程款	835579	141846	693733

8-9 各县固定资产投资

（2016年） 单位：万元

指 标 名 称	柳江县	柳城县	鹿寨县	融安县	融水苗族自治县	三江侗族自治县
本年完成投资	2499493	1222324	1934613	1023233	1052403	466472
#地方	2486297	1222324	1928733	988907	1052403	466472
#国有控股	528743	807113	334977	389124	414161	270277
#住宅	126409	47398	103226	32175	112426	43172
1. 按经济类型分：						
内资企业	2488239	1222324	1919838	986219	1034847	466472
国有企业	378288	763461	318075	353945	250524	254372
集体企业	36472			4900		1680
股份合作企业	2075					
联营企业			1780	3000		
国有联营企业			1780			
集体联营企业				3000		
国有与集体联营企业						
其他联营企业						
有限责任公司	626469	71256	738559	108755	252524	23665
国有独资公司	148458	28415	13491	35179	155637	7510
其他有限责任公司	478011	42841	725068	73576	96887	16155
股份有限公司	47522		17217	370	20732	
私营企业	1161296	346268	552701	405416	418096	53317
其他企业	236117	41339	291506	109833	92971	133438
港、澳、台商投资企业			14775	4600		
合资经营企业（港或澳、台资）			14775			
合作经营企业（港或澳、台资）						
港、澳、台商独资经营企业				4600		
港、澳、台商投资股份有限公司						
外商投资企业				825	4960	
中外合资经营企业						
中外合作经营企业				825		
外资企业					4960	
外商投资股份有限公司						
个体经营	11254			31589	12596	
个体户	11254			31589	4760	

指 标 名 称	柳江县	柳城县	鹿寨县	融安县	融水苗族自治县	三江侗族自治县
个人合伙					7836	
2. 按建设性质分:						
(1)新 建	1159622	921257	786762	520355	630897	402014
(2)扩 建	202800	63302	310532	20142	34334	
(3)改 建	923675	146581	684457	409065	250410	8907
3. 按构成分:						
(1)建筑工程	1180810	1120330	1375047	538148	792660	432461
(2)安装工程	231077	38083	54253	103900	69584	15508
(3)设备、工具、器具购置	993716	46078	446844	209526	83901	6903
#用于更新设备						
(4)其他费用	93890	17833	58469	171659	106258	11600
4. 按国民经济行业分:						
农、林、牧、渔业	97222	212330	91339	241955	215895	22127
农业	11424	49598	51603	132452	37163	
林业	11463	35785	27778	61180	17894	21327
畜牧业	12560	40785	4490	30670	30054	
渔业		5803		14407	16989	
农、林、牧、渔服务业	61775	80359	7468	3246	113795	800
采矿业	19485	24340	400	26094	39315	
煤炭开采和洗选业						
石油和天然气开采业						
黑色金属矿采选业		3500		4800		
有色金属矿采选业				4800	6700	
非金属矿采选业	19485	20840	400	16494	32615	
开采辅助活动						
其他采矿业						
制造业	1487564	244095	441795	258609	117682	
农副食品加工业	34623	4230	9857	595	3401	
食品制造业	131604	20617		4970	3500	
酒、饮料和精制茶制造业	46503	11166	4199	1940	39481	
烟草制品业						
纺织业	29343	16030	30605	4600		
纺织服装、服饰业	10061		5142			
皮革、毛皮、羽毛及其制品和制鞋业						
木材加工和木、竹、藤、棕、草制品业	43957	8105	36189	193412	59651	
家具制造业	4904	9565	11172	17782		

8-9 续表2 单位:万元

指 标 名 称	柳江县	柳城县	鹿寨县	融安县	融水苗族自治县	三江侗族自治县
造纸和纸制品业	17471		25452			
印刷和记录媒介复制业						
文教、工美、体育和娱乐用品制造业	4931					
石油加工、炼焦和核燃料加工业		5900		1715		
化学原料和化学制品制造业	59593	33696	53726		3200	
医药制造业	16256	15889	2925	1180		
化学纤维制造业						
橡胶和塑料制品业	65030	6700	21255			
非金属矿物制品业	100509	16403	27147	21406	6767	
黑色金属冶炼和压延加工业	2029	10435	2060	1870		
有色金属冶炼和压延加工业	4360	7400	14649	7025	1682	
金属制品业	61320	7664	14657			
通用设备制造业	186041	10650	35015			
专用设备制造业	132073	40383	12127			
汽车制造业	466605	8574	133309			
铁路、船舶、航空航天和其他运输设备制造业		500				
电气机械和器材制造业	37397	1538				
计算机、通信和其他电子设备制造业	15781			1750		
仪器仪表制造业	4749					
其他制造业						
废弃资源综合利用业	9424	4850		364		
金属制品、机械和设备修理业	3000	3800	2309			
电力、热力、燃气及水生产和供应业	11382	24579	213720	52080	138690	
电力、热力生产和供应业	10592	21205	211520	42031	128683	
燃气生产和供应业		2044			5427	
水的生产和供应业	790	1330	2200	10049	4580	
建筑业	725	12646	340	15623	9613	
房屋建筑业					540	
土木工程建筑业	725	12646	340	10016	9073	
建筑安装业						
建筑装饰和其他建筑业				5607		
批发和零售业	26897	15050	71860	6927	4538	2271
批发业	13069	6000	16610	6927	4538	2271
零售业	13828	9050	55250			

8-9 续表3 单位:万元

指标名称	柳江县	柳城县	鹿寨县	融安县	融水苗族自治县	三江侗族自治县
交通运输、仓储和邮政业	451660	70912	315875	197876	211684	224980
铁路运输业	1857					
道路运输业	379438	69122	289989	196376	208284	224980
水上运输业	2990		16528			
航空运输业	51250					
管道运输业						
装卸搬运和运输代理业	9730		3365			
仓储业	6395	1790	5993	1500	3400	
邮政业						
住宿和餐饮业	3550	6259		9930	7910	
住宿业	2010	1500		5280	7910	
餐饮业	1540	4759		4650		
信息传输、软件和信息技术服务业	10750	3780	3080			
电信、广播电视和卫星传输服务	10750	3780				
互联网和相关服务			3080			
软件和信息技术服务业						
金融业	4205					
货币金融服务	2075					
资本市场服务						
保险业	1050					
其他金融业	1080					
房地产业	203976	91999	183198	65043	162164	54837
房地产业	203976	91999	183198	65043	162164	54837
租赁和商务服务业	11242	5436	74380	24577	8818	
租赁业					4500	
商务服务业	11242	5436	74380	24577	4318	
科学研究和技术服务业	4700	24474	33462	4100		
研究和试验发展			2060			
专业技术服务业	4700	14874	14657	1300		
科技推广和应用服务业		9600	16745	2800		
水利、环境和公共设施管理业	67713	279517	300416	29229	93979	10425
水利管理业	42237	93074	227881	10077	15848	10425
生态保护和环境治理业	10138	5370	42346	2500		
公共设施管理业	15338	181073	30189	16652	78131	

单位:万元

指标名称	柳江县	柳城县	鹿寨县	融安县	融水苗族自治县	三江侗族自治县
居民服务、修理和其他服务业	4875	1000	1225			
居民服务业	4875		1225			
机动车、电子产品和日用产品修理业		1000				
其他服务业						
教育	27650	23411	82586	29285	21418	714
教育	27650	23411	82586	29285	21418	714
卫生和社会工作	10031	26254	21860	20320	6776	
卫生	10031	26254	20180	14310	6776	
社会工作			1680	6010		
文化、体育和娱乐业	32233	3260	15522	4200	556	
新闻和出版业						
广播、电视、电影和影视录音制作业			1660		556	
文化艺术业	13441	3260	3759			
体育	17092		9463			
娱乐业	1700		640	4200		
公共管理、社会保障和社会组织	23633	152982	83555	37385	13365	151118
中国共产党机关						
国家机构	21053	148092	74835	28950	8615	151118
人民政协、民主党派						
社会保障			3040			
群众团体、社会团体和其他成员组织			300	8435		
基层群众自治组织	2580	4890	5380		4750	
国际组织						
国际组织						
新增固定资产(万元)	2141838	824909	823923	803354	640843	198401
其中:地方	2130499	824909	823923	803354	640843	198401
项目个数(个)	851	579	876	366	257	206

8-9 续表5 单位:万元

指标名称	柳江县	柳城县	鹿寨县	融安县	融水苗族自治县	三江侗族自治县
房屋建筑面积(平方米)						
1. 施工面积	2125902	1188186	789618	1213872	1073075	626461
其中:住宅	1523950	588537	523861	709788	591593	462764
2. 竣工面积	154056	206604	62270	238627	94694	84669
其中:住宅	91441	69372	37000	177806	79255	73129
3. 本年竣工房屋价值	40581	39866	17162	54330	22416	23051
其中:住宅	21685	17544	10062	40449	18633	19239
本年资金来源合计(万元)	2659571	1329778	2215034	1071130	1086498	498439
其中:地方	2646375	1329778	2206917	1036065	1086498	498439
1. 上年末结余资金	80273	69529	38606	97929	26804	6372
2. 本年资金来源小计	2579298	1260249	2176428	973201	1059694	492067
(1)国家预算内资金	184867	270529	22951	63373	260800	101488
其中:中央预算资金	112312	144446	4380	14911	13192	
(2)国内贷款	909257	77919	99870	143019	105895	195081
(3)债券						
(4)利用外资						
其中:外商直接投资						
(5)自筹资金	1245133	874922	1841350	698505	476381	92010
其中:企、事业单位自有资金	558086	181538	31089	43929	14079	7210
其中:股东投入资金	39356	17485		2151	19460	1725
其中:借入资金	30327	10918	8000	21655	8922	600
(6)其他资金来源	240041	36879	212257	68304	216618	103488
各项应付款合计(万元)	72059	142255	20935	60186	72971	28414
其中:工程款	32042	128581	13272	19490	3516	20137

8-10 全市房地产开发投资

（2016年） 单位:万元

指 标 名 称	数 值	指 标 名 称	数 值
本年完成投资	3447861	#90平方米以下	904132
#土地购置费	1025342	#144平方米以上	245644
按登记注册类型划分:		#别墅、高档公寓	32752
内资企业	3085859	办公楼	65466
国有企业	30837	商业营业用房	433846
集体企业		其他	430041
股份合作企业		本年新增固定资产	701847
联营企业		本年购置土地面积(平方米)	876220
有限责任公司	2241371	本年土地成交价款	475328
股份有限公司	68434	**本年资金来源合计**	6915664
私营企业	745217	上年末结余资金	1760047
其他企业		本年资金来源小计	5155617
港、澳、台商投资企业	109128	国内贷款	1381007
外商投资企业	252874	利用外资	
个体企业		#外商直接投资	
按构成分:		自筹资金	1725877
建筑工程	1904674	#自有资金	473954
安装工程	277935	其他资金来源	2048733
设备工器具购置	18300	#定金及预收款	1079788
其他费用	1246952	个人按揭贷款	797159
按工程用途分:		**各项应付款合计**	1009236
住宅	2518508	#工程款	693733

8-11 全市房地产施工销售面积

（2016年）

指标名称	单位	合计	住宅	90平米及以下	144平米以上	别墅、高档公寓	办公楼	商业营业用房	其他房屋
房屋施工面积	平方米	21995068	15706835	4672238	1586412	72347	592776	2684423	3011034
#新开工面积	平方米	5527778	3903938	1549711	470629	32552	157894	566085	899861
房屋竣工面积	平方米	2006646	1656774	383548	95227	5118	3489	186209	160174
#不可销售面积	平方米	108048	37109	7150				31007	39932
商品住宅竣工套数	套		13549	4855	464	16			
竣工房屋价值	万元	525005	425075	116026	22975	978	570	58816	40544
批准预售面积	平方米	2661779	2360902	455138	281264	30074	68000	176993	55884
批准预售套数	套		19774	3833	1313	144			
出租房屋面积	平方米								
商品房销售面积	平方米	4128877	3879930	929325	327972	29207	18485	133111	97351
#现房销售面积	平方米	469296	391860	130071	28689		4773	52273	20390
期房销售面积	平方米	3659581	3488070	799254	299283	29207	13712	80838	76961
商品房销售额	万元	2753583	2513414	598457	301935	55959	16873	158392	64904
#现房销售额	万元	275041	191255	57281	13468		6980	55916	20890
期房销售额	万元	2478542	2322159	541176	288467	55959	9893	102476	44014
商品住宅销售套数	套		35832	11523	1648	116			
#现房销售套数	套		3838	1632	174				
期房销售套数	套		31994	9891	1474	116			
待售面积	平方米	1043723	537679	45006	69973		31026	250881	224137
#待售1-3年(含1年)	平方米	577369	309107	9111	44813		24787	111731	131744
待售3年以上(含3年)	平方米	13224	3898		3759			8414	912

8-12 市区房地产开发投资

（2016年） 单位:万元

指标名称	数值	指标名称	数值
本年完成投资	2859865	#90平方米以下	843910
#土地购置费	926249	#144平方米以上	219002
按登记注册类型划分:		#别墅、高档公寓	32752
内资企业	2497863	办公楼	62053
国有企业	30837	商业营业用房	360534
集体企业		其他	364728
股份合作企业		本年新增固定资产	524421
联营企业		本年购置土地面积(平方米)	673578
有限责任公司	2006236	本年土地成交价款	445574
股份有限公司		**本年资金来源合计**	6101859
私营企业	403581	上年末结余资金	1620829
其他企业		本年资金来源小计	4481030
港、澳、台商投资企业		国内贷款	1356929
外商投资企业	252874	利用外资	
个体企业		#外商直接投资	
按构成分:		自筹资金	1411903
建筑工程	1525779	#自有资金	374421
安装工程	196203	其他资金来源	1712198
设备工器具购置	12710	#定金及预收款	888255
其他费用	1125173	个人按揭贷款	684900
按工程用途分:		**各项应付款合计**	887774
住宅	2072550	#工程款	604867

8-13 市区房地产施工销售面积

（2016年）

指标名称	单位	合计	住宅				办公楼	商业营业用房	其他房屋
				90平米及以下	144平米以上	别墅、高档公寓			
房屋施工面积	平方米	16148023	11358833	3939302	1226030	72347	564912	1664113	2560165
#新开工面积	平方米	4152732	2967187	1317312	318123	32552	143258	244609	797678
房屋竣工面积	平方米	1382146	1170755	265349	69797	5118	3398	109056	98937
#不可销售面积	平方米	99630	37109	7150				31007	31514
商品住宅竣工套数	套		8763	3363	317	16			
竣工房屋价值	万元	372115	308031	92528	16792	978	543	37490	26051
批准预售面积	平方米	1974496	1721130	434967	267427	30074	68000	139144	46222
批准预售套数	套		14132	3579	1251	144			
出租房屋面积	平方米								
商品房销售面积	平方米	2805484	2608027	742430	256505	24095	18485	94532	84440
#现房销售面积	平方米	252266	198978	98566	12024		4773	30605	17910
期房销售面积	平方米	2553218	2409049	643864	244481	24095	13712	63927	66530
商品房销售额	万元	2228473	2021507	512553	273424	51016	16873	128952	61141
#现房销售额	万元	189695	122714	39295	8287		6980	40563	19438
期房销售额	万元	2038778	1898793	473258	265137	51016	9893	88389	41703
商品住宅销售套数	套		24729	9236	1273	93			
#现房销售套数	套		2130	1223	68				
期房销售套数	套		22599	8013	1205	93			
待售面积	平方米	515738	113879	2102	36256		31026	167297	203536
#待售1-3年(含1年)	平方米	300609	92222	1042	28408		24787	72387	111213
待售3年以上(含3年)	平方米	6845	139					5864	842

8-14 柳江县房地产开发投资

（2016年） 单位:万元

指标名称	数值	指标名称	数值
本年完成投资	169019	#90平方米以下	38882
#土地购置费	55808	#144平方米以上	14920
按登记注册类型划分:		#别墅、高档公寓	
内资企业	169019	办公楼	2563
国有企业		商业营业用房	20887
集体企业		其他	30275
股份合作企业		本年新增固定资产	26459
联营企业		本年购置土地面积(平方米)	
有限责任公司	96028	本年土地成交价款	
股份有限公司	10930	**本年资金来源合计**	300587
私营企业	62061	上年末结余资金	57640
其他企业		本年资金来源小计	242947
港、澳、台商投资企业		国内贷款	
外商投资企业		利用外资	
个体企业		#外商直接投资	
按构成分:		自筹资金	97051
建筑工程	62819	#自有资金	22334
安装工程	42132	其他资金来源	145896
设备工器具购置	2930	#定金及预收款	77801
其他费用	61138	个人按揭贷款	58797
按工程用途分:		**各项应付款合计**	19965
住宅	115294	#工程款	17912

8–15 柳江县房地产施工销售面积

（2016年）

指标名称	单位	合计	住宅	90平米及以下	144平米以上	别墅、高档公寓	办公楼	商业营业用房	其他房屋
房屋施工面积	平方米	1998286	1513271	343695	143171		18020	345623	121372
#新开工面积	平方米	645549	340881	95714	101073		13927	237333	53408
房屋竣工面积	平方米	87846	83058	57119	5293		91	619	4078
#不可销售面积	平方米								
商品住宅竣工套数	套		1034	769	26				
竣工房屋价值	万元	20621	19177	11180	1587		27	185	1232
批准预售面积	平方米	56722	51632	5239				5090	
批准预售套数	套		508	68					
出租房屋面积	平方米								
商品房销售面积	平方米	401129	396778	150252	12719	5112		3478	873
#现房销售面积	平方米	19766	19766	18866					
期房销售面积	平方米	381363	377012	131386	12719	5112		3478	873
商品房销售额	万元	206126	203094	74795	9433	4943		2525	507
#现房销售额	万元	14744	14744	14358					
期房销售额	万元	191382	188350	60437	9433	4943		2525	507
商品住宅销售套数	套		3940	1835	71	23			
#现房销售套数	套		255	247					
期房销售套数	套		3685	1588	71	23			
待售面积	平方米	57885	46313	22525	3317			11353	219
#待售1–3年(含1年)	平方米	38844	27272	5025	3317			11353	219
待售3年以上(含3年)	平方米								

8-16 柳城县房地产开发投资

（2016年）　　　　单位:万元

指 标 名 称	数 值	指 标 名 称	数 值
本年完成投资	64581	#90平方米以下	10310
#土地购置费	7477	#144平方米以上	2965
按登记注册类型划分:		#别墅、高档公寓	
内资企业	64581	办公楼	
国有企业		商业营业用房	12369
集体企业		其他	4814
股份合作企业		本年新增固定资产	25310
联营企业		本年购置土地面积(平方米)	45001
有限责任公司	11405	本年土地成交价款	7477
股份有限公司		**本年资金来源合计**	122003
私营企业	53176	上年末结余资金	42832
其他企业		本年资金来源小计	79171
港、澳、台商投资企业		国内贷款	2000
外商投资企业		利用外资	
个体企业		#外商直接投资	
按构成分:		自筹资金	43771
建筑工程	46308	#自有资金	19448
安装工程	5758	其他资金来源	33400
设备工器具购置	864	#定金及预收款	17291
其他费用	11651	个人按揭贷款	15815
按工程用途分:		**各项应付款合计**	27318
住宅	47398	#工程款	25917

8-17 柳城县房地产施工销售面积

（2016年）

指 标 名 称	单位	合计	住宅	90平米及以下	144平米以上	别墅、高档公寓	办公楼	商业营业用房	其他房屋
房屋施工面积	平方米	778527	588537	146563	21839			125065	64925
#新开工面积	平方米	237490	184907	113404	800			46898	5685
房屋竣工面积	平方米	101474	69372	3680	4320			17728	14374
#不可销售面积	平方米								
商品住宅竣工套数	套		601	46	23				
竣工房屋价值	万元	25310	17544	736	1242			4314	3452
批准预售面积	平方米	138394	122947	6596				7135	8312
批准预售套数	套		900	80					
出租房屋面积	平方米								
商品房销售面积	平方米	221887	189956	19817	18241			21051	10880
#现房销售面积	平方米	59711	48548	4855	236			8683	2480
期房销售面积	平方米	162176	141408	14962	18005			12368	8400
商品房销售额	万元	78475	57597	5819	5184			17922	2956
#现房销售额	万元	25774	17328	1366	58			6994	1452
期房销售额	万元	52701	40269	4453	5126			10928	1504
商品住宅销售套数	套		1575	242	66				
#现房销售套数	套		426	63	1				
期房销售套数	套		1149	179	65				
待售面积	平方米	24051	18241	2589	2734			2306	3504
#待售1-3年(含1年)	平方米	15984	10218	655				2262	3504
待售3年以上(含3年)	平方米								

8-18 鹿寨县房地产开发投资

（2016年）　　单位:万元

指 标 名 称	数 值	指 标 名 称	数 值
本年完成投资	123353	#90平方米以下	19
#土地购置费	25337	#144平方米以上	532
按登记注册类型划分:		#别墅、高档公寓	
内资企业	123353	办公楼	
国有企业		商业营业用房	1396
集体企业		其他	19263
股份合作企业		本年新增固定资产	16662
联营企业		本年购置土地面积(平方米)	49169
有限责任公司	14435	本年土地成交价款	7750
股份有限公司		**本年资金来源合计**	119972
私营企业	108918	上年末结余资金	622
其他企业		本年资金来源小计	119350
港、澳、台商投资企业		国内贷款	
外商投资企业		利用外资	
个体企业		#外商直接投资	
按构成分:		自筹资金	41145
建筑工程	97996	#自有资金	26247
安装工程	20	其他资金来源	78205
设备工器具购置		#定金及预收款	72360
其他费用	25337	个人按揭贷款	5845
按工程用途分:		**各项应付款合计**	6735
住宅	102694	#工程款	6735

8-19 鹿寨县房地产施工销售面积

（2016年）

指标名称	单位	合计	住宅				办公楼	商业营业用房	其他房屋
				90平米及以下	144平米以上	别墅、高档公寓			
房屋施工面积	平方米	627143	515650	31404	10082			73230	38263
#新开工面积	平方米	101966	90717	10074	8439			10353	896
房屋竣工面积	平方米	61270	37000	3400	1643			11900	12370
#不可销售面积	平方米								
商品住宅竣工套数	套		322	41	8				
竣工房屋价值	万元	16662	10062	924	446			3236	3364
批准预售面积	平方米	122712	122712		8439				
批准预售套数	套		1072		32				
出租房屋面积	平方米								
商品房销售面积	平方米	193563	192739	6203	3678			824	
#现房销售面积	平方米	7308	6484	70	298			824	
期房销售面积	平方米	186255	186255	6133	3380				
商品房销售额	万元	83369	82921	2196	1864			448	
#现房销售额	万元	3130	2682	23	107			448	
期房销售额	万元	80239	80239	2173	1757				
商品住宅销售套数	套		1598	78	15				
#现房销售套数	套		63	1	2				
期房销售套数	套		1535	77	13				
待售面积	平方米	188323	151961	15401	8419			35577	785
#待售1-3年(含1年)	平方米	39678	32962					5931	785
待售3年以上(含3年)	平方米								

8-20 融安县房地产开发投资

（2016年） 单位:万元

指标名称	数值	指标名称	数值
本年完成投资	48059	#90平方米以下	9981
#土地购置费		#144平方米以上	2919
按登记注册类型划分:		#别墅、高档公寓	
内资企业	48059	办公楼	470
国有企业		商业营业用房	16164
集体企业		其他	2250
股份合作企业		本年新增固定资产	64989
联营企业		本年购置土地面积(平方米)	
有限责任公司	29604	本年土地成交价款	
股份有限公司	295	**本年资金来源合计**	90059
私营企业	18160	上年末结余资金	14165
其他企业		本年资金来源小计	75894
港、澳、台商投资企业		国内贷款	11278
外商投资企业		利用外资	
个体企业		#外商直接投资	
按构成分:		自筹资金	47971
建筑工程	39869	#自有资金	11465
安装工程	5723	其他资金来源	16645
设备工器具购置	644	#定金及预收款	4872
其他费用	1823	个人按揭贷款	5623
按工程用途分:		**各项应付款合计**	21991
住宅	29175	#工程款	16760

8-21 融安县房地产施工销售面积

（2016年）

指标名称	单位	合计	住宅	90平米及以下	144平米以上	别墅、高档公寓	办公楼	商业营业用房	其他房屋
房屋施工面积	平方米	1041248	709788	197947	53280			246302	85158
#新开工面积	平方米	40273	40273	8751	735				
房屋竣工面积	平方米	229777	177806	48877	14174			34810	17161
#不可销售面积	平方米								
商品住宅竣工套数	套		1792	566	90				
竣工房屋价值	万元	52890	40449	9633	2908			9138	3303
批准预售面积	平方米	159088	145539	3213	5398			13549	
批准预售套数	套		1310	36	30				
出租房屋面积	平方米								
商品房销售面积	平方米	163458	151297	5034	25289			12161	
#现房销售面积	平方米	55713	43552	2305	15651			12161	
期房销售面积	平方米	107745	107745	2729	9638				
商品房销售额	万元	55171	47260	1546	7950			7911	
#现房销售额	万元	21043	13132	745	4872			7911	
期房销售额	万元	34128	34128	801	3078				
商品住宅销售套数	套		1308	57	165				
#现房销售套数	套		347	26	100				
期房销售套数	套		961	31	65				
待售面积	平方米	59844	55416	2389	4238			4428	
#待售1-3年(含1年)	平方米	59844	55416	2389	4238			4428	
待售3年以上(含3年)	平方米								

8-22 融水苗族自治县房地产开发投资

（2016年）　　　　　　　　　　　　　　　　　　　　单位:万元

指 标 名 称	数 值	指 标 名 称	数 值
本年完成投资	128147	#90平方米以下	430
#土地购置费	1787	#144平方米以上	508
按登记注册类型划分:		#别墅、高档公寓	
内资企业	128147	办公楼	180
国有企业		商业营业用房	17676
集体企业		其他	2065
股份合作企业		本年新增固定资产	24915
联营企业		本年购置土地面积(平方米)	62412
有限责任公司	75903	本年土地成交价款	9049
股份有限公司		**本年资金来源合计**	122067
私营企业	52244	上年末结余资金	20912
其他企业		本年资金来源小计	101155
港、澳、台商投资企业		国内贷款	4500
外商投资企业		利用外资	
个体企业		#外商直接投资	
按构成分:		自筹资金	74501
建筑工程	95792	#自有资金	12829
安装工程	19024	其他资金来源	22154
设备工器具购置	300	#定金及预收款	5959
其他费用	13031	个人按揭贷款	7576
按工程用途分:		**各项应付款合计**	19288
住宅	108226	#工程款	3516

8-23 融水苗族自治县房地产施工销售面积

（2016年）

指标名称	单位	合计	住宅				办公楼	商业营业用房	其他房屋
				90平米及以下	144平米以上	别墅、高档公寓			
房屋施工面积	平方米	824792	574711	7571	45950		9135	177736	63210
#新开工面积	平方米	109274	96757					6712	5805
房屋竣工面积	平方米	76183	62373	5123				8974	4836
#不可销售面积	平方米								
商品住宅竣工套数	套		554	70					
竣工房屋价值	万元	18316	14533	1025				2577	1206
批准预售面积	平方米	107345	97042	5123				8953	1350
批准预售套数	套		842	70					
出租房屋面积	平方米								
商品房销售面积	平方米	226016	224127	5589	2113			731	1158
#现房销售面积	平方米	74532	74532	5409	480				
期房销售面积	平方米	151484	149595	180	1633			731	1158
商品房销售额	万元	66923	66323	1548	877			300	300
#现房销售额	万元	20655	20655	1494	144				
期房销售额	万元	46268	45668	54	733			300	300
商品住宅销售套数	套		1762	75	12				
#现房销售套数	套		617	72	3				
期房销售套数	套		1145	3	9				
待售面积	平方米	159070	134822		4000			24248	
#待售1-3年(含1年)	平方米	89977	77729		1600			12248	
待售3年以上(含3年)	平方米								

8-24　三江侗族自治县房地产开发投资

（2016年）　单位:万元

指　标　名　称	数　值	指　标　名　称	数　值
本年完成投资	54837	#90平方米以下	600
#土地购置费	8684	#144平方米以上	4798
按登记注册类型划分:		#别墅、高档公寓	
内资企业	54837	办公楼	200
国有企业		商业营业用房	4820
集体企业		其他	6646
股份合作企业		本年新增固定资产	19091
联营企业		本年购置土地面积(平方米)	46060
有限责任公司	7760	本年土地成交价款	5478
股份有限公司		**本年资金来源合计**	59117
私营企业	47077	上年末结余资金	3047
其他企业		本年资金来源小计	56070
港、澳、台商投资企业		国内贷款	6300
外商投资企业		利用外资	
个体企业		#外商直接投资	
按构成分:		自筹资金	
建筑工程	36111	#自有资金	
安装工程	9075	其他资金来源	40235
设备、工器具购置	852	#定金及预收款	13250
其他费用	8799	个人按揭贷款	18603
按工程用途分:		**各项应付款合计**	26165
住宅	43171	#工程款	18026

8-25　三江侗族自治县房地产施工销售面积

（2016年）

指标名称	单位	合计	住宅	90平米及以下	144平米以上	别墅、高档公寓	办公楼	商业营业用房	其他房屋
房屋施工面积	平方米	577049	446045	5756	86060		709	52354	77941
#新开工面积	平方米	240494	183216	4456	41459		709	20180	36389
房屋竣工面积	平方米	67950	56410					3122	8418
#不可销售面积	平方米	8418							8418
商品住宅竣工套数	套		483						
竣工房屋价值	万元	19091	15279					1876	1936
批准预售面积	平方米	103022	99900					3122	
批准预售套数	套		1010						
出租房屋面积	平方米								
商品房销售面积	平方米	117340	117006		9427			334	
#现房销售面积	平方米								
期房销售面积	平方米	117340	117006		9427			334	
商品房销售额	万元	35046	34712		3203			334	
#现房销售额	万元								
期房销售额	万元	35046	34712		3203			334	
商品住宅销售套数	套		920		46				
#现房销售套数	套								
期房销售套数	套		920		46				
待售面积	平方米	38812	17047		11009			5672	16093
#待售1-3年（含1年）	平方米	32433	13288		7250			3122	16023
待售3年以上（含3年）	平方米	6379	3759		3759			2550	70

8-26 全市房地产开发企业财务状况

单位:万元

指 标 名 称	2015年	2016年
资产总计	24152318	29549845
固定资产累计折旧	69241	91303
#本年折旧	13392	20759
负债总计	15502194	20016065
所有者权益合计	8650124	9533780
#实收资本合计	1492590	1379160
土地转让收入	18144	23585
商品房屋销售收入	1765366	1556165
房屋出租收入	22332	19556
其他收入	27774	36228
主营业务成本	1146926	1012949
销售费用	62883	76227
主营业务税金及附加	171187	119534
其他业务利润	739	4065
管理费用	88734	100921
财务费用	35311	36694
投资收益	7919	10878
营业外收入	4099	10484
营业外支出	7182	14994
利润总额	284509	151935

建　筑　业　9

9-1 建筑业企业生产情况

（2016年） 单位:万元

指标名称	企业个数(个)	一、建筑业合同情况 签订的合同额	上年结转合同额	本年新签合同额	二、承包工程完成情况 直接从建设单位承揽工程完成的产值	自行完成施工产值	分包出去的工程产值	从建设单位以外承揽工程完成的产值
总　计	85	13505897	6230984	7274913	6225560	6223670	1891	11305
#国有及国有控股	19	12346628	5608283	6738345	5593449	5593449		1826
按登记注册类型分组								
内资企业	85	13505897	6230984	7274913	6225560	6223670	1891	11305
#国有企业	13	2062708	1000894	1061814	1207533	1207533		524
集体企业	11	81949	13932	68016	69450	69450		
股份合作企业								
联营企业								
有限责任公司	36	10867609	4899570	5968040	4667995	4667438	557	4053
国有独资公司	5	9447171	4301168	5146002	4169168	4169168		1303
其他有限责任公司	31	1420439	598402	822037	498827	498270	557	2751
股份有限公司	7	314121	246046	68075	195573	195573		
私营企业	18	179511	70543	108968	85009	83676	1334	6729
#私人有限责任公司	18	179511	70543	108968	85009	83676	1334	6729
按国民经济行业分组								
房屋工程建筑	48	11258646	5445107	5813539	5439750	5438405	1345	8780
土木工程建筑	17	2147975	746916	1401059	726964	726664	300	2525
铁路公路隧道桥梁工程建筑	4	997405	422451	574954	283839	283839		
水利和港口工程建筑	5	46095	9669	36426	35714	35414	300	719
工矿工程建筑	2	1072046	307706	764340	376594	376594		524
架线和管道工程建筑	3	26130	5174	20957	24223	24223		1283
其他土木工程建筑	3	6299	1916	4383	6595	6595		
建筑安装业	7	15916	5399	10517	13510	13510		
装修装饰业和其他建筑业	13	83361	33563	49798	45336	45090	246	
按隶属关系分组								
中央	3	1399571	606501	793070	404258	404258		
省(自治区、直辖市)	8	11022030	5104430	5917600	5224917	5224917		1303
地(区、市、州、盟)	26	508828	253266	255562	243094	243094		624
县(区、市、旗)	10	92603	15554	77049	75513	75513		
镇	1	3600	410	3190	3510	3510		
其他	37	479265	250823	228442	274269	272379	1891	9379
按资质等级分组								
施工总承包	63	13410213	6178495	7231718	6171276	6169385	1891	9499
特级	1	4233863	2243515	1990348	1784921	1784921		
一级	11	8613496	3705597	4907899	4001945	4001945		1303
二级	17	277793	163234	114559	201832	201582	250	
三级及以下	34	285061	66149	218912	182579	180938	1641	8197
专业承包	22	95684	52489	43195	54284	54284		1806
一级	2	2534	1647	887	1540	1540		
二级	6	66670	36398	30272	42414	42414		524
三级及以下	14	26480	14444	12036	10331	10331		1283

9-1 续表1　　单位:万元

指标名称	三、建筑业总产值			按构成分的建筑业总产值		
	合计	#装饰装修产值	#在外省完成的产值	建筑工程产值	安装工程产值	其他产值
总计	6234975	77148	1548967	5718186	429441	87348
#国有及国有控股	5595275	44693	1501586	5144347	382019	68909
按登记注册类型分组						
内资企业	6234975	77148	1548967	5718186	429441	87348
#国有企业	1208057	29119	310800	1150807	44584	12666
集体企业	69450	500		63710	590	5150
股份合作企业						
联营企业						
有限责任公司	4671491	24742	1193822	4245815	362093	63583
国有独资公司	4170471	15575	1055243	3776793	337435	56243
其他有限责任公司	501020	9168	138578	469022	24658	7340
股份有限公司	195573	16316	44319	194543		1030
私营企业	90404	6471	26	63311	22174	4920
#私人有限责任公司	90404	6471	26	63311	22174	4920
按国民经济行业分组						
房屋工程建筑	5447185	57434	1259511	5138788	261220	47178
土木工程建筑	729189		289455	535987	154902	38301
铁路公路隧道桥梁工程建筑	283839		135543	283839		
水利和港口工程建筑	36133			36133		
工矿工程建筑	377117		150877	215686	129431	32001
架线和管道工程建筑	25506				25471	35
其他土木工程建筑	6595		3035	330		6265
建筑安装业	13510			1935	10810	765
装修装饰业和其他建筑业	45090	19714		41476	2509	1105
按隶属关系分组						
中央	404258	430	238440	400322		3936
省(自治区、直辖市)	5226219	43476	1303646	4787957	382019	56243
地(区、市、州、盟)	243717	17603	3820	218770	19538	5409
县(区、市、旗)	75513			65348	590	9575
镇	3510			3510		
其他	281758	15639	3061	242279	27294	12185
按资质等级分组						
施工总承包	6178884	57434	1545147	5679670	422501	76714
特级	1784921		407216	1784921		
一级	4003247	43906	1134871	3572612	374392	56243
二级	201582	4740		166347	35149	86
三级及以下	189134	8788	3061	155790	12960	20385
专业承包	56091	19714	3820	38516	6940	10634
一级	1540			510		1030
二级	42937	19259	3820	36971	897	5069
三级及以下	11613	455		1035	6043	4535

9-1 续表2

指 标 名 称	四、竣工产值	五、房屋建筑施工面积(万平方米)		
		合计	#本年新开工面积	#实行投标承包面积
总 计	3206739	6822	970	6316
#国有及国有控股	2742339	5906	787	5778
按登记注册类型分组				
内资企业	3206739	6822	970	6316
#国有企业	677798	772	78	699
集体企业	49729	66	21	54
股份合作企业				
联营企业				
有限责任公司	2255774	5602	806	5386
国有独资公司	2054467	5090	709	5035
其他有限责任公司	201307	512	97	351
股份有限公司	150439	285	13	127
私营企业	73000	97	51	51
#私人有限责任公司	73000	97	51	51
按国民经济行业分组				
房屋工程建筑	2926658	6470	968	5966
土木工程建筑	242338	352	1	349
铁路公路隧道桥梁工程建筑	19214	61	1	60
水利和港口工程建筑	870			
工矿工程建筑	197799	289		289
架线和管道工程建筑	24230			
其他土木工程建筑	226	2		
建筑安装业	3151			
装修装饰业和其他建筑业	34591			
按隶属关系分组				
中央	217689	234	20	228
省(自治区、直辖市)	2571043	3274	753	3102
地(区、市、州、盟)	251367	3013	65	2829
县(区、市、旗)	60132	69	22	55
镇	450	3	3	3
其他	106058	228	106	97
按资质等级分组				
施工总承包	3136825	6786	969	6316
特级	1125195	2955	294	2955
一级	1781766	3478	546	3240
二级	133082	206	29	89
三级及以下	96782	148	100	32
专业承包	69914	36		
一级	1450			
二级	61400	36		
三级及以下	7065			

9-2 建筑业企业房屋建筑工程生产情况

（2016年）

指 标 名 称	本 年 实 际	
	竣工面积(平方米)	竣工房屋价值(万元)
总计	14979092	2412067
按主要用途分:		
1. 住宅房屋	9725270	1274467
2. 商业及服务用房屋	1357988	314951
商厦房屋(批发和零售用房)	1073156	263303
宾馆用房屋(住宿用房)	20584	5028
餐饮用房屋	989	377
商务会展用房屋	5529	1751
其他商业及服务用房屋(居民服务业用房)	257730	44491
3. 办公用房屋	616473	125151
4. 科研、教育、医疗用房屋	1116369	255860
科学研究用房屋	1316	199
教育用房屋	918595	192032
医疗用房屋	196458	63628
5. 文化、体育和娱乐用房	222770	81315
6. 厂房及建筑物	1315536	196200
7. 仓库	37656	5288
8. 其他未列明的房屋建筑物	587030	158835

9-3 建筑业企业财务状况

（2016年） 单位：万元

指标名称	年初存货	累计折旧	#本年折旧	资产合计	负债合计	所有者权益合计	#实收资本
总计	658535	103037	14301	3731328	2954860	776468	445537
#国有及国有控股	476559	61000	10743	2646571	2170374	476198	294100
按登记注册类型分组							
内资企业	658535	103037	14301	3731328	2954860	776468	445537
#国有企业	76340	18523	2059	521696	389079	132618	61300
集体企业	15760	4093	511	101001	89426	11576	7613
股份合作企业							
联营企业							
有限责任公司	481659	65856	10605	2633836	2091039	542797	321469
国有独资公司	279021	23583	5764	1845038	1528047	316990	212800
其他有限责任公司	202638	42274	4842	788798	562991	225807	108669
股份有限公司	83086	10121	878	406137	353905	52232	21716
私营企业	1691	4443	248	68657	31413	37245	33439
#私人有限责任公司	1691	4443	248	68657	31413	37245	33439
按国民经济行业分组							
房屋工程建筑	459822	60708	8644	2986922	2363889	623033	337474
土木工程建筑	173862	29727	4251	639105	532833	106271	85785
铁路公路隧道桥梁工程建筑	141334	23889	3147	435560	381584	53976	43024
水利和港口工程建筑	811	628	432	16992	10203	6790	6034
工矿工程建筑	20902	2344	375	126911	103920	22991	21528
架线和管道工程建筑	5673	2679	275	46380	34847	11533	9000
其他土木工程建筑	5142	186	23	13262	2280	10982	6200
建筑安装业	15572	2633	299	21569	15416	6153	5395
装修装饰业和其他建筑业	9280	9969	1107	83732	42721	41011	16883
按隶属关系分组							
中央	135621	25928	4389	414104	372346	41759	30760
省（自治区、直辖市）	401042	27490	5201	2457500	2042130	415370	252114
地（区、市、州、盟）	63208	31099	3116	314082	210066	104016	59548
县（区、市、旗）	10164	2490	383	69355	58079	11276	4963
镇	5167	33		4178	3577	601	600
其他	43333	15997	1213	472109	268663	203446	97552
按资质等级分组							
施工总承包	646237	90015	12974	3638823	2887800	751023	426413
特级	225251	14334	3951	1286438	1057859	228579	132800
一级	350995	49321	6319	1802097	1521447	280650	189356
二级	43616	19277	1070	261847	172343	89504	50697
三级及以下	26374	7084	1635	288441	136150	152290	53560
专业承包	12298	13022	1328	92505	67060	25445	19124
一级	307	1521	175	6748	2194	4554	2556
二级	5239	9470	856	52971	41073	11898	11861
三级及以下	6752	2031	297	32787	23793	8994	4707

9-3　续表1　　　　　　　　　　　　　　　　　　　　　　　　　　　　　　　　　　　　单位:万元

指　标　名　称	主营业务收入	#主营业务成本	#主营业务税金及附加	其他业务利润	销售费用	管理费用	财务费用	投资收益
总　计	5616150	5342890	87896	5965	4507	99435	59119	2304
#国有及国有控股	5104110	4875865	75003	5236	2611	73792	52319	1178
按登记注册类型分组								
内资企业	5616150	5342890	87896	5965	4507	99435	59119	2304
#国有企业	720202	674817	12623	4317	1876	18563	4616	1177
集体企业	46368	42015	2063	443	11	1722	45	
股份合作企业								
联营企业								
有限责任公司	4577381	4378254	66533	953	919	69556	50043	1028
国有独资公司	4158970	3985315	59644	864	386	53537	43533	1
其他有限责任公司	418411	392939	6889	90	533	16020	6510	1027
股份有限公司	171284	154000	3800	83	1351	6698	4004	92
私营企业	100915	93805	2877	169	351	2895	411	7
#私人有限责任公司	100915	93805	2877	169	351	2895	411	7
按国民经济行业分组								
房屋工程建筑	4845782	4620147	77675	6661	3475	74985	52984	1959
土木工程建筑	681139	648163	8900	129	350	15308	5844	
铁路公路隧道桥梁工程建筑	259019	247319	3471	55	350	3529	4274	
水利和港口工程建筑	12653	11847	216			638	-2	
工矿工程建筑	370039	353665	4596	68		7810	1321	
架线和管道工程建筑	30649	27025	462	6		3036	251	
其他土木工程建筑	8781	8306	156			295	1	
建筑安装业	30112	28602	473	-905		2402	89	335
装修装饰业和其他建筑业	59118	45979	848	80	682	6740	202	11
按隶属关系分组								
中央	425745	409004	5795	59	736	4702	4428	
省(自治区、直辖市)	4696441	4493148	70894	4982	1021	65182	51444	702
地(区、市、州、盟)	192079	170399	3552	532	404	17002	2320	692
县(区、市、旗)	49987	45143	2285	188	35	1439	47	
镇	3510	3280	197	33		32		
其他	248389	221917	5174	171	2311	11079	881	910
按资质等级分组								
施工总承包	5526333	5261880	86585	5877	3809	93259	58680	1959
特级	2862126	2735000	43918	663		37346	37040	1
一级	2299567	2203108	33887	5299	1769	36166	20460	822
二级	204276	179565	2703	-685	1844	13156	558	568
三级及以下	160364	144207	6077	600	196	6591	622	567
专业承包	89817	81011	1311	88	698	6176	439	345
一级	5184	4843	140			108	2	
二级	55524	49777	706	83	677	2703	314	
三级及以下	29109	26391	465	5	21	3364	124	345

9-3 续表2 单位:万元

指 标 名 称	营业外收入	营业外支出	利润总额	应付职工薪酬（本年贷方累计发生额）
总 计	4759	2232	46894	905443
#国有及国有控股	3946	1596	43340	849134
按登记注册类型分组				
内资企业	4759	2232	46894	905443
#国有企业	3498	1396	16228	25403
集体企业	36	13	953	3099
股份合作企业				
联营企业				
有限责任公司	494	284	28539	860138
国有独资公司	444	106	26891	809487
其他有限责任公司	50	178	1648	50651
股份有限公司	701	533	468	7773
私营企业	29	6	706	9030
#私人有限责任公司	29	6	706	9030
按国民经济行业分组				
房屋工程建筑	2746	1620	39436	766131
土木工程建筑	163	172	3039	121877
铁路公路隧道桥梁工程建筑	3	120	118	14902
水利和港口工程建筑	131	19	149	5581
工矿工程建筑	8	13	2628	97915
架线和管道工程建筑	21	20	122	3294
其他土木工程建筑			23	185
建筑安装业	16	25	-413	3448
装修装饰业和其他建筑业	1834	415	4833	13988
按隶属关系分组				
中央	101	98	1126	27714
省(自治区、直辖市)	1189	396	31133	807852
地(区、市、州、盟)	2898	1249	5009	40012
县(区、市、旗)	33	13	1250	4116
镇			1	
其他	538	476	8375	25750
按资质等级分组				
施工总承包	4649	1985	47701	894136
特级	174	80	18859	491504
一级	1119	408	15576	355364
二级	2496	728	9985	21568
三级及以下	861	768	3281	25700
专业承包	110	247	-807	11308
一级	1		92	131
二级	96	206	31	7439
三级及以下	14	41	-929	3738

城市公用事业和环境保护 10

10-1 城市设施水平情况

（2016年）

指标名称	单位	全市	市区	柳江县	柳城县	鹿寨县	融安县	融水苗族自治县	三江侗族自治县
人口密度	人/平方公里	3847	3581	3378	7505	3448	5522	6834	10731
人均日生活用水量	升	196.95	217.67	160.36	133.19	175.97	86.21	110.65	149.08
用水普及率	%	96.61	98.36	87.02	82.76	92.98	93.88	95.81	99.34
燃气普及率	%	86.24	95.27	81.55	82.90	53.23	37.45	59.65	58.80
人均城市道路面积	平方米	11.69	12.76	13.36	10.53	7.16	7.40	4.67	10.03
建成区供水管道密度	公里/平方公里	13.92	13.76	6.34	13.39	10.35	11.17	10.94	63.05
建成区排水管道密度	公里/平方公里	7.37	7.62	6.61	3.83	6.57	7.84	6.61	8.24
污水处理率	%	93.08	95.10	84.05	87.68	78.03	81.99	92.14	72.15
#污水处理厂集中处理率	%	50.66	49.21	61.60	87.68	33.45	81.99	92.14	72.15
人均公园绿地面积	平方米	12.13	13.46	8.00	0.83	10.58	13.04	5.06	11.88
建成区绿地率	%	32.98	36.53	18.96	20.01	33.74	18.44	16.18	27.72
建成区绿化覆盖率	%	39.28	43.95	19.96	22.15	37.22	22.19	21.22	32.51
生活垃圾处理率	%	99.99	100.00	100.00	100.00	100.00	100.00	100.00	99.50
#生活垃圾无害化处理率	%	99.99	100.00	100.00	100.00	100.00	100.00	100.00	99.50

10-2 城市建设用地

（2016年）

指标名称	单位	全市	市区	柳江县	柳城县	鹿寨县	融安县	融水苗族自治县	三江侗族自治县
建城区面积	平方公里	252.51	188.49	18.14	7.01	13.70	10.41	9.15	5.61
城市现状建设用地面积	平方公里	246.77	188.49	17.14	7.01	11.29	9.93	8.22	4.69
#居住用地	平方公里	74.66	48.83	6.46	2.50	5.41	6.32	3.27	1.87
公共管理与公共服务用地	平方公里	23.81	17.45	0.65	1.48	1.20	0.69	1.48	0.86
商业服务业设施用地	平方公里	14.31	12.54	0.24	0.14	0.10	0.33	0.76	0.20
工业用地	平方公里	50.12	43.74	1.86	0.52	2.26	0.84	0.63	0.27
物流仓储用地	平方公里	10.03	8.38	0.35	0.20	0.32	0.27	0.43	0.08
道路与交通设施用地	平方公里	42.13	33.72	4.16	0.80	0.94	0.99	0.89	0.63
公用设施用地	平方公里	6.41	3.84	1.26	0.17	0.37	0.35	0.24	0.18
绿地与广场用地	平方公里	25.30	19.99	2.16	1.20	0.69	0.14	0.52	0.60
本年征用土地面积	平方公里	6.87	6.87						
#耕地	平方公里	1.12	1.12						

10-3 城市燃气供应

（2016年）

指标名称	单位	全市	市区	柳江县	柳城县	鹿寨县	融安县	融水苗族自治县	三江侗族自治县
人工煤气									
生产能力	万立方米/日	9.60	9.60						
储气能力	万立方米	18.20	18.20						
供气管道长度	公里	460.38	460.38						
自制气量	万立方米	3211.96	3211.96						
供气总量合计	万立方米	4237.58	4237.58						
#销售气量	万立方米	4195.58	4195.58						
#居民家庭	万立方米	3416.26	3416.26						
用气户数	户	112246	112246						
#家庭用户	户	112017	112017						
用气人口	万人	41.28	41.28						
天然气									
储气能力	万立方米	177.11	74.86				6.00	6.25	90.00
供气管道长度	公里	1000.42	918.98				7.00	14.44	60.00
供气总量	万立方米	6016.41	5940.38				2.25	6.78	67.00
#销售气量	万立方米	5882.98	5810.23				2.23	6.52	64.00
#居民家庭	万立方米	3179.00	3108.85				2.23	3.92	64.00
用气户数	户	189972	186594				440	450	2488
#家庭用户	户	189647	186272				440	447	2488
用气人口	万人	56.20	55.34				0.14	0.18	0.54
液化石油气									
储气能力	吨	4668.40	4175.00			87.00	164.40	200.00	42.00
供气总量	吨	53721.14	43136.80	2729.78	855.16	2341.10	1739.30	1855.00	1064.00
#居民家庭	吨	30801.76	21263.46	2343.30	756.00	1920.00	1713.00	1817.00	989.00
用气户数	户	285229	204385	23441	9573	14620	10220	16490	6500
#家庭用户	户	259513	181378	22873	8760	13392	10220	16490	6400
用气人口	万人	98.07	61.80	10.30	6.01	6.60	4.14	6.22	3.00

10-4 城市供水和节约用水

（2016年）

指 标 名 称	单位	全市	市区	柳江县	柳城县	鹿寨县	融安县	融水苗族自治县	三江侗族自治县
供 水									
综合生产能力	万立方米/日	186.60	149.50	6.60	6.00	14.00	4.10	4.00	2.40
供水管道长度	公里	3513.91	2593.19	115.00	93.86	141.86	116.24	100.06	353.70
供水总量	万立方米	49328.48	42018.95	1487.68	933.53	3085.78	625.81	700.08	476.65
#售水量	万立方米	44569.37	38191.36	1323.68	712.77	2825.62	505.71	606.08	404.15
#生产运营用水	万立方米	28761.07	25198.41	671.20	422.00	2086.87	142.97	181.37	58.25
公共服务用水	万立方米	3348.46	3128.23	99.88	33.26	42.10	27.08	14.21	3.70
居民家庭用水	万立方米	12381.56	9854.72	543.30	257.51	695.65	310.54	398.14	321.70
其他用水	万立方米	78.28	10.00	9.30		1.00	25.12	12.36	20.50
免费供水量	万立方米	375.65	102.89	45.00	115.16	36.00	65.10	8.00	3.50
漏损水量	万立方米	4383.46	3724.70	119.00	105.60	224.16	55.00	86.00	69.00
用水户数	户	496146	349449	30084	15585	30585	24547	28131	17765
#家庭用户	户	451967	317678	28572	14159	27761	23377	24500	15920
用水人口	万人	219.07	163.56	10.99	6.00	11.53	10.73	10.28	5.98
节约用水									
计划实际用水量	万立方米	301583	301583						
#工业	万立方米	277435	277435						
新水取水量	万立方米	35836	35836						
#工业	万立方米	13473	13473						
重复利用量	万立方米	265747	265747						
#工业	万立方米	263962	263962						
重复利用率	%	88.12	88.12						
#工业用水	%	95.14	95.14						
节约用水量	万立方米	5703	5703						
#工业	万立方米	5362	5362						

10-5 市政设施和园林绿化

（2016年）

指 标 名 称	单位	全市	市区	柳江县	柳城县	鹿寨县	融安县	融水苗族自治县	三江侗族自治县
市政设施									
道路长度	公里	1452.70	1071.24	100.30	37.68	59.28	61.42	57.12	65.66
道路面积	万平方米	2650.14	2121.23	168.70	76.35	88.73	84.56	50.16	60.41
#人行道面积	万平方米	483.88	362.04	37.22	29.68	23.08	10.98	12.46	8.42
桥梁数	座	117	75	1	4	4	5	11	17
#立交桥	座	11	10					1	
道路照明灯盏数	盏	111937	72156	6017	1762	9547	14565	5194	2696
安装路灯的道路长度	公里	1337.91	1049.54	70.16	27.50	59.00	46.00	52.21	33.50
排水管道长度	公里	1860.89	1435.93	119.85	26.82	90.03	81.61	60.45	46.20
#污水管道	公里	187.55	84.29	4.12	2.66	64.80	7.00	16.91	7.77
污水排放量	万立方米	39589	33615	1185	747	2472	572	560	438
污水处理厂									
1. 座数	座	11	5	1	1	1	1	1	1
2. 处理能力	万立方米/日	72.0	57.5	2.5	2.0	4.0	3.0	2.0	1.0
3. 处理量	万立方米	20056	16543	730	655	827	469	516	316
其他污水处理装置									
1. 处理能力	万立方米/日	309.3	294.3	5.0		10.0			
2. 处理量	万立方米	16793	15425	266		1102			
污水处理总量	万立方米	36849	31968	996	655	1929	469	516	316
污水处理厂干污泥产生量	吨	16131	13793	1167	189	491	232	134	125
污水处理厂干污泥无害化处置量	吨	16131	13793	1167	189	491	232	134	125
园林绿化									
绿化覆盖面积	公顷	11104.03	9181.22	432.00	157.30	511.00	260.00	259.11	303.40
#建成区	公顷	9917.94	8283.22	362.00	155.30	509.90	231.00	194.12	182.40
园林绿地面积	公顷	9613.87	7962.20	392.00	141.30	486.80	244.00	153.07	234.50
#建成区	公顷	8327.07	6884.90	344.00	140.30	462.30	192.00	148.07	155.50
公园绿地面积	公顷	2750.86	2237.84	101.00	6.00	131.20	149.00	54.32	71.50
公园个数	个	44	35	2	1	2	1	3	
公园面积	公顷	1684.55	1463.74	4.00	3.00	105.10	60.00	48.71	

10-6 市容环境卫生

（2016年）

指　标　名　称	单位	全市	市区	柳江县	柳城县	鹿寨县	融安县	融水苗族自治县	三江侗族自治县
道路清扫保洁面积	万平方米	3857	3315	94	71	190	72	52	63
生活垃圾清运量	万吨	74.74	53.97	5.50	2.95	3.37	3.79	3.15	2.01
#密闭车(箱)清运量	万吨	61.37	47.45	5.50	0.40	3.37		3.15	1.50
生活垃圾处理量	万吨	74.73	53.97	5.50	2.95	3.37	3.79	3.15	2.00
生活垃圾无害化处理厂(场)数	座	6	1		1	1	1	1	1
#卫生填埋	座	6	1		1	1	1	1	1
生活垃圾无害化处理能力	吨/日	1090	600		100	130	100	100	60
#卫生填埋	吨/日	1090	600		100	130	100	100	60
生活垃圾无害化处理量	万吨	74.73	53.97	5.50	2.95	3.37	3.79	3.15	2.00
#卫生填埋	万吨	74.73	53.97	5.50	2.95	3.37	3.79	3.15	2.00
粪便清运量	万吨	2.43	2.28		0.15				
粪便处理量	万吨	2.41	2.28		0.13				
生活垃圾转运站座数	座	79	57	6	2	11		1	2
公共厕所	座	366	306	16	10	7	15	5	7
#三类以上	座	323	292		5	7	8	5	6
市容环卫专用车辆设备总数	辆	632	506	6	16	21	16	43	24

10-7 城市公共汽车、出租汽车

（2016年）

指标名称	单位	全市	市区	柳江县	柳城县	鹿寨县	融安县	融水苗族自治县	三江侗族自治县
公共汽车	辆	1629	1308	77	49	93	39	26	37
标准运营车辆	标台	1877	1589	75	40	81	34	25	34
运营线路网长度	公里	2883	1878.10	224.00	155.00	249.50	183.00	129.00	64.00
客运总量	万人次	23434	21206.60	472.40	247.40	735.00	280.00	195.00	297.10
出租汽车	辆	2551	2182		49	100	60	80	80

10-8 环境治理情况

（2016年）

指标名称	单位	全市	市区	柳江县	柳城县	鹿寨县	融安县	融水苗族自治县	三江侗族自治县
工业废水排放量	万吨	5815.35	4389.89	271.56	271.56	642.69	154.11	80.71	4.81
工业化学需氧量排放量	吨	4431.21	1981.47	662.26	105.70	1473.33	108.84	79.73	19.89
工业氨氮排放量	吨	382.51	251.47	52.80	8.30	44.80	10.14	12.46	2.55
工业二氧化硫排放量	吨	20127.53	14743.95	854.91	421.84	2978.93	349.83	425.51	352.56
工业氮氧化物排放量	吨	28933.37	25691.75	247.71	435.10	2101.69	95.09	291.05	70.97
一般工业固体废物综合利用率	%	98.80	100.00	100.00	90.50	100.00	100.00	100.00	100.00
一般工业固体废物处置率	%	1.70			42.70				

能　　源　11

11-1 单位能耗指标

（2016年）

	单位GDP能耗	单位工业增加值能耗（规模以上工业）	单位GDP电耗
	上升或下降(+/-,%)	上升或下降(+/-,%)	上升或下降(+/-,%)
柳州市	-4.55	-5.84	-5.17
柳江县	-4.37	-15.47	0.70
柳城县	-3.44	-3.47	-5.36
鹿寨县	-7.13	-7.15	-21.86
融安县	-0.08	-3.76	7.85
融水苗族自治县	-4.23	-8.49	-0.53
三江侗族自治县	-10.83	-36.53	-14.94

11-2 能源消费总量指标

	全社会能源消费总量（等价值,万吨标准煤）		规模以上工业能源消费总量（当量值,万吨标准煤）		全社会用电量（亿千瓦时）	
	2016年	上升或下降(+/-,%)	2016年	上升或下降(+/-,%)	2016年	上升或下降(+/-,%)
柳州市	1653.10	2.37	1062.94	-0.19	166.82	1.76
柳江县	79.58	2.08	11.59	-7.86	9.45	7.45
柳城县	71.54	1.60	22.10	-3.29	5.90	-0.42
鹿寨县	90.89	1.81	39.94	2.13	11.39	-14.35
融安县	32.87	11.20	5.78	5.29	3.42	15.73
融水苗族自治县	42.23	4.66	6.04	-3.46	4.68	8.72
三江侗族自治县	21.26	-2.83	0.51	-39.13	2.90	-7.34

11-3 全市规模以上工业企业主要能源购进、消费与库存

（2016年）

指 标 名 称	单 位	购进量合计	消费量合计	工业生产消费	非工业生产消费	年末库存
原煤	吨	4548889	4769918	4766347	3571	331809
洗精煤（用于炼焦）	吨	6617639	6769179	6769179		228101
其他洗煤	吨	13988	13988	13988		
煤制品	吨					
焦炭	吨	258099	4793902	4793902		539437
焦炉煤气	万立方米	37042	200597	200597		
高炉煤气	万立方米	208561	1850940	1850940		
转炉煤气	万立方米	11959	122599	122599		
发生炉煤气	万立方米					
天然气（气态）	万立方米	5729	6822	6821	1	
液化天然气（液态）	吨	3324	3325	3325	1	
汽油	吨	20490	20529	4255	16274	266
煤油	吨	214	208	138	70	3
柴油	吨	40284	40277	34735	5542	842
燃料油	吨	2069	2014	2014		177
液化石油气	吨	478	478	478		
润滑油	吨	350	355	355		6
石蜡	吨					
溶剂油	吨	85	93	93		
石油焦	吨					
石油沥青	吨	25	25	25		
其他石油制品	吨	309	309	309		9
热力	百万千焦	4564188	6856846	6856846		
电力	万千瓦时	994962	1346195	1297944	48250	
煤矸石（用于燃料）	吨	2157	2157	2157		
城市生活垃圾（用于燃料）	吨					
生物燃料	吨标准煤	83335	286745	286742	3	384
余热余压	百万千焦	918020	17874178	17874178		
其他燃料	吨标准煤	2799	2830	2830		58
能源合计	吨标准煤		20975794	20881760	94035	

注：此表的电力消费量包括了企业自发自用电量

11-4 市区规模以上工业企业主要能源购进、消费与库存

（2016年）

指 标 名 称	单 位	购进量合计	消费量合计	工业生产消费	非工业生产消费	年末库存
原煤	吨	3934830	4192939	4190759	2180	275642
洗精煤	吨	6617540	6769179	6769179		228002
其他洗煤	吨	13988	13988	13988		
煤制品	吨					
焦炭	吨	255848	4791665	4791665		539419
焦炉煤气	万立方米	37042	200597	200597		
高炉煤气	万立方米	208561	1850940	1850940		
转炉煤气	万立方米	11959	122599	122599		
发生炉煤气	万立方米					
天然气(气态)	万立方米	5729	6822	6821	1	
液化天然气(液态)	吨	3324	3325	3325	1	
汽油	吨	18858	18865	3911	14950	242
煤油	吨	127	121	118	3	3
柴油	吨	31634	31764	28076	3688	413
燃料油	吨	1116	1136	1136		12
液化石油气	吨	478	478	478		
润滑油	吨	219	223	223		2
石蜡	吨					
溶剂油	吨	85	93	93		
石油焦	吨					
石油沥青	吨	25	25	25		
其他石油制品	吨	302	302	302		9
热力	百万千焦	4563121	6855779	6855779		
电力	万千瓦时	794295	1118561	1072392	46168	
煤矸石(用于燃料)	吨					
城市生活垃圾(用于燃料)	吨					
生物燃料	吨标准煤	12758	21805	21806		6
余热余压	百万千焦	917815	17732060	17732060		
其他燃料	吨标准煤	2799	2777	2777		58
能源合计	吨标准煤		20037158	19951425	85734	

注：此表的电力消费量包括了企业自发自用电量

11-5 柳江县规模以上工业企业主要能源购进、消费与库存

（2016年）

指标名称	单位	购进量合计	消费量合计			年末库存
				工业生产消费	非工业生产消费	
原煤	吨	31936	34290	34290		6187
洗精煤(用于炼焦)	吨					
其他洗煤	吨					
煤制品	吨					
焦炭	吨	466	453	453		17
焦炉煤气	万立方米					
高炉煤气	万立方米					
转炉煤气	万立方米					
发生炉煤气	万立方米					
天然气(气态)	万立方米					
液化天然气(液态)	吨					
汽油	吨	1059	1091	167	925	12
煤油	吨	24	24	19	5	
柴油	吨	4756	4776	3974	802	52
燃料油	吨	521	522	522		4
液化石油气	吨					
润滑油	吨	89	90	90		4
石蜡	吨					
溶剂油	吨					
石油焦	吨					
石油沥青	吨					
其他石油制品	吨	7	7	7		
热力	百万千焦					
电力	万千瓦时	29551	34682	33611	1071	
煤矸石(用于燃料)	吨					
城市生活垃圾(用于燃料)	吨					
生物燃料	吨标准煤	5209	52969	52965	3	
余热余压	百万千焦					
其他燃料	吨标准煤					
能源合计	吨标准煤		125470	121614	3856	

注:此表的电力消费量包括了企业自发自用电量

11-6 柳城县规模以上工业企业主要能源购进、消费与库存

（2016年）

指标名称	单位	购进量合计	消费量合计	工业生产消费	非工业生产消费	年末库存
原煤	吨	104613	94709	94709		12692
洗精煤(用于炼焦)	吨					
其他洗煤	吨					
煤制品	吨					
焦炭	吨	1375	1375	1375		
焦炉煤气	万立方米					
高炉煤气	万立方米					
转炉煤气	万立方米					
发生炉煤气	万立方米					
天然气(气态)	万立方米					
液化天然气(液态)	吨					
汽油	吨	280	280	26	254	5
煤油	吨	2	2		2	
柴油	吨	906	913	651	262	96
燃料油	吨					
液化石油气	吨					
润滑油	吨					
石蜡	吨					
溶剂油	吨					
石油焦	吨					
石油沥青	吨					
其他石油制品	吨					
热力	百万千焦					
电力	万千瓦时	32552	42207	41973	234	
煤矸石(用于燃料)	吨	2157	2157	2157		
城市生活垃圾(用于燃料)	吨					
生物燃料	吨标准煤	30937	117668	117668		267
余热余压	百万千焦					
其他燃料	吨标准煤					
能源合计	吨标准煤		233126	232080	1046	

注:此表的电力消费量包括了企业自发自用电量

11-7 鹿寨县规模以上工业企业主要能源购进、消费与库存

（2016年）

指标名称	单位	购进量合计	消费量合计	工业生产消费	非工业生产消费	年末库存
原煤	吨	466362	435466	435466		37086
洗精煤(用于炼焦)	吨					
其他洗煤	吨					
煤制品	吨					
焦炭	吨	410	409	409		1
焦炉煤气	万立方米					
高炉煤气	万立方米					
转炉煤气	万立方米					
发生炉煤气	万立方米					
天然气(气态)	万立方米					
液化天然气(液态)	吨					
汽油	吨	129	129	9	121	7
煤油	吨	60	60		60	
柴油	吨	1557.00	1476	983	493	129
燃料油	吨	432	356	356		161
液化石油气	吨					
润滑油	吨	38	38	38		
石蜡	吨					
溶剂油	吨					
石油焦	吨					
石油沥青	吨					
其他石油制品	吨					
热力	百万千焦	1067	1067	1067		
电力	万千瓦时	90357	95613	95109	504	
煤矸石(用于燃料)	吨					
城市生活垃圾(用于燃料)	吨					
生物燃料	吨标准煤	25936	43066	43066		76
余热余压	百万千焦	205	142118	142118		
其他燃料	吨标准煤					
能源合计	吨标准煤		449914	448311	1603	

注:此表的电力消费量包括了企业自发自用电量

11-8 融安县规模以上工业企业主要能源购进、消费与库存

（2016年）

指标名称	单位	购进量合计	消费量合计	工业生产消费	非工业生产消费	年末库存
原煤	吨	11148	11123	11123		202
洗精煤(用于炼焦)	吨					
其他洗煤	吨					
煤制品	吨					
焦炭	吨					
焦炉煤气	万立方米					
高炉煤气	万立方米					
转炉煤气	万立方米					
发生炉煤气	万立方米					
天然气(气态)	万立方米					
液化天然气(液态)	吨					
汽油	吨	91	91	87	5	
煤油	吨	1	1	1		
柴油	吨	867	862	760	102	5
燃料油	吨					
液化石油气	吨					
润滑油	吨	4	4	4		
石蜡	吨					
溶剂油	吨					
石油焦	吨					
石油沥青	吨					
其他石油制品	吨					
热力	百万千焦					
电力	万千瓦时	20817	22902	22863	39	
煤矸石(用于燃料)	吨					
城市生活垃圾(用于燃料)	吨					
生物燃料	吨标准煤	8495	22098	22098		35
余热余压	百万千焦					
其他燃料	吨标准煤		26	26		
能源合计	吨标准煤		59541	59337	204	

注:此表的电力消费量包括了企业自发自用电量

11-9 融水苗族自治县规模以上工业企业主要能源购进、消费与库存

（2016年）

指标名称	单位	购进量合计	消费量合计	工业生产消费	非工业生产消费	年末库存
原煤	吨		1391		1391	
洗精煤(用于炼焦)	吨					
其他洗煤	吨					
煤制品	吨					
焦炭	吨					
焦炉煤气	万立方米					
高炉煤气	万立方米					
转炉煤气	万立方米					
发生炉煤气	万立方米					
天然气(气态)	万立方米					
液化天然气(液态)	吨					
汽油	吨	48	48	30	19	
煤油	吨					
柴油	吨	554	476	281	195	147
燃料油	吨					
液化石油气	吨					
润滑油	吨					
石蜡	吨					
溶剂油	吨					
石油焦	吨					
石油沥青	吨					
其他石油制品	吨					
热力	百万千焦					
电力	万千瓦时	23631	28110	27877	233	
煤矸石(用于燃料)	吨					
城市生活垃圾(用于燃料)	吨					
生物燃料	吨标准煤		29139	29139		
余热余压	百万千焦					
其他燃料	吨标准煤		27	27		
能源合计	吨标准煤		65471	63880	1591	

注:此表的电力消费量包括了企业自发自用电量

11-10 三江侗族自治县规模以上工业企业主要能源购进、消费与库存

（2016年）

指标名称	单位	购进量合计	消费量合计			年末库存
				工业生产消费	非工业生产消费	
原煤	吨					
洗精煤(用于炼焦)	吨	99				99
其他洗煤	吨					
煤制品	吨					
焦炭	吨					
焦炉煤气	万立方米					
高炉煤气	万立方米					
转炉煤气	万立方米					
发生炉煤气	万立方米					
天然气(气态)	万立方米					
液化天然气(液态)	吨					
汽油	吨	25	25	25		
煤油	吨					
柴油	吨	10	10	10		
燃料油	吨					
液化石油气	吨					
润滑油	吨					
石蜡	吨					
溶剂油	吨					
石油焦	吨					
石油沥青	吨					
其他石油制品	吨					
热力	百万千焦					
电力	万千瓦时	3759	4120	4119	1	
煤矸石(用于燃料)	吨					
城市生活垃圾(用于燃料)	吨					
生物燃料	吨标准煤					
余热余压	百万千焦					
其他燃料	吨标准煤					
能源合计	吨标准煤		5114	5113	1	

注:此表的电力消费量包括了企业自发自用电量

11-11 全市规模以上工业企业主要能源按行业消费量

（2016年）

指标名称	本年消费								
	原煤（吨）	洗精煤（吨）	其他洗煤（吨）	焦炭（吨）	焦炉煤气(万立方米)	高炉煤气(万立方米)	转炉煤气(万立方米)	气态天然气(万立方米)	液化天然气(吨)
总　计	4769918	6769179	13988	4793902	200597	1850940	122599	6822	3325
按工业行业大类分列									
一、采矿业			13988						
黑色金属矿采选业									
有色金属矿采选业									
非金属矿采选业			13988						
二、制造业	3840797	6769179		4793902	163941	1649602	110640	6822	2765
农副食品加工业	10775								
食品制造业	63235								
酒、饮料和精制茶制造业	15523								
烟草制品业								362	1
纺织业	1429								
纺织服装、服饰业	21								
木材加工及木、竹、藤、棕、草制品业									
家具制造业									
造纸及纸制品业	105032								
印刷业和记录媒介的复制									
文教、工美、体育和娱乐用品制造业									
石油加工、炼焦及核燃料加工业									
化学原料及化学制品制造业	790766							51	
医药制造业	344								
橡胶和塑料制品业									
非金属矿物制品业	817033				2	7223			
黑色金属冶炼及压延加工业	2000429	6769179		4793024	163939	1642379	110640		
有色金属冶炼及压延加工业	8107			45				1093	
金属制品业	25685			409					
通用设备制造业								128	290
专用设备制造业				4					
汽车制造业	277			408				5188	2470
铁路、船舶、航空航天和其他运输设备制造业	2141			12					4
电气机械及器材制造业									
通信设备、计算机及其他电子设备制造业									
仪器仪表制造业									
其他制造业									
废弃资源综合利用业									
金属制品、机械和设备修理业									
三、电力、燃气及水的生产和供应业	929121				36656	201338	11959		560
电力、热力的生产和供应业	929121				33632	201338	11959		
燃气生产和供应业					3024				560
自来水的生产和供应业									

11-11 续表

指 标 名 称	本 年 消 费								
	汽油（吨）	煤油（吨）	柴油（吨）	燃料油（吨）	液化石油气（吨）	其它石油制品（吨）	热力（百万千焦）	电力（万千瓦时）	生物燃料（吨标准煤）
总　计	20529	208	40277	2014	478	309	6856846	1346195	286745
按工业行业大类分列									
一、采矿业	83		53					2650	
黑色金属矿采选业	59							1555	
有色金属矿采选业	10		30					449	
非金属矿采选业	14		23					647	
二、制造业	19853	208	38769	2014	478	309	6012462	1222269	286745
农副食品加工业	238		492					25997	206932
食品制造业	153		294	89			119773	17048	4500
酒、饮料和精制茶制造业	24		7					827	
烟草制品业			188					2700	
纺织业	40		47					16432	30935
纺织服装、服饰业	12		38					56	
木材加工及木、竹、藤、棕、草制品业	112	1	417					31556	9487
家具制造业	138		301					5641	
造纸及纸制品业	45		282	120		22		17518	15577
印刷业和记录媒介的复制	36		19					376	
文教、工美、体育和娱乐用品制造业								341	495
石油加工、炼焦及核燃料加工业								203	
化学原料及化学制品制造业	140	1	1138	413			5741121	140356	3080
医药制造业	48		16					1561	9511
橡胶和塑料制品业	24		5	5				3191	
非金属矿物制品业	363		15029					97538	
黑色金属冶炼及压延加工业	10		7117		3			598934	
有色金属冶炼及压延加工业	11	2	337	871			1439	19622	
金属制品业	708		269					20868	157
通用设备制造业	135	33	288		340		77	9549	
专用设备制造业	231	47	1396	8	7			20621	1945
汽车制造业	16969	97	10228	509	129	111	150052	178457	25
铁路、船舶、航空航天和其他运输设备制造业	72	28	814					3283	
电气机械及器材制造业	297		36			176		3561	4100
通信设备、计算机及其他电子设备制造业	5							1238	
仪器仪表制造业	24							39	
其他制造业								2945	
废弃资源综合利用业			4					1795	
金属制品、机械和设备修理业	16		7					13	
三、电力、燃气及水的生产和供应业	593		1455				844384	121276	
电力、热力的生产和供应业	505		1425				844384	115903	
燃气生产和供应业	50		8					250	
自来水的生产和供应业	39		22					5123	

11-12 市区规模以上工业企业主要能源按行业消费量

（2016年）

指标名称	本年消费								
	原煤（吨）	洗精煤（吨）	其他洗煤（吨）	焦炭（吨）	焦炉煤气（万立方米）	高炉煤气（万立方米）	转炉煤气（万立方米）	气态天然气（万立方米）	液化天然气（吨）
总计	4192939	6769179	13988	4791665	200597	1850940	122599	6822	3325
按工业行业大类分列									
一、采矿业			13988						
黑色金属矿采选业									
有色金属矿采选业									
非金属矿采选业			13988						
二、制造业	3444346	6769179		4791665	163941	1649602	110640	6822	2765
农副食品加工业	209								
食品制造业	10708								
酒、饮料和精制茶制造业									
烟草制品业								362	1
纺织业	1429								
纺织服装、服饰业									
木材加工及木、竹、藤、棕、草制品业									
家具制造业									
造纸及纸制品业	67290								
印刷业和记录媒介的复制									
文教、工美、体育和娱乐用品制造业									
石油加工、炼焦及核燃料加工业									
化学原料及化学制品制造业	728580							51	
医药制造业	70								
橡胶和塑料制品业									
非金属矿物制品业	601361				2	7223			
黑色金属冶炼及压延加工业	2000429	6769179		4791649	163939	1642379	110640		
有色金属冶炼及压延加工业	6751							1093	
金属制品业	25378								
通用设备制造业								128	290
专用设备制造业				4					
汽车制造业								5188	2470
铁路、船舶、航空航天和其他运输设备制造业	2141			12					4
电气机械及器材制造业									
通信设备、计算机及其他电子设备制造业									
仪器仪表制造业									
其他制造业									
废弃资源综合利用业									
金属制品、机械和设备修理业									
三、电力、燃气及水的生产和供应业	748593				36656	201338	11959		560
电力、热力的生产和供应业	748593				33632	201338	11959		
燃气生产和供应业					3024				560
自来水的生产和供应业									

11-12　续表

指标名称	本年消费								
	汽油(吨)	煤油(吨)	柴油(吨)	燃料油(吨)	液化石油气(吨)	其它石油制品(吨)	热力(百万千焦)	电力(万千瓦时)	生物燃料(吨标准煤)
总　计	18865	121	31764	1136	478	302	6855779	1118561	21805
按工业行业大类分列									
一、采矿业	83		53					2219	
黑色金属矿采选业	59							1555	
有色金属矿采选业	10		30					18	
非金属矿采选业	14		23					647	
二、制造业	18452	121	30412	1136	478	302	6011395	1020683	21805
农副食品加工业	54		37					5113	10889
食品制造业	153		139	89			119773	6955	1153
酒、饮料和精制茶制造业								356	
烟草制品业			188					2700	
纺织业	19		29					10530	617
纺织服装、服饰业									
木材加工及木、竹、藤、棕、草制品业								2543	
家具制造业	138		301					3888	
造纸及纸制品业	35		157	120		22		12038	1100
印刷业和记录媒介的复制	36		19					376	
文教、工美、体育和娱乐用品制造业									
石油加工、炼焦及核燃料加工业								203	
化学原料及化学制品制造业	99	1	491	57			5740054	90936	1843
医药制造业	41		11					319	
橡胶和塑料制品业								912	
非金属矿物制品业	356		12063					66406	
黑色金属冶炼及压延加工业	5		7116		3			596790	
有色金属冶炼及压延加工业	11	2	295	871			1439	9787	
金属制品业	677		237					13741	157
通用设备制造业	116	33	252		340		77	8625	
专用设备制造业	205	46	1089		7			20009	1945
汽车制造业	16101	12	7132		129	104	150052	156965	
铁路、船舶、航空航天和其他运输设备制造业	72	28	814					3262	
电气机械及器材制造业	294		36			176		2798	4100
通信设备、计算机及其他电子设备制造业								1117	
仪器仪表制造业	24							39	
其他制造业								2945	
废弃资源综合利用业								1310	
金属制品、机械和设备修理业	16		7					13	
三、电力、燃气及水的生产和供应业	329		1299				844384	95660	
电力、热力的生产和供应业	241		1269				844384	90287	
燃气生产和供应业	50		8					250	
自来水的生产和供应业	39		22					5123	

11-13　柳江县规模以上工业企业主要能源按行业消费量

（2016年）

指标名称	本年消费								
	原煤（吨）	洗精煤（吨）	其他洗煤（吨）	焦炭（吨）	焦炉煤气（万立方米）	高炉煤气（万立方米）	转炉煤气（万立方米）	气态天然气（万立方米）	液化天然气（吨）
总　计	34290			453					
按工业行业大类分列									
一、采矿业									
黑色金属矿采选业									
有色金属矿采选业									
非金属矿采选业									
二、制造业	34290			453					
农副食品加工业	10160								
食品制造业	3892								
酒、饮料和精制茶制造业	2660								
烟草制品业									
纺织业									
纺织服装、服饰业	21								
木材加工及木、竹、藤、棕、草制品业									
家具制造业									
造纸及纸制品业	1382								
印刷业和记录媒介的复制									
文教、工美、体育和娱乐用品制造业									
石油加工、炼焦及核燃料加工业									
化学原料及化学制品制造业	255								
医药制造业									
橡胶和塑料制品业									
非金属矿物制品业	15644								
黑色金属冶炼及压延加工业									
有色金属冶炼及压延加工业				45					
金属制品业									
通用设备制造业									
专用设备制造业									
汽车制造业	277			408					
铁路、船舶、航空航天和其他运输设备制造业									
电气机械及器材制造业									
通信设备、计算机及其他电子设备制造业									
仪器仪表制造业									
其他制造业									
废弃资源综合利用业									
金属制品、机械和设备修理业									
三、电力、燃气及水的生产和供应业									
电力、热力的生产和供应业									
燃气生产和供应业									
自来水的生产和供应业									

11-13 续表

指标名称	本年消费								
	汽油（吨）	煤油（吨）	柴油（吨）	燃料油（吨）	液化石油气(吨)	其它石油制品(吨)	热力（百万千焦）	电力（万千瓦时）	生物燃料（吨标准煤）
总　计	1091	24	4776	522		7		34682	52969
按工业行业大类分列									
一、采矿业									
黑色金属矿采选业									
有色金属矿采选业									
非金属矿采选业									
二、制造业	1035	24	4735	522		7		30842	52969
农副食品加工业	35		36					5304	48035
食品制造业			95					958	
酒、饮料和精制茶制造业	24		7					124	
烟草制品业									
纺织业									
纺织服装、服饰业	12		38					56	
木材加工及木、竹、藤、棕、草制品业	18		36					81	
家具制造业									
造纸及纸制品业	10							856	376
印刷业和记录媒介的复制									
文教、工美、体育和娱乐用品制造业									
石油加工、炼焦及核燃料加工业									
化学原料及化学制品制造业	7		2					32	919
医药制造业								451	3614
橡胶和塑料制品业	24		5	5				1276	
非金属矿物制品业			1148					196	
黑色金属冶炼及压延加工业								660	
有色金属冶炼及压延加工业								20	
金属制品业	31		23					725	
通用设备制造业	19		36					767	
专用设备制造业	26	1	307	8				612	
汽车制造业	824	23	3003	509		7		17961	25
铁路、船舶、航空航天和其他运输设备制造业									
电气机械及器材制造业	3							763	
通信设备、计算机及其他电子设备制造业									
仪器仪表制造业									
其他制造业									
废弃资源综合利用业									
金属制品、机械和设备修理业									
三、电力、燃气及水的生产和供应业	56		41					3840	
电力、热力的生产和供应业	56		41					3840	
燃气生产和供应业									
自来水的生产和供应业									

11-14　柳城县规模以上工业企业主要能源按行业消费量

（2016年）

指标名称	本年消费								
	原煤（吨）	洗精煤（吨）	其他洗煤（吨）	焦炭（吨）	焦炉煤气（万立方米）	高炉煤气（万立方米）	转炉煤气（万立方米）	气态天然气（万立方米）	液化天然气（吨）
总　计	94709			1375					
按工业行业大类分列									
一、采矿业									
黑色金属矿采选业									
有色金属矿采选业									
非金属矿采选业									
二、制造业	94709			1375					
农副食品加工业									
食品制造业	48635								
酒、饮料和精制茶制造业									
烟草制品业									
纺织业									
纺织服装、服饰业									
木材加工及木、竹、藤、棕、草制品业									
家具制造业									
造纸及纸制品业	418								
印刷业和记录媒介的复制									
文教、工美、体育和娱乐用品制造业									
石油加工、炼焦及核燃料加工业									
化学原料及化学制品制造业	27810								
医药制造业									
橡胶和塑料制品业									
非金属矿物制品业	16490								
黑色金属冶炼及压延加工业				1375					
有色金属冶炼及压延加工业	1356								
金属制品业									
通用设备制造业									
专用设备制造业									
汽车制造业									
铁路、船舶、航空航天和其他运输设备制造业									
电气机械及器材制造业									
通信设备、计算机及其他电子设备制造业									
仪器仪表制造业									
其他制造业									
废弃资源综合利用业									
金属制品、机械和设备修理业									
三、电力、燃气及水的生产和供应业									
电力、热力的生产和供应业									
燃气生产和供应业									
自来水的生产和供应业									

11-14 续表

指标名称	本年消费 汽油(吨)	煤油(吨)	柴油(吨)	燃料油(吨)	液化石油气(吨)	其它石油制品(吨)	热力(百万千焦)	电力(万千瓦时)	生物燃料(吨标准煤)
总　计	280	2	913					42207	117668
按工业行业大类分列									
一、采矿业									
黑色金属矿采选业									
有色金属矿采选业									
非金属矿采选业									
二、制造业	189	2	843					38108	117668
农副食品加工业	130		164					8198	88044
食品制造业			60					8954	3347
酒、饮料和精制茶制造业								44	
烟草制品业									
纺织业	21		8					664	6933
纺织服装、服饰业									
木材加工及木、竹、藤、棕、草制品业								3309	8992
家具制造业								53	
造纸及纸制品业			47					1357	6343
印刷业和记录媒介的复制									
文教、工美、体育和娱乐用品制造业									
石油加工、炼焦及核燃料加工业									
化学原料及化学制品制造业	5		188					6927	
医药制造业	7		5					472	4008
橡胶和塑料制品业									
非金属矿物制品业			344					339	
黑色金属冶炼及压延加工业	5		1					571	
有色金属冶炼及压延加工业								53	
金属制品业								4446	
通用设备制造业									
专用设备制造业									
汽车制造业	22	2	25					2701	
铁路、船舶、航空航天和其他运输设备制造业								21	
电气机械及器材制造业									
通信设备、计算机及其他电子设备制造业									
仪器仪表制造业									
其他制造业									
废弃资源综合利用业									
金属制品、机械和设备修理业									
三、电力、燃气及水的生产和供应业	90		70					4099	
电力、热力的生产和供应业	90		70					4099	
燃气生产和供应业									
自来水的生产和供应业									

11-15 鹿寨县规模以上工业企业主要能源按行业消费量

（2016年）

指标名称	本年消费								
	原煤（吨）	洗精煤（吨）	其他洗煤（吨）	焦炭（吨）	焦炉煤气（万立方米）	高炉煤气（万立方米）	转炉煤气（万立方米）	气态天然气（万立方米）	液化天然气（吨）
总　计	435466			409					
按工业行业大类分列									
一、采矿业									
黑色金属矿采选业									
有色金属矿采选业									
非金属矿采选业									
二、制造业	254938			409					
农副食品加工业	406								
食品制造业									
酒、饮料和精制茶制造业	12863								
烟草制品业									
纺织业									
纺织服装、服饰业									
木材加工及木、竹、藤、棕、草制品业									
家具制造业									
造纸及纸制品业	35942								
印刷业和记录媒介的复制									
文教、工美、体育和娱乐用品制造业									
石油加工、炼焦及核燃料加工业									
化学原料及化学制品制造业	34121								
医药制造业	274								
橡胶和塑料制品业									
非金属矿物制品业	171024								
黑色金属冶炼及压延加工业									
有色金属冶炼及压延加工业									
金属制品业	307			409					
通用设备制造业									
专用设备制造业									
汽车制造业									
铁路、船舶、航空航天和其他运输设备制造业									
电气机械及器材制造业									
通信设备、计算机及其他电子设备制造业									
仪器仪表制造业									
其他制造业									
废弃资源综合利用业									
金属制品、机械和设备修理业									
三、电力、燃气及水的生产和供应业	180528								
电力、热力的生产和供应业	180528								
燃气生产和供应业									
自来水的生产和供应业									

11-15 续表

指标名称	本年消费								
	汽油(吨)	煤油(吨)	柴油(吨)	燃料油(吨)	液化石油气(吨)	其它石油制品(吨)	热力(百万千焦)	电力(万千瓦时)	生物燃料(吨标准煤)
总 计	129	60	1476	356			1067	95613	43066
按工业行业大类分列									
一、采矿业									
黑色金属矿采选业									
有色金属矿采选业									
非金属矿采选业									
二、制造业	77	60	1449	356			1067	90986	43066
农副食品加工业	19		69					2712	17243
食品制造业								181	
酒、饮料和精制茶制造业								239	
烟草制品业									
纺织业								4290	16243
纺织服装、服饰业									
木材加工及木、竹、藤、棕、草制品业			26					7910	429
家具制造业									
造纸及纸制品业			78					3267	7758
印刷业和记录媒介的复制									
文教、工美、体育和娱乐用品制造业								341	495
石油加工、炼焦及核燃料加工业									
化学原料及化学制品制造业	29		457	356			1067	41372	318
医药制造业								98	581
橡胶和塑料制品业								1003	
非金属矿物制品业	7		742					25719	
黑色金属冶炼及压延加工业								913	
有色金属冶炼及压延加工业									
金属制品业			9					1956	
通用设备制造业								157	
专用设备制造业									
汽车制造业	22	60	68					830	
铁路、船舶、航空航天和其他运输设备制造业									
电气机械及器材制造业									
通信设备、计算机及其他电子设备制造业									
仪器仪表制造业									
其他制造业									
废弃资源综合利用业									
金属制品、机械和设备修理业									
三、电力、燃气及水的生产和供应业	53		27					4626	
电力、热力的生产和供应业	53		27					4626	
燃气生产和供应业									
自来水的生产和供应业									

11-16 融安县规模以上工业企业主要能源按行业消费量

（2016年）

指标名称	本年消费								
	原煤（吨）	洗精煤（吨）	其他洗煤（吨）	焦炭（吨）	焦炉煤气（万立方米）	高炉煤气（万立方米）	转炉煤气（万立方米）	气态天然气（万立方米）	液化天然气（吨）
总　计	11123								
按工业行业大类分列									
一、采矿业									
黑色金属矿采选业									
有色金属矿采选业									
非金属矿采选业									
二、制造业	11123								
农副食品加工业									
食品制造业									
酒、饮料和精制茶制造业									
烟草制品业									
纺织业									
纺织服装、服饰业									
木材加工及木、竹、藤、棕、草制品业									
家具制造业									
造纸及纸制品业									
印刷业和记录媒介的复制									
文教、工美、体育和娱乐用品制造业									
石油加工、炼焦及核燃料加工业									
化学原料及化学制品制造业									
医药制造业									
橡胶和塑料制品业									
非金属矿物制品业	11123								
黑色金属冶炼及压延加工业									
有色金属冶炼及压延加工业									
金属制品业									
通用设备制造业									
专用设备制造业									
汽车制造业									
铁路、船舶、航空航天和其他运输设备制造业									
电气机械及器材制造业									
通信设备、计算机及其他电子设备制造业									
仪器仪表制造业									
其他制造业									
废弃资源综合利用业									
金属制品、机械和设备修理业									
三、电力、燃气及水的生产和供应业									
电力、热力的生产和供应业									
燃气生产和供应业									
自来水的生产和供应业									

11-16 续表

指标名称	本年消费								
	汽油（吨）	煤油（吨）	柴油（吨）	燃料油（吨）	液化石油气(吨)	其它石油制品(吨)	热力(百万千焦)	电力(万千瓦时)	生物燃料(吨标准煤)
总　计	91	1	862					22902	22098
按工业行业大类分列									
一、采矿业								431	
黑色金属矿采选业									
有色金属矿采选业								431	
非金属矿采选业									
二、制造业	86	1	860					19463	22098
农副食品加工业								1469	13582
食品制造业									
酒、饮料和精制茶制造业									
烟草制品业									
纺织业			10					283	7142
纺织服装、服饰业									
木材加工及木、竹、藤、棕、草制品业	81	1	316					3497	66
家具制造业									
造纸及纸制品业									
印刷业和记录媒介的复制									
文教、工美、体育和娱乐用品制造业									
石油加工、炼焦及核燃料加工业									
化学原料及化学制品制造业									
医药制造业								221	1308
橡胶和塑料制品业									
非金属矿物制品业			488					3625	
黑色金属冶炼及压延加工业									
有色金属冶炼及压延加工业			42					9762	
金属制品业									
通用设备制造业									
专用设备制造业									
汽车制造业									
铁路、船舶、航空航天和其他运输设备制造业									
电气机械及器材制造业									
通信设备、计算机及其他电子设备制造业	5							121	
仪器仪表制造业									
其他制造业									
废弃资源综合利用业			4					485	
金属制品、机械和设备修理业									
三、电力、燃气及水的生产和供应业	5		2					3008	
电力、热力的生产和供应业	5		2					3008	
燃气生产和供应业									
自来水的生产和供应业									

11-17 融水苗族自治县规模以上工业企业主要能源按行业消费量

（2016年）

指标名称	本年消费								
	原煤（吨）	洗精煤（吨）	其他洗煤（吨）	焦炭（吨）	焦炉煤气（万立方米）	高炉煤气（万立方米）	转炉煤气（万立方米）	气态天然气（万立方米）	液化天然气（吨）
总　计	1391								
按工业行业大类分列									
一、采矿业									
黑色金属矿采选业									
有色金属矿采选业									
非金属矿采选业									
二、制造业	1391								
农副食品加工业									
食品制造业									
酒、饮料和精制茶制造业									
烟草制品业									
纺织业									
纺织服装、服饰业									
木材加工及木、竹、藤、棕、草制品业									
家具制造业									
造纸及纸制品业									
印刷业和记录媒介的复制									
文教、工美、体育和娱乐用品制造业									
石油加工、炼焦及核燃料加工业									
化学原料及化学制品制造业									
医药制造业									
橡胶和塑料制品业									
非金属矿物制品业	1391								
黑色金属冶炼及压延加工业									
有色金属冶炼及压延加工业									
金属制品业									
通用设备制造业									
专用设备制造业									
汽车制造业									
铁路、船舶、航空航天和其他运输设备制造业									
电气机械及器材制造业									
通信设备、计算机及其他电子设备制造业									
仪器仪表制造业									
其他制造业									
废弃资源综合利用业									
金属制品、机械和设备修理业									
三、电力、燃气及水的生产和供应业									
电力、热力的生产和供应业									
燃气生产和供应业									
自来水的生产和供应业									

11-17 续表

指标名称	本年消费								
	汽油（吨）	煤油（吨）	柴油（吨）	燃料油（吨）	液化石油气（吨）	其它石油制品（吨）	热力（百万千焦）	电力（万千瓦时）	生物燃料（吨标准煤）
总　计	49		476					28110	29139
按工业行业大类分列									
一、采矿业									
黑色金属矿采选业									
有色金属矿采选业									
非金属矿采选业									
二、制造业	4		460					21911	29139
农副食品加工业			186					3201	29139
食品制造业									
酒、饮料和精制茶制造业									
烟草制品业									
纺织业								665	
纺织服装、服饰业									
木材加工及木、竹、藤、棕、草制品业	4		30					14004	
家具制造业								1700	
造纸及纸制品业									
印刷业和记录媒介的复制									
文教、工美、体育和娱乐用品制造业									
石油加工、炼焦及核燃料加工业									
化学原料及化学制品制造业								1089	
医药制造业									
橡胶和塑料制品业									
非金属矿物制品业			244					1253	
黑色金属冶炼及压延加工业									
有色金属冶炼及压延加工业									
金属制品业									
通用设备制造业									
专用设备制造业									
汽车制造业									
铁路、船舶、航空航天和其他运输设备制造业									
电气机械及器材制造业									
通信设备、计算机及其他电子设备制造业									
仪器仪表制造业									
其他制造业									
废弃资源综合利用业									
金属制品、机械和设备修理业									
三、电力、燃气及水的生产和供应业	45		16					6199	
电力、热力的生产和供应业	45		16					6199	
燃气生产和供应业									
自来水的生产和供应业									

11-18 三江侗族自治县规模以上工业企业主要能源按行业消费量

（2016年）

指 标 名 称	本 年 消 费								
	原煤（吨）	洗精煤（吨）	其他洗煤(吨)	焦炭（吨）	焦炉煤气(万立方米)	高炉煤气(万立方米)	转炉煤气(万立方米)	气态天然气(万立方米)	液化天然气(吨)
总 计									
按工业行业大类分列									
一、采矿业									
黑色金属矿采选业									
有色金属矿采选业									
非金属矿采选业									
二、制造业									
农副食品加工业									
食品制造业									
酒、饮料和精制茶制造业									
烟草制品业									
纺织业									
纺织服装、服饰业									
木材加工及木、竹、藤、棕、草制品业									
家具制造业									
造纸及纸制品业									
印刷业和记录媒介的复制									
文教、工美、体育和娱乐用品制造业									
石油加工、炼焦及核燃料加工业									
化学原料及化学制品制造业									
医药制造业									
橡胶和塑料制品业									
非金属矿物制品业									
黑色金属冶炼及压延加工业									
有色金属冶炼及压延加工业									
金属制品业									
通用设备制造业									
专用设备制造业									
汽车制造业									
铁路、船舶、航空航天和其他运输设备制造业									
电气机械及器材制造业									
通信设备、计算机及其他电子设备制造业									
仪器仪表制造业									
其他制造业									
废弃资源综合利用业									
金属制品、机械和设备修理业									
三、电力、燃气及水的生产和供应业									
电力、热力的生产和供应业									
燃气生产和供应业									
自来水的生产和供应业									

11-18 续表

指 标 名 称	本 年 消 费								
	汽油（吨）	煤油（吨）	柴油（吨）	燃料油（吨）	液化石油气(吨)	其它石油制品(吨)	热力(百万千焦)	电力(万千瓦时)	生物燃料(吨标准煤)
总 计	25		10					4120	
按工业行业大类分列									
一、采矿业									
黑色金属矿采选业									
有色金属矿采选业									
非金属矿采选业									
二、制造业	10		10					276	
农副食品加工业									
食品制造业									
酒、饮料和精制茶制造业								64	
烟草制品业									
纺织业									
纺织服装、服饰业									
木材加工及木、竹、藤、棕、草制品业	10		10					212	
家具制造业									
造纸及纸制品业									
印刷业和记录媒介的复制									
文教、工美、体育和娱乐用品制造业									
石油加工、炼焦及核燃料加工业									
化学原料及化学制品制造业									
医药制造业									
橡胶和塑料制品业									
非金属矿物制品业									
黑色金属冶炼及压延加工业									
有色金属冶炼及压延加工业									
金属制品业									
通用设备制造业									
专用设备制造业									
汽车制造业									
铁路、船舶、航空航天和其他运输设备制造业									
电气机械及器材制造业									
通信设备、计算机及其他电子设备制造业									
仪器仪表制造业									
其他制造业									
废弃资源综合利用业									
金属制品、机械和设备修理业									
三、电力、燃气及水的生产和供应业	15							3844	
电力、热力的生产和供应业	15							3844	
燃气生产和供应业									
自来水的生产和供应业									

11-19 规模以上工业企业综合能耗

（2016年）　　　　单位：吨标准煤

指标名称	全市	市区	柳江县	柳城县	鹿寨县	融安县	融水苗族自治县	三江侗族自治县
综合能耗	10629368	9769764	115867	221001	399433	57808	60382	5113
煤炭开采和洗选业								
黑色金属矿采选业	1952	1952						
有色金属矿采选业	595	65				530		
非金属矿采选业	7290	7290						
农副食品加工业	220005	16239	52925	88332	19077	13858	29574	
食品制造业	72905	21819	4984	45880	222			
酒、饮料和精制茶制造业	12070	400	2057	54	9482			77
烟草制品业	7660	7660						
纺织业	52199	14587		7791	21515	7489	817	
纺织服装、服饰业	138		138					
木材加工及木、竹、藤、棕、草制品业	48523	3110	125	13045	10188	4798	16968	289
家具制造业	6879	4725		65			2089	
造纸及纸制品业	99791	60605	2382	8375	28429			
印刷业和记录媒介的复制	460	460						
文教、工美、体育和娱乐用品制造业	828				828			
石油加工、炼焦及核燃料加工业	224	224						
化学原料及化学制品制造业	924163	821743	1141	24367	75574		1338	
医药制造业	11743	511	4167	4588	897	1580		
橡胶和塑料制品业	3891	1098	1561		1232			
非金属矿物制品业	685928	501224	9725	11650	148396	13038	1895	
黑色金属冶炼及压延加工业	7168710	7164747	802	2039	1122			
有色金属冶炼及压延加工业	47205	34126	69	951		12059		
金属制品业	46136	36639	930	5464	3103			
通用设备制造业	14845	13668	994		183			
专用设备制造业	24999	23791	1208					
汽车制造业	303899	272487	27006	3333	1073			
铁路、船舶、航空航天和其他运输设备制造业	5835	5809		26				
电气机械及器材制造业	8904	7968	936					
通信设备、计算机及其他电子设备制造业	1511	1370				141		
仪器仪表制造业	66	66						
其他制造业	3619	3619						
废弃资源综合利用业	2199	1591				608		
金属制品、机械和设备修理业	24	24						
电力、热力的生产和供应业	819229	715204	4720	5040	78111	3707	7700	4747
燃气生产和供应业	18727	18727						
水的生产和供应业	6215	6215						

11-20 全社会用电量

（2016年） 单位:万千瓦时

指标名称	全市	市区	柳江县	柳城县	鹿寨县	融安县	融水苗族自治县	三江侗族自治县
总计	1668162.62	1290794.91	94496.34	58985.29	113858.67	34210.55	46780.37	29036.49
全行业用电量	1398380.41	1138047.24	63577.82	42741.06	95650.95	21925.85	20655.38	15782.11
农林牧渔业	18821.54	4433.57	2267.11	1588.44	993.31	428.66	3930.71	5179.74
工业	1180389.35	968399.98	56372.88	34848.54	84051.96	15155.53	13881.21	7679.25
轻工业	86423.91	36243.23	12899.87	22608.63	8018.93	1864.58	2908.02	1880.65
重工业	1093965.44	932156.75	43473.01	12239.91	76033.03	13290.95	10973.19	5798.60
建筑业	17291.52	11102.52	597.46	1111.99	1786.53	1800.83	136.00	756.19
交通运输、仓储、邮政业	29998.42	27774.91	227.23	376.40	607.80	428.78	416.00	167.30
信息传输、计算机服务和软件业	11051.64	6836.95	837.80	722.86	1088.99	891.40	391.10	282.54
商业、住宿和餐饮业	42668.04	35597.15	548.12	1639.22	1896.08	1476.53	666.40	844.54
金融、房地产、商务及居民服务业	42412.38	38693.31	768.28	545.10	1108.61	584.70	225.29	487.09
公共事业及管理组织	55747.52	45208.85	1958.94	1908.51	4117.67	1159.42	1008.67	385.46
城乡居民生活用电	269782.21	152747.67	30918.52	16244.23	18207.72	12284.70	26124.99	13254.38
城镇	193448.37	129973.42	19912.26	7240.17	10743.93	7006.67	12979.19	5592.73
乡村	76333.84	22774.25	11006.26	9004.06	7463.79	5278.03	13145.80	7661.65

注:此表的用电量不包括企业自发自用量

商 业 和 旅 游 12

12-1 全市主要年份社会消费品零售总额

单位:万元

年份	社会消费品零售总额	#批发零售业	#住宿餐饮业
1978	36274	32415	1764
1979	39336	34928	2046
1980	47510	40169	2454
1981	54486	44300	2082
1982	60413	47521	2526
1983	66094	52179	2882
1984	72961	58147	3095
1985	94315	72613	3697
1986	109598	89735	4250
1987	125419	102979	5035
1988	169700	142423	6526
1989	182484	148946	7885
1990	188437	155599	8887
1991	216640	178586	9813
1992	265371	209040	14360
1993	397465	249502	19798
1994	483788	302998	38620
1995	604843	355860	64191
1996	630594	377591	76223
1997	726460	433181	104045
1998	744542	455710	93626
1999	774262	506856	106437
2000	811515	542822	101317
2001	945718	621146	115821
2002	1028609	655853	125322
2003(旧口径)	1142784	753659	135213
2003(新口径)	908985	746621	126860
2004	1755004	1537657	208450
2005	2002532	1759329	236791
2006	2305021	2026374	272385
2007	2740762	2417278	318252
2008	3360774	2961867	393474
2009	4009786	3538376	465120
2009(新口径)	4000238	3639506	360732
2010(新口径)	4800008	4364519	435489
2011(新口径)	5687979	5160720	527259
2012	6618437	5978090	640347
2013	7584238	6861218	723020
2014	8582017	7752338	829679
2015	9441089	8581629	859460
2016	10451288	9511577	939711

12-2 柳江县主要年份社会消费品零售总额

单位:万元

年　份	社会消费品零售总额	#批发零售业	#住宿餐饮业
1978	2761	2307	104
1979	3201	2491	107
1980	3864	2812	120
1981	4335	3108	126
1982	4627	3352	213
1983	5086	3768	222
1984	6063	4080	214
1985	7933	5019	269
1986	8567	5577	296
1987	8949	6106	350
1988	12800	9153	428
1989	16234	11758	378
1990	16800	11415	548
1991	19083	13397	702
1992	23386	15270	997
1993	22623	11708	1277
1994	35165	21729	1372
1995	35906	18601	2380
1996	38274	18267	2814
1997	42330	19617	3093
1998	47910	19171	3103
1999	53732	23551	3267
2000	58928	24925	3140
2001	66018	27891	4047
2002	72620	33201	5419
2003(旧口径)	80679	37272	6228
2003(新口径)	44734	39548	4422
2004	80017	70409	8668
2005	90824	80790	9845
2006	104341	92835	11320
2007	122920	109561	13149
2008	153250	136675	16341
2009	180887	161384	19246
2009(新口径)	180493	168018	12475
2010(新口径)	215529	200643	14886
2011(新口径)	255668	239048	16619
2012	293924	273612	20312
2013	334663	311273	23390
2014	371202	342870	28332
2015	414747	384311	30436
2016	456628	424364	32265

12-3 柳城县主要年份社会消费品零售总额

单位:万元

年 份	社会消费品零售总额	#批发零售业	#住宿餐饮业
1978	3597	2798	79
1979	3295	3072	95
1980	4262	4262	114
1981	5695	5695	137
1982	6069	4067	164
1983	7010	4466	198
1984	7130	4904	150
1985	8703	5723	342
1986	11307	6876	426
1987	12108	7679	452
1988	14847	8913	565
1989	16068	10643	522
1990	16996	10979	547
1991	18721	11758	553
1992	22786	13684	740
1993	22637	11714	917
1994	34580	19807	2303
1995	38338	13208	2763
1996	43766	14502	12946
1997	51866	24773	2809
1998	40652	19020	4930
1999	51072	23237	5188
2000	54426	25885	5939
2001	54792	25387	6142
2002	58119	30273	6880
2003(旧口径)	62140	31629	7107
2003(新口径)	39016	31670	6163
2004	63265	56096	5849
2005	70873	63773	6673
2006	80761	72889	7680
2007	96182	86945	9069
2008	120211	108476	11572
2009	142428	128422	13809
2009(新口径)	142214	133097	9117
2010(新口径)	169775	158741	11034
2011(新口径)	200059	186034	14025
2012	229257	212520	16737
2013	258914	239071	19843
2014	289726	266936	22790
2015	317271	293327	23944
2016	354113	328273	25841

12-4 鹿寨县主要年份社会消费品零售总额

单位:万元

年　份	社会消费品零售总额	#批发零售业	#住宿餐饮业
1978	3231	2750	210
1979	3605	3150	232
1980	4155	3620	240
1981	4633	4150	262
1982	5940	5120	425
1983	5866	5462	314
1984	6114	5648	348
1985	9672	8712	434
1986	9491	8504	456
1987	10920	10539	460
1988	14828	13190	544
1989	15602	13250	556
1990	15173	12928	588
1991	15929	12904	647
1992	18665	12269	899
1993	21596	13483	1115
1994	24510	17267	1059
1995	29375	18797	2707
1996	33308	22941	1992
1997	35149	24841	954
1998	35646	23089	2742
1999	38539	23910	5683
2000	40909	25171	6825
2001	45796	29364	7576
2002	51064	32614	7150
2003(旧口径)	57362	37241	8050
2003(新口径)	44024	34724	8700
2004	84038	71861	12134
2005	93258	79577	13638
2006	107896	92103	15739
2007	127320	108675	18581
2008	157979	134963	22940
2009	190333	162978	27277
2009(新口径)	190191	169893	20298
2010(新口径)	227184	202818	24366
2011(新口径)	191098	170028	21070
2012	230431	204255	26176
2013	262355	231221	31134
2014	298947	261125	37821
2015	334237	291471	42766
2016	368902	321881	47021

12-5　融安县主要年份社会消费品零售总额

单位:万元

年　份	社会消费品零售总额	#批发零售业	#住宿餐饮业
1978	2242	2107	135
1979	2176	2024	126
1980	2491	2323	146
1981	2887	2714	165
1982	3193	2851	161
1983	3634	3387	247
1984	3889	3016	295
1985	6459	5124	219
1986	6747	5730	202
1987	7292	6134	203
1988	9030	7375	268
1989	9721	7610	644
1990	8240	6533	514
1991	9555	8189	636
1992	13084	9299	680
1993	15390	10938	990
1994	20728	15406	1985
1995	25491	19192	1563
1996	23181	16349	1270
1997	23147	16275	2093
1998	24037	18231	1508
1999	25366	19904	1367
2000	27003	21108	2068
2001	29678	23390	2029
2002	33661	26568	2949
2003(旧口径)	36536	28865	3404
2003(新口径)	32981	29428	3553
2004	44935	40048	4795
2005	51099	45465	5531
2006	57839	51545	6196
2007	68345	60967	7274
2008	86775	77751	8933
2009	104079	93790	10210
2009(新口径)	103979	97474	6505
2010(新口径)	124725	116931	7794
2011(新口径)	147580	138396	9185
2012	173257	162094	11163
2013	197423	184176	13247
2014	221081	205448	15632
2015	247631	230354	17278
2016	273560	253895	19665

12-6 融水苗族自治县主要年份社会消费品零售总额

单位:万元

年　份	社会消费品零售总额	#批发零售业	#住宿餐饮业
1978	2854	2567	121
1979	3013	2702	133
1980	3432	3124	159
1981	4248	3721	187
1982	4629	4049	165
1983	4983	4229	260
1984	5998	4538	280
1985	9744	7356	426
1986	10197	8139	503
1987	10985	8504	662
1988	14191	11174	926
1989	14304	10670	970
1990	14428	10798	949
1991	16380	12355	1134
1992	17710	12562	1258
1993	20178	12662	1268
1994	28822	18606	4200
1995	37207	24925	5708
1996	38471	24607	6738
1997	38565	23863	7008
1998	35314	23418	6515
1999	35901	24324	4512
2000	36001	23952	4379
2001	37851	24647	4527
2002	40389	25777	5312
2003(旧口径)	42851	28012	5795
2003(新口径)	40024	35290	4734
2004	45486	40151	5246
2005	51731	45673	5982
2006	58242	51280	6877
2007	68629	60459	8082
2008	87292	77183	10013
2009	105181	93150	11931
2009(新口径)	104950	96857	8093
2010(新口径)	125416	115686	9730
2011(新口径)	147693	136061	11632
2012	169851	155002	14849
2013	193325	174669	18656
2014	217929	195339	22591
2015	242321	217964	24358
2016	270238	243383	26856

12-7 三江侗族自治县主要年份社会消费品零售总额

单位:万元

年　　份	社会消费品零售总额	#批发零售业	#住宿餐饮业
1978	1938	1960	80
1979	2171	2213	86
1980	2667	2583	77
1981	2748	2453	63
1982	2858	2630	62
1983	3199	2820	62
1984	3389	2901	60
1985	3918	3408	138
1986	5926	4641	175
1987	6839	4694	198
1988	11614	10837	126
1989	10030	8607	278
1990	11727	10386	204
1991	10769	7595	255
1992	13058	9279	325
1993	13568	11044	455
1994	16442	11826	834
1995	15988	11505	1607
1996	15145	11590	1551
1997	16006	9436	4247
1998	16029	11369	1811
1999	16052	11418	2004
2000	17033	12475	1904
2001	22284	15826	3425
2002	25002	17834	4161
2003(旧口径)	30274	21567	5074
2003(新口径)	31779	28010	3753
2004	37212	33154	4046
2005	40988	36535	4441
2006	46584	41468	5108
2007	55028	48894	6127
2008	69664	61988	7668
2009	84309	75140	9150
2009(新口径)	83825	76650	7174
2010(新口径)	100382	91627	8755
2011(新口径)	118459	108339	10120
2012	136016	123346	12670
2013	153437	138358	15079
2014	172787	154083	18704
2015	189636	169824	19812
2016	211243	188533	22710

12-8 社会消费品零售总额

（2016年）　　单位:万元

指标名称	全市	城中区	鱼峰区	柳南区	柳北区	柳东新区
社会消费品零售总额	10451288	1627526	1946493	2816332	2005084	121168
按销售单位所在地分						
1. 城镇	9706810	1627350	1946493	2816116	2004824	100284
#城区	8441958	1627350	1946493	2809312	1940959	14527
2. 乡村	744478	177		216	261	20884

12-9 六县社会消费品零售总额

（2016年）　　单位:万元

指标名称	柳江县	柳城县	鹿寨县	融安县	融水苗族自治县	三江侗族自治县
社会消费品零售总额	456628	354113	368902	273560	270238	211243
按销售单位所在地分						
1. 城镇	344364	163013	221343	210286	157641	115097
2. 乡村	112264	191100	147559	63274	112598	96146

12-11 全市主要年份限额以上批发和零售业企业商品购进、销售和库存总额

单位:万元

指标名称	2011	2012	2013	2014	2015	2016
一、法人企业数(个)	370	428	441	507	470	479
二、年末从业人员(人)	14195	24455	24965	25439	24513	25791
三、商品购进总额	7092462	7578434	8484846	8010729	8439903	9052532
#进　口	24645	65198	83979	82943	37759	38447
四、商品销售总额	7347188	8345916	9643337	9419171	10307586	10391521
1. 批　发	5481887	6308192	7212623	6785576	7417340	7756579
#出　口	4873	14155	267	16728	6886	3705
2. 零　售	1865301	2037724	2430714	2633595	2890247	2634943
五、年末库存总额	397806	447403	455295	470905	399217	458528

12-12 全市限额以上批发和零售业企业商品购进、销售、库存总额

（2016年） 单位:万元

指标名称	购进总额	#进口	销售总额 合计	销售总额 批发	销售总额 #出口	销售总额 零售	年末库存总额
总计	9052532	38447	10391521	7756579	3705	2634943	458528
一、批发业	6078603	2475	7037134	6625542	3705	411592	194009
1.按登记注册类型分组							
内资企业	6078603	2475	7037134	6625542	3705	411592	194009
#国有企业	280021		383343	382778		565	30697
集体企业	854235		851906	851906			5523
股份合作企业	1403		1552	1552			7
联营企业							
有限责任公司	3875728		4464710	4167090		297620	54282
国有独资企业	62350		603956	335328		268628	5489
其他有限责任公司	3813378		3860754	3831761		28992	48794
股份有限公司	14803		176000	99222		76778	2991
私营企业	1052414	2475	1159623	1122994	3705	36628	100508
私营独资企业	10634		12337	12337			
私营合伙企业	3405		3335	1701		1634	350
私营有限责任公司	1025145	2475	1129054	1094871	3705	34182	99491
私营股份有限公司	13230		14897	14085		812	667
其他企业							
港、澳、台商投资企业							
外商投资企业							
2.按国民经济行业分组							
农畜产品批发业							
食品、饮料及烟草制品批发业	2432409		2547722	2544719	4	3004	57393
#米、面制品及食用油批发业	16296		16446	16446			850
烟草制品批发业	277463		380607	380041		565	30697
纺织、服装及日用品批发业	103533		117012	102823	3701	14189	17259
#服装批发业	10715		13057	11708		1350	1392
文化、体育用品及器材批发业	119305		137911	137805		107	6644
医药及医疗器材批发业	85886		96777	96451		326	10809
矿产品、建材及化工产品批发业	3056524	2475	3831426	3467059		364367	80242
#煤炭及制品批发业	16934		17373	17373			4938
石油及制品批发业	37079		742882	395990		346893	4142
金属及金属矿批发业	2768531		2812232	2799376		12856	62876
建材批发业	122288	2475	131698	127537		4160	1896
化肥批发业	23686		25092	25092			2359
机械设备、五金交电及电子产品批发业	214936		240976	211378		29599	17298
#汽车批发业	129232		142919	114386		28533	9308
计算机、软件及辅助设备批发业	3338		3552	2486		1066	522
贸易经纪与代理							
其他批发业	66010		65308	65308			4364

12-12 续表 单位:万元

指标名称	购进总额	#进口	销售总额 合计	批发	#出口	零售	年末库存总额
二、零售业	2973929	35972	3354388	1131037		2223351	264519
1. 按登记注册类型分组							
内资企业	2784009	35972	3126531	1074398		2052134	260223
#国有企业	22487		25795	4811		20984	1983
集体企业							
股份合作企业	1227		1721			1721	3
联营企业							
有限责任公司	855969	30994	981119	71844		909275	91728
国有独资企业	20057		17967	2531		15436	6342
其他有限责任公司	835912	30994	963152	69313		893839	85386
股份有限公司	1015134		1102058	861892		240166	95171
私营企业	889193	4979	1015838	135850		879987	71339
私营独资企业	1015		2483			2483	538
私营合伙企业							
私营有限责任公司	885031	4979	1010187	135452		874735	69899
私营股份有限公司	3148		3167	398		2769	902
其他企业							
港、澳、台商投资企业	189920		227857	56639		171217	4295
合资经营企业							
合作经营企业							
独资经营企业	189920		227857	56639		171217	4295
投资股份有限公司							
其他港澳台投资企业							
外商投资企业							
2. 按国民经济行业分组							
综合零售业	289354		427169	18355		408814	18848
#百货零售业	139930		205497	18355		187142	7701
超级市场零售业	147570		219902			219902	10969
食品、饮料及烟草制品专门零售业	18328		21220	12130		9090	8254
纺织、服装及日用品专门零售业	11528		27593	1668		25926	4737
#服装零售业	5264		20816			20816	3568
文化、体育用品及器材专门零售业	42521		44635	5732		38904	6472
#体育用品零售业							
图书零售业	23135		21171	2531		18640	4520
医药及医疗器材专门零售业	1177391		1242328	949841		292486	112349
#药品零售业	1177391		1242328	949841		292486	112349
汽车、摩托车、燃料及零配件专门零售业	1288615	35972	1403207	111369		1291838	89525
#汽车零售业	1263711	35972	1371478	107693		1263785	87029
机动车燃料零售业	10066		12373	3279		9094	553
家用电器及电子产品专门零售业	110270		143590	12370		131220	21604
#日用家电设备零售业	22707		25023	1477		23546	14350
计算机、软件及辅助设备零售业	12483		15860	2509		13351	1370
通讯设备零售业	8147		11195	806		10389	1542
五金、家具及室内装修材料专门零售业	4022		5368	741		4626	1543
无店铺及其他零售业	31901		39278	18832		20446	1187

12-13 全市限额以上批发和零售业企业主要财务指标

（2016年） 单位:万元

指标名称	流动资产小计	#存货	固定资产原价	累计折旧	#本年折旧
总　计	3453384	435293	341047	164573	25317
一、批发业	1979328	191774	106464	63162	8869
1.按登记注册类型分组					
内资企业	1979328	191774	106464	63162	8869
#国有企业	87033	26237	10913	8891	1166
集体企业	22568	7122	541	707	147
股份合作企业	625	7	12	24	5
联营企业					
有限责任公司	904638	66896	43208	30170	3514
国有独资企业	296269	18330	22879	17461	1296
其他有限责任公司	608370	48565	20329	12709	2218
股份有限公司	71549	3714	11158	9807	1439
私营企业	892915	87798	40632	13563	2598
私营独资企业	1068		140	21	1
私营合伙企业	3074	998	82	143	6
私营有限责任公司	886099	86156	39802	13251	2482
私营股份有限公司	2674	644	607	148	110
其他企业					
港、澳、台商投资企业					
外商投资企业					
2.按国民经济行业分组					
农畜产品批发业					
食品、饮料及烟草制品批发业	523684	52981	18514	14131	2232
#米、面制品及食用油批发业	13664	819	42	45	17
烟草制品批发业	86804	26237	10835	8794	1147
纺织、服装及日用品批发业	47413	16618	906	932	177
#服装批发业	5038	1358	101	57	10
文化、体育用品及器材批发业	25741	6269	472	363	24
医药及医疗器材批发业	43621	6588	4420	1620	372
矿产品、建材及化工产品批发业	1129796	87203	75698	42750	5371
#煤炭及制品批发业	19156	4736	257	405	79
石油及制品批发业	278306	16468	31347	26963	2448
金属及金属矿批发业	637761	54171	36495	10820	1977
建材批发业	160865	6097	946	414	99
化肥批发业	5880	1737	903	169	127
机械设备、五金交电及电子产品批发业	163468	15863	5878	2391	532
#汽车批发业	103417	8284	1954	534	48
计算机、软件及辅助设备批发业	945	522			
贸易经纪与代理					
其他批发业	45605	6252	576	976	161

12-13 续表1 单位:万元

指 标 名 称	流动资产小计	#存货	固定资产原价	累计折旧	#本年折旧
二、零售业	1474056	243519	234583	101411	16448
1. 按登记注册类型分组					
内资企业	1276743	235812	182818	80690	8867
#国有企业	11759	1527	4796	3912	324
集体企业					
股份合作企业	354	3	7	30	1
联营企业					
有限责任公司	298716	76354	32104	21296	2784
国有独资企业	14573	4869	2849	3351	271
其他有限责任公司	284143	71485	29254	17945	2514
股份有限公司	537024	85063	100457	38766	2839
私营企业	428890	72865	45455	16687	2918
私营独资企业	1688	1517	977	15	6
私营合伙企业					
私营有限责任公司	425863	70563	44233	16294	2860
私营股份有限公司	1339	785	245	378	52
其他企业					
港、澳、台商投资企业	197313	7707	51765	20721	7581
合资经营企业	5645	69	1527	130	
合作经营企业					
独资经营企业	191669	7638	50238	20591	7581
投资股份有限公司					
其他港澳台投资企业					
外商投资企业					
2. 按国民经济行业分组					
综合零售业	71311	19073	93429	51236	8549
#百货零售业	29696	5796	71907	22791	2353
超级市场零售业	41272	13099	21307	28115	6146
食品、饮料及烟草制品专门零售业	20317	7712	2434	877	104
纺织、服装及日用品专门零售业	10164	5091	1845	542	193
#服装零售业	4821	3568	31	70	10
文化、体育用品及器材专门零售业	21494	5048	3091	3639	355
#体育用品零售业					
图书零售业	14292	2832	2951	3447	333
医药及医疗器材专门零售业	767980	103829	73808	15619	2837
#药品零售业	767980	103829	73808	15619	2837
汽车、摩托车、燃料及零配件专门零售业	509269	88874	45218	23737	3457
#汽车零售业	489161	86653	41913	22428	3275
机动车燃料零售业	7623	555	2843	1002	145
家用电器及电子产品专门零售业	51879	10772	8014	2031	515
#日用家电设备零售业	12347	3844	4939	1112	163
计算机、软件及辅助设备零售业	7783	921	211	208	36
通讯设备零售业	4927	1218	22	104	20
五金、家具及室内装修材料专门零 售业	4790	1434	1507	191	118
无店铺及其他零售业	16853	1686	5238	3538	320

12-13　续表2　　单位:万元

指 标 名 称	资产合计	负债合计	所有者权益合计	#实收资本	#国家资本
总　计	4139969	3028638	1111330	486063	63544
一、批发业	2280853	1851996	428857	272448	35332
1.按登记注册类型分组					
内资企业	2280853	1851996	428857	272448	35332
#国有企业	104986	28459	76526	2619	2578
集体企业	24715	20435	4280	830	
股份合作企业	636	526	110	110	
联营企业					
有限责任公司	1033073	820441	212632	115360	31197
国有独资企业	337734	250444	87291	2300	2300
其他有限责任公司	695338	569997	125341	113060	28897
股份有限公司	112349	102796	9553	9791	1557
私营企业	1005095	879339	125756	143737	
私营独资企业	1304	582	722	1160	
私营合伙企业	3156	2730	426	500	
私营有限责任公司	997288	873992	123296	141047	
私营股份有限公司	3347	2035	1312	1030	
其他企业					
港、澳、台商投资企业					
外商投资企业					
2.按国民经济行业分组					
农畜产品批发业					
食品、饮料及烟草制品批发业	564478	456242	108236	37497	25455
#米、面制品及食用油批发业	19609	17055	2554	3400	
烟草制品批发业	104678	28383	76295	2578	2578
纺织、服装及日用品批发业	58878	51540	7339	4087	
#服装批发业	5148	3845	1303	727	
文化、体育用品及器材批发业	26233	18148	8084	3830	1020
医药及医疗器材批发业	50260	41519	8742	9855	
矿产品、建材及化工产品批发业	1345422	1086222	259200	188382	8857
#煤炭及制品批发业	19587	15004	4583	6680	
石油及制品批发业	356720	271493	85227	6107	1557
金属及金属矿批发业	754480	610244	144236	153805	2300
建材批发业	170548	160912	9636	8025	
化肥批发业	7868	5666	2202	1130	
机械设备、五金交电及电子产品批发业	188194	158716	29478	22473	
#汽车批发业	115904	105263	10641	10306	
计算机、软件及辅助设备批发业	945	856	89	100	
贸易经纪与代理					
其他批发业	47388	39609	7779	6324	

12-13　续表3　　单位：万元

指 标 名 称	资产合计	负债合计	所有者权益合计	#实收资本	#国家资本
二、零售业	1859116	1176642	682474	213616	28212
1. 按登记注册类型分组					
内资企业	1600423	1035921	564502	189744	28212
#国有企业	26759	16293	10466	4124	4124
集体企业					
股份合作企业	361	178	184	50	
联营企业					
有限责任公司	361656	243652	118005	76675	22717
国有独资企业	20752	9695	11057	16329	16329
其他有限责任公司	340905	233957	106948	60347	6388
股份有限公司	700786	338906	361879	31779	1371
私营企业	510861	436892	73969	77115	
私营独资企业	2665	1555	1110	150	
私营合伙企业					
私营有限责任公司	504099	432082	72017	76272	
私营股份有限公司	4097	3255	842	692	
其他企业					
港、澳、台商投资企业	258693	140722	117972	23872	
合资经营企业	10326	5465	4861	5000	
合作经营企业					
独资经营企业	248367	135257	113110	18872	
投资股份有限公司					
其他港澳台投资企业					
外商投资企业					
2. 按国民经济行业分组					
综合零售业	204468	138531	65938	28126	1371
#百货零售业	135131	87578	47553	12945	1371
超级市场零售业	66912	49084	17827	14682	
食品、饮料及烟草制品专门零售业	24513	20071	4441	4539	102
纺织、服装及日用品专门零售业	12009	7539	4470	2708	320
#服装零售业	4852	4428	424	238	
文化、体育用品及器材专门零售业	27913	12588	15326	19039	16667
#体育用品零售业					
图书零售业	20496	6965	13531	17523	16667
医药及医疗器材专门零售业	889495	439849	449647	39647	
#药品零售业	889495	439849	449647	39647	
汽车、摩托车、燃料及零配件专门零售业	600709	484642	116067	94621	7662
#汽车零售业	571315	466667	104648	85054	1292
机动车燃料零售业	15696	8334	7363	6608	6190
家用电器及电子产品专门零售业	67517	55202	12315	14094	
#日用家电设备零售业	19963	22707	-2744	2601	
计算机、软件及辅助设备零售业	8266	2968	5298	4141	
通讯设备零售业	4953	4329	624	1780	
五金、家具及室内装修材料专门零售业	6567	3180	3387	2488	
无店铺及其他零售业	25925	15041	10884	8352	2090

12-13　续表4　　　　　　　　　　　　　　　　　　　　　　单位:万元

指　标　名　称	主营业务收入	主营业务成本	主营业务税金及附加	销售费用	管理费用	财务费用	#利息支出	营业利润	利润总额
总　计	9101013	8618898	56685	211408	124492	21235	21192	106432	119637
一、批发业	6198425	5961962	49771	68878	50473	12483	14578	57772	62234
1. 按登记注册类型分组									
内资企业	6198425	5961962	49771	68878	50473	12483	14578	57772	62234
#国有企业	327829	233117	45641	4468	14308	-1725		32165	32364
集体企业	730749	724519	72	2945	1578	96	26	1482	1533
股份合作企业	1327	1209	3	55	54	1		4	4
联营企业									
有限责任公司	3919732	3851484	2085	27028	14910	5105	3875	22292	23311
国有独资企业	600408	565227	748	10031	4606	501	22	19239	18871
其他有限责任公司	3319323	3286257	1336	16997	10304	4604	3854	3053	4440
股份有限公司	182815	171684	334	6010	1821	553	547	2379	2344
私营企业	1035975	979949	1638	28371	17802	8453	10130	-550	2679
私营独资企业	12212	12180	2	10	2	15		3	3
私营合伙企业	2850	2595	2	81	111			61	61
私营有限责任公司	1007706	951610	1623	27847	17401	8370	10074	543	2841
私营股份有限公司	13207	13564	11	433	288	69	56	-1157	-226
其他企业									
港、澳、台商投资企业									
外商投资企业									
2. 按国民经济行业分组									
农畜产品批发业									
食品、饮料及烟草制品批发业	2195749	2093000	46563	8245	17564	14	1926	32105	32529
#米、面制品及食用油批发业	14484	14072	10	187	249	182	115	-70	-70
烟草制品批发业	325305	230931	45635	4156	14303	-1724		32149	32330
纺织、服装及日用品批发业	101085	90094	195	6241	3354	682	567	613	1492
#服装批发业	11222	10552	17	591	403	22	18	-535	236
文化、体育用品及器材批发业	118441	113218	61	2649	1142	200	29	1171	1180
医药及医疗器材批发业	88941	82761	223	2106	3298	653	347	-50	369
矿产品、建材及化工产品批发业	3427239	3334804	2223	39607	19256	9815	10635	21572	24105
#煤炭及制品批发业	15675	15139	22	1039	504	497	60	-1526	-1539
石油及制品批发业	681283	641368	997	18463	4752	826	245	14892	14534
金属及金属矿批发业	2485420	2448868	563	14450	10310	7211	7703	5477	7135
建材批发业	123405	116395	383	1570	1402	376	1796	1760	2755
化肥批发业	25226	23778	20	966	305	278	250	-75	24
机械设备、五金交电及电子产品批发业	215854	201361	414	6592	4753	1358	1040	2414	2410
#汽车批发业	124385	119604	158	3616	1235	557	352	242	284
计算机、软件及辅助设备批发业	3039	2956	2	53	26			3	3
贸易经纪与代理									
其他批发业	51117	46725	93	3438	1106	-239	35	-53	150

12-13　续表5　　　　　　　　　　　　　　　　　　　　　　　　　　单位:万元

指　标　名　称	主营业务收入	主营业务成本	主营业务税金及附加	销售费用	管理费用	财务费用	#利息支出	营业利润	利润总额
二、零售业	2902587	2656936	6914	142530	74019	8752	6614	48660	57403
1.按登记注册类型分组									
内资企业	2698075	2480959	6300	123085	66542	8090	6583	44108	52759
#国有企业	24097	18640	81	4119	748	82	141	1053	1117
集体企业									
股份合作企业	1471	1159	6	108	106	1		91	91
联营企业									
有限责任公司	856833	768508	2337	59417	19063	3631	1676	13674	16799
国有独资企业	17482	13467	42	1664	2259	39	81	558	1133
其他有限责任公司	839351	755042	2295	57753	16803	3592	1595	13115	15666
股份有限公司	910319	834921	2412	24458	27364	–91	1894	35032	37330
私营企业	905355	857731	1463	34982	19262	4468	2872	–5741	–2578
私营独资企业	2837	2260	7	269	106	54	39	141	141
私营合伙企业									
私营有限责任公司	899450	852957	1447	34130	19018	4361	2782	–5722	–2584
私营股份有限公司	3068	2514	9	584	138	53	51	–160	–136
其他企业									
港、澳、台商投资企业	204512	175977	614	19445	7477	662	31	4551	4644
合资经营企业	4715	3837	9	378	342	–22	31	171	180
合作经营企业									
独资经营企业	199797	172140	605	19067	7134	685		4380	4463
投资股份有限公司									
其他港澳台投资企业									
外商投资企业									
2.按国民经济行业分组									
综合零售业	344926	292706	2323	55163	18689	2927	2267	823	1611
#百货零售业	151393	125752	1746	21547	13865	2762	2267	–3245	–3056
超级市场零售业	192028	165642	573	33221	4762	163		4281	4856
食品、饮料及烟草制品专门零售业	20904	18706	45	994	1169	601	483	–554	–59
纺织、服装及日用品专门零售业	30175	22800	236	5950	880	142	140	168	311
#服装零售业	20816	14743	214	5280	558			23	23
文化、体育用品及器材专门零售业	42052	34515	88	2868	3712		36	1568	1692
#体育用品零售业									
图书零售业	20445	15174	43	2017	2557	–48		1337	1477
医药及医疗器材专门零售业	1057554	968971	1959	25507	22961	–660	1034	40584	42328
#药品零售业	1057554	968971	1959	25507	22961	–660	1034	40584	42328
汽车、摩托车、燃料及零配件专门零售业	1233804	1169008	1853	36095	19694	3955	1222	6397	8581
#汽车零售业	1201048	1140207	1793	34134	18378	3888	1219	6003	7224
机动车燃料零售业	12752	10246	33	1587	521	1		364	379
家用电器及电子产品专门零售业	126359	111874	270	9955	5096	1743	1342	–916	2244
#日用家电设备零售业	23496	20306	61	1947	805	1407	1142	–773	1468
计算机、软件及辅助设备零售业	14280	11293	40	810	1888	10	3	337	827
通讯设备零售业	10630	9399	22	1024	544	15	9	–283	–270
五金、家具及室内装修材料专门零 售业	5049	4086	29	499	207	72	56	261	316
无店铺及其他零售业	41764	34271	111	5498	1610	–28	33	329	378

12-14　全市按登记注册类型分连锁批发和零售企业基本情况

（2016年）

指　标　名　称	连锁总店数（个）	门店数(个)	直营店门店数（个）	加盟店门店数（个）	年末从业人数（人）
总计	7	781	523	258	6017
按登记注册类型分					
内资企业	6	598	484	114	5360
有限责任公司	4	383	374	9	2515
国有独资公司	1	94	94		871
其他有限责任公司	3	289	280	9	1644
股份有限公司	2	215	110	105	2845
港、澳、台商投资企业	1	183	39	144	657
港、澳、台商独资经营企业	1	183	39	144	657
按行业分					
批发业	2	131	131		1102
矿产品、建材及化工产品批发	2	131	131		1102
零售业	5	650	392	258	4915
综合零售	1	178	73	105	2614
医药及医疗器材专门零售	3	469	316	153	2100
家用电器及电子产品专门零售	1	3	3		201
按销售业态分					
超市	1	178	73	105	2614
专业店	6	603	450	153	3403
其中:加油站	2	131	131		1102

续表

指　标　名　称	直营店年末从业人员数（人）	加盟店年末从业人员数（人）	年末零售营业面积（平方米）	直营店年末零售营业（平方米）	加盟店年末零售营业（平方米）
总计	4777	1240	298942	249903	49039
按登记注册类型分					
内资企业	4567	793	283892	243453	40439
有限责任公司	2470	45	100944	99638	1306
国有独资公司	871		49256	49256	
其他有限责任公司	1599	45	51688	50382	1306
股份有限公司	2097	748	182948	143815	39133
港、澳、台商投资企业	210	447	15050	6450	8600
港、澳、台商独资经营企业	210	447	15050	6450	8600
按行业分					
批发业	1102		145651	145651	
矿产品、建材及化工产品批发	1102		145651	145651	
零售业	3675	1240	153291	104252	49039
综合零售	1866	748	86553	47420	39133
医药及医疗器材专门零售	1608	492	55137	45231	9906
家用电器及电子产品专门零售	201		11601	11601	
按销售业态分					
超市	1866	748	86553	47420	39133
专业店	2911	492	212389	202483	9906
其中:加油站	1102		145651	145651	

12-15　全市亿元以上商品交易市场基本情况

（2016年）

指　标　名　称	市场数量（个）	总摊位数（个）	年末出租摊位数（个）	营业面积（平方米）	成交额（万元）
总计	**16**	**12584**	**11451**	**1165521**	**1090740**
1. 综合市场	5	4479	4294	230200	281886
综合贸易市场	5	4479	4294	230200	281886
#农产品综合市场	3	2829	2758	160200	229658
其他综合市场	2	1650	1536	70000	52228
2. 专业市场	11	8105	7157	935321	808854
生产资料市场	5	1781	1759	530000	338053
#木材市场	2	303	287	165000	47076
建材市场	2	678	672	85000	70977
金属材料市场	1	800	800	280000	220000
纺织、服装、鞋帽市场	3	5713	4838	304021	369660
#服装市场	2	4450	3918	270371	351653
其他纺织服装鞋帽市场	1	1263	920	33650	18007
家具、五金及装饰材料市场	1	220	217	65500	28932
#装饰材料市场	1	220	217	65500	28932
汽车、摩托车及零配件市场	2	391	343	35800	72209
#汽车市场	1	56	23	26000	54709
摩托车市场	1	335	320	9800	17500
常年营业	16	12584	11451	1165521	1090740
按销售方式分					
1. 以批发为主	10	9429	8417	932450	908635
2. 以零售为主	6	3155	3034	233071	182105
按经营环境分					
1. 露天式	3	1018	1002	315200	244589
2. 封闭式	10	10696	9633	594321	740947
3. 其他	3	870	816	256000	105204

12-16 全市限额以上住宿和餐饮业企业基本情况

（2016年）

指标名称	法人企业（个）	从业人员（人）	营业额（万元）	#客房收入	#餐费收入
总　计	65	6428	92282	29050	49573
一、住宿业	39	4561	63727	27103	25646
1. 按登记注册类型分组					
内资企业	38	4469	62777	26317	25532
国有企业	5	884	15518	3222	4417
集体企业					
股份合作企业					
联营企业					
有限责任公司	12	1353	14896	7062	6713
国有独资企业	1	202	2299	963	1328
其他有限责任公司	11	1151	12597	6099	5385
股份有限公司	6	954	15019	6053	7828
私营企业	15	1278	17344	9979	6574
私营独资企业	2	111	797	412	371
私营合伙企业	1	50	512	252	260
私营有限责任公司	12	1117	16035	9315	5943
私营股份有限公司					
其他企业					
港、澳、台商投资企业	1	92	951	787	115
合资经营企业					
合作经营企业					
独资经营企业	1	92	951	787	115
投资股份有限公司					
其他港澳台投资企业					
外商投资企业					
2. 按国民经济行业分组					
旅游饭店	32	4288	60156	24601	24915
一般旅馆	6	154	2127	1900	72
其他住宿服务	1	119	1444	602	659

12-16 续表

指 标 名 称	法人企业（个）	从业人员（人）	营业额（万元）	#客房收入	#餐费收入
二、餐饮业	26	1867	28554	1947	23926
1. 按登记注册类型分组					
内资企业	25	1778	26092	1947	21464
国有企业	1	50	476		440
集体企业					
股份合作企业	1	38	341		341
联营企业					
有限责任公司	4	240	3774		1309
国有独资企业					
其他有限责任公司	4	240	3774		1309
股份有限公司					
私营企业	19	1450	21503	1947	19375
私营独资企业	2	20	350		350
私营合伙企业					
私营有限责任公司	15	1287	19369	1914	17371
私营股份有限公司	2	143	1784	33	1654
其他企业					
港、澳、台商投资企业	1	89	2462		2462
合资经营企业					
合作经营企业					
独资经营企业	1	89	2462		2462
投资股份有限公司					
其他港澳台投资企业					
外商投资企业					
2. 按国民经济行业分组					
正餐服务业	23	1624	22783	1947	20607
快餐服务业	2	115	2977		2977
饮料及冷饮服务业	1	128	2795		342
其他餐饮服务业					

12-17 全市限额以上住宿和餐饮业企业主要财务指标

（2016年） 单位:万元

指 标 名 称	流动资产小计	#存货	固定资产原价	累计折旧	#本年折旧
总 计	116073	2358	141803	61895	6088
一、住宿业	90366	1475	124385	53609	5016
1. 按登记注册类型分组					
内资企业	89743	1398	119143	48750	4030
国有企业	8623	314	45241	17484	1240
集体企业					
股份合作企业					
联营企业					
有限责任公司	7660	558	28032	13403	792
国有独资企业	337	53	15207	4332	418
其他有限责任公司	7323	505	12825	9071	375
股份有限公司	9217	177	18537	9100	886
私营企业	64242	349	27333	8762	1111
私营独资企业	770	60	3368	1393	130
私营合伙企业	125	1	1283	300	
私营有限责任公司	63348	288	22682	7069	982
私营股份有限公司					
其他企业					
港、澳、台商投资企业	624	77	5242	4860	986
合资经营企业					
合作经营企业					
独资经营企业	624	77	5242	4860	986
投资股份有限公司					
其他港澳台投资企业					
外商投资企业					
2. 按国民经济行业分组					
旅游饭店	87240	1361	121616	52712	4902
一般旅馆	2420	4	2225	611	63
其他住宿服务	706	110	544	287	51

12-17 续表1 单位:万元

指 标 名 称	流动资产小计	#存货	固定资产原价	累计折旧	#本年折旧
二、餐饮业	25706	883	17418	8285	1072
1. 按登记注册类型分组					
内资企业	22988	863	16650	7686	1037
国有企业	51	14	117	88	
集体企业					
股份合作企业	240		845	390	38
联营企业					
有限责任公司	1640	34	6589	3184	493
国有独资企业					
其他有限责任公司	1640	34	6589	3184	493
股份有限公司					
私营企业	21058	816	9099	4024	506
私营独资企业	62	8			
私营合伙企业					
私营有限责任公司	19408	745	7973	3449	469
私营股份有限公司	1588	63	1126	574	37
其他企业					
港、澳、台商投资企业	2718	20	769	599	35
合资经营企业					
合作经营企业					
独资经营企业	2718	20	769	599	35
投资股份有限公司					
其他港澳台投资企业					
外商投资企业					
2. 按国民经济行业分组					
正餐服务业	21467	815	10380	4773	704
快餐服务业	2991	45	788	615	40
饮料及冷饮服务业	1249	23	6251	2898	328
其他餐饮服务业					

12-17　续表2　　　　单位:万元

指　标　名　称	资产合计	负债合计	所有者权益合计	#实收资本	#国家资本
总　计	228755	185688	43068	49372	31044
一、住宿业	178238	153242	24995	41563	31019
1. 按登记注册类型分组					
内资企业	177079	147830	29249	40676	31019
国有企业	38202	17080	21123	15144	15144
集体企业					
股份合作企业					
联营企业					
有限责任公司	28329	21157	7172	18864	15875
国有独资企业	11212	337	10875	10875	10875
其他有限责任公司	17118	20820	-3703	7989	5000
股份有限公司	22161	18591	3570	2188	
私营企业	88387	91002	-2615	4480	
私营独资企业	2745	1938	807	336	
私营合伙企业	1390	230	1160	1010	
私营有限责任公司	84251	88834	-4582	3134	
私营股份有限公司					
其他企业					
港、澳、台商投资企业	1159	5412	-4253	887	
合资经营企业					
合作经营企业					
独资经营企业	1159	5412	-4253	887	
投资股份有限公司					
其他港澳台投资企业					
外商投资企业					
2. 按国民经济行业分组					
旅游饭店	168045	142231	25815	39434	30760
一般旅馆	9054	8058	997	1629	259
其他住宿服务	1138	2954	-1816	500	

12-17 续表3

单位:万元

指标名称	资产合计	负债合计	所有者权益合计	#实收资本	#国家资本
二、餐饮业	50518	31819	18072	7809	25
1. 按登记注册类型分组					
内资企业	47490	29998	16974	6571	25
国有企业	79	177	-97	25	25
集体企业					
股份合作企业	2853	937	1916	498	
联营企业					
有限责任公司	15698	11497	4156	1628	
国有独资企业					
其他有限责任公司	15698	11497	4156	1628	
股份有限公司					
私营企业	28860	17388	10999	4420	
私营独资企业	73		60	10	
私营合伙企业					
私营有限责任公司	26200	15004	10781	4233	
私营股份有限公司	2588	2385	158	177	
其他企业					
港、澳、台商投资企业	3028	1821	1098	1238	
合资经营企业					
合作经营企业					
独资经营企业	3028	1821	1098	1238	
投资股份有限公司					
其他港澳台投资企业					
外商投资企业					
2. 按国民经济行业分组					
正餐服务业	32136	18852	12766	4871	25
快餐服务业	3304	1851	1345	1438	
饮料及冷饮服务业	15078	11117	3961	1500	
其他餐饮服务业					

12-17　续表4　　　　单位：万元

指标名称	主营业务收入	#主营业务成本	#主营业务税金及附加	销售费用	管理费用	财务费用	#利息支出	营业利润	利润总额
总计	87688	38184	2271	31086	20420	4406	2881	-6421	-8100
一、住宿业	61488	24522	1501	23952	16418	3776	2216	-8397	-9931
1. 按登记注册类型分组									
内资企业	60565	24330	1463	23363	15993	3776	2216	-8075	-9647
国有企业	14857	7508	253	4839	3005	490	467	-1259	-1203
集体企业									
股份合作企业									
联营企业									
有限责任公司	14840	4693	366	7716	5477	103	32	-3515	-3160
国有独资企业	2299	689	45	1619	444	10		-507	-492
其他有限责任公司	12541	4004	322	6097	5033	93	31	-3008	-2668
股份有限公司	14393	5033	373	5054	4634	84	30	-452	-452
私营企业	16474	7096	471	5753	2877	3100	1688	-2849	-4831
私营独资企业	797	468	51	286	30	4		-45	-45
私营合伙企业	512	387	9		92	3		21	21
私营有限责任公司	15166	6241	412	5467	2755	3093	1688	-2825	-4807
私营股份有限公司									
其他企业									
港、澳、台商投资企业	923	192	38	589	426			-322	-284
合资经营企业									
合作经营企业									
独资经营企业	923	192	38	589	426			-322	-284
投资股份有限公司									
其他港澳台投资企业									
外商投资企业									
2. 按国民经济行业分组									
旅游饭店	57892	23301	1378	22098	15840	3717	2211	-8156	-9762
一般旅馆	2152	921	96	824	365	54		-109	-44
其他住宿服务	1444	300	27	1030	214	5	5	-132	-125

12-17 续表5 单位:万元

指 标 名 称	主营业务收入	#主营业务成本	#主营业务税金及附加	销售费用	管理费用	财务费用	#利息支出	营业利润	利润总额
二、餐饮业	26201	13662	770	7134	4002	630	666	1976	1832
1. 按登记注册类型分组									
内资企业	23738	12985	713	5553	3890	624	661	1947	1802
国有企业	462	231	10	155	57	3		7	14
集体企业									
股份合作企业	321	171	2	87	60			1	1
联营企业									
有限责任公司	1819	784	89	1028	399	490	645	982	1036
国有独资企业									
其他有限责任公司	1819	784	89	1028	399	490	645	982	1036
股份有限公司									
私营企业	21136	11799	612	4283	3374	131	16	957	751
私营独资企业	255	140	5		18			92	
私营合伙企业									
私营有限责任公司	19097	10150	583	4222	3050	127	12	985	864
私营股份有限公司	1784	1509	24	61	306	4	3	-119	-114
其他企业									
港、澳、台商投资企业	2462	678	57	1581	112	6	5	30	30
合资经营企业									
合作经营企业									
独资经营企业	2462	678	57	1581	112	6	5	30	30
投资股份有限公司									
其他港澳台投资企业									
外商投资企业									
2. 按国民经济行业分组									
正餐服务业	22372	12321	685	4785	3490	136	15	1015	870
快餐服务业	2977	1064	65	1627	160	6	5	55	55
饮料及冷饮服务业	852	278	19	721	352	488	646	907	907
其他餐饮服务业									

12-18 全市主要年份限额以上住宿和餐饮业企业经营情况

指标名称	2011	2012	2013	2014	2015	2016
一、法人企业数(个)	58	67	71	73	70	65
二、年末从业人员(人)	4580	7971	7735	7221	6886	6428
三、营业额(万元)	88923	102719	93392	89175	95094	92282
四、客房间数(间)	5662	6433	7029	7493	32313	49785
五、床位数(个)	9529	10654	11455	11964	49097	54117
六、餐位数(位)	31719	33612	34891	39861	39369	37118
七、年末餐饮营业面积(平方米)	112234	151545	138116	155713	157632	142829

12-19 全市主要年份旅游人数及收入

指 标 名 称	2011	2012	2013	2014	2015	2016
接待入境旅游者人数(人次)	105958	137760	167394	174132	181221	188769
港澳和台湾同胞	32749	50755	67244	60011	55051	54690
外国人	73209	87005	100150	114121	126170	134079
#日本	6066	3897	1103	2004	5311	6278
新加坡	2412	2753	3243	3309	3496	3231
泰国	1280	1398	1527	1844	2255	2427
越南	3181	3641	4138	2905	1950	1800
印度尼西亚	1023	1270	1340	1539	1633	2203
马来西亚	2990	4072	4291	6649	6650	5268
美国	4917	6141	7279	6820	7030	8232
加拿大	3037	4248	5087	4655	4796	4921
英国	3194	3515	4087	4220	6618	8124
法国	5667	6173	7256	6716	6941	6615
德国	2770	3119	3689	4159	5197	6736
意大利	1643	2125	1527	3139	3296	4452
澳大利亚	2958	3631	4364	4306	4292	4331
新西兰	1129	1979	2418	2944	2993	3151
国内游客人数(万人次)	1520	1904	2266	2605	2901	3297
国际旅游外汇收入(万美元)	3613	4760	5882	6589	7254	7962
国内旅游收入(亿元)	117	151	182	229	281	351
旅游总收入(亿元)	120	154	186	233	286	357
星级饭店数(个)	35	40	45	47	46	48

物　价　13

13-1 居民消费及商品零售价格指数

（以上年价格为100）　　单位:%

年　份	居民消费价格总指数	商品零售价格总指数
1981	103.4	103.5
1982	102.9	102.7
1983	103.2	103.2
1984	104.1	103.8
1985	115.7	115.4
1986	105.3	105.8
1987	109.1	108.9
1988	127.8	126.5
1989	119.1	118.4
1990	99.7	98.8
1991	102.3	102.2
1992	106.1	105.8
1993	124.6	123.8
1994	126.0	124.1
1995	120.0	116.0
1996	106.1	104.5
1997	100.3	99.5
1998	95.3	94.8
1999	96.8	96.3
2000	99.8	97.5
2001	99.7	97.4
2002	100.6	99.7
2003	100.6	99.2
2004	104.2	103.1
2005	97.9	96.1
2006	100.7	100.1
2007	106.1	105.0
2008	107.9	107.1
2009	97.8	97.5
2010	103.5	104.1
2011	105.4	105.4
2012	104.0	102.8
2013	101.9	100.9
2014	102.6	102.0
2015	101.7	100.1
2016	101.8	100.5

13-2 居民消费价格总指数

（2016年，以上年为100）　　　　单位：%

指 标 名 称	指数	指 标 名 称	指数
居民消费价格总指数	101.8	床上用品	99.4
食品烟酒	103.5	窗帘门帘	102.2
食品	104.8	其他家用纺织品	96.3
粮食	99.7	家庭日用杂品	100.1
薯类	111.2	洗涤卫生用品	100.8
豆类	105.2	厨具餐具茶具	101.0
食用油	99.1	家用手工工具	97.8
菜	112.6	其他家庭日用杂品	98.7
畜肉类	111.2	个人护理用品	100.1
禽肉类	100.0	化妆品	100.2
水产品	103.5	其他护理用品类	100.1
蛋类	95.2	家庭服务	109.6
奶类	102.7	**交通和通信**	98.4
干鲜瓜果类	98.9	交通	97.7
糖果糕点类	102.8	交通工具	97.8
调味品	99.7	交通工具用燃料	95.7
其他食品类	101.2	交通工具使用和维修	98.8
茶及饮料	99.5	交通费	100.1
烟酒	100.9	通信	99.8
烟草	102.1	通信工具	96.4
酒类	98.0	通信服务	100.1
在外餐饮	101.3	邮递服务	105.8
衣着	104.2	**教育文化和娱乐**	101.2
服装	105.6	教育	101.3
男式服装	107.2	教育用品	98.4
女式服装	104.7	文化娱乐	101.0
儿童服装	105.4	文娱耐用消费品	97.3
服装材料	100.0	其他文娱用品	102.8
其他衣着及配件	103.0	文化娱乐服务	99.9
衣着加工服务费	107.0	旅游	103.3
鞋类	99.7	**医疗保健**	104.0
鞋	98.6	药品及医疗器具	101.8
鞋类加工服务	109.5	中药	105.0
居住	100.5	西药	102.0
租赁房房租	104.2	滋补保健品	99.1
住房保养维修及管理	101.6	医疗卫生器具	100.2
住房装潢材料	100.2	保健器具	100.0
物业管理费	106.9	医疗服务	105.4
住房装潢维修	101.0	综合医疗类	116.7
水电燃料	96.1	诊断类	100.0
水	100.8	治疗类	104.1
电	100.0	康复类	100.0
燃气	89.3	中医医疗服务类	125.3
取暖费	100.0	其他医疗服务	100.0
其他燃料	100.0	**其他用品和服务**	100.5
自有住房	101.8	其他用品类	101.8
生活用品及服务	100.6	首饰手表	105.4
家具及室内装饰品	97.8	其他杂项用品	98.8
家具	97.6	其他服务类	99.5
室内装饰品	99.8	旅馆住宿	93.6
家用器具	100.2	美容美发洗浴	101.1
大型家用器具	99.5	养老服务	100.0
小家电	103.0	金融保险	100.0
家用纺织品	99.3	其他服务类	100.0

13-3 商品零售价格总指数

（2016年，以上年为100）　　单位：%

指标名称	指数	指标名称	指数
商品零售价格总指数	100.5	**家用电器及音像器材**	98.6
食品	104.6	家庭设备	99.7
粮食	99.4	文娱用耐用消费品	97.1
薯类	111.2	专业音像器材	100.1
豆类	105.2	**文化办公用品**	99.4
食用油	99.1	**日用品**	99.0
菜	112.6	日用百货	95.2
畜肉类	111.1	厨具餐具茶具	101.0
禽肉类	100.0	清洗用品	103.3
水产品	104.2	其他日用品	98.7
蛋类	95.2	**体育娱乐用品**	103.1
奶类	101.7	体育户外用品	102.0
干鲜瓜果类	98.9	娱乐用品	103.8
糖果糕点类	102.8	**交通、通信用品**	97.2
调味品	99.7	交通运输机械	97.7
其他食品类	101.2	通信器材	96.2
在外餐饮	101.3	**家具**	97.6
饮料、烟酒	99.7	**化妆品**	100.8
茶及饮料	99.1	**金银饰品**	106.2
烟草	102.1	**中西药品及医疗保健用品**	102.3
酒类	98.0	医疗卫生器具	100.2
服装、鞋帽	103.9	中药	105.0
服装	105.5	西药	102.0
男士服装	107.0	保健器具及用品	99.6
女士服装	104.7	**书报杂志及电子出版物**	99.9
儿童服装	105.4	教材及参考书	98.7
鞋帽袜	98.6	书报杂志	101.3
鞋	98.6	计算机办公软件	100.0
袜子	97.8	**燃料**	92.8
帽子	100.0	煤炭及制品	99.3
其他衣着配件	107.1	石油及制品	92.2
纺织品	99.5	**建筑材料及五金电料**	100.3
服装材料	100.0	建筑装潢材料	100.2
床上用品	99.4	五金水暖	100.6

服务业行政、事业单位 14

14-1 全市服务业行政单位财务状况

（执行行政会计制度的单位）
（2016年）

单位:万元

指标名称	单位总数（个）	固定资产原价	收入合计	支出合计	工资福利支出	商品和服务支出	取暖费
总计	1620	624586	1655352	1537972	360904	317231	11
道路运输业	1	1291	1293	1394	527	231	
货币金融服务	1	13749	4674	2138	1636	224	
商务服务业	2	1163	495	491	253	105	
专业技术服务业	1	29	65	65	53	11	
水利管理业	1	37	84	84	72	12	
公共设施管理业	7	809	3548	3630	1619	1619	
教育	17	478	1239	1098	648	280	
社会工作	2	1936	4434	3567	635	157	
文化艺术业	9	1418	7872	7843	976	931	
中国共产党机关	118	13628	41898	40106	13224	16980	1
国家机构	1426	564015	1559599	1451940	335273	286401	10
人民政协、民主党派	11	847	3253	3256	1417	869	
社会保障	1	5777	9247	9023	2044	6440	
群众团体、社会团体和其他成员组织	23	19409	17651	13337	2527	2971	

单位:万元

指标名称	差旅费	因公出国(境)费用	劳务费	工会经费	福利费	对个人和家庭的补助	抚恤金	生活补助
总计	16796	835	32210	4549	1433	253413	9526	42236
道路运输业	23		112	6	13	246		6
货币金融服务	62		56	33	74	278		
商务服务业	7			3	1	59	26	3
专业技术服务业	2							
水利管理业	2							
公共设施管理业	23		1	6		392	4	
教育	22		13	4	1	171		2
社会工作	9		2	6		2758	33	126
文化艺术业	37		23	8		531		46
中国共产党机关	979	19	566	84	9	6041	281	612
国家机构	15346	796	31299	4273	1332	239971	9044	40751
人民政协、民主党派	91	2	7	9	1	881	61	268
社会保障	54		88	25		495		
群众团体、社会团体和其他成员组织	139	18	43	92	2	1590	77	421

14-1　续表2　　单位:万元

指　标　名　称	救济费	助学金	奖励金	生产补贴	从业人员平均人数（人）
总计	9950	8892	22096	25109	44939
道路运输业					70
货币金融服务					221
商务服务业					33
专业技术服务业					6
水利管理业					8
公共设施管理业					402
教育			1		87
社会工作	770				100
文化艺术业					117
中国共产党机关			836		1323
国家机构	9180	8888	21015	25069	41789
人民政协、民主党派			112		161
社会保障					294
群众团体、社会团体和其他成员组织		4	132	40	328

14-2 全市服务业事业单位财务状况

（执行事业会计制度的单位）

（2016年）

单位：万元

指标名称	单位总数（个）	固定资产原价	收入合计	#事业收入	#经营收入	支出合计	工资福利支出
总计	1466	1823211	1990275	1064206	51791	1980293	718367
农、林、牧、渔服务业	1	6	89	89		106	28
道路运输业	12	8995	19356	15351		20504	3476
水上运输业	4	10878	5668	201		5399	2455
仓储业	1	1	65			65	48
电信、广播电视和卫星传输服务	3	5651	3530			2296	1014
货币金融服务	1	2690	942	942		1219	558
房地产业	1	3681	3605	3601		2947	915
商务服务业	14	5969	12147	2180	119	6291	2323
研究和试验发展	5	3105	6019	1812	3	7469	2500
专业技术服务业	34	55324	50467	14589	14548	50629	17062
科技推广和应用服务业	38	2498	16226	14019		16438	2400
水利管理业	17	141837	30610	2592		34431	2415
生态保护和环境治理业	2	5569	16243	97		17280	1937
公共设施管理业	26	35618	76883	18893	595	79246	26577
居民服务业	2	11880	2252	77		2000	966
其他服务业	1	291	1474			596	182
教育	354	546964	481098	134635		477908	231986
卫生	150	680988	777131	655188	25843	774196	265464
社会工作	8	7483	7610	5269	12	8885	2170
新闻和出版业	3	297	514	225		509	255
广播、电视、电影和影视录音制作业	92	37604	10603	4485	100	12829	7205
文化艺术业	24	13005	22173	9676		19568	5719
体育	5	908	2224	1180		2010	850
娱乐业	1	469	22		22	28	5
中国共产党机关	31	28787	36771	36771		36771	22747
国家机构	594	209769	391594	131034	10550	385342	113378
人民政协、民主党派	2	546	2712	2712		2712	1030
社会保障	32	1742	10677	7468		10808	2122
群众团体、社会团体和其他成员组织	8	656	1570	1120		1811	580

14-2　续表1　　　　单位:万元

指标名称	商品和服务支出	差旅费	劳务费	福利费	对个人和家庭的补助	抚恤金
总计	640023	12348	37094	3710	233473	4182
农、林、牧、渔服务业	36	4			3	
道路运输业	6264	197	196	46	1207	23
水上运输业	1561	134	52	21	350	57
仓储业	4				12	
电信、广播电视和卫星传输服务	468	41		1	103	
货币金融服务	303	87	27	32	150	
房地产业	705	4	4	12	352	
商务服务业	2187	56	174	58	1146	25
研究和试验发展	2280	51	94	1	2025	4
专业技术服务业	11148	1516	2910	123	4773	641
科技推广和应用服务业	2104	154	36	12	1460	19
水利管理业	1858	26	4	2	836	40
生态保护和环境治理业	3027	30	471	12	948	22
公共设施管理业	16840	103	5973	207	8657	95
居民服务业	674	10	4	27	219	
其他服务业	379	7	36		30	
教育	89724	4189	7500	757	92767	1091
卫生	360891	2035	3395	1741	41325	624
社会工作	1627	28	553	3	1558	129
新闻和出版业	160	41	14	2	85	
广播、电视、电影和影视录音制作业	3752	98	197	30	1440	13
文化艺术业	7330	398	552	47	3021	115
体育	782	34	17	1	374	
娱乐业					20	
中国共产党机关	3969	240			10008	122
国家机构	118525	2687	14735	573	53840	1010
人民政协、民主党派	839	98	17		710	
社会保障	2020	62	129	1	5560	38
群众团体、社会团体和其他成员组织	566	18	4	1	494	114

14-2 续表2 单位:万元

指 标 名 称				经营支出	销售税金	从业人员平均人数（人）
	生活补助	助学金	生产补贴			
总计	22672	24332	7922	26173	1013	97881
农、林、牧、渔服务业						5
道路运输业	29					587
水上运输业	50					300
仓储业	12					7
电信、广播电视和卫星传输服务						80
货币金融服务						65
房地产业						127
商务服务业	60			35	28	308
研究和试验发展	5			648	22	446
专业技术服务业	376			12804	472	2455
科技推广和应用服务业	644		10			255
水利管理业	137					352
生态保护和环境治理业	9					446
公共设施管理业	128			459	32	16407
居民服务业	2					84
其他服务业						44
教育	2357	16879			54	28874
卫生	2053	9		11497	32	26520
社会工作	43			7	2	529
新闻和出版业						46
广播、电视、电影和影视录音制作业	96			81	122	921
文化艺术业	44				43	791
体育	1					125
娱乐业	20			3		7
中国共产党机关	152	4682				3081
国家机构	16317	2752	2847	639	206	14550
人民政协、民主党派	1					70
社会保障	43		4957			315
群众团体、社会团体和其他成员组织	93	10	108			84

财 政 、金 融 15

15-1 全市主要年份财政收入支出

单位:万元

年　份	财政总收入	地方财政收入	地方财政支出
1978	27893	27893	11530
1979	29894	29894	7289
1980	29641	29641	7929
1981	32412	32412	7995
1982	34120	34120	9587
1983	29240	29240	9723
1984	33395	33395	11651
1985	43681	43681	19471
1986	49091	49091	33248
1987	57637	57637	39472
1988	64293	64293	41017
1989	72256	72256	48837
1990	75472	75472	52646
1991	78104	76942	53510
1992	84024	84024	57245
1993	130975	130975	92220
1994	170723	69195	83504
1995	187837	82585	97128
1996	183368	77843	116765
1997	209030	93157	120603
1998	257430	130453	139510
1999	279288	139276	166013
2000	330883	168627	194831
2001	422001	217584	274250
2002	490002	232394	307726
2003	581884	271309	383657
2004	677386	298114	437311
2005	801851	281803	494759
2006	951982	348539	626101
2007	1163796	403696	749327
2008	1401320	524357	963579
2009	1576437	614148	1274760
2010	2011810	746288	1550130
2011	2296014	894546	1842882
2012	2601822	1135503	2211699
2013	2850562	1251211	2405829
2014	3165496	1331569	2616050
2015	3438093	1466765	3097184
2016	3701555	1591642	3395562

注明:2012年开始“地方财政收入”和“地方财政支出”为“公共财政预算收入”和“公共财政预算支出”。后同。

15-2 柳江县主要年份财政收入支出

单位:万元

年　份	财政总收入	地方财政收入	地方财政支出
1978	497	497	614
1979	572	572	636
1980	660	660	745
1981	621	621	685
1982	762	762	711
1983	761	761	839
1984	789	789	899
1985	972	972	1155
1986	1255	1255	1543
1987	1508	1508	2431
1988	2016	2016	3109
1989	2697	2697	4062
1990	3034	3034	4469
1991	3435	3435	4528
1992	3784	3784	4707
1993	6382	6382	6607
1994	7369	4581	8002
1995	8362	5313	8787
1996	11496	7526	9757
1997	12100	8016	11173
1998	12287	7972	12006
1999	12596	8830	12615
2000	14161	9435	14013
2001	18614	11482	17277
2002	26818	14335	24226
2003	32034	17411	28498
2004	36071	17613	30699
2005	41324	16302	36605
2006	50079	26585	50289
2007	61098	25685	57788
2008	68019	30922	76058
2009	70683	30390	92817
2010	88010	35255	115267
2011	108101	42962	136604
2012	124230	58297	160709
2013	138318	68966	191431
2014	149131	74184	193945
2015	160277	85148	232747
2016	172795	86852	278354

15-3 柳城县主要年份财政收入支出

单位:万元

年　份	财政总收入	地方财政收入	地方财政支出
1978	751	751	631
1979	809	809	616
1980	993	993	830
1981	1176	1176	899
1982	1369	1369	994
1983	1299	1299	1058
1984	1062	1062	1095
1985	1489	1489	1302
1986	1828	1828	1981
1987	2064	2064	2678
1988	2450	2450	3535
1989	3060	3060	3967
1990	4347	4347	5036
1991	3884	3884	5261
1992	3858	3858	4843
1993	6450	6450	6904
1994	8737	4972	7933
1995	11923	7874	11197
1996	12962	8882	12304
1997	12260	7914	12159
1998	13999	8012	12876
1999	12679	8230	14239
2000	14474	9632	12837
2001	17714	11723	16776
2002	19528	12533	21750
2003	32471	26627	35046
2004	17879	10003	22504
2005	20704	7960	26374
2006	25000	9366	34251
2007	28001	9903	44402
2008	30806	13319	59422
2009	31010	12967	75711
2010	41072	18671	95971
2011	56018	23253	116796
2012	67006	33099	138078
2013	73901	42733	159628
2014	75178	42771	159328
2015	76945	49144	194442
2016	77565	52339	214228

15-4 鹿寨县主要年份财政收入支出

单位:万元

年　份	财政总收入	地方财政收入	地方财政支出
1978	1763	1763	765
1979	1389	1389	768
1980	1885	1885	830
1981	2099	2099	939
1982	2242	2242	852
1983	1969	1969	892
1984	2041	2041	1043
1985	2478	2478	1435
1986	3703	3703	2174
1987	4714	4714	2913
1988	5848	5848	3796
1989	6467	6467	4427
1990	6631	6631	4714
1991	5499	4337	4580
1992	6420	6420	4598
1993	8748	8748	6082
1994	9430	4864	6875
1995	12543	6537	8095
1996	14973	9846	12557
1997	14341	10064	11385
1998	15371	11467	12853
1999	15467	11538	13700
2000	14696	10752	13073
2001	16125	11613	15649
2002	17813	13030	17520
2003	20039	13470	21466
2004	22867	13340	25979
2005	30109	14062	33362
2006	32337	15404	36995
2007	42752	20036	51045
2008	43386	22160	68577
2009	42055	22794	85596
2010	56571	28187	100485
2011	68193	31801	136489
2012	76466	42999	159605
2013	76568	48027	184429
2014	78141	49420	193921
2015	83907	57264	227702
2016	88175	58904	249616

15-5 融安县主要年份财政收入支出

单位:万元

年份	财政总收入	地方财政收入	地方财政支出
1978	335	335	494
1979	308	308	489
1980	340	340	564
1981	384	384	682
1982	454	454	628
1983	512	512	805
1984	518	518	996
1985	740	740	1122
1986	834	834	1598
1987	1178	1178	2179
1988	1801	1801	2758
1989	2097	2097	3121
1990	2299	2299	3585
1991	2576	2576	3600
1992	2531	2531	3754
1993	3711	3711	5081
1994	3157	1688	4779
1995	3718	2391	5737
1996	4314	3108	7432
1997	5042	3562	6107
1998	5407	3867	6816
1999	5706	3985	7681
2000	6752	4417	8926
2001	8006	4983	12081
2002	9153	5598	14206
2003	10017	6259	16795
2004	11027	6775	18177
2005	13306	7203	23217
2006	13668	6268	28961
2007	16018	7598	37237
2008	18510	9353	54236
2009	20016	10425	69689
2010	25319	12561	82978
2011	29567	15378	106329
2012	34559	18691	135446
2013	38612	21015	138646
2014	39588	23577	138885
2015	41054	26893	176593
2016	42023	27125	194511

15-6 融水苗族自治县主要年份财政收入支出

单位:万元

年　份	财政总收入	地方财政收入	地方财政支出
1978	361	361	715
1979	294	294	711
1980	368	368	739
1981	534	534	826
1982	807	807	1286
1983	814	814	1266
1984	872	872	1611
1985	1348	1348	1884
1986	1610	1610	2868
1987	2342	2342	4017
1988	3246	3246	4286
1989	4179	4179	5712
1990	3965	3965	5689
1991	4058	4058	5851
1992	4284	4284	6553
1993	5926	5926	8063
1994	6675	3633	7814
1995	6964	5247	8871
1996	6948	4389	9073
1997	6729	4636	7959
1998	6503	4940	7856
1999	6552	4910	9575
2000	6505	4958	11077
2001	6708	4664	15420
2002	7430	4596	19082
2003	8337	5042	21690
2004	10214	6228	23089
2005	13515	7694	32193
2006	14650	7787	38630
2007	18408	9534	52000
2008	21774	11527	74953
2009	22893	12157	100835
2010	33036	18491	124974
2011	40329	20962	164527
2012	47130	28658	184128
2013	50953	32694	210197
2014	54500	35540	245813
2015	60195	41806	303002
2016	63963	43301	307170

15-7 三江侗族自治县主要年份财政收入支出

单位：万元

年　份	财政总收入	地方财政收入	地方财政支出
1978	230	230	562
1979	206	206	565
1980	240	240	606
1981	290	290	675
1982	314	314	799
1983	344	344	982
1984	396	396	1306
1985	764	764	1349
1986	815	815	1919
1987	1083	1083	2373
1988	1697	1697	2704
1989	1755	1755	3161
1990	1662	1662	3178
1991	1668	1668	3229
1992	1574	1574	3292
1993	2216	2216	3982
1994	1961	1391	4915
1995	2158	1501	5346
1996	2634	1921	6298
1997	3067	2273	5444
1998	3505	2709	5466
1999	3703	2937	7542
2000	4106	3419	9046
2001	4406	3580	11525
2002	4588	3359	13886
2003	4868	3653	16978
2004	5262	4020	17082
2005	6080	4026	22568
2006	6423	4415	28232
2007	8029	5216	38742
2008	10021	6377	55703
2009	12689	8042	81011
2010	19035	11212	102383
2011	23399	14312	116877
2012	26950	17949	145018
2013	26183	16691	153660
2014	27806	17133	170252
2015	32817	20373	201203
2016	35868	20690	226150

15-8 财政收入

（2016年）　　　　单位:万元

指标名称	全市	市区	柳江县	柳城县
财政总收入	3701555	3221166	172795	77565
上划中央税收收入	1811811	1668837	67390	19181
上划自治区四税收入	298102	249898	18553	6045
公共财政预算收入	1591642	1302431	86852	52339
增值税	342643	291769	24469	6434
营业税	83355	66178	4976	1584
企业所得税	116475	98120	7184	3107
个人所得税	32812	27955	1678	699
资源税	3438	1205	409	566
城市维护建设税	147989	139192	3360	1217
房产税	46153	40078	2220	624
城镇土地使用税	26915	22696	1300	722
土地增值税	75132	59797	3598	977
耕地占用税	57071	14587	2128	14963
契税	169631	150988	8699	1400
其它各项税收收入	44454	38466	2188	803
专项收入	201120	174499	9496	2585
行政事业性收费收入	65073	43846	7435	2389
罚没收入	27066	15418	4201	1578
国有资本经营收入	1458	793		7
国有资源（资产）有偿使用收入	118247	89032	1641	12478
其他收入	32610	27812	1870	206

15-8 续表 单位:万元

指 标 名 称	鹿寨县	融安县	融水苗族自治县	三江侗族自治县
财政总收入	88175	42023	63963	35868
上划中央税收收入	21249	10899	14855	9400
上划自治区四税收入	8022	3999	5807	5778
公共财政预算收入	58904	27125	43301	20690
增值税	7357	4094	5479	3041
营业税	2717	1353	2509	4038
企业所得税	3524	1163	1819	1558
个人所得税	854	557	579	490
资源税	190	502	441	125
城市维护建设税	1582	846	1099	693
房产税	1842	450	672	267
城镇土地使用税	1448	325	331	93
土地增值税	5416	1611	1110	2623
耕地占用税	12340	3958	9066	29
契税	3254	1402	1974	1914
其它各项税收收入	1360	555	649	433
专项收入	2809	1987	8140	1604
行政事业性收费收入	4488	1848	2468	2599
罚没收入	2196	1334	1542	797
国有资本经营收入			655	3
国有资源(资产)有偿使用收入	6759	5131	2829	377
其他收入	768	9	1939	6

15-9 财政支出

（2016年） 单位:万元

指标名称	全市	市区	柳江县	柳城县
公共财政预算支出	3395562	1925533	278354	214228
一般公共服务	290601	157123	25146	26389
外交				
国防	3674	2661	349	78
公共安全	225969	152463	16324	13521
教育	680635	354460	62356	50273
科学技术	41497	32331	2425	2698
文化体育与传媒	58984	40642	2224	1902
社会保障和就业	309540	130802	39970	24804
医疗卫生与计划生育	378898	191840	38741	26805
节能环保	55650	35926	4079	1238
城乡社区	382960	323891	12920	7987
农林水	444846	140632	42518	48337
交通运输	74293	31707	10108	7000
资源勘探信息等	137034	129330	641	506
商业服务业等	35130	19785	1486	614
金融	5170	4988		6
国土海洋气象等	37587	21136	3097	1485
住房保障	194438	116910	22532	8014
粮油物资储备	7703	3705	313	505
债务付息支出	28771	23193	1259	1394
债务发行费用支出	434	346	22	14
其他	1748	11662	-8156	-9342

单位:万元

指 标 名 称	鹿寨县	融安县	融水苗族自治县	三江侗族自治县
公共财政预算支出	249616	194511	307170	226150
一般公共服务	18054	16673	26913	20303
外交				
国防	214	187	128	57
公共安全	13264	9087	12945	8365
教育	38781	35299	79169	60297
科学技术	1565	261	1190	1027
文化体育与传媒	6816	2383	2747	2270
社会保障和就业	29052	31317	30208	23387
医疗卫生与计划生育	31048	25186	37989	27289
节能环保	4798	3757	4436	1416
城乡社区	12145	7542	8079	10396
农林水	44520	44761	73328	50750
交通运输	8029	5467	8340	3642
资源勘探信息等	4598	1076	241	642
商业服务业等	2679	2196	5729	2641
金融	93		67	16
国土海洋气象等	6942	1647	1646	1634
住房保障	16893	6679	12614	10796
粮油物资储备	1600	423	701	456
债务付息支出	960	559	673	733
债务发行费用支出	14	11	12	15
其他	7551		15	18

15–10　全社会金融机构本外币存款余额

（2016年）　　　　　　　　　　　　单位:万元

指标名称	全市	市区	柳江县	柳城县
合　计	33213538	26579466	1654292	916483
境内存款	33198181	26564779	1654146	916385
住户存款	13219496	8638989	1119582	663922
活期存款	6908950	4093254	687417	398951
定期及其他存款	6310546	4545735	432165	264971
非金融企业存款	14343118	13545223	276936	60724
活期存款	7832543	7152913	213576	52290
定期及其他存款	6510574	6392310	63360	8434
广义政府存款	5488036	4237035	255628	191738
财政性存款	485143	390423	37162	21966
机关团体存款	5002892	3846611	218466	169772
非银行业金融机构存款	147532	143532	2000	2
境外存款	15357	14688	146	98

15-10 续表

单位:万元

指标名称	鹿寨县	融安县	融水苗族自治县	三江侗族自治县
合计	1413354	769391	1142024	738528
境内存款	1413034	769373	1142002	738463
住户存款	967178	557660	793187	478978
活期存款	532773	318132	544486	333936
定期及其他存款	434405	239528	248701	145041
非金融企业存款	214180	59380	134734	51941
活期存款	186161	50709	127453	49441
定期及其他存款	28019	8671	7281	2500
广义政府存款	231671	152332	212088	207544
财政性存款	8361	13348	7114	6768
机关团体存款	223309	138985	204974	200776
非银行业金融机构存款	6		1992	
境外存款	320	18	22	65

15-11　全社会金融机构本外币贷款余额

（2016年）　　　　　　单位:万元

指标名称	全市	市区	柳江县	柳城县
合　计	22796642	18086348	1446907	543113
境内贷款	22795563	18085282	1446907	543113
住户贷款	7422888	5137314	761764	297180
短期贷款	858344	564814	72219	48642
消费贷款	140832	106815	13016	3669
经营贷款	717512	457998	59203	44972
中长期贷款	6564544	4572500	689545	248539
消费贷款	5339776	4102981	496361	108101
经营贷款	1224768	469519	193184	140437
非金融企业及机关团体贷款	15372675	12947967	685143	245933
短期贷款	5657582	4835567	219056	107528
中长期贷款	7683259	6276062	421566	115072
票据融资	1886961	1697487	40623	23333
融资租赁				
各项垫款	144873	138852	3898	
非银行业金融机构贷款				
境外贷款	1079	1066		

15-11 续表 单位:万元

指标名称	鹿寨县	融安县	融水苗族自治县	三江侗族自治县
合计	1207074	416761	722380	374059
境内贷款	1207061	416761	722380	374059
住户贷款	424919	258910	323625	219174
短期贷款	49116	58242	38719	26592
消费贷款	5178	3906	4873	3375
经营贷款	43938	54336	33846	23218
中长期贷款	375804	200669	284906	192582
消费贷款	249857	100430	147059	134986
经营贷款	125947	100238	137847	57596
非金融企业及机关团体贷款	782142	157851	398755	154884
短期贷款	169567	107475	171414	46976
中长期贷款	506171	50376	212638	101374
票据融资	104281		14703	6535
融资租赁				
各项垫款	2123			
非银行业金融机构贷款				
境外贷款	13			

15-12 全社会金融机构人民币存款余额

（2016年） 单位:万元

指标名称	全市	市区	柳江县	柳城县
合计	33051421	26418577	1653542	916426
境内存款	33037117	26404937	1653396	916328
住户存款	13136420	8557134	1118833	663865
活期存款	6860138	4045305	686917	398923
定期及其他存款	6276282	4511829	431916	264942
非金融企业存款	14265449	13467554	276936	60724
活期存款	7762215	7082585	213576	52290
定期及其他存款	6503234	6384969	63360	8434
广义政府存款	5487817	4236816	255628	191738
财政性存款	485143	390424	37162	21966
机关团体存款	5002674	3846392	218466	169772
非银行业金融机构存款	147432	143432	2000	2
境外存款	14304	13640	146	98

15-12 续表 单位:万元

指 标 名 称	鹿寨县	融安县	融水苗族自治县	三江侗族自治县
合 计	1412975	769382	1141994	738525
境内存款	1412660	769364	1141972	738460
住户存款	966804	557652	793158	478974
活期存款	532472	318129	544459	333933
定期及其他存款	434332	239523	248699	145041
非金融企业存款	214180	59380	134734	51941
活期存款	186161	50709	127453	49441
定期及其他存款	28019	8671	7281	2500
广义政府存款	231671	152332	212088	207544
财政性存款	8361	13348	7114	6768
机关团体存款	223309	138985	204974	200776
非银行业金融机构存款	6		1992	
境外存款	315	18	22	65

15-13 全社会金融机构人民币贷款余额

（2016年）　　　　单位:万元

指标名称	全市	市区	柳江县	柳城县
合计	22738976	18028692	1446902	543113
境内贷款	22737897	18027626	1446902	543113
住户贷款	7422745	5137183	761759	297180
短期贷款	858227	564708	72214	48642
消费贷款	140714	106710	13011	3669
经营贷款	717512	457999	59203	44972
中长期贷款	6564519	4572474	689545	248539
消费贷款	5339751	4102957	496361	108101
经营贷款	1224768	469519	193184	140437
非金融企业及机关团体贷款	15315151	12890443	685143	245933
短期贷款	5600857	4778841	219056	107528
中长期贷款	7682461	6275264	421566	115072
票据融资	1886961	1697486	40623	23333
融资租赁				
各项垫款	144873	138852	3898	
非银行业金融机构贷款				
境外贷款	1079	1066		

15-13 续表

单位:万元

指标名称	鹿寨县	融安县	融水苗族自治县	三江侗族自治县
合计	1207072	416760	722380	374057
境内贷款	1207059	416760	722380	374057
住户贷款	424917	258909	323624	219173
短期贷款	49113	58241	38718	26591
消费贷款	5175	3904	4872	3373
经营贷款	43938	54336	33846	23218
中长期贷款	375804	200669	284906	192582
消费贷款	249857	100430	147059	134986
经营贷款	125947	100238	137847	57596
非金融企业及机关团体贷款	782142	157851	398755	154884
短期贷款	169567	107475	171414	46976
中长期贷款	506171	50376	212638	101374
票据融资	104281		14703	6535
融资租赁				
各项垫款	2123			
非银行业金融机构贷款				
境外贷款	13			

文化、教育、科技、卫生和体育 16

16-1 文化事业基本情况

（2016年）

指 标 名 称	单 位	全 市	市 区	柳江县	柳城县
艺术表演团体	个	2	1		
演出场次	场	725	634		
观众人数	万人次	76.91	65.91		
文化馆	个	10	4	1	1
群众艺术馆	个	1	1		
公共图书馆	个	11	5	1	1
公共图书馆总藏量	千册、件	1914.90	1203.36	133.18	80.00
#古籍	千册	26.77	26.42		
图书	千册	1644.55	1055.22	110.78	79.74

16-1 续表

指 标 名 称	单 位	鹿寨县	融安县	融水苗族自治县	三江侗族自治县
艺术表演团体	个			1	
演出场次	场			91	
观众人数	万人次			11	
文化馆	个	1	1	1	1
群众艺术馆	个				
公共图书馆	个	1	1	1	1
公共图书馆总藏量	千册、件	160.60	107.77	95.00	135.00
#古籍	千册	0.35			
图书	千册	131.62	80.20	83.50	103.48

16-2 教育事业基本情况

（2016年）

指标名称	单位	全市	市区	柳江县	柳城县
学校数					
普通高校	所	6	6		
中等职业技术学校	所	27	20	1	1
普通中学	所	151	75	18	7
小学	所	329	134	54	22
在校学生数					
普通高校	人	76065	76065		
中等职业技术学校	人	66657	63036	441	
普通中学	人	190899	88598	19452	13947
小学	人	300959	120749	40137	22140
专任教师数					
普通高校	人	3596	3596		
中等职业技术学校	人	2852	2445	95	41
普通中学	人	13321	6450	1422	1135
小学	人	15528	6002	2259	1586
幼儿园数（不含托儿所）	所	760	275	83	67
在园儿童数	人	133236	59422	20377	10413

16-2 续表

指标名称	单位	鹿寨县	融安县	融水苗族自治县	三江侗族自治县
学校数					
普通高校	所				
中等职业技术学校	所	1	1	2	1
普通中学	所	7	14	14	16
小学	所	24	28	28	39
在校学生数					
普通高校	人				
中等职业技术学校	人	1048	115	1648	369
普通中学	人	14615	13397	23063	17827
小学	人	25581	18443	39267	34642
专任教师数					
普通高校	人				
中等职业技术学校	人	112	35	86	38
普通中学	人	819	951	1441	1103
小学	人	1197	1235	1747	1502
幼儿园数（不含托儿所）	所	83	69	103	80
在园儿童数	人	13027	8907	14171	6919

16-3 规模以上工业法人单位研发活动及相关情况

指 标 名 称	单 位	2015	2016
研发人员情况			
研发人员合计	人	18733	18151
#女性	人	2977	2994
#全职人员	人	12524	12906
#本科毕业及以上人员	人	12637	12283
研发经费情况			
研发经费支出合计	万元	592764	601741
#使用来自政府部门的研发资金	万元	12814	13453
企业内部的日常研发经费支出	万元	492561	516240
人员人工费(包含各种补贴)	万元	207492	193410
原材料费	万元	183987	226199
折旧费用与长期费用摊销	万元	28465	31404
无形资产摊销	万元	11496	9483
其他费用	万元	61121	55744
当年形成用于研发的固定资产支出	万元	68051	43398
#仪器和设备	万元	58658	37725
委托外单位开展研发的经费支出	万元	32152	42104
#对境内研究机构支出	万元	19924	27736
对境内高等学校支出	万元	3336	2783
对境内企业支出	万元	5807	8162
对境外支出	万元	3085	3422

说明:2016年研发年报中R&D人员折合全时当量有关指标计算方法进行了调整,调减了相关指标数据。

16-3 续表

指 标 名 称	单 位	2015	2016
企业办研发机构情况			
期末机构数	个	84	69
机构人员合计	人	7329	6511
#博士毕业	人	71	66
硕士毕业	人	814	849
本科毕业	人	4500	2016年该项指标取消
机构经费支出	万元	195589	160420
机构仪器和设备原价	万元	99295	119336
#进口	万元	7983	20818
研发产出及相关情况			
自主知识产权情况			
当年专利申请受理数	件	1416	1854
#发明专利	件	571	754
期末有效发明专利数	件	1144	1525
#境外授权	件	7	26
#已被实施	件	708	1142
专利所有权转让及许可数	件	8	12
专利所有权转让及许可收入	万元	201	1
新产品生产及销售情况			
新产品产值	万元	11646084	12819275
新产品销售收入	万元	10667637	13021194
#出口	万元	76250	239372
其他情况			
发表科技论文	篇	973	794
期末拥有注册商标	件	1814	2007
#境外注册	件	375	528
形成国家或行业标准数	项	47	168

说明:2016年研发年报中R&D人员折合全时当量有关指标计算方法进行了调整,调减了相关指标数

16-4 规模以上工业企业R&D活动及相关情况

指标名称	单位	2015	2016
R&D人员情况			
R&D人员合计	人	11021	11647
#参加项目人员	人	10209	11160
管理和服务人员	人	812	487
#女性	人	1742	1939
#研究人员	人	7874	4293
#全时人员	人	7338	7414
非全时人员	人	3683	4233
R&D人员折合全时当量合计	人年	8993	9603
#研究人员	人年	6493	3574
#基础研究人员	人年		
应用研究人员	人年	44	38
试验发展人员	人年	8949	9565
R&D经费支出情况			
R&D经费内部支出合计	万元	347697	386246
#经常性费支出	万元	315094	361445
#人员劳务费	万元	145847	139273
资产性支出	万元	32603	24801
#土建工程	万元	747	397
仪器和设备	万元	31856	24403
#基础研究支出	万元		
应用研究支出	万元	769	1075
试验发展支出	万元	346928	385171
#政府资金	万元	8475	9724
企业资金	万元	337549	374868
境外资金	万元		197
其他资金	万元	1672	1456
R&D经费外部支出合计	万元	23322	31239
#对境内研究机构支出	万元	14482	20485
对境内高等学校支出	万元	2217	2125
对境外支出	万元	2391	2391
全部R&D项目(课题)情况			
项目数	项	633	724
项目人员折合全时当量	人年	8398	9079
项目经费内部支出	万元	339735	376696

说明:2016年研发年报中R&D人员折合全时当量有关指标计算方法进行了调整,调减了相关指标数据。

16-4 续表

指 标 名 称	单 位	2015	2016
企业办研发机构情况			
机构数	个	84	69
机构人员合计	人	7329	6511
#博士毕业	人	71	66
硕士毕业	人	814	849
本科毕业	人	4500	2016年该项指标取消
机构经费支出	万元	195589	160420
仪器和设备原价	万元	99296	119336
#进口	万元	7983	20818
研发产出及相关情况			
自主知识产权情况			
专利申请受理数	件	1416	1854
#发明专利	件	571	754
有效发明专利数	件	1144	1525
#境外授权	件	7	26
专利所有权转让及许可数	件	8	12
专利所有权转让与许可收入	万元	201	1
新产品开发、生产及销售情况			
新产品开发项目数	项	835	969
新产品开发经费支出	万元	457797	411391
新产品产值	万元	11646084	12819275
新产品销售收入	万元	10667637	13021194
#出口	万元	76250	239372
其他情况			
发表科技论文	篇	973	794
拥有注册商标数	件	1814	2007
#境外注册	件	375	528
形成国家或行业标准数	项	47	168
其他情况			
从事科技活动人员合计	人	18733	18151
#大学本科以上学历人员	人	12637	12283

说明:2016年研发年报中R&D人员折合全时当量有关指标计算方法进行了调整,调减了相关指标数据。

16-5 卫生事业基本情况

（2016年）

指标名称	单位	全市	市区	柳江县	柳城县
卫生机构数	个	2338	836	187	226
#医院、卫生院	个	163	58	15	17
卫生机构床位数	张	22587	13378	1703	1658
#医院、卫生院	张	21191	12684	1588	1498
卫生机构人员数	人	37748	23054	2659	2397
#卫生技术人员	人	30364	19418	2017	1824
#医生（执业医师、助理医师）	人	9971	6656	677	539
注册护士	人	13524	9140	894	704

16-5 续表

指标名称	单位	鹿寨县	融安县	融水苗族自治县	三江侗族自治县
卫生机构数	个	287	202	310	290
#医院、卫生院	个	17	15	24	17
卫生机构床位数	张	1744	1260	1625	1219
#医院、卫生院	张	1581	1151	1536	1153
卫生机构人员数	人	2681	2023	3012	1922
#卫生技术人员	人	2112	1521	2174	1298
#医生（执业医师、助理医师）	人	764	489	560	286
注册护士	人	774	611	895	506

16-6　体育事业基本情况

（2016年）

指 标 名 称	单 位	全 市	市 区	柳江县	柳城县
公共体育场	个	21	11	1	
体育馆	个	15	5	1	1
练习馆(房)	个	25	9		
足球场	个	78	55	6	2
运动场(大、小)	个	188	85	21	21
有固定看台灯光球场	个	169	110	4	1
篮球场	个	3176	665	523	399
排球场	个	361	120	57	41
游泳场	个	55	46	1	
当年发展等级运动员	人				
#二级运动员	人				
当年发展等级裁判员	人				
#一级裁判员	人				
二级裁判员	人				
三级裁判员	人				

16-6　续表

指 标 名 称	单 位	鹿寨县	融安县	融水苗族自治县	三江侗族自治县
公共体育场	个	6	2	1	
体育馆	个	4	2	1	1
练习馆(房)	个	12	1	1	2
足球场	个	6	5	2	2
运动场(大、小)	个	35	13	7	6
有固定看台灯光球场	个	15	9	25	5
篮球场	个	253	325	601	410
排球场	个	82	25	19	17
游泳场	个	6		1	1
当年发展等级运动员	人				
#二级运动员	人				
当年发展等级裁判员	人				
#一级裁判员	人				
二级裁判员	人				
三级裁判员	人				

人民生活 17

17-1 全市城乡居民家庭人均收入及恩格尔系数

年份	城镇居民人均可支配收入		农民人均纯收入		城镇居民家庭恩格尔系数（%）	农民居民家庭恩格尔系数（%）
	绝对数（元）	比上年增长（%）	绝对数（元）	比上年增长（%）		
1978			82			
1979			91	10.98		
1980	384		81	-10.99		
1981	431	12.24	103	27.16		
1982	467	8.35	159	54.37		
1983	489	4.71	254	59.75		
1984	586	19.84	270	6.30		
1985	668	13.99	316	17.04		
1986	841	25.90	352	11.39		
1987	966	14.86	392	11.36		
1988	1119	15.84	453	15.56		
1989	1260	12.60	518	14.35		
1990	1515	20.24	586	13.13	61.01	
1991	1794	18.42	694	18.43	57.86	
1992	2105	17.34	783	12.82	54.83	
1993	3267	55.20	890	13.67	48.26	
1994	3912	19.74	1120	25.84	48.39	
1995	4508	15.24	1440	28.57	53.26	
1996	4805	6.59	1701	18.13	51.04	
1997	5457	13.57	2035	19.64	46.42	
1998	5552	1.74	2155	5.90	48.54	
1999	5328	-4.03	2183	1.30	45.90	
2000	5740	7.73	1658	-24.05	43.76	
2001	7547	31.48	1797	8.38	35.31	
2002	7928	5.05	1954	8.74	38.84	52.38
2003	8370	5.58	2082	6.55	40.78	55.80
2004	9155	9.38	2250	8.07	44.58	59.02
2005	9556	12.03	2534	12.62	42.58	55.56
2006	11002	15.13	2914	15.00	43.32	53.06
2007	12866	16.94	3497	20.04	44.47	50.99
2008	14474	12.49	3956	13.11	42.51	52.27
2009	16017	10.00	4330	9.47	39.87	48.68
2010	17766	10.92	4935	14.00	39.62	49.69
2011	19615	10.41	5721	15.91	41.44	44.37
2012	22181	13.08	6747	17.92	41.45	43.23
2013	24355	9.80	7663	13.58	40.80	43.20
2014	26693	9.60	8606	12.30	40.46	43.16
2015	28722	7.60	9449	9.80	40.56	43.31
2016	30270	7.40	11107	9.70	40.42	40.56

注:城镇居民人均可支配收入2004年(含2004年)以前为城市居民人均可支配收入。
根据国家统计局、区统计局的规定,农民人均纯收入的历史资料统计口径有调整,使用时请注意。
2016年收入均为新口径数据,其中农村收入为农村居民人均可支配收入。

17-2 全市城镇居民家庭人均年现金收入和支出

单位:元

指 标 名 称	2016年	比上年增长(%)
可支配收入	30270	7.40
#工资性收入	18925	7.50
经营净收入	3380	8.06
财产净收入	1132	6.69
转移净收入	6833	6.93
生活消费支出	19360	7.73
#食品烟酒	7826	7.37
衣着	1375	7.17
居住	2054	9.31
生活用品及服务	1325	6.85
交通和通信	2823	7.71
教育文化娱乐服务	2291	8.17
医疗保健	1113	9.01
其它商品和服务	553	6.35

17-3 各县、区城镇居民家庭人均年收入

单位:元

单位名称	可支配收入		工资性收入		经营净收入		财产净收入		转移净收入	
	2016年	比上年增长(%)	2016年	比上年增长(%)	2016年	比上年增长(%)	2016年	比上年增长(%)	2016年	比上年增长(%)
城中区	36841	7.30	22038	9.23	1280	3.64	1755	7.47	11768	4.22
鱼峰区	33747	7.40	20389	7.14	1847	5.42	1510	13.02	10001	7.49
柳南区	34865	7.60	21496	5.65	6213	14.76	744	11.38	6412	7.33
柳北区	33792	7.40	22968	6.51	2242	11.93	918	11.00	7664	8.40
柳江县	30235	8.00	14212	7.67	4566	10.42	3792	5.57	7665	8.45
柳城县	28729	7.80	18384	7.93	3382	8.09	536	7.20	6427	7.35
鹿寨县	30483	8.10	18807	7.67	3739	9.26	483	10.53	7454	8.45
融安县	25113	7.10	11364	6.45	5670	9.00	547	7.05	7532	6.69
融水苗族自治县	24779	7.10	14089	6.57	6398	8.90	1025	6.66	3267	6.07
三江侗族自治县	25044	7.30	14829	8.08	3905	8.41	2367	5.72	3943	4.37

17-4 全市农村居民家庭人均收入和支出

单位:元

指 标 名 称	2016年	比上年增长(%)
可支配收入	11107	9.70
工资性收入	3265	9.56
经营净收入	6145	9.77
财产净收入	83	10.67
转移净收入	1614	9.65
第二产业经营净收入	80	-5.88
第三产业经营净收入	622	9.89
第一产业经营净收入	5443	10.03
农业	3475	9.31
林业	750	9.01
牧业	1185	12.75
渔业	33	13.79
生活消费支出	7855	13.64
#食品烟酒	3362	12.29
衣着	352	11.75
居住	1729	15.04
生活用品及服务	457	14.25
交通和通信	425	16.76
教育文化娱乐服务	521	8.77
医疗保健	869	18.88
其它商品和服务	140	11.11

17-5 各县、区农村居民家庭平均每人全年收入情况

单位：元

单位名称	人均可支配收入		工资性收入		经营净收入		第一产业经营净收入		农业		林业	
	2016年	比上年增长(%)	2016年	比上年增长(%)	2016年	比上年增长(%)	2016年	比上年增长(%)	2016年	比上年增长(%)	2016年	比上年增长(%)
城中区	19073	9.30	6495	9.01	8017	11.38	6294	14.33	3547	20.28	185	16.35
鱼峰区	19512	9.60	6345	9.98	7926	2.81	6179	0.98	4513	0.74	99	17.86
柳南区	17912	9.60	5737	9.84	7691	11.13	6799	11.86	4804	13.22	276	8.66
柳北区	14349	9.40	4216	5.37	6037	12.07	4672	12.33	3685	13.07	222	8.82
柳江县	11084	9.70	3955	10.14	5711	11.00	4916	11.25	3398	9.12	503	11.04
柳城县	11410	10.80	4093	9.12	5401	12.97	5116	12.81	3682	12.09	283	16.46
鹿寨县	11653	10.00	3608	4.52	6358	14.50	5565	16.67	3185	19.38	1222	12.21
融安县	10622	9.70	3299	7.74	5944	9.77	5565	8.40	3486	8.23	1368	9.00
融水苗族自治县	10310	10.50	3152	11.03	5850	8.74	4908	9.82	2799	10.76	1147	8.00
三江侗族自治县	10086	9.91	3188	9.59	5337	10.91	4424	13.32	2907	11.72	982	17.89

17–5 续表

单位名称	牧业		渔业		第二产业经营净收入		第三产业经营净收入		财产净收入		转移净收入	
	2016年	比上年增长(%)	2016年	比上年增长(%)	2016年	比上年增长(%)	2016年	比上年增长(%)	2016年	比上年增长(%)	2016年	比上年增长(%)
城中区	2308	7.05	254	5.39			1723	1.77	1985	0.76	2576	10.84
鱼峰区	1537	0.52	30	15.38			1747	9.87	2744	48.16	2497	0.97
柳南区	1700	8.35	19	58.33			892	5.81	2556	0.67	1928	16.14
柳北区	739	9.48	26	23.81	20	–4.76	1345	11.43	491	14.19	3605	9.31
柳江县	994	19.04	21	23.53	378	11.18	417	8.03	118	21.65	1300	2.28
柳城县	1126	14.20	25	19.05	126	15.60	159	16.06	59	1.72	1857	8.72
鹿寨县	1137	14.39	21	10.53	228	3.17	565	0.53	114	10.68	1573	5.85
融安县	593	7.43	118	11.32	16	–5.88	363	37.50	62	34.78	1317	13.53
融水苗族自治县	672	8.56	290	11.11			942	3.40	26	52.94	1282	17.18
三江侗族自治县	472	14.56	63	10.53			913	0.55	79	31.67	1482	6.16

附　　录

主要统计指标解释

市 是指经国家批准成立"市"建制的城市。

按城市市区非农业人口规模分：

①超大城市：200万人以上；

②特大城市：100至200万人口；

③大城市：50至100万人口；

④中等城市：20至50万人口；

⑤小城市：20万以下人口。

镇 是指经省、自治区、直辖市批准的镇。1963年以前为常住人口在2000人以上，非农业人口占50%以上的。1964年起改为常住人口在3000人以上，非农业人口占70%以上，或常住人口在2500人以上，不满3000人，非农业人口占85%以上的。1984年后又调整为：凡县级地方国家机关所在地；或总人口在20000人以下的乡，乡政府驻地非农业人口超过2000人的；或总人口在20000人以上的乡，乡政府驻地非农业人口占全乡人口10%以上；或少数民族地区、人口稀少的边远地区、山区和小型工矿区、小港口、风景旅游、边境口岸等地，非农业人口虽不足2000人，都可建镇。

平均每年增长速度 在我国计算平均增长速度有两种方法，一种是习惯上经常使用的"水平法"，又称几何平均法，是以间隔期最后一年的水平同基期水平对比来计算平均每年增长(或下降)速度。另一种是"累计法"，又称代数平均法或方程法，是以间隔期内各年水平的总和同基期水平对比来计算平均每年增长(或下降)速度。

在一般正常情况下，两种方法计算的平均每年增长速度比较接近，但在经济发展不平衡，出现大起大落时，两种方法计算的结果差别较大。

从业人员 指从事一定社会劳动并取得劳动报酬或经营收入的人员。包括：

(1)全部职工

(2)再就业的离退休人员

(3)私营业主

(4)个体户主

(5)私营和个人从业人员

(6)乡镇企业从业人员

(7)农村从业人员

(8)其他从业人员(包括民办教师、宗教职业者、现役军人等)

经济活动人口 指在16岁以上，有劳动能力，参加或要求参加社会经济活动的人口。包括：从业人员和失业人员

城镇私营和个体从业人员 城镇私营从业人员指在工商管理部门注册登记，其经营地址设在县城关镇(含城关镇)以上的私营企业从业人员。包括：私营企业投资者和雇工。城镇个体从业人员指在工商管理部门注册登记，并持有城镇户口或在城镇长期居住，经批准从事个体工商经营的从业人员。包括：个体经营者和在个体工商户劳动的家庭帮工和雇工。

城镇登记失业人员及失业率 指有非农业户口，在一定的劳动年龄内，有劳动能力，无业而要求就业，并在当地就业服务机构进行求职登记的人员。城镇登记失业率，指城镇登记失业人数同城镇从业人数与城镇登记失业人数之和的比。计算公式为：

$$\text{城镇登记失业率}=\frac{\text{城镇登记失业人数}}{\text{城镇从业人数}+\text{城镇登记失业人数}}\times100\%$$

进出口总额 海关进出口总额指实际进出我国国境的货物总金额。包括对外贸易实际进出口货物，来料加工装配进出口货物，国家间、联合国及国际组织无偿援助物资和赠送品，华侨、港澳台同胞和外籍华人捐赠品，租赁期满归承租人所有的租赁货物，进料加工进出口货物，边境地方贸易及边境地区小额贸易进出口货物(边民互市贸易除外)，中外合资经营企业、中外合作经营企业、外商独资经营企业进出口货物和公用物品，到、离岸价格在规定限额以上的进出口货样和广告品(无商业价值、无使用价值和免费提供出口的除外)，从保税仓库提取在中国境内销售的进口货物，以及其他进出口货物。我国规定出口货物按离岸价格统计，进口货物按到岸价格统计。

利用外资 指我国各级政府、部门、企业和其他经济组织通过对外借款，吸收外商直接投资以及用其他方式筹措的境外现汇、设备、技术等。

地区生产总值 是按市场价格计算的地区生产总值的简称。它是一个国家(地区)所有常住单位在一定时期内生产活动的最终成果。地区生产总值有三种表现形

态,即价值形态、收入形态和产品形态。从价值形态看,它是所有常住单位在一定时期内所生产的全部货物和服务价值超过同期投入的全部非固定资产货物和服务价值的差额,即所有常住单位的增加值之和;从收入形态看,它是所有常住单位在一定时期内所创造并分配给常住单位和非常住单位的初次分配收入之和;从产品形态看,它是最终使用的货物和服务减去进口货物和服务。在实际核算中,地区生产总值的三种表现形态表现为三种计算方法,即生产法、收入法和支出法。三种方法分别从不同的方面反映地区生产总值及其构成。

增加值 是指常住单位生产过程创造的新增价值和固定资产的转移价值。它可以按生产法计算,也可以按收入法计算,按生产法计算,它等于总产出减去中间投入;按收入法计算,它等于劳动者报酬、生产税净额、固定资产折旧和营业盈余之和。

常住单位 一经济单位在我国的经济领土范围内具有经济利益中心,则称之为我国的常住经济单位。

可比价格 指在不同时期的价值指标对比时,扣除了价格变动的因素,以确切反映物量的变化。按可比价格计算有两种方法:一种是直接用产品产量乘某一年的不变价格计算;另一种是用价格指数换算。

当年价格 指报告期的实际价格,如工厂的出厂价格,农产品的收购价格,商业的零售价格等。按当年价格计算,是指一些以货币表现的物量指标,如工农业总产值、地区生产总值等,按照当年的实际价格来计算总量,使用当年计算的数字,是为了使国民经济各项指标互相衔接,便于考察当年社会经济效益,便于对生产和流通、生产和分配、生产和消费进行经济核算和综合平衡。

三次产业 根据社会生产活动历史发展的顺序对产业结构的划分,产品直接取自自然界的部门称为第一产业,对初级产品进行再加工的部门称为第二产业。为生产和消费提供各种服务的部门称为第三产业。它是世界上通用的产业结构分类,但各国的划分不尽一致。我国的三次产业划分是:

第一产业 农业(包括种植业、林业、牧业和渔业,不包括村及村以下工业、村及村以下工业应划入工业)。

第二产业 工业(包括采掘工业、制造业、自来水、电力、蒸汽、热水、煤气等)和建筑业(包括建筑安装企业和自营建设单位,以及为建筑业安装工程服务的地质勘探和勘察设计等)。

第三产业 除上述第一、第二产业以外的其他各业。由于第三产业包括的行业多、范围广,根据我国的实际情况,第三产业可分为两大部门:一是流通部门,二是服务部门。

支出法地区生产总值 指一个国家(或地区)所有常住单位在一定时期内用于最终消费、资本形成总额,以及货物和服务的净出口总额,它反映本期生产的地区生产总值的使用构成。

最终消费 指常住单位在一定时期内对于货物和服务的全部最终消费支出,也就是常住单位为满足物资、文化和精神生活的需要,从本国经济领土和国外购买的货物和服务的支出。它不包括非常住单位在本国经济领土内的消费支出。最终消费分为居民消费和政府消费。

资本形成总额 指常住单位在一定时期内获得减去处置的固定资产和存货的净额,包括固定资产形成总额和存货增加两项。

户数 包括家庭(含单身独居)和集体户。

总人口 指一定时点、一定地区范围内有生命的个人的总和。年度统计的年末人口是指每年12月31日24时的人口数。柳州市人口数不包括部队人口。

平均人数 一定时期内各个时点人口的平均数。某一时点的人数,只能代表这一时点的人口规模,不能代表一个时期(如 月 、季或若干年)的人口规模。平均人数是计算人口出生率,人均国民经济指标所必需的数字。

人口出生率 指在一定时期内(通常为一年内)平均每千人所出生的人数的比率,用千分率表示。计算公式:

$$人口出生率=\frac{年出生人数}{年平均人数}\times1000‰$$

出生人数 指活产婴儿,即胎儿脱离母体时(不管怀孕月数),有过呼吸或其他生命现象。

人口死亡率 指在一定时期内(通常为一年内)一定地区的死亡人数与同期平均人数(或期中人数)之比,用千分率表示。计算公式:

$$人口死亡率=\frac{年死亡人数}{年平均人数}\times1000‰$$

人口自然增长率 指在一定时期内(通常为一年内)出生人数减去死亡人数后的人口自然增加数与年平均人

数之比,用千分率表示。计算公式:

$$人口自然增长率=\frac{本年出生人口数-本年死亡人口数}{年平均人数}\times1000‰$$

人口自然增长率=人口出生率—人口死亡率

人口增长率 指在一定时期内(通常为一年内)人口增加数与人口总数之比,用百分比表示。计算公式:

$$年人口增长率=\frac{全年增加人数}{人口总数}\times100\%$$

性别比 人口中男性人数与女性人数之比。通常用每100个女性人口相应有多少男性人口表示,它是反映人口性别构成的指标之一。计算公式:

$$性别比=\frac{男性人口数}{女性人口数}\times100$$

性别比可按全体人口计算,也可按各年龄组人口计算。

孩次构成 指一定时期内(通常为一年)某一孩次的出生婴儿人数占同期全部出生婴儿的比例。

迁移人口 指某地区一定时期(通常为一年)内迁入人数与迁出人数之和。

净迁人口 指某地区一定时期(通常为一年)内迁入人数减迁出人数与该地区平均人口数之比。

$$净迁移率=\frac{当年迁入人口—迁出人口}{当年平均人口数}\times1000‰$$

净迁移率表示迁入迁出相抵后人口变动的程度,当迁入多于迁出时,净迁移率为正值,当迁出多于迁入时,净迁移率为负值。

单位从业人员 是指在各级国家机关、政党机关、社会团体及企业、事业单位中工作,并取得劳动报酬的全部人员。包括在岗职工、再就业的离退休人员、民办教师以及在各单位中工作的外方人员和港、澳、台方人员。

各单位的从业人员反映了各单位实际参加生产或工作的全部劳动力。因此,从1998年开始,各单位的从业人员不包括离开本单位仍保留劳动关系的职工。

在岗职工 指调查时期(点)在国有经济、城镇集体经济、联营经济、股份制经济、外商和港、澳、台投资经济、其他经济单位及其附属机构工作并领取工资的职工。

在岗职工工资总额 指各单位在一定时期内直接支付给本单位全部在岗职工的劳动报酬总额。

在岗职工工资总额的计算原则应以直接支付给在岗职工的全部劳动报酬为根据。各单位支付给在岗职工的劳动报酬以及其他根据有关规定支付的工资,不论是计入成本的还是不计入成本的,不论是按国家规定列入计征奖金税项目的,还是未列入计征奖金税项目的,不论是以货币形式支付的还是以实物形式支付的,均包括在工资总额内。

在岗职工平均工资 指企业、事业、机关单位的在岗职工在一定时期内平均每人所得的货币工资额。它表明一定时期在岗职工工资收入的高低程度,是反映在岗职工工资水平的主要指标。计算公式为:

$$在岗职工平均工资=\frac{报告期实际支付的在岗职工工资总额}{报告期在岗职工平均人数}$$

在岗职工平均实际工资 指扣除物价变动因素后的在岗职工平均工资。计算公式为:

$$在岗职工平均实际工资=\frac{报告期在岗职工平均工资}{报告期城镇居民消费价格指数}$$

农林牧渔业总产值 是以货币表现的农林牧渔业的全部产品总量和农林牧渔服务业产值(即对农林牧渔业生产活动进行的各种支持性服务活动的价值)之和。它反映一定时期内农林牧渔业生产总规模和总成果,是观察农林牧渔业生产水平和发展速度,研究农林牧渔业内部比例关系、农林牧渔业与工业、农林牧渔业与国家建设、人民生活比例关系的重要指标,同时也是计算农林牧渔业劳动生产率和农林牧渔业增加值的基础资料。

(1)农业 包括种植业和其他农业。

种植业 包括谷物、豆类、薯类、棉、油料、糖料、麻类、烟叶、蔬菜、药材、瓜类和其他农作物的种植,以及茶园、桑园、果园的生产经营。

其他农业 包括采集野生植物的果实、纤维、树胶、树脂、油料以及柴草、野生药材、菌类等及农民家庭兼营的商品性工业。

(2)林业 包括林木的栽培(不包括茶园、桑园和果园的栽培、管理和收获等活动)、林产品的采集和村及村以下合作经济组织和农户的竹木采伐。

(3)牧业 包括除渔业养殖以外的一切动物饲养和放牧以及野生动物的捕猎和饲养。

(4)渔业 包括水生动物和海藻类植物的养殖和捕捞。

(5)农林牧渔服务业产值 农林牧渔服务业产值可

用农林牧渔服务业收入代替。普查年份资料来源于基本单位普查,非普查年份主要是通过推算的办法取得数据。

农林牧渔业总产值的核算范围 农林牧渔业总产值的统计范围是辖区内各种经济组织类型、各个系统的全部农林牧渔业生产单位和非农行业单位附属的农林牧渔业生产活动单位。军委系统的农林牧渔业生产(除军马外)也应包括在内,但不包括农业科学试验机构进行的农业生产。

农林牧渔业总产值的核算范围也就是本辖区内在一定时期内生产的农业、林业、牧业、渔业产品的价值量和对农林牧渔业生产活动进行的各种支持性服务活动的价值的总和,执行日历年度。对于收获期延长到次年年初的个别农产品(如甘蔗),仍然把延期收获的部分算在本年度内。

农林牧渔业增加值 指农、林、牧、渔及农林牧渔服务业生产货物或提供服务活动而增加的价值,为农林牧渔业现价总产值扣除农林牧渔业现价中间投入后的余额。

农林牧渔业增加值的核算范围 农林牧渔业增加值的核算范围同农林牧渔业总产值核算范围。

农业机械总动力 指主要用于农、林、牧渔业的各种动力机械的动力总和 。包括耕作机械、排灌机械、收获机械、农产品加工机械、运输机械、植物保护机械、牧业机械、林业机械、渔业机械和其他农业机械(内燃机按引擎马力折成瓦特计算)。不包括专门用于乡办工业、基本建设、非农业运输、科学试验和教学等非农业生产方面用的动力机械与作业机械。

耕地面积 指种植农作物,经常进行耕锄的土地。包括熟地、当年新开荒地、连续撩荒未满三年的耕地和当年的休闲地(轮歇地)。以种植农作物为主附带种植桑树、茶树、果树和其他林木的土地以及沿海、沿湖地区已围垦利用的“海涂”、“湖田”等也应包括在内。但专业性的桑园、茶园、果园、果木苗圃、林地、芦苇地、天然草原等不应包括在内。

耕地总资源 是指能够种植农作物的田地。包括当年实际耕种的熟地;新开荒且已种植的地;“沿海”、“沿湖”地区已围垦利用三年以上的“海涂”、“湖田”;弃耕、休闲不满三年,随时可以复耕的地;因灾害或其它因素,虽然当年内未种植农作物但仍可复耕的地;以种植农作物为主,附带种植桑树、果树和其它林的地;年年进行耕耘种草的地;南方小于1米、北方小于2米宽的沟、渠、路、田埂。

耕地总资源不包括 因灾害或其它因素,已不能复耕的地;弃耕、休闲满三年的地,或者虽不满三年,但已经成为荒地的土地;不进行耕耘,种植牧草已成为永久性草地的土地;专业性的桑园、茶园、果园、果木苗圃地、芦苇地、天然草场等;以混凝土等铺设的温室、玻璃室,导致栽培的植物体与地面隔绝的基地。

常用耕地 是指耕地总资源中专门种植农作物并经常进行耕种、能够正常收获的土地。包括当年实际耕种的熟地;弃耕、休闲不满三年,随时可以复耕的地;开荒利用三年以上的地。不包括临时种植农作物的坡度在25度以上的陡坡地;在河套、湖畔、库区临时开发的成片或零星土地;也不包括已列为国家和省(区、市)退耕计划但仍临时耕种的土地。常用耕地分为基本农田和零星可用耕地。

肉类总产量 是指当年出栏并已屠宰的猪、牛、羊、驴、骡、马、家禽、特种家禽和其它饲养动物肉类产量之和。即屠宰的猪、大牲畜、羊、狗除去头蹄下水以后带骨肉的重量,也就是胴体重;家禽、特种家禽和其它饲养动物除去毛和内脏后的重量。

乡(镇)村劳动力资源数 指乡村人口中劳动年龄以上(16周岁)能够参加生产经营活动的人员。

劳动年龄内 是指在劳动年龄之内的劳动力(或从业人员)。具体划分:男子16-60周岁,女子16-55周岁。

乡(镇)村从业人员 指乡(镇)村人口中16岁以上实际参加生产经营活动并取得实物或货币收入的人员,既包括劳动年龄内经常参加劳动的人员,也包括超过劳动年龄但经常参加劳动的人员。但不包括户口在家的在外学生、现役军人和丧失劳动能力的人,也不包括待业人员和家务劳动者。从业人员按从事主业时间最长(时间相同按收入)分为农林牧渔业从业人员、工业从业人员、建筑业从业人员、交通运输及邮电通讯业从业人员、批零贸易及餐饮业从业人员、其他从业人员。

工业 指从事自然资源的开采,对采掘品和农产品进行加工和再加工的物质生产部门。具体包括:(1)对自然资源的开采,如采矿、晒盐、森林采伐等(但不包括禽兽捕猎和水产捕捞);(2)对农副产品的加工、再加工,如粮油加工、食品加工、轧花、缫丝、纺织、制革等;(3)对采掘品的加工、再加工,如炼铁、炼钢、化工生产、石油加工、机器制造、木材加工等,以及电力、自来水、煤气的生产和供应等；(4)对工业品的修理、翻新，如机器设备的修理、交通运输工具(包括小卧车)的修理等。

国有经济工业 (即过去的全民所有制工业或国营工业)指生产资料归国家所有的一种经济类型。包括中央和地方各级国家机关、部队、科研机构、学校、人民团体和国有经济企事业单位等举办的国有经济工业。1957年以前的公私合营和私营工业，后均改造为国营工业，1992年改为国有工业，这部分工业的资料不单独分列时，均包括在国有工业内。从1998年起国有经济不含国有独资公司和国有联营公司。

集体经济工业 指生产资料归公民集体所有的一种经济类型，是社会主义公有制经济的组成部分。包括城乡所有使用集体投资举办的企业，以及部分个人通过集资自愿放弃所有权并依法经工商行政管理机关认定为集体所有制的企业。

其他经济类型工业 指除国有经济、集体经济、私营经济、个体经济、联营经济以外的其他经济类型工业企业(单位)。包括股份制经济(股份有限公司，有限责任公司)；外商投资经济(中外合资经营、中外合作经营、外资企业)；港、澳、台投资经济(与大陆合资经营、与大陆合作经营、港、澳、台资企业)及其他经济类型的工业。

轻工业 指主要提供生活消费品和制作手工工具的工业。按其所使用的原料不同，可分为两大类：(1)以农产品为原料的轻工业，是指直接或间接以农产品为基本原料的工业。主要包括食品制造、饮料制造、烟草加工、纺织、缝纫、皮革和毛皮制作、造纸以及印刷等工业；(2)以非农产品为原料的轻工业，是指以工业品为原料的轻工业。主要包括文教体育用品、化学药品制造、合成纤维制造、日用化学制品、日用玻璃制品、日用金属制品、手工工具制造、医疗器械制造、文化和办公用机械制造等工业。

重工业 是指为国民经济各部门提供物质技术基础的主要生产资料的工业。按其生产性质和产品用途，可以分为下列三类：(1)采掘(伐)工业，是指对自然资源的开采，包括石油开采、煤炭开采、金属矿开采、非金属矿开采和木材采伐等工业；(2)原材料工业，指向国民经济各部门提供基本材料、动力和燃料的工业。包括金属冶炼及加工、炼焦及焦炭化学、化工原料、水泥、人造板以及电力、石油和煤炭加工等工业；(3)加工工业，是指对工业原材料进行再加工制造的工业。包括装备国民经济各部门的机械设备制造工业、金属结构、水泥制品等工业，以及为农业提供的生产资料如化肥、农药等工业。

根据上述划分原则，修理业中以重工业产品为修理作业对象的划为重工业，反之划为轻工业。

工业总产值 是以货币表现的工业企业在一定时期内生产的已出售或可供出售工业产品总量，它反映一定时期内工业生产的总规模和总水平。包括在本企业内不再进行加工，以检验、包装入库(规定不需要包装的产品除外)的成品价值，工业性作业价值，自制半成品、在制品期末期初差额价值(生产周期较长的企业计算)。工业总产值采用"工厂法"计算，即以工业企业作为一个整体，按企业工业生产活动的最终成果来计算，企业内部不允许重复计算，不能把企业内部各个车间(分厂)生产的成果相加。但在企业之间、行业之间、地区之间存在着重复计算。

轻重工业总产值的划分也是按"工厂法"计算的，即一个企业在正常生产情况下生产的主要产品的性质属于轻工业，则该企业的全部总产值作为轻工业总产值统计；一个工业企业的生产主要产品的性质属于重工业，则该企业的全部总产值作为重工业总产值统计。

工业增加值 是工业企业在报告期内以货币表现的工业生产活动的最终成果，工业增加值有两种计算方法：一是生产法，即工业总产出减去工业中间投入；二是收入法，即从收入的角度出发，根据生产要素在生产过程中应得到的收入份额计算，具体构成项目有固定资产折旧、劳动者报酬、生产税净额、营业盈余，这种方法也称要素公配法。

固定资产原价 指企业在建造、购置、安装、改建、扩建、技术改造某项固定资产时所支出的全部货币总额。它一般包括买价、包装费、运杂费和安装费等。

固定资产净值 是指固定资产原值减去历年已提折旧额后的净值。

流动资产 指可以在一年或超过一年的营业周期内变现或耗用的资产，包括现金及各种存款、短期投资、应收及预付货款、存货等。

总资产 指企业拥有或控制的全部资产。包括流动资产、长期投资、固定资产、无形及递延资产、其他长期资产、递延税项等，即为企业资产负债表的资产总计项。

产品销售收入 指企业销售产品的销售收入和提供劳务等主要经营业务取得的收入总额。

利润总额 是企业在一定时期内实现盈亏的总额。利润总额若为正数,表现该企业为盈利企业,若为负数,则表现为亏损企业。按照国家有关规定,企业利润总额为产品销售利润加其他销售利润,加营业外收入,减营业外支出后净额。

工业产品销售率 指报告期销售产值与同期全部工业总产值之比,反映工业产品生产已实现销售的程度。计算公式为:

$$\text{工业产品销售率}=\frac{\text{报告期现价工业销售产值}}{\text{报告期现价工业总产值}}\times 100\%$$

工业资金利税率 指报告期已实现的利润、税金总额与同期的资产(流动资产和固定资产净值)之比,反映企业资金运用的经济效益。计算公式为:

$$\text{资金利税率}=\frac{\text{报告期止累计实现利税总额}}{\text{平均流动资产}+\text{固定资产净值平均余额}}\times 100\%$$

实现利税总额是指企业的产品销售税金及附加、本年应交增值税和利润总额之和。

工业增加值率 指报告期工业增加值与同期工业总产值之比,反映降低中间消耗的经济效益。计算公式为:

$$\text{工业增加值率}=\frac{\text{报告期工业增加值}}{\text{报告期现价工业总产值}}\times 100\%$$

工业总产出 是工业企业在一定时期内工业生产活动的成果。工业总产出包括:成品生产价值,对外加工费收入,自制半成品,在产品期末期初差额价值。

工业中间投入 指工业企业在工业生产活动中消耗的外购物质产品和对外支付的服务费用。服务费用包括支付给物质生产部门(工业、农业、批发零售贸易业、建筑业、运输业邮电业)的服务费用和支付给非物资生产部门(如保险、金融、文化教育、科学研究、医疗卫生、行政管理等)的服务费用。

中间投入的确定须遵循以下原则 (1)必须是以外部购入的,并已计入工业总产出的产品和服务价值;(2)必须是本期投入生产,并一次性消耗掉(包括本期摊销的低值易耗品等)的产品和服务价值。

工业中间投入按购买者价格计算。包括外购材料、外购燃料、劳力的消耗以及向外单位支付的运输费、邮电费、修理费、利息支出、保险费,职工教育费等各种服务费。

工业销售产值 工业销售产值是以货币表现的工业企业在一定时期内销售的本企业生产的工业产品总量。包括已销售的成品、半成品价值,对外提供的工业性作业价值和对本企业基本建设部门、生活福利部门等提供的产品和工业性作业及自制设备的价值。

工业销售产值的计算范围、计算价格和计算方法与工业总产值一致,但两者计算的基础不同:工业销售产值计算的基础是产品销售总量。工业品产值计算的基础是工业产品生产总量。

所有者权益 指企业投资人对企业净资产的所有权。企业净资产等于企业全部资产减去全部负债后的余额,其中包括投资者对企业的最初投入,以及资本公积金、盈余公积金和未分配利润,对股份制企业即为股东权益。

民用汽车 由公安交通监理部门所掌管的领有本地区民用车辆牌照的机动车辆中的一部分。不包括拖拉机、摩托车、其他机动车等。民用汽车包括普通载货汽车、专用载货汽车、载客汽车、其他专用汽车、特种汽车等。

货(客)运量 指在一定时期内,各种运输工具实际运送的货物(旅客)数量。是反映运输业为国民经济和人民生活服务的数量指标,也是制定和检查运输生产计划,研究运输发展规模和速度的重要指标。货运按吨计算,客运按人计算。货物不论运输距离长短,货物类别,均按实际重量统计;旅客不论行程远近或票价多少,均按一人一次作为客运量统计。半价票、小孩票也按一人统计。

货物(旅客)周转量 指在一定时期内,由各种运输工具运送的货物(旅客)数量与其相应运输距离的乘积之总和;是反映运输业生产总成果的重要指标,也是编制和检查运输生产计划,计算运输效率、劳动生产率以及核算运输单位成本的主要基础资料。通常以吨公里和人公里为计算单位。计算货物周转量通常按发出站与到达站之间的最短距离,也就是计费距离计算。

邮电业务总量 指以货币表现的邮电部门用于传递信息和提供其他邮电服务的总数量。它综合反映了一定时期邮电工作的总成果,是研究邮电业务量构成和发展趋势的重要指标。根据邮电管理体制不同,分为中央国营业务总量和地方国营业务总量。它用各种邮电分类业务量,如函件件数、电报份数、长话张数、市内电话和农村电话的年均户数、订销报刊累计份数等,分别乘以相应的平均单价(不变价),加总后再加上出租电路和设备的收入、代用户维护电话交换机和线路等设备的收入、其他业务收入求得。

港口吞吐量 是指报告期内从港口出口货物和进口货物的总和量,其计算单位为"吨"。

特种汽车 是指警车、消防车、工程抢险车、救护车等担负特种任务的车辆。

其它机动车 是指除民用汽车、轮式拖拉机及摩托车以外的其他民用机动车辆。如简易机动车,电车等。

载货汽车完好率 是指载货汽车的完好车日占车日的比重。

载货汽车车吨年产量 是指在报告期内平均每个吨位所完成的货物周转量。

水运的"营运率" 是反映船舶在报告期内参加时间多少的指标。它在说明报告期内船舶总时间中,营运时间所占的比重。

包括:航行、停泊和其他工作时间在内。

其计算公式如下:

$$营运率=\frac{营业吨位(客位、马力)天}{船舶总吨位(客位、马力)天}\times100\%$$

移动电话用户 指在邮电部门登记,通过移动电话交换机进入移动电话网、占有移动电话号码的电话用户。用户数量以实际办理登记手续进入邮电部门移动电话网的户数进行计算,一部或一台移动电话统计为一户。

全社会固定资产投资 固定资产投资是社会固定资产再生产的主要手段。通过建造和购置固定资产的活动,国民经济不断采用先进技术装备,建立新兴部门,进一步调整经济结构和生产力的地区分布,增强经济实力,为改善人民物质文化生活创造物质条件,这对实现我国社会主义现代化建设具有重要意义。

固定资产投资额 是以货币表现的建造和购置固定资产活动的工作量,它是反映固定资产投资规模、速度、比例关系和使用方向的综合性指标。全社会固定资产投资包括国有经济单位投资、城乡集体经济单位投资、其他各种经济类型的单位投资和城乡居民个人投资。按照我国现行计划管理体制,全社会固定资产投资总额分为基本建设、更新改造、房地产开发投资和其他固定资产投资四个部分;城乡集体经济单位投资包括城镇集体所有制单位投资和农村集体所有制单位投资;其他各种经济类型单位投资包括联营经济、股份制经济、中外合资经营、中外合作经营、外资、与大陆合资经营、与大陆合作经营、港澳台独资及其他经济的单位投资。城乡居民个人投资包括城市、县城、镇、工矿区所辖范围内的个人建房和农村个人建房及购买生产性固定资产的投资。

基本建设投资 基本建设是指企业、事业、行政单位扩大生产能力或工程效益为主要目的的新建、扩建工程及有关工作。包括(1)列入中央和各级地方本年基本建设计划的建设项目,以及虽未列入本年基本建设计划,但使用以前年度基建计划内结转投资(包括利用基建设备材料)在本年继续施工的建设项目;(2)本年基本建设计划内投资与更新改造计划内投资结合安排的新建项目和新增生产能力(或工程效益)达到大中型项目标准的扩建项目,以及为改变生产力布局而进行的全厂性迁建项目;(3)国有单价既未列入基建计划,也未列入更新改造计划的总投资在50万元以上的新建、扩建、恢复项目和为改变生产力布局而进行的全厂性迁建项目,以及行政、事业单价增建业务用房和行政单位增建生活福利设施的项目。

更新改造投资 更新改造是指企业、事业单位对原有设施进行固定资产更新和技术改造,以及相应配套的工程和有关工作(不包括大修理和维护工程)。包括:(1)列入中央和各级地方本年更新改造计划的建设项目,以及虽未列入本年更新改造计划,但使用上年度更新改造计划内结转的投资在本年继续施工的建设项目;(2)本年基本建设计划内投资与更新改造计划内投资结合安排的对企业、事业单价原有设施进行技术改造或更新的项目,和增建主要生产车间、分厂等其新增生产能力(或工程效益)达到大中型项目标准的扩建项目,以及由于城市环境保护和安全生产的需要而进行的迁建工作;(3)国有单位、事业单位既未列入基建计划也未列入更新改造计划,总投资在50万元以上的属于改建或更新改造性质的项目,以及由于城市环境保护和安全生产的需要而进行的迁建工程。事业单价增建业务用房和行政单位增建生活福利设施的项目。

房地产开发投资 房地产开发投资是指各种经济类型的房地产开发公司,商品房屋建设公司及其他房地产开发单位统一开发的商品住宅、厂房、仓库、饭店、宾馆、度假村、写字楼、办公楼等房屋建筑物和配套的服务设施，以及土地开发工程所完成的投资额。包括非房地产企业实际从事房地产开发或经营活动，不包括单纯的土地交易活动。

固定资产投资按国民经济行业分 建设项目归哪个行业按它建成投产后的主要产品种类或主要用途及社会经济活动种类来确定。基本建设按建设项目划分国民经济行业，技术改造、国有其他固定资产投资和城镇集体投资根据整个企业、事业单位所属的行业来划分。一般情况下，一个建设项目或一个企业、事业单位只能属于一种国民经济行业。为了更准确地反映国民经济各行业之间的比例关系，联合企业（总厂）所属分厂属于不同行业的除按联合企业划分国民经济行业外，还要按其下属单位划分行业。

固定资产投资建设性质分 建设项目的性质一般分为新建、扩建、改建、迁建、恢复、单纯建造生活设施和单纯购置。基本建设按建设项目划分建设性质，技术改造、国有其他固定资产投资及城镇集体投资按整个企业、事业单位的固定资产投资及城镇集体投资按整个企业、事业单位的建设情况确定建设性质。现行统计制度规定房地产开发单位不划分建设性质。

新建 一般是指从无到有，“平地起家”新开始建设的单位或独立工程。有的单位原有的基础很小，经过建设后其新增加的固定资产价值超过企业、事业和行政单位原有固定资产价值（原值）三倍以上的算新建。

扩建 一般是指为扩大原有产品的生产能力，在厂内或其他地点增建主要生产车间、独立的生产线或总厂之下的分厂的企业；事业单位和行政单位在原单位增建业务用房（如学校增建教学用房、医院增建门诊或病床用房、行政机关增建办公楼等）也作为扩建。

改建 一般是指现有企业、事业单位为了技术进步，提高产品质量，增加花色品种，促进产品升级换代，降低消耗和成本，加强资源综合利用和三废治理，以及劳保安全等，采用新技术、新工艺、新设备、新材料等对现有设施、工艺条件进行技术改造或更新（包括相应配套的辅助性生产、生活福利设施）。有的企业为充分发挥现有生产能力，进行填平补齐而增建不增加本单位主要产品能力的车间等，也属于改建。

固定资产投资按构成分 固定资产投资活动按其工作内容和实现方式分为建筑安装工程，设备、工具、器具购置，其他费用三个部分。

建筑安装工程（建安工作量） 包括建筑工程和安装工程，这两部分投资必须兴工动料，通过施工活动实现。

安装工程（安装工作量） 指各种设备、装置的安装工程。在安装工程中，不包括被安装设备的本身价值。

设备、工具、器具购置 指购置或自制达到固定资产标准的设备、工具、器具的价值。固定资产的标准按财务部门规定，新建单位、扩建单位的新建车间，按照设计和计划要求购置或自制的全部设备、工具、器具，不论是否达到固定资产标准均计入“设备、工具、器具购置”中。

其他费用 指除建筑安装工程和设备工具、器具购置以外的各种应分摊计入固定资产的费用，具体包括：旧房屋购置；农林建设单位的基本畜禽支出；各种经济林木的造林费用；新建、扩建、改建项目投产初期购置的办公和生活用家具、器具购置、建设单位管理费；土地征用及迁移补偿费、勘察设计费，研究实验费；可行性研究费、临时设施费、施工机构转移费；设备检验费、负荷联合试车费、土地占用、使用费；投资方向调节税；建设期应付利息；包干结余；企业债券发行费等。

基本建设项目按大中小型划分 基本建设划分大中小型项目原则上应按照上级批准的设计任务书或初步设计所确定的总规模或总投资划分，没有正式批准设计任务书或初步设计的，按国家或省、自治区、直辖市年度基本建设投资计划中所列的总规模或总投资划分。上述两条均不具备的，按本年计划施工工程的建设总规模或总投资划分。生产单一产品的工业项目，按其主要产品的设计能力划分；生产多种产品的工业项目，按其主要产品的设计能力划分；品种繁多，难以按生产能力划分的，按全部计划投资额划分。

技术改造限额以上项目 是根据技术改造项目的计划总投资进行划分。有关部门规定，能源、交通、原材料工业项目在5000万元以上，其他行业项目在3000万元以上的项目为技术改造限额项目。

施工项目：指报告期内曾进行建筑或安装施工活动的建设项目。包括报告期内新开工项目，报告期以前开工跨入报告期继续施工的项目，报告期施过工并在报告期内全部建成投产或停缓建的项目。

全部建成投产项目 工业项目是指设计文件规定形

成生产能力的主体工程及其相应配套的辅助设施全部建成，经负荷试运转，证明具备生产设计规定合格产品的条件，并经过验收鉴定合格或达到竣工验收标准，与生产性工程配套的生活福利设施可以满足近期正常生产的需要，正式移交生产的建设项目；非工业项目是指设计文件规定的主体工程和相应的配套工程全部建成，能够发挥设计规定的全部效益，经验收鉴定合格或达到竣工验收标准，正式移交使用的建设项目。

新增生产能力 指通过固定资产投资活动而增加的设计能力或工程效益，是用实物形态表示的固定资产投资的成果。新增生产能力的计算，是以独立发挥生产能力或效益的单项工程(或项目)为对象。当单项工程(或项目)建成，经有关部门鉴定合格，正式移交投入生产，即可计算新增生产能力。新增生产能力或工程效益有以下几种表现形式：

(1)以建设项目或单项工程建成后的产品年产能力表示。如煤炭开采、石油开采等。

(2)以建设项目或单项工程建成后处理原料的能力表示。如选矿工程的年处理矿石能力，洗煤厂年洗原煤能力。

(3)以新增的主要设备数量或容量表示，如发电机组容量万千瓦，棉纺锭用万锭表示等。

(4)以建筑物容积、容量、面积或长度表示。如铁路公路里程、水库容量等。

新增生产能力的数量一般按设计能力计算。设计能力是指设计文件中规定的在正常情况下能够达到的生产能力，而不论投产后的实际产量如何。以设备数量、建筑物容积、面积、长度等表示的新增生产能力(或效益)，则按建成的实际数量计算。

施工和竣工房屋建筑面积 房屋建筑面积从房屋的外墙线算起，包括房屋结构(如柱、墙)占用的面积和地下室面积。多层房屋按各自然层面积总和计算。包括房屋内的楼隔层，突出墙面的瞭望间、门斗、有柱雨蓬的面积。不包括突出墙面结构的构件、艺术装饰等所占的面积，如台阶等。凹阳台、挑阳台按其水平投影面积的一半计算建筑面积。

施工面积 指报告期施工的全部房屋建筑面积。包括本期新开工的面积和上期开工跨入本期施工的房屋面积，以及上期已停建在本期继续施工的房屋建筑面积。

竣工面积 指在报告期内房屋建筑按照设计要求已全部完工，达到住人和使用条件，经验收鉴定合格，正式移交使用单位的建筑面积。

新增固定资产 指已经建成投产或交付使用的工程价值和达到固定资产标准的设备、工具、器具的投资及有关应摊入的费用。它是以价值形式表示的固定资产投资成果的综合性指标，可以综合反映不同时期、不同部门、不同地区的固定资产投资成果。

建设项目投产率 指一定时期内全部建成投入生产项目个数占同期正式施工项目个数的比率。它是从项目建设速度的角度反映投资效果的指标。

固定资产交付使用率 指一定时期新增固定资产与同期完成投资额的比率。它是反映各个时期固定资产动用速度，衡量建设过程中投资效果的一个综合性指标。

未完工程占用率 指年末未完工程累计完成投资额占全年实际完成投资额的比率。它反映未完工程的相对规模，并可从资金占用的角度反映固定资产投资效果。由于未完工程是指已经开工，但尚未建成交付使用的工程，有个跨年度问题，因此未完工程占用率会出现大于1的情况。

建筑业总产值(自行完成施工产值) 指建筑业企业或附营建筑业施工单位自行完成的按工程进度计算的建筑安装生产总值。它包括建筑工程产值、设备安装工程产值、房屋、构筑物修理产值、非标准设备制造产值。

竣工产值 指在报告期内，按照设计所规定的工程内容全部完成，达到了设计规定的交工条件，经质量监督检查部门检查验收鉴定后合格的单位工程价值之和。

单位工程施工个数 指报告期内施过工的全部单位工程个数。其中不仅包括本期内新开工的，还包括上期施工跨入本期继续施工的单位个数。

单位工程竣工个数 指报告期内按设计规定的工程内容全部完成，达到了使用条件，经质量监督检查部门验收鉴定合格的全部单位工程个数。

房屋建筑施工面积 指在报告期内施工的全部房屋建筑面积。包括本期内新开工的、上期施工跨入本期继续施工、上期停建本期复工的房屋建筑面积；不包括上期开工后又停工，本期未施工的房屋建筑面积。

房屋建筑竣工面积 指报告期内，按照设计所规定的工程内容全部完成，达到了设计规定的交工条件，经质量监督检查部门检查验收鉴定合格的房屋建筑面积。

建筑业增加值 是建筑业企业在报告期内以货币表现的建筑业生产经营活动的最终成果。目前建筑业增加值采用分配法计算,即从收入的角度出发,根据生产要素在生产过程中应得到的收入份额计算,构成项目有本年提取的固定资产折旧、应付工资、应付福利费、管理费用中的劳动待业保险费、税金、工程结算税金及附加、营业利润。

自有机械设备年末总台数 是指归本企业(或单位)所有,属于本企业(或单位)固定资产的生产性机械设备年末总台数。包括施工机械、生产设备、运输设备以及其他设备。

自有机械设备净值 是指本企业(单位)自有机械设备的原价减去累计折旧后的净额,即自有机械设备经过使用、磨损后实际存有的价值。

实收资本 指企业实际收到的所有投资人投入的资本。包括货币、实物、无形资产等各种形式的投入。

资产 是企业拥有或控制的能以货币计量的经济资源,包括各种财产、债权和其他权利。资产按其流动性分为:流动资产、长期投资、固定资产、专项工程、无形及递延资产和其他资产。

负债 是企业所承担的能以货币计算,将以资产或劳务偿付的债务。负债一般按其偿还期长短分为流动负债和长期负债。

流动资产合计 是指企业可以在一年内或者超过一年的一个生产周期内变现或者耗用的资产合计,包括现金及各种存款、短期投资、应收及预付款项、存货等。

固定资产原价 指企业在建造、购置、安装、改建、扩建、技术改造某项固定资产时所支出的全部货币总额。它一般包括买价、包装费、运杂费和安装费等。

固定资产合计 指企业固定资产净值、固定资产清理、待处理固定资产净损失所占用的资金合计。

流动负债合计 是指企业在一年内或者超过一个营业周期内偿还的债务。包括短期借款、应付票据、应付帐款、预收帐款、应付工资、应交税金、应付利润、其他应付款、预提费用等。

长期负债合计 指偿还期在一年以上或者超过一年的一个营业周期以上的债务。它是除了投资人投入企业的资本以外,企业向债权人筹集,可供企业长期使用的资金。

所有者权益合计 指企业投资人对企业净资产的所有权,企业净资产等于企业全部资产减去全部负债后的余额。

工程结算收入 指本企业承包工程实现的工程价款结算收入以及向发包单位收取的除工程价款以外按规定列作营业收入的各种款项,如临时设施费、劳动保险、施工机构调迁费等以及向发包单位收取的各种索赔款。

工程结算税金及附加 指因从事建筑业生产活动,取得工程价款结算收入而规定应该交纳的营业税、城市维护建设税等以及随同营业税金一并计算交纳的教育费附加等。

工程结算利润 指已结算工程实现的利润。如为亏损以“-”号表示。

利润总额 指企业全年实现的利润,亏损以“-”号表示。

房屋建筑面积竣工率 是指报告期内房屋建筑竣工面积占同期房屋建筑施工面积的比重。

年末自来水厂生产能力 指城建部门系统自来水公司所属自来水厂及各单位自备水源取水、净化、送水、出厂输水干管环节的综合生产能力。

年末供水管长度 指从水泵至用户水表之间所有管道的长度,不包括水源地至水厂的管道、水源井群连路管,水厂内部的管理、进户管、庭院管和新安装尚未使用的管道。

全年供水总量 指公用自来水厂和自备水源的社会单位全年的供水总量,包括有效供水量及损失水量。

生活用水量 指居民日常生活与公共福利设施的用水量。包括居民、饮食店、旅馆、医院、理发店、浴池、洗衣店、游泳池、商店、学校、机关、部队等单位的用水量。

用水普及率 指城市非农业用水人口数与非农业人口数之比。计算公式:

$$\text{用水普及率}=\frac{\text{城市非农业用水人口数}}{\text{城市非农业人口总数}}\times 100\%$$

全年供气总量 指全年售给各类用户的全部煤气量。包括工业用量、家庭用量和其他用量。

城市用气普及率 指使用煤气(包括人工煤气、液化石油气、天然气)的城市非农业人口数(不包括临时人口

和流动人口)与城市非农业人口总数之比。计算公式:

$$城市煤气普及率=\frac{城市用气的非农业人口数}{城市非农业人口总数}\times100\%$$

年末公共汽车营运车辆 指城市公共交通企业可参加营运的全部车辆数。不包括公共企业的油罐车、货车和其他专用非营运车,也不包括借入、租入的客运车辆。

绿化覆盖面积 包括园林绿地面和道路绿化覆盖面积和园林绿地以外的单株树林覆盖面积。

园林绿地面积 指用作园林和绿化的各种绿地面积。包括公共绿地、单位附属绿地、居住区绿地、生产绿地、防护绿地和风景林地的总面积。

公共绿地 指供游览休息的各种公园、动物园、植物园、陵园以及花园、游园和供游览休息用的林荫道绿地、广场绿地。不包括一般栽植的行道树及林荫道的面积。

人均公共绿地面积 指城市居民每人拥有的公共绿地面积。计算公式:

$$人均公共绿地面积=\frac{城市公共绿地面积}{城市非农业人口}$$

绿地覆盖率 指一定区域范围绿地覆盖面积占区域总面积的比例,计算公式:

$$绿化覆盖率=\frac{区域内绿地覆盖面积}{区域总面积}\times100\%$$

年末实有铺装道路面积 是指城区和郊区范围内修筑的铺装路面宽度在3.5米以上(含3.5米)的道路。包括全市性干道、高速道路、工业区道路和住宅区道路等,但不包括土路和街道内部的胡同、里弄。

人均拥有道路面积:指平均每人拥有的道路面积,计算公式:

$$人均拥有道路面积=\frac{城建部门管理道路面积+社会单位管理道路面积}{城市非农业人口}$$

工业废水排放量 指经过工业企业所有排放口排放到企业外部的全部废水总量。包括外排的生产废水和厂区生活污水,也包括外排的直接冷却水和矿区的超过排放标准的有毒有害的矿井地下水;不包括外排的间接冷却水。

工业废水排放达标量 指各项指标都达到国家或地方排入标准的外排工业废水量,包括未经处理外排达标的和经过处理后外排达标的两部分。国家排放标准见GB8978-88。

工业废气排放量 指企业厂区内燃料燃烧和生产工艺过程中产生的各种排入空气的含有污染物的气体的总量,以标准状态[273K,101325Pa]计。

工业粉尘排放量 指企业在生产工艺过程中排放的颗粒物重量。如钢铁企业的耐火材料粉尘、焦化企业的筛焦系统粉尘、烧结机的粉尘、石灰窑的粉尘、建材企业的水泥粉尘等。不包括电厂排入大气的烟尘。

工业固体废物产生量 指企业在生产过程中产生的固体状、半固体状和高浓度液体废弃物的总量,包括危险废物、冶炼废渣、粉煤灰、炉渣、煤矸石、尾矿、放射性废物和其他废物等;不包括矿山开采的剥离废石和掘进废石(煤矸石和呈酸性或碱性的废石除外)。酸性或碱性废石是指采掘的废石其流经水、雨淋水的PH值小于4或PH值大于10.5者。

工业固体废物综合利用量 指通过回收、加工、循环、交换等方式,从固体废物中提取或者使其转化为可以利用的资源、能源和其他原材料的固体废物量(包括当年利用往年的工业固体废物累计贮存量)。如用作农业肥料、生产建筑材料、筑路等。综合利用量由原产生固体废物的单位统计。

能源生产总量 指一定时期内全部(地区)一次能源生产量的总和。一次能源生产量包括原煤、原油、天然气、水电及其他动力能发电量(如风能、地热能等)。不包括低热值燃料生产量、生物质能、太阳能等的利用和由一次能源加工转换而成的二次能源产量。

能源消费总量 指一定时期内全国(地区)用于生产和生活的各种能源消费量的总和。能源消费总量包括原煤和原油及其制品、天然气、电力。不包括低热值燃料生物质能和太阳能的利用。能源消费总量分为三部分,即终端能源消费量、能源加工转换损失量和损失量。它是观察能源消费水平、构成和增长速度的总量指标。

(1)终端能源消费量 指一定时期内全国(地区)物质生产部门、非物质生产部门和生活消费的各种能源在扣除了用于加工转换二次能源消费量和损失量以后的数量。

(2)能源加工转换损失量 指一定时期内全国(地区)投入加工转换的各种能源数量之和与产出各种能源产品之和的差额。它是观察能源在加工转换过程中损失量变化的指标。

(3)能源损失量　指一定时期内能源在输送、分配、储存过程中发生的损失和由客观原因造成的各种损失量。不包括各种气体能源放空、放散量。

能源消费弹性系数　是反映能源消费增长速度与国民经济增长速度之间比例关系的指标。其计算公式为：

$$\text{能源消费弹性系数}=\frac{\text{能源消费量年平均增长速度}}{\text{国民经济年平均增长速度}}\times 100\%$$

电力消费弹性系数　是反映电力消费增长速度与国民经济增长速度之间比例关系的指标。其计算公式为：

$$\text{电力消费弹性系数}=\frac{\text{电力消费量年平均增长速度}}{\text{国民经济年平均增长速度}}\times 100\%$$

可供量　是指本地区报告期内实有的资源数量。包括一次能源生产量、进出口量、调入调出量、期初期末库存量等七个指标。其平衡关系式为：

可供本地区消费的能源量＝年初库存量＋一次能源生产量＋进口量＋调入量－出口量－调出量－期末库存量。

能源加工转换效率　指一定时期内能源经过加工转换后，产出的各种能源产品及其它石油制品和其它焦化产品的数量与同期内投入加工转换的各种能源数量的比率。它是观察能源加工转换装置和生产工艺先进与落后、管理水平高低等的重要指标。

消费　消费是指独立核算的工业企业、建筑企业、运输邮电企业在报告期内实际使用的原材料、能源的数量，包括主营活动和附营活动实际使用的原材料、能源的数量；并包括由本企业(作为投资单位)代填的乡镇建筑企业为完成本企业建设项目而实际使用的原材料、能源的数量。原材料、能源消费数量分别用实物量和价值量表示。

库存　库存量指独立核算的工业企业、建筑企业、运输邮电企业在报告期初、期末实际结存的原材料、能源的数量。原材料能源库存分别用实物量和价值量表示。

折标准煤系数　是指某种能源的实际热值与标准燃料热值之比。各种能源由于原始计量单位不同，热值也不一样，因此，必须折标成同一标准计量单位，才能进行汇总，对比和分析。

综合能源消费量　是指工业企业报告期内用于工业生产活动的各种能源总和。

工业总产值综合能耗　是指综合能源消费量与工业总产值之比，它反映单位工业总产值所消耗的能源量。计算公式为：

$$\text{工业总产值综合能耗}=\frac{\text{综合能源消费量}}{\text{工业总产值}}\times 100\%$$

批发零售贸易业　指专门从事商品流通行业。根据其经营方式不同可分为批发贸易业和零售贸易业两大部分。

批发贸易业　指从工农业生产者或从商品流通企业购进商品,转卖给工业、农业、建筑业、运输邮电、餐饮业和服务业等生产经常单位作为生产经营用,以及将商品转卖给其他批发贸易企业或零售企业的商品流通企业和单位。农副产品采购、供应企业、对国(境)外商进口、出口的对外贸易企业、物资供给企业等、一般都属于批发贸易企业。

零售贸易业　指从农业生产者、批发贸易业或居民购进商品,转卖给城乡居民作为生活费和售给社会集团作为公共消费的商品流通企业和单位。

餐饮业　指从事食品的烹饪、调制并直接售给居民和社会集团的机构。包括中西餐馆、饭馆、各种小吃店、冷饮店、酒店、茶楼等。

法人单位　指各种经济类型独立核算法人批发零售贸易企业、餐饮企业的单位个数。它应同时具备以下条件:(1)依法成立、有自己的名称、组织机构和场所,能独立承担民事责任;(2)独立拥有和使用资产、承担负债,有权与其他单位签订合同;(3)独立核算盈亏,并能编制资产负债表。

活动单位　也称产业活动单位。指经工商行政管理部门注册登记,领取营业执照从事批发零售贸易业、餐饮业单位个数。它应同时具备以下三个条件:(1)在一个场所内从事或主要从事批发零售贸易业、餐饮业活动;(2)相对独立组织经营活动;(3)能够掌握收入和支出等业务核算资料。它从属于各类法人单位,一个法人单位至少有一个活动单位。

人员　即从业人员,指从事批发零售贸易业、餐饮业劳动并取得劳动报酬或经营收入的人员。包括职工(含长期职工、合同制职工、临时职工)和其他从业人员(含再就业的离退休人员 、三资企业中的外方人员和港澳台方人员)。

商品购进总额 指批发零售贸易企业从本企业以外的单位和个人购进(包括从国外直接进口)作为转卖或加工后转卖的商品。它由从生产者购进额、从批发零售贸易业购进额、进口额和其他项目组成,反映批发零售贸易企业从国内、外市场上购进商的总量。

商品销售总额 指批发零售贸易企业对本企业以外的单位和个人出售(包括对国(境)外直接出口)的商品。这个指标反映批发零售贸易企业在国内市场上出售商品及出口商品的总量。

批发 指除零售以外的一切商品销售活动,包括对生产经营单位批发、对批发零售业批发和出口。

零售 指售给城乡居民直接用于生活消费的商品和社会集团直接用于公用消费的商品。

年末库存 指批发零售贸易企业已取得所有权的全部商品。这个指标反映批发零售贸易业的商品库存情况,以及对市场商品供应的保证程度。

社会消费品零售总额 指各种经济类型的批发零售贸易业、餐饮业和其他行业对城乡居民和社会集团的消费品零售额总和。社会消费品零售总额包括:

(1)售给城乡居民作为生活用的商品和修建房屋用的建筑材料;(2)售给机关、团体、学校、部队、企业、事业单位的职工食堂和旅店(招待所)附设专门供本店旅客食用,不对外营业的食堂的种食品、燃料;企业、单位和国营农场直接售给本单位职工和职工食堂的自己生产的产品;(3)售给部队干部、战士生活用的粮食、副食品、衣着品、日用品、燃料;(4)售给来华的外国人、华侨、港澳台同胞的消费品;(5)居民自费购买的中、西药品、中药材及医疗用品;(6)报社、出版社直接售给居民和社会集团的报纸、图书、杂志、集邮公司出售的新、旧纪念邮票、特种邮票、首日封、集邮册、集邮工具等;(7)旧货寄售商店自购、自销部分的商品零售额;(8)煤气公司、液化石油气站售给居民和社会集团的煤气灶具和罐装液化石油气;(9)售给社会集团的办公用品;公共用品和针织品;学校用的教学用具;文体用品;非专用的劳动保护用品;日用百货和杂品;家具、设备、日用电器、电器设备和照相器材;取暖用的设备和燃料,防暑、降温的饮料;非生产经营用的交通工具和油料;零星修理用的各种零配件、材料、工具、建筑材料等;举办各种招待会、茶话会、宴会用的烟酒茶和各种食品及馈赠的礼品;从公费医疗经费中开支的中、西药品、中药材和医疗器材以及其他非生产性设备和用品。

经营费用 指批发零售贸易企业在购、销、存过程中发生的各种经费用。包括运输费、包装费、保险费、展览费、差旅费、广告费、商品损耗、进出口商品累计佣金、经营人员的工资及福利等。

商品销售利润 指批发零售贸易企业由于商品销售得到的利润。

营业利润 指批发零售贸易企业营业收入扣除成本、费用和各种商品销售税金及附加费后的数额。

利润总额 指批发零售企业全年实现的利润。包括营业利润、投资净收益以及营业外支净额。

城乡集市贸易成交额 指在城市集市和农村集市上买卖双方(包括农民、非农业居民、机关、团体、企事业单位和个体商贩)成交的全部商品金额。

国际旅游人数 指来我国参观、访问、旅行、探亲、访友、休养、考察、参加会议和从事经济、科技、文化、教育、体育、宗教等活动的外国人、华侨、港澳和台湾同胞的人数。不包括外国在我国的常住机构,如使领馆、通讯社、企业办事处的工作人员;来我国常驻的外国专家、留学生以及在岸逗留不过夜人员。

国际旅游(外汇)收入 入境游客在中国(大陆)境内旅行、游览过程中用于交通、参观游览、住宿、餐饮、购物、娱乐等全部花费。

城市居民消费价格指数 是反映城市居民所购买的生活消费品和服务项目价格变动趋势及其程度的相对数。编制城市居民消费价格指数,可以观察和分析消费品的零售价格和服务项目价格变动对职工货币工资的影响,作为研究职工生活和确定工资政策的依据。

商品零售价格指数 是反映城乡商品零售人格变动趋势的一种经济指数。零售物价的调整变动直接影响到城乡居民的生活支出和国家的财政收入,影响居民购买力和市场供需平衡,影响消费与积累的比例。

对外借款 是我国利用外资的主要部分。包括我国通过外国政府贷款,国际金融组织贷款,外国银行商业贷款,出口信贷以及对外发行债券,股票等方式,从境外筹措的资金。

外商直接投资 是指外国企业和经济组织或个人(包括华侨、港澳台胞以及我国在境外注册的企业)按我国有关政策、法规,用现汇、实物、技术等在我国境内开办外商独资企业、与我国境内的企业或经济组织共同举办中外合资经营企业、合作经营企业或作合作开发资源的投资(包括外商投资收益的再投资)以及经政府有关部门批准的项目投资总额内,企业从境外借入的资金。

财政收入 国家财政参与社会产品分配所取得的收入,是实现国家职能的财力保证。财政收入所包括的内容几经变化,目前主要包括:

(1)各项税收 包括增值税、营业税、消费税、土地增值税、城市维护建设税、资源税、城市土地使用税、印花税、固定资产投资方向调节税、个人所得税、企业所得税、关税、农牧业税和耕地占用税等。

(2)专项收入 包括征收排污费、征收城市水资源费收入,教育费附加收入等。

(3)其他收入 包括基本建设贷款归还收入、国家能源交通重点建设基金收入、国家预算调节基金等。

(4)国有企业计划亏损补贴 这项为负收入,冲减财政收入。

中央财政收入和地方财政收入 按财政体制划分的中央本级收入和地方本级收入。1994年分税制财政体制以后,属于中央财政的收入包括关税、海关代征消费税和增值税,消费税,中央企业所得税,地方银行和外资银行及非银行金融企业所得税,铁道、银行总行、保险总公司等集中缴纳的营业税、所得税、利润和城市维护建设税,增值税的75%部分,海洋石油资源税和证券(印花)税50%部分。属于地方财政的收入包括营业税,地方企业所得税,个人所得税,城镇土地使用税,固定资产投资方向调节税,城镇维护建设税,房产税,车船使用税,印花税,屠宰税,农牧业税,农业特产税,耕地占用税,契税,增值税25%部分,证券交易税(印花税)的50%部分和除海洋石油资源税以外的其他资源税。

中央财政支出和地方财政支出 根据政府在经济和社会活动中的不同职责,划分中央和地方政府的责权,按照政府的责权划分确定的支出。中央财政支出包括国防支出,武装警察部队支出,中央级行政管理费和各项事业费,重点建设支出以及中央政府调整国民经济结构、协调地区发展,实施宏观调控的支出。地方财政支出主要包括地方行政管理和各项事业费,地方统筹的基本建设、技术改造支出,支援农村生产支出,城市维护和建设经费,价格补贴支出等。

预算外资金收支 预算外资金是有关单位凭借国家权力或由国家授权而取得的没有纳入国家预算管理的财政性资金。其收入包括地方财政部门的各项附加收入,集中事业收入,专项收入等,事业行政单位的专用基金,经营性服务纯收入,行政事业性收费,专项资金,中小学勤工俭学收入,税收分成等。其支出包括固定资产投资支出,城市维护支出,福利奖励支出,行政事业支出等。

增值税 是一个国家性税种。是随着社会经济发展的客观需要而产生的,目前已在68个国家和地区实行。我国从1994年1月1日实行的新税制中,增值税是一个主体税种。

增值税是以流转额为计税依据,采取多环节征收,实行税款抵扣的一种流转税。

从计税原理上讲,增值税是以货物或劳务价值中的增值额为计税依据的一种税,也就是相当于对利润、利息、工资、租金等征税。

营业税 指对提供应税劳务、转让无形资产或者销售不动产所取得的收入征收的一种税。提供应税劳务、转让无形资产或者销售不动产是指有偿提供劳务,有偿转让无形资产或者有偿转让不动产所有权的行为。有偿是指取得货币、货物或其他经济利益。

企业所得税 指对企业生产经营所得和其他所得征收的一种税。是国家直接参与企业利润分配的税收。

城乡维护建设税 是为加强城市的维护建设,扩大和稳定城市维护建设资金的来源而征收的一种税。城建税的纳税人为缴纳增值税、营业税、消费税的单位和个人。计征依据暂改按增值税、营业税、消费税征收。

教育费附加 是为加快发展地方教育事业,扩大地方教育经费的资金来源而征收的费用。计税依据为增值税、营业税、消费税的税额。

基本建设拨款 是指地方预算内的基本建设拨款,不包括地方预算外自筹的各种基本建设资金。

流动资金 指地方财政用自筹资金建设的纳入预算的企业,由财政拨付的自有流动资金。

企业挖潜改造及三项专用费 指由国家预算拨款,用于企业挖潜革新和改造方面的资金和新产品制费、中间试验费、重要科学研究补助费等科学技术三项费用。

城市维护费 指用城市维护建设税和地方机动财力安排的城市维护支出,包括城市道路、桥梁、给水、排水、公共污水处理、防洪堤坝、供气、供热、城市交通管理、消防、路灯等项公共设施的维护费；中、小学校舍维修补助费；公共厕所、清扫垃圾、街道洒水、扫雪等公共环境卫生补助费；城市其他公共事业和公共设施的维护费。但不包括基建支出、流动资金、挖潜改造资金、科技三项费用和城建事业以及地方预算自筹的各种基本建设资金。

文教、科学卫生事业费 指除基本建设支出、挖潜改造资金、流动资金和科技三项费用以外的各级文化部门、出版事业、文物事业、体育事业、卫生事业地方中医管理部门、地方体委系统、档案事业、地震事业、海洋事业、通讯事业、广播电影电视事业、计划生育事业和其他文教事业等部门的事业费和公费医疗经费，以及由各级科委归口管理的科学事业费及中国社会科学院系统的国家预算拨款的科学事业费。

信贷资金 国家银行用于发放贷款的资金叫信贷资金。中国人民银行信贷资金的来源有各项存款、对国际金融机构负债、流通中货币、银行自有资金及当年结益等。信贷资金的运用有各项贷款、黄金占款、外汇占款、财政借款及在国际金融机构中的资产等。

存款 企业、机关、团体或居民根据可以收回的原则，把货币资金存入银行或其他信用机构保管并取得一定利息的一种信用活动形式。根据存款对象的不同可划分为企业存款、财政存款、机关团体存款、基本建设存款、城镇储蓄存款、农村存款等科目。它是银行信贷资金的主要来源。

城乡居民储蓄存款余额 包括城镇居民储蓄存款和农民个人储蓄存款两部分。不包括居民的手存现金和工矿企业、部队、机关团体等集团存款。储蓄存款余额，是指城乡居民存入银行及农村信用社储蓄的时点数(存入数扣除取出数的余额)，如月末、季末或年末数额。

贷款 银行或其他信用机构根据必须归还的原则，按一定利率，为企业、个人等提供资金的一种信用活动形式。我国银行贷款分为流动资金贷款、固定资产贷款、城乡个体工商户贷款以及农业贷款等科目。

保费 又叫保险费。是保险人根据保险合同的有关规定，为被保险人取得因约定危险事故发生所造成的经济损失补偿(或给付)权利，付给保险人的代价。包括财产险和人身险储金收入。

赔款 保险事故发生后，经查证确属保险责任范围以内的保险标的损失，保险人根据保险合同的规定履行赔偿义务，给予被保险人的款项叫做赔款。赔款可分为已决赔款和未决赔款两种。

普通高等学校 指按照国家规定的设置标准和审批程序批准举办，通过国家统一招生考试，招收高中毕业生为主要培养对象，实施高等教育的全日制大学、独立设置的学院和高等专科学校、短期职业大学。

成人高等学校 指按照国家有关规定审批，招收通过全国成人高等学校统一招生考试的具有高中毕业或同等学历的在职从业人员利用脱产、半脱产、业余或函授等多种形式对其实施高等学历教育培养高等教育专科或本科毕业水平的专门人才，修业年限、课程设置和总学时数均按高等学历教育要求付诸实施的学校。包括广播电视大学、职工高等学校、农民高等学校、管理干部学院、教育学院、独立设置的函授学院等。

小学学龄儿童入学率 指调查范围内已入小学学习的学龄儿童占学龄儿童总数(包括弱智儿童在内，但不包括盲聋哑儿童)的比重。计算公式：

$$\text{小学学龄儿童入学率}=\frac{\text{已入学的小学学龄儿童数}}{\text{校内外小学学龄儿童总数}}\times 100\%$$

毕业生数 指具有学籍的学生学完教学计划规定的全部课程，考试及格、获得毕业证书的学生数。不包括结业和肄业生数。

在校学生数 指学年初开学以后，具有学籍的全部在学校的学生总数。

专任教师 指主要从事教育工作的人员。包括临时调去帮助做其他工作的人员。不包括调离教学岗位，担任行政领导工作或其他工作的原教学人员，不包括兼任教师和代课教师。

平均每一教师负担的学生数 指专任教师在校学生数的比值。反映了教师所负担的教学工作量。计算公式：

$$\text{平均每一教师负担学生数(人)}=\frac{\text{在校学生数}}{\text{专任教师数}}$$

等级运动员人数 指经考核正式批准授予等级运动员称号的人数。运动员等级分为国际运动员健将、运动健将、一级运动员、二级运动员、三级运动员、少年级运动员。

等级裁判人员数 指经考核正式批准授予等级裁判员称号的人数。裁判员待级分为国际裁判、国家级裁判、一级裁判、二级裁判、三级裁判。

体育场 指有400米跑道(中心含足球场),有固定道牙,跑道6条以上,并有固定看台的室外田径场地。以看台容纳观众人数分:甲级25000人以上,乙级15000-25000人,丙级5000-15000人,丁级5000人以下。

体育馆 指有固定看台,可供篮球、排球、羽毛球、乒乓球、体操等项目训练比赛活动用的室内运动场地。以看台容纳观众人数分:甲级6000人以上,乙级4000—6000人,丙级2000-4000人,丁级2000人以下。

卫生机构数 指各种部门、各种性质的专职卫生技术人员的卫生机构数。包括:医院、疗养院(所)、门诊部(所)、专科防治(站)、卫生防疫站、妇幼保健所(站)、药品检验所(室)、其他卫生机构、医学科学研究机构、高等医药院校和中等医药学校。

医院 指名称为医院、设有固定床位收容病人住院并能为病人提供医疗、护理服务的医疗机构。按所属性质分为卫生部门、工业及其他部门、集体所有制三类。其中县及县以上医院业务性质分为综合医院和专科医院。

卫生技术人员 指卫生事业机构支付工资的全部固定职工和合同制职工现任职务为卫生技术工作的人员。包括中医师、西医师、中西医结合、高级医师、护师、中药师、西药师、检验师、其他技师、其他中医、护理员、中药剂员、西药剂员、检验员、其他初级卫生技术人员。

每千人口中卫生技术人员数 指卫生技术人员同总人口的比例。计算公式为:

$$\text{每千人口中卫生技术人员数(人)}=\frac{\text{年末卫生技术人员}}{\text{年末总人数}}\times 1000$$

每千人口医院床位数: 指卫生机构年末医院床位数与年末总人口数的比重。计算公式为:

$$\text{每千人口医院床位(张)}=\frac{\text{年末医院床位数}}{\text{年末总人数}}\times 1000$$

城镇居民家庭实际收入 指被调查城镇居民家庭全部的实际现金收入,包括经常或固定得到的收入和一次性收入。不包括周转性收入,如提取银行存款、向亲友借入款、收回借出款以及其他各种暂收款。

城镇居民家庭总收入 指调查户中生活在一起的所有家庭成员在调查其得到的工薪收入、经营净收入,财产性收入、转移性收入的总和,不包括出售财物收入和借贷收入。

城镇居民家庭可支配收入 指调查户可用于最终消费支出和其它非义务性支出及储蓄的总和,即居民家庭可以用来自由支配的收入。它是家庭总收入扣除交纳的所得税、个人交纳的社会保障费以及调查户的记账补贴后的收入。计算公式:可支配收入=家庭总收入—交纳所得税—个人交纳的社会保障支出—记帐补贴。

城镇居民家庭消费支出 指调查户用于本家庭日常生活的全部支出,包括食品、衣着、家庭设备用品及服务、医疗保健、交通和通讯、娱乐教育文化服务、居住、杂项商品和服务八大类。包括用于赠送的商品或服务。

农村居民可支配收入 指农村居民获得的经过初次分配与再分配后的收入。可支配收入可用于农村居民的最终消费、非义务性支出以及储蓄。其计算方法是:

农村居民可支配收入=全年总收入－家庭经营费用支出－税费支出－生产性固定资产折旧－调查补贴－财产性支出－转移性支出中除赠送农村内部亲友支出外的所有支出－亲友赠送收入＋农村外部亲友赠送收入

农村居民家庭纯收入 指农村常住居民家庭总收入中,扣除相应的各项费用支出后,归农民所有的收入。它可以用于生产、非生产投资,改善物质和文化生活,以及用于再分配的支出和结余的收入。它是反映农民家庭实际收入水平的综合性的主要指标。农民家庭纯收入,既包括从事生产性和非生产性的经营收入,又包括取自在外人口寄回带回和国家财政救济、各种补贴等非经营性收入;既包括货币收入,又包括自产自用的实物收入。但不包括向银行、信用社和向亲友借款等属于借贷性的收入。其计算方法是:

纯收入=全年总收入－家庭经营费用－税费支出—固定资产折旧—亲友赠送收入+城市亲友赠送收入+一次性工伤补贴+保险公司赔付

农村居民生活消费支出 指农村常住居民家庭年内用于物质生活和精神生活方面的实际支出,直接反映农民的生活水平,是研究农民消费结构变化的基本指标。农民家庭生活消费支出,包括食品、衣着、居住、家庭设备、用品及服务、医疗保健、交通和通讯、文化教育娱乐用品及服务、其他商品和服务等消费支出。